KB041788

민법학원론 ^{제3판}

민법학원론 제3판

명순구 지음

박영사

3RD EDITION

Principles of Civil Law

by
Soon-Koo MYOUNG

Professor of Law
Korea University
Seoul, Korea

2024
Pakyoungsa Publishing Co.
Seoul, Korea

제3판 머리말

"민법의 원리와 맥락을 쉽고 정확하게 안내하는 일", 제3판의 기조 또한 제 1·2판과 다르지 않습니다. 통상적인 개정 작업(법령·판례의 업데이트 등) 외에 제3 판은 독자들의 시각을 배려하는 데에 더 힘썼습니다. 구체적인 사례를 통한 설명을 늘린 것, 법규정의 입법이유에 대한 설명을 늘린 것, 문장의 가독성을 높인 것 등이 그것입니다. 아울러 제3판에서는 입문자가 이해하기에 약간 힘겨울 듯한 학설과 이론들을 과감하게 삭제했습니다. 그 결과 책의 분량이 약 10% 줄었습니다.

이 책은 유튜브(명교수온라인채널, A&A Class)에 '민법학입문'의 이름으로 공개한 MOOC의 교재이기도 합니다. K-MOOC(교육부/국가평생교육진흥원)에 강의를 공개한 것이 2015년이니 이제 10년이 되어갑니다. KU-MOOC(고려대학교)의 경우 매학기 약 1,000명에 이르는 학생이 강의영상과 이 책을 통해 정규교과목으로 민법학 내지 법학에 입문하고 있습니다. 법학교육도 시대변화에 부응하면서 수월성을 추구해야 한다는 마음, 이 시대 대학교수로서 사회적 책무를 수행한다는 마음으로 진행하는 프로젝트입니다. 과거에는 없던 일이다 보니 어색함과 어려움도 적지 않지만 보람도 그에 못지않습니다. 이 자리를 빌어 독자 여러분들의 이해와 성원에 깊이 감사드립니다.

제3판은 이 책 초판을 맡아주셨던 박영사에서 출간하게 되었습니다. 그간 고려대학교출판문화원에서 나름대로 기대했던 미션을 수행했다고 생각합니다. 이 책의 새로운 출발을 흔쾌히 허락해 주신 고려대학교출판문화원, 짧지 않은 기간 동안 지속적이고 변함없는 신뢰를 보내 주신 박영사에 깊이 감사드립니다. 그리고 이 책의 제작 과정에서 진심어린 도움을 준 박덕봉 박사에게 고마움과 함께 그의 미래를 축원합니다.

   이 책으로 공부하는 모든 분들께 늘 건강과 행운이 함께 하시기를 진심을 담아 기원합니다.

2024년 7월
명 순 구 드림

제2판 머리말

　『민법학원론』초판을 출간한 지 5년 만에 제2판을 냅니다. 이 책의 기조는 2015년 초판과 크게 다르지 않습니다. 단순히 민법의 조각을 열거하며 서술하기보다는 개념 또는 제도의 원리와 맥락을 드러내고자 힘썼습니다. 일반법으로서 민법이 가지는 추상성을 완화하기 위해서 가급적 구체적 사례를 들어 설명했습니다. 로스쿨 진학, 자격시험 등 민법을 공부하는 이유는 다양할 것입니다. 이 책으로 민법의 기초를 제대로 세우고 다음 단계의 공부를 한다면 그 과정이 한결 수월할 것입니다. 이 책이 모든 법학 초심자들을 위한 단단한 디딤돌이 되기를 바랍니다.

　『민법학원론』제2판은 입체적 교육을 구상하면서 이를 위한 교재로 만든 것입니다. 저자는 2015년부터 '민법학입문'의 이름으로 온라인 강의 무크(MOOC)를 운영하고 있습니다. 그간 무크 운영 과정에서의 경험을 토대로 이번에 강의 동영상을 전면 수정했으며, 이 책의 출간 시점과 비슷한 시기에 공개됩니다. 2015년 버전과 달리 2020년 버전은『민법학원론』편제와 더욱 긴밀히 연결되어 독자들의 학습에 도움을 주고자 했습니다. 이번 동영상의 총 러닝타임은 약 22시간이며, 각 동영상을 절 단위로 구성하여 학습의 편의성을 제고했습니다.『민법학원론』과 강의동영상에서 다루지 못한 사항들은 유튜브채널(명교수온라인채널, A&A Class)을 통해 소통할 계획입니다. 책·강의동영상·온라인채널의 3각 입체 콘텐츠에 면대면 교육이 어우러진다면, 가령 거꾸로 교실(Flipped Class)과 같이 한층 활기차고 효율적인 수업 장면이 연출될 것으로 기대합니다. 여러 사정으로 인해 온라인강의에 대한 관심이 충분히 고조된 이때, 위 3각 입체 콘텐츠는 저자가 대한민국 법학 교육계에 보내는 하나의 색다른 제안이기도 합니다.

국권이 기울어가던 1907년 5월 『法政學界』(고려대학교 전신 보성전문 교수와 제1회 졸업생이 창간한 우리나라 최초의 법률·경제 학술지) 발간 취지서 일부를 소개합니다.

… 오늘날 서양 열강이 그 나라를 편안한 반석 위에 놓고 … 세계를 내려다보는데 … 표면상으로 보면 자연히 이루어진 것 같으나, 이 또한 원인이 있어 생긴 결과이다 … 슬프다! 우리 대한이 개국한 지 516년이고 통상을 시작한 지 30여년이지만, 인문이 열리지 못하고 형세를 알지 못하여 국가의 흥운과 세계의 대세를 미리 연구하지 아니하고 쓸데없이 자연히 이루어지기만을 바라다가 … 오늘에 이르렀으니 진실로 분하고 괴로운 일이다 …

위 절절한 문구가 113년 전의 것으로 느껴지지 않는 이유는 무엇일까요? 뉴노멀(NewNormal)에 대비하는 세계 대학들의 발걸음이 빠르고 과감합니다. 법학교육의 목표와 방법에 새로운 방향 설정이 필요합니다. 새로운 발전은 자연히 이루어지는 것도, 아름다운 수사를 반복함으로써 이루어지는 것도 아닙니다. 현재를 그대로 유지하면서 거기에 무엇을 더하는 방법으로 이룰 수 있는 것도 결코 아닙니다. 어떤 것은 아프지만 의연히 내려놓아야 하고, 또 어떤 것은 획기적인 투자를 요구합니다.

새로운 시각과 연결된 이번 제2판의 출판에는 뜻깊은 후원도 있었습니다. 대한민국 문화예술의 국제화·전문화를 지향하는 유중재단(이사장: 정승우 박사)이 이 책의 제작비 등을 지원하기 위하여 고려대학교출판문화원에 기부를 했습니다. 유중재단의 기부는 그간 건물 등 유형 인프라 확충이 주류였던 대학 기부 문화를 무형의 지식 인프라 분야로 확장시킨 것으로 그 의미가 매우 큽니다. 대학과 교육 발전을 위한 새로운 시도에 기꺼이 공감하고 귀한 도움을 주신 유중재단에 각별한 감사를 드립니다.

이 책에는 많은 분들의 노고가 숨어 있습니다. 이 책의 새로운 출발을 기꺼이 허락해 주신 박영사, 여러 새로운 시도에 전적인 신뢰를 보여 주신 고려대학교출판문화원, MOOC 영상 촬영에 정성을 다해 주신 고려사이버대학교와 고려대학교 교수학습개발원, MOOC 영상과 책 제작 과정에서 진정 어린 도움을 준 임화식 연구원, 윤해진 양, 이상래 군에게 뜨거운 감사의 마음을 전합니다.

이 책으로 공부하는 분들이 무언가에 뜨겁게 몰입할 수 있는 환경에서 살아가기를 바랍니다. 그리고 그 몰입에 행운이 함께 하기를 축원합니다.

2020년 8월
명 순 구 드림

보정판 머리말

　법을 처음 공부하는 분들이 큰 시각으로 민법을 조망함으로써 방대한 민법 체계에 수월하게 접근할 수 있도록 안내한다는 목표로 2015년 이 책이 출간되었습니다. 그로부터 2년이 지난 오늘 몇 개의 오탈자를 바로잡고 한두 군데 약간의 문구 수정을 하여 보정판을 내게 되었습니다.

　2015년 초판과 함께 매우 새로운 시도를 했습니다. 이 책을 교재로 하여 MOOC(Massive Open Online Course) 및 거꾸로교실(flipped class) 교육을 시행했습니다. 강의동영상을 온 세상에 공개한다는 것에 대하여 쑥스러움도 적지 않았지만 새로운 교육을 위해 용기를 냈습니다. 국내 최초로 학부 민법 수업을 MOOC 방식으로 진행하면서 어려움도 있었지만 여러 가지 면에서 매우 보람찬 일이었습니다. 법학전문대학원 교과목을 거꾸로수업의 방식으로 진행하면서 법학교육방법론의 새로운 가능성을 볼 수 있었습니다.

　앞으로도 독자 여러분들과의 상호작용을 통해 법학 초심자들에게 더욱 유용한 교재가 될 수 있도록 힘쓰겠습니다.

2017년 8월
고려대학교 연구실에서 명 순 구 드림

머 리 말

고려대학교에서 민법을 강의한 지 올해로 20년이 되었습니다. 연속되는 시간 속에서 10년으로 딱 떨어진다는 것이 무슨 큰 뜻이 있겠습니까마는, 무슨 때를 핑계삼아 매듭 하나를 지어보려는 학자들의 흔한 습성이 발동했을까요. 무엇으로 매듭을 삼을까 하는 고민은 길지 않았습니다. 오래 전부터 마음속에 담아둔 생각이 있었기 때문입니다. 민법 입문서를 출간하는 일이었습니다. 민법 입문서는 사실상 법학 입문서이기도 하니 뜻깊은 작업이기는 하나 아직까지 선뜻 손을 대지 못했습니다. 간결하지만 깊이가 있어 민법의 체계와 원리를 일깨워주는 입문서를 구상했으나, 그 딜레마 앞에서 늘 후일을 기약할 뿐이었습니다. 냇물에 징검다리를 놓으려는데 돌이 모자란다고 하여 아예 손을 놓고 먼 산만 바라볼 것인가? 어느날 문득 그런 생각이 들었습니다. 있는 돌을 가지고 조금이라도 돌을 놓아야 후일을 기약할 수 있다는 뜻으로 이 책을 출간합니다.

이 책은 법을 처음 공부하는 분들을 위한 책입니다. 민법 전공서를 공부하기 전에 큰 시각으로 민법을 조망할 수 있도록 설계했습니다. 그런데 어떤 대목에서는 위에서 훑어보는 것에 그치지 않고 민법 밑바닥에 흐르는 기본원리들을 과감하게 소개하고자 했습니다. 이 책의 제목에 '학'(學)자와 '원'(原)자가 포함되는 이유입니다. 기본원리를 이해하지 않은 채 전진하는 것은 신발 끈 조이는 시간을 아끼고자 끈을 풀어헤친 채 그냥 길을 떠나는 것과 다르지 않습니다.

이 책의 저술방향에 관한 좀 더 구체적인 사항은 이러합니다.

첫째, 민법 중 재산법 편(제1~3편)을 다루었습니다. 그것이 『민법학원론』의 목적을 달성하기에 보다 적절하다는 판단에 따른 것입니다. 그리고 설명의 순서는 민법의 조문 순서가 아니라 민법의 원리를 수월하게 이해할 수 있는 방향으로 조정했습니다.

둘째, 추상성을 지양하고 가능하면 쉬운 언어로 구체적인 예를 들어가며 설명했습니다. 그리고 독자들이 "왜?"라고 느낄만한 대목에는 그 이유를 달았습니다.

셋째, 학설 소개는 필요한 경우로 최소화하고, 중요한 분야에 관해서는 저자의 학문적 입장을 명확히 밝혔습니다. 그것은 저자의 입장을 강조 내지 강요하기 위한 것이 아니라 일관된 논리체계를 위해 필요하기 때문입니다.

넷째, 전 범위에 동일한 무게를 두지 않았습니다. 민법의 뼈대가 되는 부분을 중심으로 논의의 강약을 조정했습니다. 이 책에서 다루지 않았거나 약간만 언급했다고 하여 중요성이 떨어진다고 생각해서는 안 됩니다. 이 책에서 다루지 않은 것 중에는 이런 입문서에 담기보다는 본격적인 전공서적에서 통째로 다루는 것이 오히려 낫겠다는 판단에서 일부러 제쳐둔 주제들이 적지 않습니다. 어설프게 맛만 보는 것보다는 제대로 알고 제대로 먹는 것이 현명할 것입니다.

2011년부터 금년 2월까지 4년 가까운 기간 동안 학교 본부에서 보직을 수행하느라 거의 찾지 못했던 연구실, 고요하게 침잠할 수 있는 그곳으로 돌아와 이제 이 책을 마무리합니다. 그 기간 동안 묵묵히 연구실을 지켜준 제자들에게 미안함과 고마움을 함께 전합니다. 아내와 아들에게도 같은 마음을 전합니다. 이 책의 교정 작업에 참여하여 열과 성을 다한 고려대학교 대학원의 박덕봉 군과 박종명 군, 그리고 이 책의 출판 제안을 흔쾌히 수락해 주시고 하나부터 열까지 열과 성을 다해주신 박영사의 안종만 회장님과 조성호 이사님, 그리고 편집부 김선민 부장님을 비롯한 직원 여러분들께 깊이 감사드립니다.

이 책은 MOOC(Massive Open Online Course)로 진행되는 강좌(민법학입문)의 교재이기도 합니다. 변화하는 교육환경에서 법학으로서는 국내 첫 번째로 MOOC를 개설했다는 사실도 의미있는 추억으로 간직하고자 합니다. 이 책으로 공부하는 모든 분들께 법학의 눈이 환하게 뜨이기를 희망합니다. 그리고 이 책이 민법과 민법학의 발전에 약간의 기여라도 할 수 있다면 그것은 저자에게 큰 영광이 될 것입니다.

2015년 8월
고려대학교 연구실에서 명 순 구 드림

일러두기

1. **책의 구성**
    (1) **문단번호**　　각 단위별로 문단번호를 표시하였다.
    (2) **보충학습**　　주제에 따라서는 '보충학습'을 배치하여 이론에 대한 이해를
       심화하도록 하였다.

2. **계층기호**　　계층기호는 다음과 같다: 편, 장, 절, I, 1, ⑴, 1), (가), 〈1〉, ⓘ, ⓐ

3. **문장표현 방법**　　문장표현에 있어서는 가독성에 유의하였다. 특히 문장의 호
    흡을 짧게 하였다. 같은 취지에서 콜론(colon)과 세미콜론(semicolon)을 많이 활
    용하였다.

4. **주**　　이 책에서 주는 내주(內註: 본문 중 괄호 안에 기재)와 각주(脚註)의 형식을 병
    용했다. 서지적 참조주(인용의 전거 표시), 내용주(용어, 개념 등에 대한 부연설명) 외
    에 상호참조주(본문의 다른 부분에 대한 참조 안내)를 활용하여 입체적인 학습이
    가능하도록 배려했다.

학습의 기초

Ⅰ. 법조문의 형식

1) 조(條)·항(項)·호(號)   '조'는 법률을 구성하는 원칙적 단위이다. '항'은
어떤 사항을 규율함에 있어서 하나의 문장으로 구성하기 어렵거나 경우를 나누
어 규정할 필요가 있는 등의 경우에 사용하는 입법형식이다. 아래에서 원문자
①·②로 표시된 것이 항이다. 그러므로 「민법」 제99조제1항은 "토지 및 그 정착
물은 부동산이다."이다.

> 제99조【부동산, 동산】 ① 토지 및 그 정착물은 부동산이다.
> ② 부동산 이외의 물건은 동산이다.

'호'는 일정한 사항을 열거하는 등의 필요가 있을 때에 사용하는 입법형식
이다. 아래에서 숫자 1·2로 표시된 것이 호이다. 그러므로 「민법」 제118조제1호
는 "보존행위"이다.

> 제118조【대리권의 범위】 권한을 정하지 아니한 대리인은 다음 각 호의 행위만을 할
> 수 있다.
> 1. 보존행위
> 2. 대리의 목적인 물건이나 권리의 성질을 변하지 아니하는 범위에서 그 이용
>   또는 개량하는 행위

2) ○조(條)의2   법률을 개정하면서 조문을 추가하는 경우에 있게 되는 것
으로 '가지 조문'이라 한다. 아래 제826조의2는 1977년 「민법」 개정시에 새로 추
가된 규정이다. 만약 이 조문을 제827조로 했었다면 개정 전의 제827조 이하의
규정은 모두 변경되었을 것이다.

> 제826조의2【성년의제】 미성년자가 혼인을 한 때에는 성년자로 본다.

3) 본문(本文)·단서(但書)　　하나의 조문에서 일정한 사항을 규율하고 그에 이어서 예외적인 상황을 규정하는 경우에 취하는 입법형식이다. 아래 제5조제1항에 있어서 본문은 "미성년자가 법률행위를 함에는 법정대리인의 동의를 얻어야 한다."이고, "그러나 권리만을 얻거나 의무만을 면하는 행위는 그러하지 아니하다."는 단서이다.

> 제5조【미성년자의 능력】　① 미성년자가 법률행위를 함에는 법정대리인의 동의를 얻어야 한다. 그러나 권리만을 얻거나 의무만을 면하는 행위는 그러하지 아니하다.
> ② 전항의 규정에 위반한 행위는 취소할 수 있다.

4) 제1문(第1文)·제2문(第2文)　　하나의 조문이 가령 2개의 문장으로 되어 있는데 이들 문장이 본문과 단서의 관계에 있지 않은 경우에 사용하는 입법형식이다. 아래 「민법」 제128조에서 "법률행위에 의하여 수여된 대리권은 전조의 경우 외에 그 원인된 법률관계의 종료에 의하여 소멸한다"는 제1문이고 "법률관계의 종료 전에 본인이 수권행위를 철회한 경우에도 같다"는 제2문이다.

> 제128조【임의대리의 종료】　법률행위에 의하여 수여된 대리권은 전조의 경우 외에 그 원인된 법률관계의 종료에 의하여 소멸한다. 법률관계의 종료 전에 본인이 수권행위를 철회한 경우에도 같다.

5) 전 ○조　　해당 조문 앞의 몇 개의 조문을 모두 가리킬 때 사용하는 표현이다. 예컨대, 제582조가 "전 2조에 의한 권리는 매수인이 그 사실을 안 날로부터 6월 내에 행사하여야 한다"라고 할 때 '전 2조'란 제580조와 제581조를 가리킨다.

II. 기초법률용어

1) 자(子)　　일상용어에서 '子'는 아들을 의미한다. 그러나 「민법」에서 '子'는 아들과 딸을 총칭하는 개념이다('자녀'라는 표현이 마땅할 것이다). "자는 부의 성과 본을 따르고 부가에 입적한다"(제781조제1항)라는 규정에서의 '자'가 그 예이다. 앞

으로 개정해야 할 사항이다.

2) 선의·악의(善意·惡意) 일상용어에서의 선의·악의란 각각 '착한 마음', '타인에게 해를 끼치려는 나쁜 마음'을 의미한다. 그러나 법률에서 일반적으로 선의란 권리의 발생·변경·소멸에 영향을 미치는 일정한 사정을 알지 못한 것을 말하고, 악의란 그러한 사정을 안 것을 말한다.

3) 당사자(當事者)·제3자(第3者) 어떤 법률관계에 있어서 이에 직접 참여한 사람을 '당사자', 그 외의 사람을 '제3자'라 한다. 예를 들어 보자: A는 甲건물의 소유자이다; A는 甲을 임대차계약에 따라 B에게 세(貰)를 놓았다; 그 후 A는 甲에 대하여 C와 매매계약을 체결하였다. 이 사례에서 매매계약을 중심으로 보면 당사자는 A와 C이고, B는 제3자이다. 임대차계약을 중심으로 보면 A와 B가 당사자이고, C는 제3자이다.

4) 준용(準用) '준용'이란 일정한 규정을 유사한 다른 사항에 유추적용하는 방식이다. 예를 들어 보자. 「민법」 제59조제2항은 "법인의 대표에 관하여는 대리에 관한 규정을 준용한다."라고 규정한다. 그러므로 법인의 대표자(예: 이사)가 대표행위를 함에 있어서는 대표의 성질에 반하지 않는 한 대리에 관한 규정에 의하게 된다. 준용의 방식을 사용함으로써 법조문의 숫자를 줄이는 효과를 거둘 수 있다.

5) 추정(推定)·간주(看做) 법률문제를 해결하기 위해서는 분쟁당사자 간의 사실관계를 확정해야 한다. 그런데 사실관계를 낱낱이 확정하기가 어려운 경우가 있다. 추정과 간주는 사실관계의 증명이 곤란한 경우를 대비한 것이다. 추정이란 명확하지 않은 사실을 일단 존재하는 것으로 다루어 법률효과가 발생하도록 한다. "처가 혼인중에 포태한 자는 부의 자로 추정한다"(「민법」 제844조제1항)가 그 예이다. 반증을 제시하면 즉시 추정이 깨어진다. 간주란 법에 의한 의제이다. 법률에서는 보통 '간주한다' 내지 '본다'로 표현한다. "주소를 알 수 없으면 거소를 주소로 본다"(「민법」 제19조)가 그 예이다. 간주의 경우에는 반증만으로 번복할 수 없으며 재판을 통해 간주 내용을 무효화해야 한다.

6) **대항(對抗)하지 못한다**   특정인에 대해서는 일정한 권리를 주장하지 못한다는 것이다. 가령 A는 자기 소유의 甲토지를 자녀 B에게 증여하고자 하는데 과세를 피하기 위해 매매계약으로 가장하여 B에게 이전등기를 해주었다. 그 후 B는 매매를 통해 甲의 소유권을 이러한 사정을 모르는 C에게 양도하였다. 이 사례에서 A·B간의 매매계약은 무효이며(「민법」 제108조제1항), B는 소유자가 아니므로 C도 소유권을 취득할 수 없다. 그렇다면 A는 C에게 甲의 반환청구를 할 수 있는가? 순수논리적으로는 긍정해야 한다. 그러나 가장행위의 무효는 선의의 제3자에게 대항할 수 없다(「민법」 제108조제2항). 그러므로 A의 C에 대한 반환청구는 부정된다. 즉 A는 가장행위의 무효로써 C에게 대항할 수 없다.

7) **소급효(遡及效)**   법률의 효력이나 법률요건의 효력이 법률 시행 전 또는 법률요건이 충족되기 전의 시점으로 거슬러 올라가 효력이 생기는 것이다.

8) **기간의 단위인 월(月)**   일상적으로는 'ㅇ개월'이라는 단위를 사용한다. 그러나 법에서는 '개월'을 사용하지 않고 단순히 '월'이라는 단위를 사용하는 경우가 많다. "전 2조에 의한 권리는 매수인이 그 사실을 안 날로부터 6월 내에 행사하여야 한다"(「민법」 제582조)가 그 예이다.

9) **소유권의 변동 시점**   계약으로 물건에 대한 소유권이 변동되는 경우에 그 구체적인 시점은 언제인가? 의용민법 시대와 달리 현행민법은 형식주의를 채택하고 있다. 그리하여 부동산의 경우에는 매수인 명의로 등기(「민법」 제186조), 동산의 경우에는 매수인에게 인도해야(「민법」 제188조) 비로소 소유권이 이전된다.

Ⅲ. 대법원 판결문의 구조

1. 판결문 예시

```
대 법 원

제 2 부①
판 결

사 건            2022다2407②                              건물명도③
원고④, 피상고인⑤  오길동        원고 소송대리인     변호사 최철저
피고④, 상고인⑤   박순진        피고 소송대리인     변호사 김호남
원심판결⑥         서울고등법원 2020. 1. 15 선고 2016나77 판결

주 문⑦

상고를 모두 기각한다.
상고비용은 원고들의 부담으로 한다.

이 유⑧

피고 소송대리인의 상고이유에 대하여 … 이에 상고를 기각하고 … 관여법
관의 일치된 의견으로 주문과 같이 판결한다.
2024. 7. 28.⑨


재판장      대법관 윤고려⑩
대법관 김자유(주심)
대법관 이정의
대법관 박진리
```

2. 판결문 구성부분 해설

① '제2부'   '제2부'는 대법원의 재판부를 의미한다. 대법원에는 대법관 3인 이상으로 구성되는 부(部)를 둘 수 있는데(「법원조직법」 제7조제1항 단서), 실제로 대부분의 사건은 이 부에서 재판한다. 위 판결은 대법원 제2부에서 한 판결이다.

② '2022다2407' '2022다2407'은 사건번호이다. 사건번호는 서기 연수의 아라비아 숫자, 사건별 부호문자, 진행번호인 아라비아 숫자의 순으로 표시된다. 민사사건의 경우에 법원사무규칙이 정하는 사건별 부호문자 중 주요한 것은 아래와 같다.

> ○ 민사 제1심 단독사건 …… '가단'   ○ 민사 제1심 합의사건 …… '가합'
> ○ 민사 항소사건 …………… '나'   ○ 민사 상고사건 ………… '다'

앞의 설명을 기초로 하여 사건번호 '2022다2407'을 분석해 보자.
① 맨 앞의 '2022'는 사건이 접수된 해가 2022년임을 의미한다.
② 그 다음의 '다'는 사건별 부호문자로서 민사 상고사건을 의미한다.
③ 마지막의 '2407'은 법원의 진행번호이다.[1]

③ '건물명도' '건물명도'는 사건명이며, 사건명은 소장이 제1심법원에 접수될 때에 붙여진다.

④ '원고'·'피고' '원고'는 소송을 제기한 사람이고 '피고'는 그 상대방이다. 원고의 소제기에 의하여 제1심 절차가 개시되는데, 원고와 피고의 명칭은 항소심 및 상고심에서도 변경되지 않는다. 소송에서 원고 또는 피고가 아닌 제3자를 '소외인'(訴外人)으로 표시한다. 소송이 진행되면서 원고와 피고는 법원에 증거를 제출하는데, 원고가 제출한 증거자료는 '甲'으로 표시하고 피고가 제출한 증거자료는 '乙'로 표시한다. 예를 들어 원고가 증거서류 2개를 제출했다면 그 하나는 '甲 제1호증'이라 부르고, 다른 것을 '甲 제2호증'으로 표시한다.

⑤ '상고인'·'피상고인' 원심판결에 불복하여 대법원에 상고한 사람이 '상고인', 그 상대방이 '피상고인'이다.

⑥ '원심판결' '원심판결'이란 대법원에 상고되기 직전 제2심법원의 판결을 말한다. 원심판결은 고등법원 판결일 수도 있으며 지방법원 항소부 판결일 수도 있다.

---

1) 진행번호는 과거에는 해당 연도 대법원에 접수된 순서에 따른 일련번호였으나 지금은 검색용 숫자, 전자소송 여부 등의 정보도 포함된다.

⑦ '주문'   '주문'(主文)은 대법원 판결의 결론에 해당한다. 상고인의 상고에 이유가 있다고 판단되면 대법원은 원심판결을 파기하고, 이유가 없다고 판단되면 상고를 기각한다. 파기에는 '파기환송'(破棄還送), '파기이송'(破棄移送), '파기자판'(破棄自判)의 세 가지가 있다. '파기환송'은 상고심법원(즉 대법원)이 원심판결을 파기하면서 원심법원으로 사건을 되돌려 보내 다시 재판하도록 하는 것이고, '파기이송'은 원심판결을 파기하면서 원심법원과 같은 급의 다른 법원으로 사건을 되돌려 보내는 것이다. 상고심은 법률심이므로 사실관계를 기초로 구체적인 심판을 할 수 없어 사실심법원에 사건을 보내 재판하도록 하는 것이다. 이와 달리 '파기자판'이란 원심판결을 파기하면서 환송 또는 이송을 하지 않고 대법원이 스스로 재판하는 것이다. 민사소송에서는, (1) 확정한 사실에 대한 법령적용의 위배를 이유로 하여 판결을 파기하는 경우에 사건이 그 사실에 의하여 재판하기에 충분한 때, 또는 (2) 사건이 법원의 권한에 속하지 아니함을 이유로 하여 판결을 파기하는 때에 상고심법원은 그 사건에 대하여 종국판결, 즉 파기자판을 한다(「민사소송법」 제437조 참조).

⑧ '이유'   '이유'(理由)는 대법원이 주문과 같은 결론에 이르게 된 법리적 경과를 설명하는 부분이다. 이 부분은 대체로 원심이 확정한 사실관계, 원심의 법적 판단 사항, 원심의 판단에 대한 대법원의 법적 판단의 순서로 서술되며 그 말미에는 주문의 내용을 반복하여 기재한다.

⑨ 날짜   판결이 이루어진 날짜이다. 사건번호(②) 맨 앞부분의 '2022'도 연도를 나타내지만, 사건번호에서의 연도는 해당 사건이 대법원에 접수된 연도를 의미하므로 판결연도와 다를 수 있다.

⑩ 법관의 서명·날인   상고심에 관여한 대법관은 모두 판결문 말미에 서명하고 날인한다.

차   례

제1편 총   칙

제1장 총   설

제2장 법률행위

제3장 권리의 주체

제4장 권리의 객체

제2편 채   권

제1장 총   설 135

제2장 채권총칙

제3장　계　　약

제4장   법정채권

제3편 물 권

제1장 총 설

제2장 물권변동론

제3장 기본물권

민 / 법 / 학 / 원 / 론   제1편

총 칙

제1장

총 설

제 1 절 │ 서 설

Ⅰ. 민법의 의미

1.1
법이란 강제력을 가진 사회규범이며, 강제력이란 규범을 위반하면 일정한 제재를 가할 수 있는 힘이다. 국가는 강제력으로써 의무의 이행을 보장하고 권리[1]를 보호한다.

민법은 개인 간의 사적인 권리관계(예: 계약관계, 소유관계, 친자관계, 상속관계 등)를 규율하는 '사법'(私法)이다(사법은 국가-사인 간의 관계를 규율하는 공법에 대응). 민법이 사법의 전부는 아니어서 「상법」·「주택임대차보호법」 등도 사법에 속한다. 민법과 다른 사법의 관계는 어떠한가? 민법을 '일반사법', 민법 외의 사법을 '특별사법'이라 한다. 특별사법은 적용대상이 특별한 것으로, 가령 상법은 기업의 경영과 상거래에 관한 특별법이다. 해당 사안에 대하여 특별법에 규정이 있으면 일반법에 우선하여 적용한다(특별법 우선의 원칙). 가령 상인(상인의 개념에 대해서는 「상법」 제4~9조 참조) A와 상인 B 사이의 분쟁이라면 우선 상법을 적용하고, 상법에 규정이 없으면 일반사법인 민법을 적용한다(「상법」 제1조 참조).

'민법'은 두 가지 의미로 사용된다. 하나는 형식적 의미의 민법으로서 법률의 하나인 「민법」(1960. 1. 1. 시행)을 가리킨다. 다른 하나는 실질적 의미의 민법으로서 실질적 내용이 민법, 즉 사법관계를 규율하는 법을 말한다. 형식적 의미의 민법에는 실질적 의미의 민법이 아닌 것도 포함되어 있다(예: 제97조[2]는 벌칙으로서 공법의 영역에 해당함). 한편, 실질적 의미의 민법은 형식적 의미의 민법(「민법」) 이외에 다양한 모습으로 산재하며, 심지어는 공법 관련 법률(예: 「농지법」, 「광업법」 등)에도 존재한다.

---

1) 권리의 정확한 개념에 대해서는 이 책 [1.8] 이하 참조.
2) 앞으로 특별한 사정이 없는 한 「민법」은 법률 명칭을 생략하고 조문 번호만을 인용한다.

보충학습 1.1 | 형식적 의미의 민법: 「민법」

　일제강점기 이 나라에 일본민법이 적용되었는데(이는 「조선민사령」(1912. 3. 18. 제령 제7호) 이를 '의용민법'이라고 한다. 1945년 8월 15일 해방에도 불구하고 바로 민법전을 제정할 수는 없었다. 미군정이 종식되고 1948년 8월 15일 대한민국 정부가 수립 직후 대통령 직속으로 설치된 법전편찬위원회(위원장: 초대 대법원장 김병로)에서 민법안이 마련되었다(1953. 7. 4). 이 민법안은 국무회의를 거쳐 정부안으로 국회에 제출되어 (1954. 10. 26) 1957년 12월 17일 국회 심의가 종료되었다. 「민법」은 1958년 2월 22일 공포되어(법률 제471호) 1960년 1월 1일부터 시행되었다.[3] 해방 후 약 15년이 지나서야 이 나라에서 대한민국 민법이 적용되었다.
　「민법」은 체계와 내용의 면에서 일본민법[4](더 정확하게는 일본 법률가들에 의해 만들어진 만주민법)과 유사하다. 그러나 1958년 민법은 의용민법의 운영과정에서 드러난 문제점의 수정·보완, 주요 이슈에 대한 입법적 결단(물권변동이론을 의사주의에서 형식주의로 전환), 남녀평등의 강화, 사회적 약자에 대한 보호책의 신설(예: 제104·607·608조 등) 등 차이점도 적지 않다.

Ⅱ. 민법의 법원(法源)

1.2　　민법의 법원(source of law)이란 민법의 존재형식(즉 민법이 구체적으로 어떤 모습으로 존재하는가) 또는 인식근거(즉 무엇을 통하여 민법을 인식할 수 있는가)이다. 제1조는 "민사에 관하여 법률에 규정이 없으면 관습법에 의하고, 관습법이 없으면 조리에 의한다"고 규정한다. 1차적 법원은 성문법이고, 불문법(관습법 및 조리)은 보충적 법원이다.

1.3　　〈1〉법　률　제1조가 정하는 '법률'이란 국회의 의결을 거쳐 제정·공포된 형식적 의미의 법률(협의의 법률)만을 의미하는 것이 아니라, 강제력을 가지는 모든 성문규범을 의미한다. 대통령의 긴급명령(「헌법」 제76조 참조), 조약(「헌법」

---

[3] 「민법」의 제정 경과에 관한 개략적 설명은 명순구, 『실록 대한민국 민법 1』, 법문사, 2008, 1~13쪽 참조.
[4] 일본민법은 계통적으로 주로 독일민법을 계수했지만 프랑스민법의 요소도 적지 않다. 드물지만 스위스민법, 영미법(코먼로) 등의 요소도 포함되어 있다.

제6조제1항 참조)과 같이 법률과 동일한 효력을 가지는 규범은 물론 명령(대통령령, 총리령, 부령), 대법원규칙, 자치법(지방자치단체가 제정하는 조례나 규칙) 등도 제1조의 '법률'에 포함된다. 요컨대, 제1조의 '법률'이란 실질적 의미의 민법에 해당하는 성문규범을 의미한다.

1.4 　**〈2〉관 습 법**　일반적으로 관습법이란 사회생활관계에서 어떠한 사실행태가 반복되고 정착되어 사회구성원들이 이를 규범으로 인식(즉 법적 확신)하기에 이른 사회규범이다. 관습법의 성립요건은 다음과 같다: ① 일정한 관행이 존재할 것; ② 사람들이 그 관행을 일반성과 강제성을 띤 사회규범으로 생각하는 수준에 이를 것(즉 법적 확신);5) ③ 그 관행이 헌법질서에 반하지 않을 것.6)

1.5 　**〈3〉조 리**　성문법도 없고 관습법도 없으면 조리에 따라 재판한다(제1조). 조리란 사물의 본질적 법칙 또는 인간의 이성에 기초한 법의 일반원칙을 말한다. 이렇게 추상적인 성격의 조리를 법원에 포함시킨 이유는 무엇일까? 헌법상 기본권의 관점에서 이해할 수 있다. 모든 국민은 스스로 법원에 소를 제기할 수 있는 사권보호청구권을 가지며(「헌법」 제27조제1항), 적법하게 제기된 소에 대하여 법원으로서는 해당 사안에 적용될 법규가 없다는 이유로 재판을 거부할 수 없다(사법거절금지의 원칙). 그러므로 해당 분쟁에 관하여 성문법도 관습법도 없다면 조리를 통해서라도 재판을 해야 한다. 학설은 "조리가 법원인가?"를 놓고 논쟁이 있으나, 이는 특별한 실익이 없다.

1.6 　**〈4〉판 례**　판례란 법원의 재판(판결, 결정)을 통해 형성된 규범이다. 이른바 '선례구속의 원칙'(doctrine of stare decisis)을 취하는 코먼로(common law system)7)에서는 판례가 주된 법원이지만, 우리와 같은 대륙법(civil law system)에서는 판례의 위상이 코먼로에서와 같지 않다. 즉 상급법원의 판단은 해당 사건에 관

5) 대법원 1983. 6. 14. 선고 80다3231 판결; 대법원 2005. 7. 21. 선고 2002다13850 전원합의체판결 등 참조.
6) 대법원 2005. 7. 21. 선고 2002다1178 전원합의체판결은 종원의 자격을 성년 남자로만 제한하는 종래 관습은 헌법질서에 반하여 더 이상 법적 효력이 없다고 판시한다.
7) 대륙법 체계가 먼저 법규정을 정하고 그것을 축으로 법체계를 형성하는데 비해 코먼로 체계는 구체적인 판례를 통해 일반적인 법규범을 발견·형성해 가는 체계이다. 코먼로 체계의 대표적인 국가가 영국과 미국이어서 이를 '영미법'으로 부르기도 한다.

하여 하급심을 기속할 뿐 다른 사건(비록 유사한 사안이라도)에 대해서는 기속력이 없다. 그러나 실제에 있어서는 상급심의 판례는 유사한 사안에 대하여 법원으로 작용한다. 이런 점에서 판례는 사실상 법원으로 볼 수 있다.

1.7　　　〈5〉학 설　　일정한 법률문제에 대한 법학자들의 학설이 법관의 심증 형성에 영향을 주어 그것이 판례를 형성하는 경우도 적지 않다. 학설도 간접적으로 민법의 법원이 될 수 있다.

제2절 │ 민법의 규율대상: 권리관계

Ⅰ. 권리관계와 권리의 의미

1. 개　　념

1.8　　　민법은 누구에게 권리가 있고 누구에게 의무가 있는가를 규율한다. 이는 권리관계 또는 의무관계로 나타나는데, 보통 '권리관계'로 표현한다. 그리고 권리란 권리관계의 구성요소로서 "일정한 이익을 향수하도록 법이 인정한 힘"이다.

2. 권리와 유사개념의 구별

1.9　　　권리는 유사개념과 구별해야 한다.

ⓘ 권 능　　권능이란 권리의 요소인 개개의 법률상의 힘이다. 가령 소유권이라는 권리는 사용권·수익권·처분권이라는 권능을 포함한다(제211조). 권리는 하나 또는 다수의 권능으로 구성된다.

ⓘ 권 한　　권한이란 타인을 위하여 일정한 행위를 하고 그 법률효과를 타인에게 귀속시킬 수 있는 자격이다. 법인의 대표기관(이사)의 대표권,[8] 대리인의 대리권[9] 등이 그 예이다. 권한이 없는 사람이 타인을 위해 한 행위는 타인에

---

8) 이에 대해서는 이 책 [1.164] 등 참조.
9) 이에 대해서는 이 책 [1.92], [1.93] 참조.

게 효과가 귀속하지 않는다(즉 무효).

Ⅱ. 권리의 종류

1. 내용에 따른 분류: 재산권·인격권·가족권·사원권

(1) 재 산 권

1.10 재산권이란 그 내용이 경제적 가치를 가지는 권리이다(채권, 물권, 지식재산권).

1.11 〈1〉채 권   가령 A가 자기 소유물 甲에 대하여 B와 매매계약을 체결했다면 채권관계가 성립한다. 채권관계에 기한 권리를 '채권', 의무를 '채무'라 한다. 채권이란 특정인(채권자)이 다른 특정인(채무자)에게 일정한 행위(이를 '급부'라 함)를 요구할 수 있는 권리이다.

채권은 가능성의 권리이다. 가능성의 의미를 상실한 순간, 즉 가능성의 실현(예: 변제10)) 또는 실현불능11)에 의하여 채권은 소멸한다. 즉 채권은 가능성과 함께만 존재한다. 그리고 채권은 실현되지 못할 불확실성을 내포하고 있다. 이에 채권자로서는 채권실현의 가능성을 확보하기 위한 방법을 강구하는데 이를 '채권담보'라 한다.

1.12 〈2〉물 권   물권이란 권리객체(예: 물건)를 직접 지배할 수 있는 배타적인 권리이다.

ⓘ 직접 지배   지상권12)과 임차권13)의 비교를 통하여 '직접 지배'의 의미를 살펴보자. A가 B 소유의 甲토지를 사용하고자 할 때 지상권(물권)에 의할 수도 있고, 임차권(채권)에 의할 수도 있다. 사용료를 내고 일정기간 타인 소유의 토지를 사용한다는 점에서는 양자 사이에 차이가 없다. 그러나 법구조에서는 커다

---

10) 일상적으로 변제라는 용어는 빚을 갚는다는 의미이지만, 법률용어로서의 변제는 채무를 이행하는 것을 말한다. 이에 대해서는 이 책 [2.81] 참조.

11) 채권의 내용이 채권성립 당시부터 불능(원시적 불능)이면 해당 채권은 무효이고(이 책 [2.150] 참조), 채권성립 이후에 불능(후발적 불능)으로 되었다면 원채권 자체는 소멸하며 다만 다른 법률문제(예: 손해배상·대가위험부담 등)로 전환된다(이 책 [2.10], [2.157] 등 참조).

12) 이에 대해서는 이 책 [3.163] 참조.

13) 이에 대해서는 이 책 [2.197] 참조.

란 차이가 있다. A의 권리가 존속하는 중에 B가 甲에 대한 소유권을 C에게 양도했다고 가정해 보자. A의 권리가 임차권이라면 자신의 권리를 가지고 C에게 대항하지 못한다. 즉 A는 C에게 甲을 반환해야 하며, 다만 B에게 계약위반 책임을 물을 수 있을 뿐이다. 이는 A가 B의 이행행위(내지 협력행위)를 통해서만 권리를 실현할 수 있음을 의미한다. 반면, A의 권리가 지상권이라면 C는 A의 지상권에 의하여 제한된 소유권을 취득한 것이다. 그러므로 A는 C에게 자신의 권리(즉 지상권)를 가지고 대항할 수 있다. 이는 A가 권리객체인 甲을 직접 지배하는 데 따른 결과이다.

ⅱ) 배타적인 권리   채권은 가능성의 권리이다. 그러므로 동일한 내용의 채권이 동시에 존재할 수 있으며, 이들 채권은 효력에 있어서 평등하다. 예컨대, A가 甲에 대하여 X와 매매계약을 체결하고 그 후 다시 Y와 같은 내용의 계약을 체결한 경우에 X·Y의 A에 대한 채권은 평등하다. '가능성'이 시각에서 X와 Y의 권리는 차이가 없기 때문이다. 이와 같이 채권은 배타성이 없다. 이와 달리 물권은 배타적인 권리로서 동일한 물건에 대하여 동일한 내용의 물권이 동시에 존재할 수 없다.

1.13   〈3〉 지식재산권   지식재산권이란 인간의 지적 창조물에 대한 권리이다. 지식재산권은 사용으로 인해 소진되지 않는 특징을 가진다. 처음 고안해 내는 것이 어렵지 그것을 그대로 이용하는 데에는 전혀 비용이 들지 않아, 한계생산비가 0에 가깝다. 지식재산권에 대한 법적 규율이 특수한 성격을 가지는 이유이다. 지식재산권은 산업재산권(특허권, 실용신안권, 디자인권, 상표권)과 저작권을 포괄하는 개념이다.

(2) 인 격 권

1.14   인격권이란 권리주체와 분리할 수 없는 인격적 이익에 관한 권리(생명·신체·정신의 자유에 대한 권리)이다. 민법에 인격권 보호에 관한 직접적인 규정은 없고, 단지 제751조(타인의 신체·자유·명예에 대한 침해가 불법행위를 구성함)가 소극적으로 규정하고 있다. 판례는 인격권 보호를 위하여 적극적인 이론을 제시하고 있다. 즉 인격권은 그 성질상 일단 침해된 후에는 일반적인 구제수단인 금전배상(제763조 및 제394조 참조)이나 명예회복 처분(제764조)만으로는 그 피해의 완전한 회복이 어

렵고 손해전보의 실효성을 기대하기 어렵다는 인식 아래 인격권 침해에 대하여 사전(예방적) 구제수단으로 침해행위 정지·방지 등의 금지청구권도 인정한다.[14]

(3) 가 족 권

1.15   가족권이란 친족관계를 기초로 인정되는 이익에 관한 권리이다(예: 친권, 부양청구권). 민법에서 '친족'이란 혼인과 혈연으로 맺어진 친족관계에 있는 사람이다(제777조).

(4) 사 원 권

1.16   사원권이란 사단의 구성원(사원)이 그 지위에 기하여 사단에 대하여 가지는 권리이다(예: 회비납부의무, 결의권 등).[15]

2. 작용에 따른 분류: 지배권·청구권·형성권·항변권

1.17   ⓘ 지 배 권   타인의 행위를 개재시키지 않고 권리객체를 직접 지배[16]하는 권리이다. 물권은 대표적인 지배권이다.

ⓘⓘ 청 구 권   특정인이 특정인에 대하여 일정한 행위를 요구하는 권리이다. 채권은 청구적 효력을 본질로 한다. 이런 이유로 채권과 청구권이 혼동되기도 한다. 채권은 청구권의 발생근거이며, 청구권은 채권의 작용적 측면으로서 양자는 구별해야 한다. 이행기가 도래하지 않은 채권의 경우, 채권자에게 채권은 있어도 아직 청구권은 발생하지 않는다. 청구권의 발생근거는 채권에 한정되지 않는다. 즉 물권에 기초하는 청구권(예: 물권적 청구권, 매수청구권, 갱신청구권 등)도 있고, 가족권에 기초하는 청구권(예: 동거청구권, 부양청구권 등)도 있다.

ⓘⓘⓘ 형 성 권   권리자의 일방적 의사표시에 의하여 법률관계의 변동(발생·변경·소멸)을 일으키는 권리이다. 법률관계의 변동은 당사자 사이의 합의에 의하는 것이 원칙이라는 점에서 형성권은 매우 특별한 권리이다. 형성권은 당사자 간의 약정(예: 예약완결권[17]), 법률규정에 의하여 발생한다. 후자에 해당하는 것으로 법률행위의 동의권(제5·13조), 취소권(제140조), 추인권(제143조), 채무불이행을

---

14) 대법원 1996. 4. 12. 선고 93다40614,40621 판결; 대법원 2013. 3. 28. 선고 2010다60950 판결 등 참조. 이에 대해서는 이 책 [2.285] 참조.

15) 이에 대해서는 이 책 [1.170] 참조.

16) '직접 지배'의 의미에 대해서는 이 책 [1.12] 참조.

17) 이에 대해서는 이 책 [2.164] 참조.

이유로 한 계약해제·해지권(제543조), 상계권(제492조) 등이 있다. 형성권은 권리 행사 여부에 따라 상대방의 법적 지위에 현격한 차이가 발생하여 법률관계의 불안정을 가져온다. 그리하여 민법은 그 불안정을 완화하기 위한 조치를 마련하고 있다. 단기의 제척기간[18]을 둔다든가, 상대방에게 행사 여부에 대한 최고권[19]을 주어 상당한 기간이 지나면 형성권이 소멸되는 것(예: 제552조제2항)으로 한다든가 또는 형성권을 상대방에게 이전시키는 것(예: 제381조제1항) 등이 그 예이다.

보충학습 1.2 | 상황전환효 최고

최고 후 상당기간이 경과하면 상황을 전환시키는 효력(권리의 변경 또는 소멸)은 위에서 설명한 경우 외에도 우리 민법에 산재하고 있다. 이와 같은 최고는 형성권의 상대방에게만 부여되는 것이 아니다(예: 제395조의 최고는 형성권과 무관[20]). 상당기간이 경과 후에 상황을 전환시키는 효력을 가지는 최고를 가리켜 '상황전환효 최고'로 부르고자 한다.

　ⓘ 항 변 권　　항변권은 청구권의 행사에 대하여 그 작용을 저지하는 권리이다. 상대방의 청구권 행사에 대하여 존재는 인정하되 그 작용을 저지하는 권리라는 점에서 '반대권'(Gegenrecht)이라고도 한다. 항변권에는 그 효력이 일시적인 것(연기적 항변권)과 영구적인 것(영구적 항변권)이 있다. 전자에 속하는 것으로 동시이행의 항변권(제536조),[21] 보증인의 최고·검색의 항변권(제437조)[22] 등이 있다. 후자에 속하는 것으로는 상속인의 한정승인(제1028조)[23] 등을 들 수 있다.

---

18) 제척기간이란 일정한 권리에 대하여 법률이 정하고 있는 권리의 행사기간이다(예: 제146조). 이에 대하여 자세한 것은 이 책 [1.206] 참조.

19) 최고란 일방이 타방에게 일정한 사항에 대한 의견표명을 촉구하는 행위이다(예: 제15조제1항).

20) 이에 대해서는 이 책 [2.29] 참조.

21) 이에 대해서는 이 책 [2.154] 이하 참조.

22) 이에 대해서는 이 책 [2.133] 이하 참조.

23) 단순승인을 하면 상속인은 피상속인의 적극재산과 소극재산(예: 채무)을 모두 승계하지만, 한정승인을 하면 적극재산의 한도 내에서만 소극재산에 대해 책임을 진다.

Ⅲ. 권리관계의 실현방법

1. 일반원칙과 그 수정·보충의 필요성

1.18   권리관계는 권리의 행사 또는 의무의 이행으로 실현된다. 그리고 권리관계의 실현방법에 관한 일반원칙은 다음과 같다: 권리자는 그 권리의 범위 안에서 무제한적 자유를 가지며,[24] 의무자는 해당 법률관계에 의하여 설정된 의무만을 이행하면 그것으로 족하다.

권리관계의 실현방법에 관한 위 일반원칙은 개인주의와 자유주의에 기초한 것으로 유효하게 성립된 권리관계에 확정성을 부여하여 법적 안정성과 예견가능성의 토대이다. 그런데 권리관계에 사회형평의 관념이 도입되면서 위 일반원칙이 수정·보충되었으며,[25] 그 대표적인 것이 신의성실의 원칙과 권리남용금지의 원칙이다(제2조).

2. 신의성실의 원칙

(1) 의   미

1.19   "권리의 행사와 의무의 이행은 신의에 좇아 성실히 하여야 한다"(제2조 제1항). 신의성실의 원칙의 지배적 적용범위는 채권법이나, 이에 그치지 않고 민법의 모든 영역에 적용된다. 사법뿐만 아니라 공법·사회법의 영역에도 적용된다. 이 원칙은 모든 권리관계에서 언제나 고려하는 규범이므로 당사자의 주장이 없더라도 법원이 직권으로 적용할 수 있다.[26]

(2) 파생원칙

1.20   〈1〉 **모순행위금지의 원칙**   선행행위와 모순되는 행위는 허용되지 않는다는 원칙이다. '금반언의 원칙'이라고도 한다. 선행행위에 의하여 타인에게 일정한 신뢰가 형성되었는데, 이와 모순되는 후행행위를 승인하게 되면 타인의 신뢰

---

24) "자기의 권리를 행사하는 자는 그 누구를 해하는 것도 아니다"(*qui suo iure utitur, neminem laedit*) 또는 "자기의 권리를 행사하는 자는 누구에 대해서도 불법을 행하는 것이 아니다"(*qui iure utitur, nemini facit iniuriam*)라는 법언은 이러한 기본관념을 잘 표현하고 있다.

25) 대법원 1999. 3. 23. 선고 99다4405 판결; 대법원 2003. 4. 22. 선고 2003다2390 판결 등 참조.

26) 대법원 1995. 12. 22. 선고 94다42129 판결; 대법원 1998. 8. 21. 선고 97다37821 판결 등 참조.

를 부당하게 침해하는 결과가 되기 때문이다.[27)]

1.21 〈2〉 **실효의 원칙**　　권리자가 장기간 권리를 행사하지 않아 의무자로서는 그가 권리를 행사하지 않을 것으로 신뢰할 만한 정당한 기대를 가지게 되었다면 그 권리행사를 제한한다.[28)] 가령 근로자가 해고에 따른 퇴직금을 이의 없이 수령하는 등 해고에 대하여 전혀 다툼 없이 오랜 기간 경과 후 돌연 해고무효 확인소송을 제기한다면 법원은 이 원칙을 적용하여 청구를 기각한다.[29)]

1.22 〈3〉 **사정변경의 원칙**　　가령 법률행위(예: 계약) 성립의 기초가 된 사정이 현저히 변경되고 당사자가 계약의 성립 당시 이를 예견할 수 없었으며, 그로 인하여 계약을 그대로 유지하는 것이 당사자의 이해에 중대한 불균형을 초래하거나 계약을 체결한 목적을 달성할 수 없는 경우에는 계약준수 원칙의 예외로서 사정변경을 이유로 계약을 변경하거나 해제·해지할 수 있다.[30)] 특히 계속적 계약[31)]에서는 계약체결 이후 이행기간이 장기여서 사정변경이 발생할 가능성이 높다.

3. 권리남용금지의 원칙

1.23 "권리는 남용하지 못한다"(제2조 제2항). 권리의 행사가 권리의 사회성의 한계를 벗어났다면 이를 허용하지 않는다. 이 원칙이 적용되기 위한 요건을 본다.

ⓘ **권리의 존재와 행사**　　권리가 적법하게 존재하고, 또한 그 행사에 해당하는 행위가 있어야 한다.

ⓘ **객관적 요건**　　법이 해당 권리를 인정한 근본취지에 부합하지 않아야 한다. 객관적 요건은, 권리의 취득 경위, 권리를 행사함으로써 권리자에게 귀속하는 이익과 상대방의 손해 사이의 균형, 권리의 행사가 사회일반의 이익에 미치는 영향 등을 구체적인 사안에 따라 개별적으로 판단한다.[32)]

---

27) 대법원 1989. 5. 9. 선고 87다카2407 판결; 대법원 2019. 8. 30. 선고 2017다33759 판결 등 참조.
28) 대법원 1992. 1. 21. 선고 91다30118 판결; 대법원 2005. 10. 28. 선고 2005다45827 판결 등 참조.
29) 대법원 1990. 8. 28. 선고 90다카9619 판결; 대법원 1994. 8. 12. 선고 93다13971 판결 등 참조.
30) 대법원 2007. 3. 29. 선고 2004다31302 판결; 대법원 2021. 6. 30. 선고 2019다276338 판결 등 참조.
31) 계속적 계약에 대해서는 이 책 [2.142] 참조.
32) 대법원 1990. 5. 22. 선고 87다카1712 판결; 대법원 2010. 4. 15. 선고 2009다96953 판결 등 참조.

ⓘ **주관적 요건**   판례는 객관적 요건 외에 주관적 요건으로 가해의사를 요구한다. 즉 권리행사의 목적이 오직 상대방에게 고통을 주고 손해를 입히려는 데 있을 뿐, 행사하는 사람에게 아무런 이익이 없어야 한다.[33]

권리남용으로 판단되면 해당 권리의 행사는 정상적인 법률효과를 발생하지 못한다. 청구권이라면 법이 청구권의 실현에 조력하지 않고, 형성권이라면 해당 형성권의 내용에 따른 효과가 발생하지 않으며, 항변권이라면 상대방의 청구권 행사를 저지할 수 없다.

Ⅳ. 권리의 충돌

`1.24`   권리의 충돌이란 동일한 객체에 대하여 여러 개의 권리가 존재하는 상태이다. 권리충돌에 있어서 복수의 권리가 동시에 병존할 수 있다면 모르되, 그렇지 않다면 그 권리들 사이에 우열관계를 정해야 한다.

1. 채권과 채권의 충돌: 채권자평등의 원칙

`1.25`   A는 자기 소유의 甲물건에 대하여 X와 매매계약을 체결했다. 그 후 Y가 X보다 훨씬 좋은 매수조건을 제시하여 A는 Y와 甲을 목적물로 다시 매매계약을 체결하였다. 甲에 대하여 X와 Y 중 누가 법적으로 우선적 지위에 있는가? 우선, A·Y 간의 매매계약의 유효성이 문제된다. 채권은 목적물에 대한 배타적 지배를 내용으로 하는 권리가 아닌 가능성의 권리이다.[34] 이에 따라 동일한 내용의 복수의 채권이 병존할 수 있으며, 따라서 A·Y 사이의 제2매매계약도 원칙적으로 유효하다.

---

33) 대법원 1986. 7. 22. 선고 85다카2307 판결; 대법원 1999. 9. 7. 선고 99다27613 판결 등 참조.
34) 이에 대해서는 이 책 [1.11] 참조.

> **보충학습 1.3 | 이중계약이 무효인 경우**
>
> 이중계약이 언제나 유효한 것은 아니다. 판례의 입장은 이러하다:35) 이중매매의 매도인의 행위는 제1매수인과의 관계에서 보면 배임행위인데, 만약 제2매수인이 매도인의 행위에 적극 가담하여 다시 매매계약을 체결한 경우라면 제2매매계약은 반사회적 법률행위에 해당하여 무효이다(제103조36)). 여기에서 매도인의 배임행위에 적극 가담하는 행위라 함은 타인과의 매매 사실을 안 것만으로는 부족하고, 매매사실을 알고도 다시 매도할 것을 요청함으로써 매매계약에 이르는 정도가 되어야 한다.

A·X, A·Y 사이의 매매계약이 모두 유효하므로 두 매수인(즉 X와 Y)은 매도인 A에 대하여 동일 내용의 소유권이전채권을 가진다. 이와 같이 채권과 채권이 충돌하는 때에는 서로 평등한 것이 원칙이다. 이를 '채권자평등의 원칙'이라고 한다. 결국, 복수의 채권자 중 먼저 채권을 실현한 사람은 만족을 얻게 되고, 다른 채권자와 채무자 사이에는 계약위반의 문제가 남게 된다.

2. 채권과 물권의 충돌: 물권의 우위

1.26
앞의 사례에서 A가 甲에 대한 소유권을 Y에게 이전했다고 가정해 보자. Y는 이제 甲에 대하여 물권(소유권)을 취득하는 반면, X는 여전히 채권자의 지위에 머물러 있다. 즉 물권과 채권의 충돌상황이 된다. 물권과 채권이 충돌하면 물권이 우선하는 것이 원칙이다.37) 자신의 채권에 대한 만족을 얻지 못하게 된 X의 A에게 계약위반에 대한 제재(예: 손해배상청구 또는 계약해제 등)를 할 수 있을 뿐이다.

그러나 이 원칙에는 중요한 예외들이 존재한다. 일정한 채권자를 보호하기 위한 정책적 배려의 결과이다. 예컨대, 임차권은 채권이지만 부동산임차권을 등기한 때에는 그 권리를 가지고 제3자에게 대항할 수 있다(제621조).38) 「주택임대차보호법」은 주택을 인도받고(즉 입주하고) 주민등록을 이전하면 제3자에 대하여 대항력을 취득하는 것으로 규정한다(법 제3조제1항).

---

35) 대법원 1979. 7. 24. 선고 79다942 판결; 대법원 2008. 3. 27. 선고 2007다82875 판결 등 참조.
36) 제103조에 대해서는 이 책 [1.48] 참조.
37) 이에 대해서는 이 책 [3.9], [3.10] 참조.
38) 이에 대해서는 이 책 [2.204] 참조.

3. 물권과 물권의 충돌: 시간적 선후에 따른 우열

1.27　물권과 물권의 충돌에서는 "시간에서 빠르면 권리에서 앞선다"(prior tempore, potier iuris)는 원칙이 지배한다. 그러나 이것은 원칙일 뿐 물권의 충돌은 다양한 모습으로 나타나며, 그에 따라 우선적 효력도 달라진다.39)

V. 권리의 중첩

1.28　권리중첩이란 하나의 생활관계가 수개의 법률요건에 해당(즉 여러 개의 권리규정에 해당)하는 경우이다. 이때 수개의 권리가 모두 발생하여 권리자가 이들 권리를 선택적으로 행사할 수 있는가? 이는 중첩의 구체적 모습(권리경합 또는 법조경합)에 따라 다르다.

1. 권리경합

1.29　권리경합이란 수개의 권리가 병존하여 이를 선택적으로 행사할 수 있는 경우이다. 어느 권리를 행사하여 목적을 달성하면 다른 권리는 소멸한다. A가 자기 소유의 물건에 대하여 B와 임치계약40)을 체결하였는데, 반환기간이 되어도 B가 A에게 반환을 하지 않고 있다. A로서는 B에게 임치계약에 기한 반환청구권과 소유권에 기한 반환청구권을 동시에 가진다. 무엇이든 먼저 행사하여 목적을 달성하면 다른 권리는 소멸한다. 두 권리를 인정하는 실익은 무엇인가? 가령 계약상의 권리는 소멸시효의 대상이 되지만, 소유권에 기한 청구는 소멸시효의 대상이 되지 않는다.41)

2. 법조경합

1.30　해당하는 수개의 규정 중 하나의 권리규정이 나머지 권리규정의 적용을 배제함으로써 처음부터 하나의 권리만이 발생하는 경우이다. 법조경합은 특별법과

---

39) 물권 상호간의 충돌에 관해서는 이 책 [3.11] 참조.
40) 임치계약에 대해서는 이 책 [2.231] 이하 참조.
41) 이에 대해서는 이 책 [1.208] 이하 참조.

일반법의 관계로 나타나는 것이 보통이다. 가령, 공무원이 업무수행과 관련하여 타인에게 손해를 입혔다고 해보자. 이 경우에 「민법」 제756조와 「국가배상법」 제2조가 권리규정으로 고려될 수 있는데, 특별법 우선의 원칙에 따라 피해자는 후자에 기한 손해배상청구권만을 가진다.

제3절 | 민법의 기본원리

I. 기본이념으로서의 사적자치의 원칙

1.31   모든 국민은 인간으로서의 존엄과 가치를 가지며, 행복을 추구할 권리를 가진다(「헌법」 제10조제1문). 사적자치의 원칙은 이 헌법 이념을 구체화한 것으로 개인은 자신의 자유로운 의사에 따라 자율적으로 법률관계를 형성할 수 있고, 국가는 이에 간섭할 수 없다는 것이다. 이 원칙은 자신의 이해관계에 관한 최상의 판단자는 바로 자신이라는 것, 즉 개인주의적 인간관과 자유주의적 경제관을 철학적 기초로 한다.

사적자치의 원칙은 민법을 지배하는 기본이념으로서 다음의 개별 원칙을 포괄한다: ① 법률행위자유의 원칙; ② 사유재산권절대의 원칙; ③ 과실책임의 원칙.

II. 사적자치의 원칙의 내용

1. 개별원칙

(1) 법률행위자유의 원칙

1.32   이 원칙은 자신의 자유로운 의사에 따라 법률행위(예: 계약)를 할 수 있다는 것이다. 이 원칙은 ① 개인의 자유의사를 존중하는 것이, ② 사회경제적으로도 이익이라는 관념에 따른 것이다. 그러므로 만약 '개인의사의 존중'이 '사회경제

적 이익'이 되지 않는 때에는 이 원칙이 적용되지 않는다. ②는 법률행위자유의 원칙의 제어요소이다. 예컨대, '선량한 풍속 기타 사회질서'에 반하는 계약은 '사회경제적 이익'에 합치하지 않는 것으로 판단되어 법적 보호의 대상이 되지 못한다. 즉 그러한 계약은 무효이다(제103조 참조).

법률행위자유의 원칙은 대개 계약자유의 원칙으로 표출된다. 법률행위 중 계약이 가장 비중이 크기 때문이다. 계약자유의 원칙은 다음의 내용을 포괄한다: ① 계약체결의 자유(당사자는 계약의 체결 여부를 자유롭게 판단할 수 있다); ② 상대방선택의 자유(당사자는 계약의 상대방을 자유롭게 선택할 수 있다); ③ 내용결정의 자유(당사자는 계약의 내용을 자유롭게 선택할 수 있다); ④ 방식선택의 자유(당사자는 계약의 방식을 자유롭게 선택할 수 있다). 계약자유의 원칙으로 인하여 계약에 관한 법규정은 임의규정인 것이 원칙이다.[42] 즉 당사자의 의사에 의하여 법규정의 적용을 배제할 수 있다. 제105조가 "법률행위의 당사자가 법령 중의 선량한 풍속 기타 사회질서에 관계없는 규정과 다른 의사를 표시한 때에는 그 의사에 의한다"라고 정한 것은 그러한 취지이다.

(2) 사유재산권절대의 원칙

1.33 모든 개인은 재산권의 귀속주체이며 각 개인에게 귀속된 재산권은 국가 또는 타인에 의하여 침해되지 않는다. 「헌법」은 "모든 국민의 재산권은 보장된다"(제23조제1항제1문)고 선언하여 이념으로서의 인간의 존엄과 가치를 실현하기 위한 물적 기초로서 사유재산권존중의 원칙을 규정한다. 그리고 「민법」은 "소유자는 법률의 범위 내에서 그 소유물을 사용, 수익, 처분할 권리가 있다"(제211조)고 하여 이 원칙을 구체화한다.

(3) 과실책임의 원칙

1.34 이것은 책임법상의 원칙이다. '책임'이란 법익침해 행위에 대한 법적 제재로서 민법에서 문제되는 책임(즉 민사책임)은 타인에게 손해를 가한 경우 손해배상의 문제로 나타난다. 자기에게 발생한 손해는 스스로 부담하는 원칙이다. 다른 사람에게 책임을 돌리기 위해서는 법적 근거가 있어야 하는데, 그 대표적인 규정이

---

42) 예를 들어 보자. 제566조("매매계약에 관한 비용은 당사자 쌍방이 균분하여 부담한다")는 임의규정이다. 그러므로 만약 매매계약의 비용을 매수인이 전부 부담하기로 약정하였다면 제566조는 적용이 배제된다. 임의규정과 대비되는 것은 강행규정이며(예: 제652·635조), 강행규정에 위반한 계약은 무효이다.

제390조(채무불이행책임)와 제750조(불법행위책임)이다. 과실책임의 원칙은 고의 또는 과실이 없다면 책임을 물을 수 없다는 것이다. 이 원칙에 따르면, 각자의 이익추구 과정에서 설사 타인에게 손해를 끼치더라도 해당 행위가 고의 또는 과실에 의한 것이 아니라면 손해배상의무가 없다. 그 결과 이 원칙은 근대 이후 자본의 성장을 촉진하는 토대가 되었다.

2. 개별원칙의 현대적 위상

1.35　　사적자치의 원칙은 자본의 성장을 가져왔으나 분배의 불공평이라는 부작용도 수반하였다. 이 부작용을 보정하기 위한 노력이 이루어졌다. 재산권의 행사에 있어서 공공복리 적합성이 도입된다든가(「헌법」 제23조제2항), 국가가 계약관계에 적극적으로 개입하여 법률행위자유의 원칙을 수정한다든가(예: 「근로기준법」, 「주택임대차보호법」, 「소비자기본법」), 고의·과실이 없더라도 손해배상을 인정하는 범위를 확대함으로써 과실책임의 원칙을 수정하는 경우(예: 「자동차손해배상보장법」, 「제조물책임법」, 「환경정책기본법」) 등이 그 예이다.

제4절　권리의 변동

1.36　　권리의 변동은 권리의 발생·변경·소멸을 총칭하는 개념이다. 권리변동은 '법률효과'로 나타나는데, 법률효과를 일으키는 원인을 '법률요건', 법률요건을 구성하는 요소를 '법률사실'이라 한다. 법률요건은 1개 또는 2개 이상의 법률사실로 구성된다.

보충학습 1.4 │ 법률요건과 법률사실의 관계

법률사실 + 법률사실 = 법률요건 ⇨ 법률효과

X는 Y에게 甲이라는 물건을 팔고자 한다. X는 Y에게 "甲을 100만원에 사시오"라고 요청했고, 이에 대하여 Y가 X에게 "좋습니다"라고 말했다.

X가 Y에게 한 의사의 표명은 '청약'이라는 의사표시로서 법률사실의 하나이다. Y가 X에게 한 의사의 표명은 '승낙'이라는 의사표시로서 이 또한 법률사실의 하나이다. 청약과 승낙이라는 두 의사표시가 결합하여 계약(매매계약)이라는 법률요건이 성립하고, 이 법률요건은 일정한 법률효과(X는 Y에게 甲에 대하여 소유권이전채무, Y는 X에게 100만원을 지급할 채무)를 발생한다.

1.37　　〈1〉 권리의 발생　　권리의 발생은 절대적 발생과 상대적 발생으로 구분된다. 권리를 취득하는 사람의 시각에서 보면 각각 원시취득과 승계취득이 된다.

ⓘ 원시취득　　원시취득(절대적 발생)은 타인의 권리에 기초함이 없이 새로운 권리를 취득하는 경우이다(예: 건물의 신축으로 인한 소유권 취득, 선의취득, 선점 등).

ⓘⓘ 승계취득　　승계취득(상대적 발생)에서는 구권리자의 권리를 기초로 권리를 취득한다. 여기에서는 "누구도 자기가 가진 것을 초과하는 권리를 양도할 수 없다"(*Nemo plus juris ad alium transferre potest quam ipse habet*)는 원칙이 적용된다. 승계취득에는 이전적 승계와 설정적 승계가 있다. 이전적 승계는 구권리자에게 속했던 권리가 동일성을 유지하면서 그대로 신권리자에게 이전되는 것이다(쉽게 말해 양도인의 권리가 고스란히 양수인에게 이전). 이전적 승계에는 하나의 취득원인에 의하여 하나의 권리를 취득하는 '특정승계'(예: 매매에 의한 소유권 취득)와 하나의 취득원인에 의하여 다수의 권리를 일괄 취득하는 포괄승계(예: 상속에 의한 다수의 소유권 취득)가 있다. 설정적 승계란 구권리자의 권리 중 일부만이 신권리자에게 이전되는 것이다(예: 지상권의 취득, 저당권의 취득; 부동산에 지상권 또는 저당권을 설정하더라도 소유권자로서의 지위는 유지된다는 점을 생각해 보라. 즉 이전적 승계에서와 달리 양도인의 권리가 양수인에게 고스란히 이전되지 않는다).

1.38　　〈2〉 권리의 변경　　권리의 주체·내용·효력이 변경되는 것이다. 앞의 승

계취득은 주체의 변경에 해당한다. 내용의 변경에 해당하는 것으로는 제한물권의 설정으로 인한 소유권의 변경, 효력의 변경에 해당하는 것으로는 선순위저당권의 소멸로 인한 후순위저당권의 순위승진을 들 수 있다.

1.39   〈3〉 **권리의 소멸**   권리소멸에는 절대적 소멸(객관적 소멸)과 상대적 소멸(주관적 소멸)이 있다. 전자는 권리가 절대적으로 없어지는 것(예: 물건의 멸실로 인한 소유권의 소멸, 채무면제로 인한 채권의 소멸)이고, 후자는 권리주체가 변경되는 것(예: 매매로 인한 소유권의 이전)이다.

제2장

법률행위

제1절 | 서 설

I. 개 념

1.40 법률요건에 관한 분류로서 가장 중요한 것은 법률행위와 비법률행위의 구별이다.

ⓘ **법률행위** A와 B는 A 소유의 甲토지에 대하여 1억원에 매매계약을 체결하였다. 여기에서 법률요건은 매매계약이다. 이 계약에 따라 A는 甲토지에 대한 소유권을 B에게 이전할 채무를 지며, B는 A에게 1억원의 매매대금을 지급할 채무를 진다. A와 B의 채무는 각자가 스스로 의도한 결과이다. 매매계약이 법률행위의 하나인 이유이다.

ⓘⓘ **비법률행위** X가 Y를 폭행하여 Y는 치료비를 지출하였다. 이 경우에 Y는 X에 대하여 불법행위에 기한 손해배상채권을 취득한다(제750조). 여기에서 법률요건은 불법행위(X의 폭행)이고, 법률효과는 손해배상채권의 발생인데, 이 법률효과는 채권관계 당사자가 의도한 것이 아니다(즉 X는 손해배상채무를 부담하기 위하여 Y를 폭행한 것이 아니다).

법률행위는 당사자의 의사가 법률효과에 직접 지향되어 있다는 점에서 다른 법률요건과 구별된다. 이런 이유로 법률행위는 사적자치의 원칙을 구현하는 핵심 수단이다.

II. 종 류

1. 단독행위/계약

1.41 단독행위는 하나의 의사표시로 구성되는 법률행위이다. 단독행위는 의사표시가 상대방에게 도달해야 효력을 발생하는가 여부(법률관계 상대방 유무의 문제가 아님에 유의)에 따라 '상대방 있는 단독행위'(예: 채무면제, 상계, 해제, 취소 등)와 '상대방 없는 단독행위'(예: 유언, 재단법인 설립행위, 권리포기 등)로 구분된다. 상대방 없는 단

독행위는 다시 두 가지로 구분된다: ① 법률행위 당시에 특정의 상대방이 없어 상대방 없는 단독행위인 경우(예: 권리의 포기, 재단법인 설립행위); ② 특정의 상대방이 있지만 해당 행위의 특성으로 인하여 단독행위인 경우(예: 유언은 상대방에게 도달 여부를 불문하고 유언자의 사망시에 효력 발생, 제1073조). 상대방 없는 단독행위는 의사의 진정성, 거래안전 확보 등의 이유로 요식행위로 하는 경우가 많다(예: 재단법인 설립행위, 유언).

계약이란 1인 또는 수인이 다른 1인 또는 수인과 사이에 어떤 물건을 제공하거나 어떤 일을 행하거나 또는 행하지 않을 것을 합의함으로써 성립하는 법률요건이다. 계약은 2개(예: 2인이 매매계약을 체결하는 경우) 또는 3개 이상(예: 3인 이상이 조합계약을 체결하는 경우)의 의사표시를 요소로 한다.

보충학습 1.5 | 법률행위의 효력발생 시기

법률행위는 의사표시로 구성된다. 그러므로 법률행위의 효력발생 시기는 의사표시의 효력발생 시기에 영향을 받는다. 의사표시의 효력발생 시기에 관하여 민법은 "상대방이 있는 의사표시는 상대방에게 도달한 때에 그 효력이 생긴다"라고 규정한다(제111조 제1항). 이른바 도달주의의 원칙이다. 이 규정은 상대방 있는 의사표시의 경우에 적용된다.

제111조제1항에 따라 도달주의의 원칙이 명확하게 드러나는 경우는 격지자 간의 의사표시이다. 격지자란 장소적 개념이 아니라 시간적 개념으로서 의사표시의 발송과 도달 사이에 시간적 격차가 있는 경우이다. 그러므로 장소적으로 떨어졌더라도 전화로 체결하는 계약은 격지자 간의 계약이 아니다(이런 경우를 대화자 간의 계약이라고 한다). 대화자 간의 의사표시는 발송과 도달이 거의 동시에 이루어진다.

법률행위 중 계약은 그 특성상 당연히 상대방이 있는 의사표시로 구성되나, 단독행위는 상대방이 있는 의사표시(예: 상계권의 행사)일 수도 있고 상대방이 없는 의사표시(예: 유언)일 수도 있다. 전자의 경우에는 제111조제1항에 따른 도달주의에 의하게 되나, 후자의 경우에는 도달주의가 적용될 여지가 없다. 상대방이 없는 의사표시로 성립되는 단독행위는 해당 의사표시가 완성된 시점에 효력이 발생하는 것으로 해석한다.

계약은 복수의 의사표시(청약과 그에 응한 승낙)로 구성된다. 도달주의에 따른다면 승낙이 청약자에게 도달한 때에 계약이 성립한다고 해야 할 것이다. 그러나 이에 관해서는 제531조에 특칙이 있다. 격지자 간의 계약은 승낙의 의사표시를 발송한 때에 성립한다는 것이다. 법률행위의 대부분이 계약이라는 면에서 볼 때 제531조는 제111조제1항이 정하는 도달주의의 원칙에 대한 중대한 예외이다.1)

보충학습 1.6 | 합동행위

법률행위의 유형으로 단독행위와 계약 외에 합동행위를 인정하는 견해가 있다. 복수의 의사표시로 구성된다는 점에서는 계약과 같으나, 의사표시의 방향에 차이가 있다는 것이다. 즉 계약에서는 의사표시의 방향이 상호 대립적(예: 매매계약에서 매도인과 매수인)인데 반해 합동행위에서는 평행적(예: 사단법인의 설립, 조합의 설립)이라는 것이다. 당사자의 이해관계가 대립하는 계약과 달리 합동행위에서는 당사자가 공동의 목적을 추구한다는 것이다. 그런데 합동행위의 개념을 따로 인정할 필요는 없을 것이다. 사적자치의 결과에 따른 계약의 다양성의 시각에서 이해하는 것이 간명할 것이다.

2. 출연행위/비출연행위

1.42 출연행위란 자기의 재산을 감소시키고 타인의 재산을 증가시키는 행위이다(예: 매매, 증여). 비출연행위란 자기의 재산을 감소시킬 뿐 타인의 재산을 증가시키지 않거나(예: 권리의 포기) 재산의 증감을 가져오지 않는(예: 대리권의 수여) 법률행위이다.

보충학습 1.7 | 매매계약은 출연행위이다

얼핏 생각하면 매매계약은 출연행위가 아니라고 생각할 수 있다. 매도인은 매매목적물에 대한 소유권을 매수인에게 이전하는 대신 매수인으로부터 매매대금을 받아 결과적으로 재산의 감소가 없는 것으로 볼 수 있기 때문이다. 그러나 출연행위 여부에 대한 판단은 전체적인 재산의 이전 결과를 기준으로 하는 것이 아니라 각 의무를 기준으로 판단한다. 즉 매매계약은 매도인과 매수인 쌍방이 모두 출연을 하는 계약이다. 이러한 계약을 유상계약이라고 한다.

---

1) 이에 대해서는 이 책 [2.147] 참조.

3. 유상행위/무상행위

1.43   출연행위에 대한 세부분류이다. 당사자 일방만이 출연을 하는 법률행위는 무상행위(예: 증여, 사용대차), 쌍방 모두 출연을 하면 유상행위(예: 매매, 임대차, 고용)이다. 유상계약에 대해서는 매매에 관한 규정이 준용된다(제567조).

4. 유인행위/무인행위

1.44   법률행위 중에는 원인행위를 전제하는 경우가 있다. 매매계약을 원인행위로 하여 종신정기금계약2)을 체결한다든가 어음행위를 하는 것이 그 예이다. 원인행위를 수반하는 법률행위 중에 원인행위의 유효·무효에 영향을 받는 경우를 유인행위, 원인행위의 유효·무효에 영향을 받지 않는 경우를 무인행위라고 한다. 유인행위가 원칙이다.3)

보충학습 1.8 | 무인행위의 예: 어음행위

무인행위의 전형적인 예로 어음행위를 들 수 있다. A와 B는 매매계약을 체결하였다. 매수인 B는 매도인 A에게 매매대금 100만원을 약속어음으로 지급하였고, A는 어음채권을 C에게 양도하였다. 어음행위는 대표적인 무인행위이다(제513~515조). 만약 매매계약이 무효이거나 취소 또는 해제되더라도 어음행위 그 자체는 유효하므로 C는 어음발행인 B에 대해 어음금의 지급을 청구할 수 있다. 다만, 매수인 B는 A에게 부당이득반환을 청구함으로써(제741조) 내부적인 청산을 하게 된다. 어음행위를 무인행위로 한 것은 유가증권인 어음 거래의 안정성을 위한 입법정책의 결과이다.

Ⅲ. 법률행위의 일반적 요건

1. 성립요건

1.45   법률행위의 성립요건이란 법률행위의 존재가 인정되기 위한 최소한의 외형

---

2) 이에 대해서는 이 책 [2.251] 참조.
3) 법률행위를 채권행위와 물권행위로 구분하고 전자를 후자의 원인행위로 이해하면서 유인·무인의 논의를 하는 것에 대해서는 이 책 [3.16]~[3.20] 참조.

제 1 편

총 칙

적·형식적 요건이다. 성립요건은 다시 일반성립요건과 특별성립요건으로 구분된다. 일반성립요건은 법률행위의 당사자·내용·의사표시의 존재로 정리할 수 있다. 특별성립요건은 부가적인 요건으로 법인설립을 위한 등기, 혼인계약에서의 신고 등이 그 예이다. 성립요건을 충족하지 못하면 법률행위는 존재하지 않는다(법률행위의 부존재). 부존재로 판단된 법률행위에 대해서는 유효·무효를 논의할 여지가 없다. 유효·무효는 법률행위의 존재를 전제하는 것이기 때문이다.

2. 효력요건

1.46   성립요건을 갖춘 법률행위가 효과를 발생하기 위한 요건이다. 효력요건은 법률행위의 당사자·내용·의사표시의 측면에서 파악할 수 있다.

1.47   〈1〉 당사자에 관한 유효요건   당사자에 관한 유효요건으로 통설은 당사자의 권리능력·의사능력·행위능력의 존재를 든다. 의사무능력자에 의한 법률행위는 무효이고, 제한능력자(행위능력이 제한된 사람)에 의한 법률행위는 일단은 유효하나 취소할 수 있는 법률행위이므로, 의사능력·행위능력을 유효요건으로 말하는 것은 옳다. 그러나 권리능력은 사정이 다르다. 권리능력이 없다는 것은 권리주체(즉 당사자)가 없다는 것인데, 그렇다면 이는 유효요건이라기보다는 성립요건으로 보아야 한다.

1.48   〈2〉 내용에 관한 유효요건   법률행위의 내용(또는 목적)이란 해당 법률행위에 의하여 실현하고자 하는 실질적 결과이다. 법률행위 내용에 관한 유효요건은 다음과 같다: ① 확정성(법률행위의 내용은 법률행위 당시에 확정되어 있거나 또는 장래에라도 확정될 수 있어야 함); ② 가능성(법률행위의 내용은 가능한 것이어야 함4)); ③ 사회적 타당성(법률행위의 내용이 '선량한 풍속 기타 사회질서'(제103·104조)에 반하지 않아야 함).

사회적 타당성 요건이란 법률행위의 내용이 제103조와 제104조에 의하여 무효로 되는 것이어서는 안 된다는 것이다.

① 제103조   선량한 풍속 기타 사회질서에 위반한 사항을 내용으로 하는

---

4) 불능은 여러 시점에서 판단할 수 있는데, 법률행위의 유효요건으로 문제되는 가능성의 판단 시점은 법률행위 성립 당시이다. 즉 뒤에서 보는 바와 같이(이 책 [2.150] 참조) 법률행위 유효요건에서 문제되는 것은 원시적 불능이다.

법률행위는 무효이다(제103조). 실정규정 중 선량한 풍속 기타 사회질서에 관련된 것을 강행규정이라고 한다. 강행규정에 반하는 법률행위가 무효임은 물론이다. 그런데 선량한 풍속 기타 사회질서에 관한 사항을 모두 법문으로 정할 수는 없는 일이다. 법률행위의 내용이 강행규정에 반하는 것은 아니더라도 사회통념에 비추어 볼 때 선량한 풍속 기타 사회질서에 어긋난다고 평가되면 제103조에 의하여 무효로 된다. 이와 같이 제103조는 일반규정의 형식으로 구성되어 있어서 사회의 변화에 융통성 있게 대응할 수 있다.

ⅱ) 제104조   당사자의 궁박·경솔 또는 무경험으로 인하여 현저하게 공정을 잃은 법률행위는 무효이다(제104조). 제104조는 제103조가 정하는 선량한 풍속 기타 사회질서 중 특히 폭리행위를 규제하기 위한 규정이다. 민법에는 폭리행위 규제를 위한 규정이 산재하는데(예: 제398조제2항, 제606·607조), 제104조는 폭리행위 규제에 관한 일반규정이다. 제104조가 적용되기 위해서는 객관적 요건(급부와 반대급부 사이에 현저한 불균형이 존재할 것) 외에 주관적 요건(당사자 일방의 궁박·경솔 또는 무경험을 이용하여 폭리를 취했어야 함)이 요구된다.

보충학습 1.9 | 동기의 불법

어떤 의사결정이나 행위를 하게 된 동기가 불법인 경우에 이것이 법률행위에 어떤 영향을 미치는가? 가령 X가 도박장으로 사용할 목적으로 Y 소유의 건물에 대하여 Y와 임대차계약을 체결한 경우에 동기의 불법을 이유로 제103조를 적용할 수 있을까? 동기는 법률행위의 내용이 아니며, 이러한 사안에 획일적으로 제103조를 그대로 적용하게 되면 사정을 모르는 Y는 예기치 않게 거래의 좌절을 경험하게 된다. 그렇다고 불법적인 상황을 방관하는 것도 법감정에 부합하지 않는다.

판례는 절충적 시각에서 다음과 같이 판시한다: "민법 제103조에 의하여 무효로 되는 반사회질서 행위는 법률행위의 목적인 권리의무의 내용이 선량한 풍속 기타 사회질서에 위반되는 경우뿐만 아니라 … 표시되거나 상대방에게 알려진 법률행위의 동기가 반사회질서적인 경우를 포함한다."5)

1.49   〈3〉 **의사표시에 관한 유효요건**   법률행위는 의사표시로 구성된다. 의사

---

5) 대법원 2005. 7. 28. 선고 2005다23858 판결 등 참조.

표시에 있어서 표의자의 진의와 표시가 일치하고, 또한 그 의사표시가 표의자의 자유로운 의사결정에 의한 것이어야 한다는 것이다. 이에 관한 민법의 통칙적 규율은 제107조(비진의표시), 제108조(통정허위표시), 제109조(착오에 의한 의사표시), 제110조(사기·강박에 의한 의사표시)이다.6) 의사표시에 관한 유효요건을 구비하지 못한 법률행위는 무효 또는 취소할 수 있는 법률행위이다.

제 2 절 행위능력과 제한능력자

Ⅰ. 행위능력의 개념

1.50 행위능력이란 타인의 도움 없이 단독으로 유효하게 법률행위를 할 수 있는 법적 지위이다. 행위능력은 원칙적으로 법률행위 영역에서 문제되며, 의사능력과 매우 밀접한 관련이 있다.

사적자치 원칙의 기본전제는 당사자가 자기의 행위의 의미와 결과를 변별할 수 있는 정신능력을 구비하고 있다는 것이다. 이러한 관점을 반영한 것이 의사능력이다. 의사능력은 자신의 행위의 사회적 의미 및 결과를 인식·변별할 수 있는 정신능력이며, 의사능력이 없는 사람에 의한 법률행위는 무효이다. 그러므로 의사무능력자는 해당 법률행위로 인하여 불이익을 받지 않는다. 문제는 의사능력의 유무는 개별적으로 판단되며,7) 의사무능력에 대한 증명책임8)이 의사무능력을 이유로 법률행위의 구속력으로부터 벗어나고자 하는 사람에게 있다는 점이다. 그러므로 법률행위 당시에 자신이 의사무능력 상태였음을 증명하지 못

---

6) 이에 대해서는 이 책 [1.69]~[1.82] 참조.

7) 대법원 2006. 9. 22. 선고 2006다29358 판결; 대법원 2022. 5. 26. 선고 2019다213344 판결 등 참조.

8) 증명책임이란 소송상 어떤 사실의 존재 여부가 확실하지 않을 때에 해당 사실이 존재하지 않는 것으로 취급되어 법적 판단을 받게 되는 당사자의 불이익을 말한다. 예컨대, 대여금청구소송에서 원고는 피고에게 금전을 대여하였다고 주장하고 피고는 이를 부인하는데 누구의 주장이 진실인지 불명확한 경우에는 원고청구 기각의 판결을 한다. 왜냐하면 소비대차의 구성요건을 이루는 사실의 존재에 관하여 원고가 증명책임을 부담하기 때문이다.

하면 법률행위의 구속력으로부터 벗어날 수 없다. 여기에서 의사능력의 개념만을 가지고는 변별력이 부족한 사람에 대한 보호가 미흡함을 알 수 있다. 한편, 의사무능력이 증명되면 그에게 의사능력이 있는 것으로 믿고 거래한 상대방으로서는 거래가 좌절되어 뜻밖의 손해를 입게 된다. 문제는 여기에서 멈추지 않는다. 무효인 법률행위를 기초로 하여 연속된 모든 법률관계에 결함이 생겨 거래안전을 위협하게 된다.

의사능력의 취지를 고려하면서 그 약점을 보정하기 위하여 고안된 것이 행위능력이다. 행위능력은 객관적·획일적 기준이라는 점에서 의사능력과 구별된다. 즉 행위능력이 제한되는 기준을 정하고 그에 해당하면 일정한 보호(예: 법률행위의 구속으로부터 해방)를 받을 수 있도록 한다.

보충학습 1.10 | 권리능력, 의사능력, 행위능력의 구별

권리능력, 행위능력, 의사능력의 개념을 예를 들어 설명한다.
(1) 17세의 천재이든 30세의 정신능력상실자든 모두 권리능력자이다. 사람은 생존하는 한 권리능력자이기 때문이다.
(2) 17세의 천재는 미성년자로서 제한능력자(행위능력이 제한된 사람)이나, 30세의 정신능력상실자는 그가 법원으로부터 피성년후견 또는 피한정후견 심판을 받지 않은 이상 행위능력자이다.
(3) 17세의 천재는 의사능력자이나, 30세의 정신능력상실자는 법원으로부터 피성년후견 또는 피한정후견 심판을 받았는가 여부와 상관없이 의사무능력자이다.

Ⅱ. 제한능력자의 유형

1. 미성년자

1.51   〈1〉개   념   미성년자란 19세 미만의 자연인이다(제4조). 사람의 정신능력에는 개인적 차이가 있으나, 민법은 행위능력 제도의 취지에 따라 19세라는 획일적인 기준을 정하고 있다.

1.52　〈2〉 **미성년자에 의한 법률행위의 효력**　　원칙과 예외로 나누어서 살펴본다. 원칙적으로 미성년자가 단독으로 행한 법률행위는 취소할 수 있으며, 취소권자는 미성년자 자신 또는 그의 법정대리인이다(제5조제2항, 제140조). 그러나 다음의 경우에는 미성년자가 단독으로 유효한 법률행위를 할 수 있다.

ⓘ **권리만을 얻거나 의무만을 면하는 행위**(제5조제1항 단서)　　행위능력은 제한능력자 보호를 위한 제도라는 점을 생각하면 그 취지를 이해할 수 있다.

ⓙ **처분이 허락된 재산의 처분행위**(제6조)　　부모로부터 받은 용돈으로 거래행위를 하는 것이 대표적인 예이다.

ⓚ **미성년자가 법정대리인으로부터 허락을 얻은 특정한 영업에 관한 법률행위**(제8조제1항)　　스스로 충분히 영업을 할 수 있는 영민한 미성년자(예: 온라인 쇼핑몰을 성공적으로 경영하는 중학생)의 경우에 그의 모든 거래행위에 대하여 개별적 동의를 요구하는 것은 오히려 거래의 수월성을 해치는 것이다.

ⓛ **미성년자가 타인의 대리인으로서 하는 법률행위**(제117조)　　대리행위의 효과는 대리인이 아니라 본인에게 귀속한다는 점을 생각하면 그 취지를 이해할 수 있다.

ⓥ **유언**(제1061·1062조)　　17세 이상이라면 미성년자도 유효하게 유언을 할 수 있다.

ⓦ **회사의 무한책임사원이 된 미성년자의 사원자격에 기한 행위**(「상법」 제7조)

1.53　〈3〉 **법정대리인**　　1차적인 법정대리인은 친권자이다. 미성년자의 법정대리인은 그에 대하여 친권을 행사하는 부 또는 모이다(제911조). 친권은 부모가 공동으로 행사하는 것이 원칙이다(제909조 참조). 2차적인 법정대리인은 후견인이다. 미성년자에게 친권자가 없거나 친권자가 법률행위의 대리권 및 재산관리권을 행사할 수 없는 때에는 후견인을 둔다(제928·931·932조). 미성년자의 법정대리인의 권한은 다음과 같다: ① 동의권(제5조제1항); ② 대리권(제920·949조); ③ 미성년자에 의하여 단독으로 이루어진 법률행위에 대한 취소권(제5조제2항, 제140조).

2. 피성년후견인

1.54　〈1〉 **개　념**　　가정법원은 질병, 장애, 노령, 그 밖의 사유로 인한 정신

적 제약으로 사무를 처리할 능력이 지속적으로 결여된 사람(비교: 피한정후견인은
'사무를 처리할 능력이 부족한 사람')에 대하여 일정한 사람(본인, 배우자, 4촌 이내의 친족,
검사, 지방자치단체의 장 등)의 청구에 의하여 성년후견개시의 심판을 한다(제9조제1
항). 성년후견개시의 심판을 받은 사람을 피성년후견인이라 한다. 성년후견개시
의 원인이 소멸된 경우 가정법원은 일정한 사람(본인, 배우자, 검사, 지방자치단체의 장
등)의 청구에 의하여 성년후견종료의 심판을 한다(제11조). 성년후견이 종료되면
능력을 완전히 회복한다. 성년후견종료 심판의 효력은 소급하지 않는다.

1.55   〈2〉 피성년후견인에 의한 법률행위의 효력   원칙과 예외로 나누어서 살펴
본다. 원칙적으로 피성년후견인은 법정대리인(성년후견인)의 대리행위에 의해서만
법률행위를 할 수 있으며, 법정대리인의 동의를 얻었더라도 취소할 수 있는 법
률행위라는 점에는 변함이 없다(제10조제1항). 그러나 다음과 같은 예외가 있다.

ⓘ 가정법원이 취소할 수 없는 피성년후견인의 법률행위의 범위를 정한 경우(제10조
제2항)   피성년후견인의 잔존능력을 존중하는 등 피성년후견인의 개별적 특성
을 존중하기 위한 것이다.

ⓙ 일용품의 구입 등 일상생활에 필요하고 그 대가가 과도하지 아니한 법률행위(제10
조제4항)   피성년후견인의 행위의 자유와 거래안전을 보호하기 위한 것이다.

ⓚ 성년후견인의 동의를 얻어 스스로 확정적 유효의 법률행위를 할 수 있는 경우
약혼(제802조), 혼인(제808조제2항), 협의이혼(제835조), 입양(제873조), 파양(제902조) 등
이 그 예이다.

한편, 유언의 경우에는 행위능력에 관한 일반원칙의 적용이 배제된다(제1062
조). 즉 만 17세 이상인 사람은 의사능력이 있다면 비록 피성년후견인이라도 유
효하게 유언을 할 수 있다(제1061·1062·1063조).

1.56   〈3〉 법정대리인   피성년후견인의 법정대리인으로(제938조제1항) 성년후견인
을 두며(제929조), 가정법원이 직권으로 선임한다(제936조제1항). 성년후견인은 피성
년후견인에 의해 이루어진 법률행위를 취소할 수 있다(제10조제1항, 제140조). 성년후
견인은 피성년후견인에 대하여 대리권만을 가지며 동의는 법적으로 의미가 없다.
그러나 성년후견인의 동의를 얻어 스스로 확정적으로 유효하게 할 수 있는 가족
법상의 행위의 경우에는 동의권이 인정된다는 점은 앞에서 설명한 바와 같다.

3. 피한정후견인

1.57 〈1〉개 념 가정법원은 질병, 장애, 노령, 그 밖의 사유로 인한 정신적 제약으로 사무를 처리할 능력이 부족한 사람(비교: 피성년후견인은 '사무를 처리할 능력이 지속적으로 결여된 사람')에 대하여 일정한 사람(본인, 배우자, 4촌 이내의 친족, 검사, 지방자치단체의 장 등)의 청구에 의하여 한정후견개시의 심판을 한다(제12조제1항). 한정후견개시의 심판을 받은 사람을 피한정후견인이라 한다. 한정후견개시의 원인이 소멸되면 가정법원은 일정한 사람(본인, 배우자, 검사, 지방자치단체의 장 등)의 청구에 의하여 한정후견종료의 심판을 한다(제14조). 한정후견이 종료되면 능력을 완전히 회복한다. 한정후견종료 심판의 효력은 소급하지 않는다.

1.58 〈2〉피한정후견인에 의한 **법률행위의 효력** 원칙과 예외로 나누어 살펴본다. 원칙적으로 피한정후견인은 유효하게 법률행위를 할 수 있으나, 가정법원이 한정후견인의 동의를 받아야 할 것으로 정한 법률행위(이른바 '동의권의 유보', 제13조제1항)를 동의 없이 하면 취소할 수 있다(제13조제4항 본문). 다만, 일용품의 구입 등 일상생활에 필요하고 그 대가가 과도하지 아니한 법률행위에 대하여는 그렇지 않다(제13조제4항 단서).

한정후견인의 동의를 필요로 하는 행위에 대하여 한정후견인이 피한정후견인의 이익이 침해될 염려가 있음에도 동의를 하지 않을 때에는 가정법원은 피한정후견인의 청구에 의하여 동의에 갈음하는 허가를 할 수 있다(제13조제3항).

1.59 〈3〉보 호 자 피한정후견인의 보호자로 한정후견인을 둔다(제959조의2). 한정후견인은 한정후견 개시의 심판을 한 때에 가정법원이 직권으로 선임한다(제959조의3 제1항). 한정후견인에게는 원칙적으로 동의권·취소권이 없다. 그러나 동의유보의 범위 내에서는 동의권과 취소권을 가진다. 한정후견인은 법정대리인이 아니다. 즉 한정후견인에게는 원칙적으로 대리권이 없다. 그러나 가정법원은 한정후견인에게 대리권을 수여하는 심판을 할 수 있으며(제959조의4 제1항), 가정법원이 정한 대리권의 범위 안에서는 법정대리권을 가진다(제959조의4 제2항, 제938조제3항).

4. 관련 제도

1.60   제한능력자는 위에서 설명한 미성년자, 피성년후견인, 피한정후견인이다. 그런데 관련되는 제도로 민법은 특정후견과 후견계약을 규정한다. 특정후견 또는 후견계약은 행위능력을 제한하는 것은 아니지만(즉 피특정후견인, 후견계약에서의 본인은 제한능력자가 아님), 일정한 부류의 성년자를 보호하기 위한 제도라는 점에서는 공통점이 있으므로 간단히 살펴본다.

1.61   〈1〉 **특정후견**   가정법원은 질병, 장애, 노령, 그 밖의 사유로 인한 정신적 제약으로 일시적 후원(예: 입원 기간 동안의 후원) 또는 특정한 사무에 관한 후원(예: 부동산 거래에 관한 후원)이 필요한 사람에 대하여 일정한 사람(본인, 배우자, 4촌 이내의 친족, 검사, 지방자치단체의 장 등)의 청구에 의하여 특정후견의 심판을 한다(제14조의2 제1항). 특정후견 개시의 심판을 받은 사람을 피특정후견인이라 한다. 특정후견은 본인의 의사에 반하여 할 수 없다(제14조의2 제2항). 특정후견의 심판을 할 때에는 특정후견의 기간 또는 사무의 범위를 정해야 한다(제14조의2 제3항). 피특정후견인 제도는 일정 기간 또는 특정 행위에 대한 보호를 목적으로 한다는 점에서 피성년후견인·피한정후견인과 구별된다.

가정법원은 피특정후견인의 후원을 위하여 필요한 처분을 명할 수 있다(제959조의8). 이 처분의 하나로 피특정후견인을 후원하거나 대리하기 위하여 특정후견인을 선임할 수 있다(제959조의9 제1항). 피특정후견인은 특정후견인의 동의없이 독자적으로 유효하게 법률행위를 할 수 있다. 특정의 기간 또는 사무를 정하여 특정후견인이 선임되고 그에게 대리권이 부여되었더라도 피특정후견인의 행위능력이 제한되는 것은 아니다.

1.62   〈2〉 **후견계약**   후견계약은 질병, 장애, 노령, 그 밖의 사유로 인한 정신적 제약으로 사무를 처리할 능력이 부족한 상황에 있거나 부족하게 될 상황에 대비하여 자신의 재산관리 및 신상보호에 관한 사무의 전부 또는 일부를 다른 사람에게 위탁하고 그 사무에 관하여 대리권을 수여하는 것을 내용으로 한다(제959조의14 제1항). 후견계약은 공정증서로 체결해야 하며(제959조의14 제2항), 가정법원이 임의후견감독인을 선임한 때부터 효력이 발생한다(제959조의14 제3항).

Ⅲ. 제한능력자의 상대방 보호

1. 의   미

1.63   제한능력자가 단독으로 체결한 법률행위는 취소할 수 있는 법률행위로서 일단은 유효하나 취소권을 행사하면 소급적으로 무효가 된다(이른바 '유동적 유효', 제141조 본문). 취소할 수 있는 법률행위는 취소권자의 취소권 행사 여부에 따라 상대방의 지위가 매우 불안정하다. 속임수로써 제한능력자가 아니라고 상대방을 오신시키는 경우도 있다. 제한능력자의 상대방 보호가 필요한 이유이다(제15~17조).9)

2. 상대방에게 부여된 권리

(1) 소극적 권리: 확답촉구권

1.64   확답촉구권은 다음 두 가지로 구분된다: ① 제한능력자가 능력을 회복한 후의 확답촉구(제한능력자 자신에 대한 확답촉구, 제15조제1항제1문); ② 제한능력자가 능력을 회복하기 전의 확답촉구(제한능력자의 법정대리인에게 확답촉구, 제15조제2항 전단).

확답촉구권은 소극적 권리이다. 추인10) 여부가 제한능력자의 의사에 달려 있기 때문이다. 이 권리의 실제적 의미는 확답을 하지 않은 경우에 대한 조치에 있다. 원칙적으로, 정한 기간 내에 제한능력자로부터 아무런 확답이 없으면 해당 법률행위를 추인한 것으로 본다(제15조제1항제2문·제2항 후단). 그러나 추인을 위하여 특별한 절차가 요구되는 경우에는 정해진 기간 내에 그 절차를 밟은 확답을 발송하지 않으면 취소한 것으로 본다(제15조제3항).

---

9) 제한능력자가 단독으로 체결한 법률행위는 취소할 수 있는 법률행위이다. 민법은 취소할 수 있는 법률행위 모두에 일반적으로 적용되는 상대방 보호를 위한 규정을 두고 있다: ① 취소권행사 기간에 대한 제한(제146조); ② 법정추인제도(제145조). 여기에서 보고자 하는 것은 취소사유가 제한능력인 경우에 있어서 특유하게 인정되는 상대방 보호 제도이다.

10) 추인에 대해서는 이 책 [1.122] 참조.

보충학습 1.11 | 추인을 위하여 특별한 절차가 요구되는 경우

　피성년후견인 A에게는 성년후견인 X와 후견감독인 Y가 있다. 금전이 필요하다고 판단한 A는 단독으로 B와 금전소비대차계약을 체결하였다. 계약체결 후 A가 제한능력자임을 알게 된 B는 성년후견인 X에게 40일의 기간을 정하여 확답촉구권을 행사하였다. 그런데 40일이 지나도록 제한능력자 측으로부터 아무런 연락이 없었다. A·B간에 체결된 계약의 운명은 어떠한가?

　피성년후견인 A와 B 사이에 체결된 금전소비대차계약은 취소할 수 있는 법률행위이다. 이 계약이 확정적으로 유효하기 위해서는 성년후견인 X가 A를 대리하여 계약을 체결했어야 한다. 그런데 사안과 같이 후견감독인이 있으며 해당 계약이 타인으로부터 금전을 빌리는 경우라면, 비록 성년후견인 X의 대리행위에 의하여 계약을 체결하더라도 후견감독인 Y의 동의를 얻어야 한다(제950조제1항제2호). 즉 사안에서 문제된 금전소비대차는 제15조제3항이 정하는 "특별한 절차가 필요한 행위"에 해당한다. 그런데 제한능력자 측에서는 정해진 기간 내에 그 특별한 절차를 밟은 확답을 발송하지 않았다. 그러므로 이 계약은 취소한 것으로 보아야 한다.

---

(2) 적극적 권리: 철회권·거절권

1.65　민법은 상대방이 적극적인으로 해당 법률행위의 구속력애서 벗어날 수 있는 권리도 인정하고 있다(상대방의 철회권·거절권: 제16조). 철회권은 문제의 법률행위가 계약인 경우이고, 거절권은 단독행위인 경우이다.

1.66　〈1〉철 회 권　제한능력자와 계약을 체결한 사람은 제한능력자 측에서 추인하기 전까지 자신의 의사표시를 철회할 수 있다(제16조제1항 본문). 계약의 구성요소인 의사표시를 철회하면 계약은 성립할 수 없게 된다. 철회권은 법정대리인뿐만 아니라 제한능력자에게도 행사할 수 있다(제16조제3항). 그러나 상대방이 계약 당시에 타방 당사자가 제한능력자임을 알았을 때에는 철회권이 인정되지 않는다(제16조제1항 단서). 이때에는 상대방 보호의 필요성이 없기 때문이다.

1.67　〈2〉거 절 권　제한능력자의 법률행위가 단독행위인 경우 해당 법률행위에 대한 추인이 있을 때까지 상대방은 이를 거절할 수 있다(제16조제2항). 거절권은 그 개념상 상대방 있는 단독행위를 전제로 한다. 상대방 있는 단독행위는 상대방이 해당 의사표시를 수령함으로써 효력을 발생하는데, 거절권을 행사하면

상대방이 수령하지 않은 것으로 되어 단독행위가 효력을 발생할 수 없다. 거절권은 법정대리인뿐만 아니라 제한능력자에게도 행사할 수 있다(제16조제3항).

3. 제한능력자 측의 취소권 상실

1.68　　제한능력자 자신이 제한능력자가 아니라고 속여 계약을 체결하도록 하는 경우까지 그를 보호하는 것은 상대방에게 지나친 희생을 강요하는 것이다. 이러한 경우에 상대방으로서는 사기를 이유로 한 법률행위의 취소(제110조), 불법행위에 기한 손해배상청구(제750조) 등의 조치를 취할 수 있다. 그런데 상대방의 원래 의도는 취소 또는 손해배상청구가 아니라 제한능력자와 법률관계를 설정하는 것이다. 이런 사정을 고려하여 민법은, 제한능력자가 속임수로써 자기를 능력자로 믿게 하거나 미성년자 또는 피한정후견인이 속임수로써 법정대리인의 동의가 있는 것으로 믿게 한 때에는 제한능력자 측의 취소권을 박탈한다(제17조). 그 결과 해당 법률행위는 확정적 유효로 된다.

제3절　의사표시의 결함

1.69　　의사표시의 구성요소는 다음과 같다: 일정한 효과를 원하는 표의자의 내부적 의사(효과의사); 내부적 의사를 외부에 표출하는 행위(표시행위).11)

의사표시의 결함은 크게 두 가지로 구분된다.

ⓘ **의사와 표시의 불일치**　　비진의표시(제107조), 통정허위표시(제108조) 및 착오(제109조)가 이에 해당한다.

ⓘⓘ **하자 있는 의사표시**　　의사와 표시는 일치하나 해당 의사표시가 하자(사기·강박)에 의한 것이어서 표의자의 자유로운 의사에 기초한 것이 아니라는 점이 문제된다(제110조).

---

11) 이하에서는 때에 따라 효과의사와 표시행위를 줄여서 각각 '의사'와 '표시'로 약칭한다.

Ⅰ. 의사와 표시의 불일치

1.70 　　　의사와 표시의 불일치는 의식적 불일치(비진의표시, 통정허위표시)와 무의식적 불일치(착오)로 구분된다.

1. 비진의표시

1.71 　　　〈1〉개　념　　　비진의표시란 표의자 자신이 행한 표시행위의 객관적 의미가 진의(즉 효과의사)와 다르다는 것을 알면서 한 의사표시이다. 즉 의사와 표시가 일치하지 않는데, 그 불일치를 표의자 자신이 알고 있는 경우이다.

1.72 　　　〈2〉요　건　　　비진의표시의 요건은 다음과 같다.

　　　ⓘ 법적으로 의미 있는 의사표시의 외형, 즉 표시행위가 있어야 한다. 그러므로 가령 명백한 농담에서는 비진의표시가 문제되지 않는다.

　　　ⓘⓘ 의사와 표시가 일치하지 않아야 한다. 즉 표시행위에 대응하는 효과의사가 존재하지 않아야 한다. 여기에서 '의사'란 법률사실로서의 의사표시 차원의 의사이지 진정으로 마음에 둔 의사가 아니다. 가령 A가 B은행과 대차계약을 체결했는데 A의 궁극적 의도는 B로부터 대출을 받아 X에게 넘겨줄 것이었더라도 의사와 표시의 불일치는 없다(즉 A는 B와 대차계약을 체결하려는 의사가 있고 그에 부합하는 표시가 있음).

　　　ⓘⓘⓘ 의사와 표시의 불일치를 표의자 스스로 알고 있어야 한다. 이 점은 통정허위표시와 공통되며, 무의식적 불일치인 착오와 구별된다.

1.73 　　　〈3〉효　과　　　원칙과 예외의 두 측면에서 살펴본다.

　　　ⓘ 원　칙　　　비진의표시라도 그 의사표시는 유효한 것이 원칙이다(제107조제1항 본문). 의사와 표시가 불일치하더라도 그 결과는 표의자가 스스로 자초한 것이며(예: A가 고용인 B에게 사직서를 제출하면 보수를 인상해 줄 것으로 판단하여 고용계약 해지의 의사표시를 한 경우), 또한 상대방의 신뢰를 보호할 필요가 있기 때문이다.

　　　ⓘⓘ 예　외　　　상대방이 진의 아님을 알았거나 알 수 있었을 때에는 비진의표시를 요소로 하는 법률행위는 무효이다(제107조제1항 단서). 이때에는 상대방의

신뢰를 보호할 필요가 없이 표의자의 진의를 존중하는 것이 타당하기 때문이다.

　　제107조제1항 단서에 해당하여 해당 법률행위가 무효라도 이 무효를 가지고 선의의 제3자에게 대항할 수 없다(제107조제2항). 여기에서 제3자란 비진의표시의 당사자와 그 포괄승계인을 제외한 사람으로서, 비진의표시에 의해 외형상 형성된 법률관계를 토대로 별개의 법률원인에 의해 실질적으로 새로운 법률상 이해관계를 맺은 사람이다. 이 규정은 거래안전을 고려한 입법조치로서 부동산거래에 있어서는 부동산물권의 공시방법인 등기에 공신력12)을 인정하는 것과 같은 결과가 된다.

보충학습 1.12 | 제107조제2항의 기능

　　A(매도인)와 B(매수인) 사이에 甲부동산에 관하여 매매계약이 체결되었는데, A의 B에 대한 매도청약이 비진의표시였고, B가 그 사실을 알고 있었지만 어떠한 사정으로 甲부동산이 B명의로 이전등기까지 완료되었다. 이를 기화로 B는 그간의 사정을 모르는 C에게 甲을 매각하고 이전등기를 해주었다. 이 사안에서 甲에 대한 진정한 소유자는 A이지만 그는 선의자인 C에게 대항하지 못한다. 그리하여 결국 C는 甲에 대한 소유권을 보유하고, A는 B와 내부적으로 채권적인 청산(예: 손해배상, 부당이득반환)을 해야 한다.

---

2. 통정허위표시

[1.74] 　　〈1〉개　　념　　통정허위표시란 표의자가 상대방과의 합의 아래 행하는 허위의 의사표시이다. 즉 표의자가 진의와 다른 의사표시를 하는 데에 있어서 상대방과 통모한 경우이다.

[1.75] 　　〈2〉요　　건　　통정허위표시의 요건은 다음과 같다.

　　ⅰ 법적으로 의미 있는 의사표시의 외형, 즉 표시행위가 있어야 한다. 이 점에서는 비진의표시와 차이가 없다.

　　ⅱ 의사와 표시가 일치하지 않아야 한다. 이 점에서도 비진의표시와 차이가 없다.

---

12) 공신의 원칙에 대해서는 이 책 [3.15] 〈보충학습 3.6〉 참조.

ⅲ 의사와 표시의 불일치를 표의자 스스로 알고 있어야 한다. 이 점에서도 비진의표시와 차이가 없다.

ⅳ 의사와 표시의 불일치에 대하여 상대방과 통정이 있어야 한다. 이 점에서 비진의표시와 다르다. 통정이란 표의자가 진의 아닌 의사표시를 한다는 것을 아는 것으로는 부족하고 그에 관하여 상대방과 의사의 합치가 있는 것이다.

1.76   〈3〉 효   과   통정허위표시를 요소로 하는 법률행위(즉 가장행위)는 무효이다(제108조제1항). 게다가 의사와 표시의 불일치를 상대방도 알고 있는 경우로서 상대방의 신뢰보호도 문제되지 않는다. 그러므로 "의사와 표시가 일치해야 한다"는 원칙을 그대로 관철하는 것이다.

통정허위표시를 요소로 하는 가장행위는 당사자 사이에서는 무효이나, 선의의 제3자에 대하여는 이 무효를 가지고 대항하지 못한다(제108조제2항). 제107조제2항과 마찬가지로, 이 규정은 거래안전을 고려한 입법조치로서 부동산거래에 있어서는 부동산물권의 공시방법인 등기에 공신력[13]을 인정하는 것과 같은 결과가 된다.

보충학습 1.13 | 통정허위표시

X에게서 금전을 빌린 A는 X로부터의 강제집행에 대비하여 자기 소유의 甲토지에 대하여 B와 짜고 허위로 매매계약을 체결한 후 B명의로 소유권이전등기를 완료하였다. B는 자신이 甲토지의 등기명의인임을 기화로 그간의 사정을 모르는 C와 매매계약을 체결하고 C명의로 소유권이전등기를 해 주었다. A · B · C 사이의 법률관계는 어떠한가?

A · B 간의 매매계약은 통정허위표시를 요소로 하여 성립한 가장행위이다. 가장행위는 무효이고(제108조제1항) 등기원인이 무효인 등기도 무효이므로 甲토지의 소유자는 여전히 A이다. C는 처분권이 없는 B로부터 권리를 양수한 사람이다. 권리변동의 일반원칙에 따르면, A는 C에 대하여 자신이 소유자임을 주장할 수 있다. 그러나 C는 통정허위표시에 의하여 외형상 형성된 법률관계를 토대로 새로운 이해관계를 가지게 된 선의의 제3자이다. 이러한 제3자에 대하여는 가장행위의 무효를 가지고 대항할 수 없다(제108조제2항). A는 C에게 자신이 소유자임을 주장할 수 없으며, 따라서 C는 甲토지에 대한 소유

---

13) 이에 대해서는 이 책 [1.73] 〈보충학습 1.12〉, [3.15] 〈보충학습 3.6〉 참조.

권자이다. B의 행위로 인하여 甲토지에 대한 소유권을 상실한 A는 B와 내부적으로 채권적인 청산(예: 손해배상, 부당이득반환)을 해야 한다.

3. 착 오

1.77 〈1〉 **개념과 유형** 착오란 법률행위의 내용에 관하여 의사와 표시가 불일치하며 그 불일치를 표의자가 알지 못하는 것이다(제109조 참조). 착오는 표의자의 진실된 의사를 보호하기 위한 제도이다. 착오자는 의사와 표시의 불일치를 이유로 해당 법률행위를 취소할 수 있기 때문이다.

착오의 주요 유형은 다음과 같다: ① 의미의 착오(표시행위의 의미를 잘못 이해한 것으로, 가령 미국 달러와 호주 달러를 같은 것으로 잘못 이해하면서 의사표시를 한 경우); ② 동일성의 착오(사람 또는 객체의 동일성에 관하여 잘못 이해한 것으로, 가령 A를 같은 이름의 B로 착각한 경우); ③ 표시상의 착오(표시행위가 실제 의사에 부합하지 않는 것으로, 가령 760만원으로 표시할 것을 670만원으로 표시한 경우); ④ 표시기관의 착오(의사표시를 전달하는 사람이 상대방에게 표의자의 의사와 다르게 전달한 경우).

1.78 〈2〉 **요 건** 착오를 이유로 법률행위를 취소하기 위한 요건은 다음과 같다.

ⓘ **법률행위의 내용에 관한 착오일 것** 법률행위의 내용이란 당사자가 그 법률행위를 통하여 달성하고자 하는 목적이다. 위에서 설명한 의미의 착오, 동일성의 착오, 표시상의 착오, 표시기관의 착오는 모두 내용에 관한 착오에 해당한다.

ⓘⓘ **중요부분에 관한 착오일 것** 중요부분에 관한 착오여야 한다. 중요부분 해당 여부는 주관적·객관적 표준으로 구체적 사정에 따라 판단한다. 즉 표의자에게 착오가 없었더라면 그러한 의사표시를 하지 않았으리라고 판단되는 정도의 착오이며(주관적 표준), 동시에 일반인도 표의자의 입장이라면 그러한 의사표시를 하지 않았을 것으로 판단되는 정도의 착오여야 한다(객관적 표준).

ⓘⓘⓘ **표의자에게 중과실이 없을 것** 착오가 표의자의 중대한 과실로 인한 것이 아니어야 한다(제109조제1항 단서). '중대한 과실'이란 표의자의 직업, 행위의 종

류, 목적 등에 비추어 보통 요구되는 주의를 현저히 결여한 것이다.[14] 착오자에게 중대한 과실이 있는 경우까지 보호할 필요는 없을 것이다. 다만, 착오자에게 중대한 과실이 있더라도 상대방이 이를 악용한 경우에는 취소할 수 있다.[15]

보충학습 1.14 | 동기의 착오

제109조의 적용 여부에 관한 논의 중에 이른바 '동기의 착오'가 있다. 가령 甲토지 중 20~30평이 도로로 편입될 것으로 생각하고 매수했으나 도로편입 부분이 200평인 경우이다. 이것은 의사와 표시의 불일치가 아니라 의사형성 과정에 잘못된 인식이 있는 경우로서 엄격하게 보면 제109조에 포섭될 수 없다. 그렇다고 동기의 착오를 전혀 고려하지 않는 것도 형평상 문제가 있다. 이에 대한 판례의 입장은 이러하다:[16] 동기의 착오를 이유로 법률행위를 취소하려면 그 동기를 당해 의사표시의 내용으로 삼을 것을 상대방에게 표시하고 의사표시의 해석상 법률행위의 내용으로 되었다고 인정되어야 한다(해당 동기를 의사표시의 내용으로 삼기로 하는 합의까지 이루어질 필요는 없음). 이 기준을 통과하면 착오취소의 요건 중 "법률행위의 내용에 관한 착오일 것"을 충족하게 되며, 그 밖의 요건도 충족한다면 착오를 이유로 취소할 수 있다.

1.79   〈3〉 효   과

① **당사자에 대한 효력**   착오에 의한 의사표시를 요소로 하는 법률행위는 취소할 수 있는 법률행위이다(제109조제1항).

② **제3자에 대한 효력**   착오로 인한 법률행위의 취소는 선의의 제3자에게 대항하지 못한다(제109조제2항). 제107조제2항 및 제108조제2항과 마찬가지로 거래안전을 고려한 입법조치로서 부동산거래에 있어서는 부동산물권의 공시방법인 등기에 공신력[17]을 인정하는 것과 같은 결과가 된다.

③ **손해배상의 문제**   착오를 이유로 법률행위를 취소하게 되면 착오자는 자신의 진실된 의사를 보호받게 되지만, 반면에 상대방은 예상했던 거래가 좌절

---

14) 대법원 1992. 11. 24. 선고 92다25830·25847 판결; 대법원 2023. 4. 27. 선고 2017다238486· 238493 판결 등 참조.

15) 대법원 2014. 11. 27. 선고 2013다49794 판결.

16) 대법원 2019. 4. 23. 선고 2015다28968·28975·28982·28999 판결 등 참조.

17) 이에 대해서는 이 책 [1.73] 〈보충학습 1.12〉, [1.76] 〈보충학습 1.13〉, [3.15] 〈보충학습 3.6〉 참조.

되어 불측의 손해(계약이 유효하다고 믿었던 것에 의하여 입은 손해)를 입을 수 있다. 착오자의 상대방이 손해배상을 청구할 수 있는가에 관하여 복잡한 논의가 있다.

Ⅱ. 하자 있는 의사표시: 사기·강박에 의한 의사표시

1.80   〈1〉개   념   하자 있는 의사표시란 의사표시가 표의자의 자유로운 의사결정에 기초하지 못한 경우이다. 민법은 이를 '사기·강박에 의한 의사표시'로 규율하고 있다(제110조). 사기·강박은 형사상으로 사기죄·공갈죄(또는 협박죄)를 구성하여 형사책임이 문제될 수 있다. 또한 사기·강박은 제750조의 불법행위에 해당할 수 있다. 제110조는 사기·강박으로 인한 의사표시의 유효성 자체에 관한 것이다.

1.81   〈2〉요   건   사기·강박에 의한 의사표시의 요건은 다음과 같다.

ⅰ 위법한 기망행위(사기에 의한 의사표시의 경우)[18] 또는 강박행위(강박에 의한 의사표시의 경우)가 있어야 한다.

ⅱ 사기자 또는 강박자의 고의가 있어야 한다.

ⅲ 인과관계가 존재해야 한다. 사기에 의한 의사표시의 경우에는 기망행위에 의하여 착오를 일으켰고, 이 착오에 의하여 의사표시를 했어야 한다. 강박에 의한 의사표시의 경우에는 강박행위·공포감·의사표시 사이에 인과관계가 있어야 한다.

1.82   〈3〉효   과   사기·강박에 의한 의사표시를 요소로 하는 법률행위는 취소할 수 있다(제110조제1항).

제3자의 사기·강박에 의한 의사표시는 어떻게 처리해야 할까? 표의자의 의사결정의 자유와 상대방의 신뢰 사이 균형을 고려할 필요가 있다. 법률행위의 상대방이 그 사실을 알았거나 알 수 있는 때에 한하여 법률행위를 취소할 수 있다(제110조제2항).

사기·강박을 이유로 한 법률행위의 취소는 선의의 제3자에게 대항하지 못한다(제110조제3항). 이 규정은 제107조제2항, 제108조제2항, 제109조제2항과 같

---

18) 대법원 1993. 8. 13. 선고 92다52665 판결; 대법원 2010. 2. 25. 선고 2009다86000 판결 등 참조.

은 취지의 규범이다.

제4절 | 법률행위의 해석

1.83   법률행위의 해석이란 법률행위의 내용을 확정하는 것이다. 법률행위에서는 당사자의 의사표시의 내용이 그대로 법률효과가 된다. 법률행위의 해석이 중요한 이유이다. 법률행위의 해석은 자연적 해석, 규범적 해석, 보충적 해석의 순서로 진행된다.

Ⅰ. 자연적 해석

1.84   자연적 해석이란 표의자의 진의를 밝히는 것이다. 자연적 해석에서는 계약서상의 문구와 같은 표시행위의 외형에 구속되지 않고 제반 사정을 종합하여 표의자의 실제의사를 밝혀야 한다.[19] 자연적 해석의 결과는 다음의 두 가지로 나타난다: ① 표의자의 진의를 탐지한 경우; ② 표의자의 진의를 탐지하지 못한 경우. 이들 각 경우에 대한 법적 처리는 어떠한가?

1. 표의자의 진의를 탐지한 경우

1.85   자연적 해석으로 표의자의 진의를 탐지했더라도 항상 표의자의 진의대로 효력을 발생하는 것은 아니다. 진의가 탐지되었다면 다음 단계로 법률행위의 내용을 진의대로 확정할 것인가 여부를 판단해야 하는데, 이 판단은 해당 법률행위의 성질상 표의자의 진의가 절대적 중요성을 가지는가 여부 등에 따라 달라진다.

1.86   〈1〉 법률행위의 성질상 표의자의 진의가 절대적 중요성을 가지는 경우   이 경우에는 표시행위와 무관하게 자연적 해석에 의하여 탐지된 표의자의 진의가

---

19) 우리 대법원도 "계약서에 사용된 문자의 의미는 계약당사자가 기도하는 목적과 계약당시의 제반 사정을 참작하여 합리적으로 해석하여야 할 것이다"(대법원 1965. 9. 28. 선고 65다1519 판결)라고 함으로써 같은 입장이다.

의사표시의 내용이 된다. 그러나 이 의사표시가 그대로 법률행위의 내용을 구성하는 것은 아니다. 법률사실인 의사표시의 차원을 넘어 법률요건인 법률행위 차원에서 평가가 필요하며, 그 평가는 해당 법률행위가 단독행위인가 계약인가에 따라 달라진다.

단독행위에서는 자연적 해석의 결과로 확정된 표의자의 진의가 그대로 법률행위의 내용으로 된다.

계약인 경우에는 표의자의 진의에 따라 확정된 의사표시가 상대방의 의사표시와 합치하는가 여부를 평가해야 한다. 가령, X와 Y가 계약을 체결한다고 가정해 보자. X의 Y에 대한 의사표시에서 진의는 α이고 표시행위는 β이며(즉 진의와 표시가 일치하지 않으며), Y의 X에 대한 의사표시에서는 진의와 표시행위 모두 β라면 X·Y 간의 계약은 불성립으로 된다. 표의자의 진의가 절대적 중요성을 가지는 법률행위에 있어서 X의 의사표시는 그의 진의에 따라 α인데, 상대방의 의사표시의 내용은 β여서 X와 Y의 각 의사표시의 내용이 합치하지 않기 때문이다.

다른 상황으로, 만약 X의 Y에 대한 의사표시에서 진의는 α이고 표시행위는 β인데, Y의 X에 대한 의사표시에서 진의가 α라면 어떠할까? 이때에는 X·Y 사이에 α를 내용으로 하는 계약이 유효하게 성립한다. X·Y의 각 의사표시에서 진의가 일치하기 때문이다. 당사자의 진의가 일치한다면 비록 표시행위에 문제가 있더라도 이는 법률행위에 유효에 지장을 주지 않는다(*falsa demonstratio non nocet*). 왜냐하면 법률행위의 기본이념은 당사자의 의사를 존중하는 것이기 때문이다.

〈2〉 법률행위의 성질상 표의자의 진의가 절대적 중요성을 가지지 않는 경우
일반적 거래행위가 대부분 여기에 해당할 것이다. 이때에는 자연적 해석의 결과 도출된 표의자의 진의가 항상 그대로 의사표시의 내용으로 평가되지 않는다. 표의자의 진의뿐만 아니라 상대방의 신뢰도 보호되어야 하기 때문이다. 상대방이 자연적 해석의 결과 확정된 표의자의 진의대로 인식했거나 또는 필요한 주의를 기울였더라면 그렇게 인식했을 것이라면 표의자의 진의대로 효력이 발생할 것이나, 그 외의 경우라면 표의자의 진의가 법률행위의 내용으로 되지 못하고 다음 단계의 해석(규범적 해석)을 통하여 법률행위의 내용을 확정해야 한다.

"*falsa demonstratio non nocet*" 원칙은 법률행위의 성질상 표의자의 진의가 절대적 중요성을 가지지 않는 경우에도 적용된다. 각 당사자의 진의가 일치한다면 그것을 존중하는 것이 법률행위의 이념에 부합하기 때문이다.

보충학습 1.15 | *falsa demonstratio non nocet*

자연적 해석에 따라 표의자의 진의를 탐지한 경우와 관련하여 "잘못된 표시행위는 법률행위 성립에 지장을 주지 않는다"(*falsa demonstratio non nocet*)는 원칙이 있다. X·Y 사이의 계약에 있어서 X의 진의는 α이고 표시행위는 β인 상태에서(즉 진의와 표시가 일치하지 않음) 만약 Y의 진의가 α라면(비록 표시행위가 β 혹은 π라 하더라도) 이 원칙에 따라 X·Y 간에는 α를 내용으로 하는 법률행위가 성립하게 된다. X·Y의 의사표시에 있어서 표시행위가 일치하지는 않지만 양자의 진의가 동일하다면 잘못된 표시행위에도 불구하고 법률행위의 성립을 인정하는 것이 당사자의 의사에 합치하는 것이기 때문이다.

"부동산의 매매계약에 있어 쌍방 당사자가 모두 특정의 甲토지를 계약의 목적물로 삼았으나 그 목적물의 지번 등에 관하여 착오를 일으켜 계약을 체결함에 있어서는 계약서상 그 목적물을 甲 토지와는 별개인 乙토지로 표시하였다 하여도, 甲토지에 관하여 이를 매매의 목적물로 한다는 쌍방 당사자의 의사합치가 있은 이상 그 매매계약은 甲토지에 관하여 성립한 것으로 보아야 한다"[20]와 같은 판례는 위 원칙의 적용례에 해당한다.

---

2. 표의자의 진의를 탐지하지 못한 경우

1.88   이 경우에는 표시행위의 객관적 의미를 기초로 표의자의 상대방의 시각에서 행해지는 규범적 해석을 통해 법률행위의 내용을 확정할 수밖에 없다.

Ⅱ. 규범적 해석

1.89   규범적 해석은 표의자의 진의를 탐구하는 것이 아니라 상대방의 입장에서 표시행위의 객관적인 의미를 탐구하는 것이다. 규범적 해석은 자연적 해석 다음으로 이루어지는 해석이다. 표의자의 상대방이 기대가능한 주의를 기울였음에도

---

20) 대법원 1996. 8. 20. 선고 96다1958·19598 판결 참조.

불구하고 표의자의 진의를 알 수 없다면 상대방으로서는 표시행위의 객관적 의미대로 이해할 수밖에 없을 것이라는 것이 규범적 해석의 인정근거이다.[21]

규범적 해석에 따라 상대방의 신뢰가 표의자의 효과의사보다 우선하는 결과가 되어 표의자는 그의 진의와 일치하지 않는 법률행위에 구속될 수 있는데, 이는 착오제도에 의하여 보정된다. 즉 표의자는 제109조의 착오를 주장하여 법률행위의 구속에서 벗어날 수 있다.

보충학습 1.16 | 자연적 해석, 규범적 해석, 착오취소의 관계

A는 고서적 α와 β를 소유하고 있다. A는 B와 고서적에 대한 매매계약을 체결하였는데, A의 B에 대한 매도청약에서 내심으로는 α를 목적물로 생각했으나 B로서는 β로 인식할 수밖에 없었다. B는 목적물을 β로 인식하여 승낙하였다. B는 A에게 β의 인도를 청구할 수 있는가?

자연적 해석의 결과는 다음과 같다: ① A의 B에 대한 의사표시의 진의는 α; ② B의 A에 대한 의사표시의 진의는 β. A와 B의 진의가 일치한다면 비록 표시행위가 잘못되었더라도 진의대로 법률행위의 내용을 확정할 수 있으나(*falsa demonstratio non nocet*) 사안에서는 진의가 일치하지 않는다. 그리고 A·B 간의 계약은 표의자의 진의가 절대적 중요성을 가지는 법률행위가 아니다. B로서는 β로 인식할 수밖에 없었으므로 규범적 해석이 필요하다.

규범적 해석에서 문제되는 것은 A의 B에 대한 매도청약이다. B로서는 표시행위의 객관적 의미대로 이해할 수밖에 없어 계약의 목적물은 β로 평가된다. 즉 A의 의사표시의 최종값은 β가 된다. B는 β로 인식하고 β로 표시했으므로, A·B 각각의 의사표시에서 목적물은 β로 일치하여 매매계약이 성립한다.

A의 진의는 전혀 보호를 받을 수 없는가? A가 제109조의 요건을 갖추었다면 착오를 이유로 계약을 취소함으로써 계약의 구속력으로부터 벗어날 수 있다.

Ⅲ. 보충적 해석

1.90 보충적 해석이란 법률행위의 내용에 틈이 있는 경우에 그 틈을 보충하여 법

---

21) 대법원 1994. 6. 28. 선고 94다6048 판결; 대법원 2004. 4. 28. 선고 2003다39873 판결 등 참조.

률행위의 내용을 확정하는 것이다. 틈이란 법률행위가 정상적으로 이행되기 위하여 필요한 내용의 일부가 결여된 것을 말한다(예: 법률행위의 모든 요소가 구비되었으나 이행기에 관한 약정이 없는 경우). 보충적 해석의 재료(즉 법률행위의 틈을 보충하는 기준)는 무엇인가? 이는 양 당사자의 진의가 아니라 '가정적 의사'이다.22) 즉 문제된 법률행위에 관한 여러 정황을 고려할 때, 만약 그와 같은 틈을 알았더라면 당사자가 그 부분을 어떻게 정하였을 것인가를 판단한다.

제5절 대 리

1.91 　대리란 본인과 일정한 관계에 있는 타인(대리인)이 본인의 이름으로 의사표시를 하거나(능동대리의 경우) 또는 의사표시를 수령하는(수동대리의 경우) 방법으로 법률행위를 하고, 그 법률효과는 본인에게 귀속되는 제도이다. 대리제도에 있어서는 기본적으로 세 가지 법률관계가 나타나게 된다(소위 '대리의 3면관계'): ① 본인과 대리인 간의 관계(대리권); ② 대리인과 상대방 간의 관계(대리행위); ③ 본인과 상대방 간의 관계(법률효과). 대리는 법률행위에 한해 인정되는 것이다(가령 강의 출석은 법률행위가 아니므로 출석은 대리의 대상이 아님).

Ⅰ. 대리관계의 제1면: 대리권(본인·대리인 간의 관계)

1. 대리권의 발생

1.92 　대리에서는 법률행위를 하는 사람(대리인)과 그 효과의 귀속주체(본인)가 분리되는 현상이 일어난다. 본인을 위하여 대리행위를 할 수 있는 권한을 '대리권'이라 한다. 대리권이 없는 사람에 의하여 이루어진 대리행위(무권대리)는 무효(유동적 무효)이다.23)

---

22) 대법원 2006. 11. 23. 선고 2005다13288 판결; 대법원 2023. 8. 18. 선고 2019다200126 판결.
23) 무권대리에 대해서는 이 책 [1.103] 이하 참조.

대리권의 발생원인은 법률규정(법정대리의 경우) 또는 대리권수여(임의대리의 경우)이다. 임의대리에 있어서 대리권을 수여하는 행위를 '수권행위'라 하는데, 이는 원인행위와 구별된다. 임의대리에 있어서는 통상적으로 본인과 대리인 사이의 내부관계로서 위임·도급·고용 등과 같은 계약관계가 존재하고, 계약의 이행과 관련된 대외적 사무를 처리하기 위하여 수권행위가 있게 된다. 여기에서 위임·도급·고용을 원인행위라 한다. 원인행위가 위임인 경우를 예로 하여 원인행위와 수권행위의 관계를 생각해 보자. 위임이란 당사자 일방(위임인)이 상대방(수임인)에게 사무의 처리를 부탁하고 상대방이 이를 승낙함으로써 성립하는 계약이다(제680조). 위임계약에 따라 수임인은 약정된 사무를 처리할 채무를 부담하게 된다. 위임계약에는 대리권을 부여하는 수권행위가 따를 수도 있지만 그렇지 않을 수도 있다. 예컨대, 위임사무의 내용이 법률행위(예: 위임사무가 수임인이 제3자와 계약을 체결하는 것)가 아닌 사실행위(예: 위임사무가 수임인이 제3자에게 물건을 전달하는 것)인 때에는 수권행위가 개입될 여지가 없다.

2. 대리권의 범위

1.93   법정대리권의 범위는 법률규정에 따르므로 임의대리권을 본다.

임의대리권의 범위는 수권행위에 의하여 정해지므로, 그 범위는 결국 수권행위에 대한 법률행위의 해석에 의하여 정해진다. 법률행위 해석에 의해서도 대리권의 범위를 확정할 수 없는 경우를 대비하여 민법은 보충규정을 두고 있다. 즉 범위를 정하지 않은 대리권의 범위는 다음과 같다(제118조): ① 보존행위; ② 대리의 목적인 물건이나 권리의 성질을 변경시키지 않는 범위에서의 이용·개량행위.

3. 대리권의 제한

1.94   〈1〉 공동대리   대리인이 복수인 경우에 대리권은 어떠한 방식으로 행사되는가? 각자 본인을 대리하는 것이 원칙이다('각자대리의 원칙': 제119조 본문). 그러나 법률규정(예: 제909조제2항) 또는 수권행위에 의하여 복수의 대리인이 공동으로만 대리행위를 해야 하는 경우도 있다(제119조 단서). 복수의 대리인이 공동으로만

대리할 수 있는 것을 '공동대리'라 한다.

공동대리를 설정하는 것은 복수의 대리인이 공동으로 대리행위를 함으로써 대리인들 간의 상호견제 및 신중한 의사결정을 도모하고자 하는 것이다. 공동대리에 있어서는 대리인 중 1인이 대리행위에 참가하지 않으면 유효한 대리행위가 되지 못하고 무권대리로 된다. 또한 대리인 중 1인의 의사표시에 흠이 있는 때에는 대리행위 전체에 결함이 있게 된다. 공동대리는 각 대리인의 입장에서 보면 대리권의 제한이다.

1.95 〈2〉 자기계약·쌍방대리 　자기계약이란 대리인이 한편으로는 본인을 대리하고 다른 한편에서는 자기 자신이 상대방이 되어 계약을 체결하는 것이다(예: P로부터 甲물건의 매각을 위한 대리권을 수여받은 Q가 한편으로는 P의 대리인으로서, 다른 한편으로는 상대방으로서 매매계약을 체결하는 경우). 자기계약에서는 본인과 대리인의 이해관계가 대립되어 본인의 이익을 해할 수 있다. 쌍방대리란 동일인이 당사자 쌍방의 대리인으로서 대리행위를 하는 것이다(예: R이 P로부터는 甲물건의 매각을 위해 대리권을 수여받고, Q로부터는 甲물건의 매수를 위한 대리권을 수여받아 혼자서 매매계약을 체결하는 경우). 쌍방대리에서는 한 사람의 대리인이 대리행위를 함으로써 복수의 본인 중 어느 일방의 이익을 해할 수 있다.

민법은 자기계약과 쌍방대리를 금지하고 있는데(제124조 본문), 이는 본인의 이익을 고려한 것이다. 그러므로 본인의 허락이 있으면 자기계약·쌍방대리도 유효한 대리행위이다(제124조 본문). 본인의 동의없이 이루어진 자기계약·쌍방대리는 무권대리(유동적 무효)로서[24] 본인이 추인하면 유효한 대리행위로 된다.

자기계약·쌍방대리의 금지는 대리행위로 인하여 새로운 이해관계가 형성되는 경우에 한정된다. 이미 확정되어 있는 법률관계를 청산하는 일은 본인의 허락 없이도 자기계약·쌍방대리가 허용된다(제124조 단서).[25]

4. 대리권의 남용

1.96 대리행위는 법적 효과뿐만 아니라 경제적 이익도 본인에게 귀속시킬 목적

---

24) 무권대리와 유동적 무효에 대해서는 이 책 [1.103], [1.115] 참조.
25) 대법원 1981. 2. 24. 선고 80다1756 판결; 대법원 1997. 7. 8. 선고 97다12273 판결 등 참조.

인 것이 보통이다. 만약 대리인이 자신 또는 제3자의 이익을 위하여 대리행위를 했다면 해당 대리행위의 운명은 어떠한가? '대리권 남용'의 문제이다.

이에 관해 여러 학설이 있으나 판례는 소위 '제107조제1항 단서 유추적용설'을 취하고 있다.[26] 그 내용은 이러하다: 대리행위는 본인에게 대리행위의 효과를 귀속시키려는 것이지 본인의 이익을 위한 것은 아니므로 대리권 남용도 원칙적으로 유효한 대리행위로서 그 효과가 본인에게 귀속한다; 다만, 상대방이 그와 같은 사정을 알았거나 알 수 있었을 때에는 제107조제1항 단서를 유추적용하여 그 행위의 효과가 본인에게 귀속하지 않는다.

5. 대리권의 소멸

1.97 〈1〉 법정대리·임의대리 공통의 소멸사유   법정대리이든 임의대리이든 대리권은 다음 사유로 소멸한다: ① 본인의 사망; ② 대리인의 사망, 성년후견의 개시 또는 파산(제127조).

본인 또는 대리인의 사망이 대리권 소멸사유라는 것은 대리관계에서 본인 또는 대리인의 지위가 상속되지 않음을 의미한다. 피성년후견인도 대리인이 될 수 있다(제117조 참조). 그러나 대리인이 된 후에 성년후견 심판을 받았다면 이는 중대한 사정변경이다. 대리인의 성년후견 개시 또는 파산을 대리권 소멸사유로 한 것은 본인과 대리인은 인적 요소가 중요한 법률관계라는 점을 고려한 것이다.

1.98 〈2〉 법정대리·임의대리 특유의 소멸사유   법정대리와 임의대리로 구분하여 살펴본다.

① 법정대리에 특유한 대리권 소멸사유   법정대리권의 발생원인은 법률규정이며 그 구체적인 모습은 다음 세 부류로 구분된다: ① 본인과의 일정한 신분관계에 의하여 당연히 대리권이 부여되는 경우(예: 일상가사에 관한 부부의 대리권(제827조), 친권자(제911·920조) 등); ② 일정한 사람의 지정에 의하여 대리권이 부여되는 경우(예: 지정후견인(제931조), 지정유언집행자(제1093·1094조) 등); ③ 법원의 선임행위에 의하여 대리권이 부여되는 경우(예: 부재자재산관리인(제22·23조), 상속재산관리인(제1023·1040·1047·1053조) 등). 법정대리에서는 그 발생원인에 따라 각각 소멸원인에 차

---

26) 대법원 1997. 8. 29. 선고 97다18059 판결; 대법원 2021. 4. 15. 선고 2017다253829 판결 등 참조.

이가 있으며, 이에 관해서는 법률에서 개별적으로 규정한다.

ⓘ **임의대리에 특유한 대리권 소멸사유**　　임의대리권은 원인된 법률관계의 종료 또는 수권행위의 철회에 의하여 소멸한다(제128조). 예컨대, 원인된 법률관계가 위임인 때에는 위임관계의 종료에 의하여 대리권도 소멸한다. 위임의 종료사유는 위임계약의 해지(제689조), 당사자 일방의 사망·파산 및 수임인의 성년후견 개시 심판(제690조)이다. 그러므로 원인된 법률관계가 위임인 때에는 제127조에서 정한 대리권 소멸사유에 해당하지 않더라도 대리권이 소멸할 수 있다.

Ⅱ. 대리관계의 제2면: 대리행위(대리인·상대방 간의 관계)

1. 대리행위의 방식: 현명주의

1.99　　대리인이 대리행위를 할 때에는 그의 의사표시가 자신이 아닌 본인을 위한 것임을 표시해야 한다(제114조제1항). 즉 대리행위는 본인의 이름으로 해야 한다. 의사표시가 본인을 위한 것임을 표시하는 것을 '현명'(顯名)이라 한다(예: "P의 대리인 Q"). 제114조제1항에서 말하는 "본인을 위한 것"이라 함은 "본인의 경제적 이익을 위한 것"이 아니라 "법률효과를 본인에게 귀속시키기 위한 것"이라는 의미이다.

현명을 하지 않은 의사표시는 대리인 자신을 위한 것으로 본다(제115조 본문). 그러나 현명을 하지 않았더라도 타인의 대리인으로서 의사표시를 한다는 것을 상대방이 알았거나 알 수 있었을 때에는 현명을 한 것과 마찬가지의 효력이 있다(제115조 단서).

앞의 설명은 능동대리에 관한 것이다. 수동대리에 있어서는 상대방 쪽에서 해당 의사표시가 대리인이 아닌 본인에 대한 것임을 표시해야 한다(제114조제2항). 수동대리에 있어서는 대리인이 현명하여 의사표시를 수령하는 것이 불가능하기 때문이다. 또한 수동대리에는 제115조의 적용이 없다.

2. 대리행위의 흠

1.100　　대리행위의 당사자는 대리인과 상대방이다. 그러므로 의사표시의 효력이 의

사의 흠결, 사기·강박 또는 어느 사정을 알았거나 과실로 알지 못함으로 인하여 영향을 받을 경우에 그 사실의 유무는 대리인을 표준으로 결정한다(제116조제1항). 유의할 것은 의사표시에 흠이 있는가의 판단은 대리인을 표준으로 하지만, 그 의사표시의 효과귀속 주체는 여전히 본인이라는 것이다. 예컨대, 상대방의 강박에 의하여 대리인이 대리행위를 한 경우에 강박 여부는 대리인을 기준으로 판단하지만 취소권은 본인에게 있다. 그러나 대리인이 본인의 지시에 따라 대리행위를 한 때에는 본인은 자기가 안 사정 또는 과실로 인하여 알지 못한 사정에 관하여 대리인의 부지를 주장하지 못한다(제116조제2항).

보충학습 1.17 | 대리행위의 흠에 대한 판단 기준

(1) **제116조제1항:** 의사표시의 결함, 선의·악의, 과실 유무는 대리인을 기준으로 판단한다. 대리관계에서 실제 법률행위를 하는 사람은 대리인이라는 점에서 이 규정의 의미를 쉽게 이해할 수 있다.

(2) **제116조제2항:** 어떠한 사정을 본인이 알고 있으면서(즉 악의) 대리인에게 그 행위를 하라고 지시했거나 또는 과실로 인하여 알지 못하고(과실이 있는 선의) 그 행위를 하라고 지시했다면 "이런 사정들은 대리인을 기준으로 하는 것이다!"(제116조 제1항)라고 주장할 수 없다.

---

3. 대리인의 능력

1.101 대리인은 제한능력자라도 무방하다(제117조). 이 규정의 취지는 다음과 같다: ① 대리행위의 효과는 대리인이 아닌 본인에게 귀속하므로 대리인이 제한능력자라도 행위능력의 취지에 어긋나지 않는다; ② 본인이 원하여 제한능력자를 대리인으로 선임한 이상 그로 인한 불이익도 본인이 감수해야 한다.

보충학습 1.18 | 대리행위와 본인의 행위의 경합

임의대리의 경우에 본인이 타인에게 대리권을 수여했더라도 본인 자신이 법률행위를 할 수 있다. 그리하여 본인과 대리인의 행위가 경합할 수 있다. 이때 두 행위의 우열관계는 일반원칙에 따른다. 예컨대, A와 A의 대리인 B가 각각 A 소유의 甲부동산을 매도하는 계약을 체결하였는데 A의 상대방은 X, B의 상대방은 Y였다면 이들 두 계약 모두 유효하며, X와 Y 중 먼저 소유권이전등기를 한 사람이 甲의 소유자가 된다.

법정대리의 경우에도 같은 상황이 나타날 수 있다. 그러나 대부분의 경우에는 본인이 행한 법률행위를 실효시키고 법정대리인에 의하여 행해진 법률행위만을 유지하는 방향으로 법률관계가 진행될 것이다. 예컨대, 미성년자 P와 P의 법정대리인 Q가 각각 P 소유의 乙부동산을 매도하는 계약을 체결하였는데 P의 상대방은 R, Q의 상대방은 S였다고 해보자. 이와 같은 경우에 대부분 Q는 P·R 간의 계약을 취소할 것이다.

Ⅲ. 대리관계의 제3면: 법률효과(본인·상대방 간의 관계)

1.102 대리행위의 효과는 직접 본인에게 귀속한다(제114조). 이 점에서 간접대리(예: 위탁매매)와 구별된다.

대리행위의 대상은 법률행위이다. 그러므로 대리인이 타인에게 사실행위, 특히 불법행위를 하더라도 그 효과(즉 손해배상책임)는 본인에게 귀속하지 않는다. 본인과 대리인 사이의 내부관계(예: 고용)로 인하여 본인이 제756조에 의한 사용자책임을 부담할 수는 있으나,[27] 이는 대리의 효과와는 무관한 것이다.

보충학습 1.19 | 복 대 리

복대리인이란 대리인이 자기 이름으로 선임하는 대리인이다. 복대리인은 본인의 대리인인가? 복대리인은 본인의 대리인이며(제123조제1항), 대리인이 복대리인을 선임하더라도 대리인이 대리권을 상실하지 않는다. 대리인이 복대리인을 선임할 수 있는 권한을 복임권이라 하는데, 복임권은 임의대리와 법정대리에서 차이가 있다.

(1) **임의대리인의 복임행위** 본인과 대리인 간의 인적 신뢰관계에 기초하는 임의대리에서는 예외적으로만(본인의 승낙 또는 부득이한 사유가 있는 경우) 복임권을 인정한다(제120조). 복대리인을 선임한 때에는 본인에 대하여 그 선임·감독에 관한 책임을 진다(제121조제1항). 본인의 지명에 의하여 복대리인을 선임한 때에는 대리인의 책임이 경감된다(제121조제2항).

---

27) 이에 대해서는 이 책 [2.294] 참조.

(2) **법정대리인의 복임행위**   법정대리인은 그의 책임 아래 복대리인을 선임할 수 있으며(제122조 본문), 그 대신 법정대리인의 책임을 무겁게 한다. 즉 법정대리인은 복대리인의 선임·감독에 의무위반이 없더라도 본인에게 책임을 진다(제122조 본문). 다만, 부득이한 사유로 복대리인을 선임한 때에는 복대리인의 선임·감독상의 의무위반이 있는 때에 한하여 책임을 진다(제122조 단서).

Ⅳ. 무권대리인의 대리행위: 무권대리·표현대리

1. 개   념

1.103

무권대리란 대리권이 없이 이루어진 대리행위이다. 무권대리에 관한 논의는 다른 요건은 문제가 없고 대리권만 없는 상황을 전제한 것이다. 원칙으로 보면 무권대리행위는 그 효과를 귀속시킬 사람이 없다. 대리인에게 대리권이 없으니 본인에게 효과를 귀속시킬 수 없으며, 본인의 이름으로 행해졌으니 대리인에게 효과를 귀속시킬 수도 없기 때문이다. 그렇다면 무권대리를 모두 확정적 무효[28]로 처리할 것인가? 다음 두 가지를 고려할 필요가 있다.

ⓐ **계약경제**   무권대리라도 본인에게 유리한 경우가 있다. 그러한 상황이라면 무권대리를 무위(無爲)로 돌리기보다는 본인에게 그 효과의 귀속 여부에 대한 판단을 맡기는 것이 효율적일 것이다. 이를 고려하여 민법은 무권대리를 확정적 무효로 하지 않고, 본인이 추인하면 유효로 되는 유동적 무효로 한다(본인의 추인권: 제130·132·133조).

ⓑ **상대방 내지 거래안전 보호**   대리제도는 사적자치의 확장 내지 보충의 기능으로 본인은 이를 통하여 상당한 편익을 누린다. 그런데 무권대리를 확정적 무효로 하면 대리제도로 인한 위험(risk)을 전적으로 대리행위의 상대방에게 부담시키고 거래안전 또한 위협한다. 이를 고려하여 민법이 마련한 제도는 다음과 같다: ① 상대방의 최고권(제131조), 철회권(제134조); ② 표현대리(표현대리: 제125·126·129조); ③ 무권대리인 이행의무 또는 손해배상책임(제135조).

---

28) 확정적 무효와 유동적 무효에 대해서는 이 책 [1.115] 참조.

2. 무권대리 일반규범

(1) 무권대리행위가 계약인 경우

1.104   계약의 무권대리에 관한 민법의 기본태도는 이러하다: ① 본인에게 추인권 및 추인거절권을 부여함으로써 본인의 이익을 고려한다; ② 상대방에게 최고권· 철회권 및 무권대리인에 대하여 책임을 추궁할 수 있는 권리를 부여함으로써 상대방과 본인 간의 이익균형을 도모한다.

1) 본인·상대방 간의 관계

1.105   〈1〉 **본인의 권리**(추인권·추인거절권)   무권대리라도 본인이 추인하면 유효한 대리행위로 된다(제130조). 추인의 효과는 원칙적으로 계약시에 소급한다(제133조 본문). 그러나 소급효로 인하여 제3자의 권리를 해하지는 못한다(제133조 단서). 추인의 의사표시는 상대방에게 하지 않으면 상대방에게 대항하지 못한다(제132조 본문). 그러나 상대방이 어떠한 경로이든 추인 사실을 안 때에는 그렇지 않다(제132조 단서).

무권대리행위를 그대로 방치하더라도 본인에 대하여 효력이 없다. 그러나 본인이 적극적으로 추인의 의사가 없음을 표시함으로써 무권대리행위를 확정적 무효로 할 수는 있으며(추인거절), 추인거절의 의사표시의 방법은 추인과 같다(제132조). 추인거절의 의사표시를 한 후에는 다시 추인할 수 없다.

본인의 추인권 또는 추인거절권의 법적 성질은 모두 형성권이다. 본인의 일방적 의사표시로 권리변동(유동적 무효상태에 있었던 무권대리행위가 추인의 경우에는 확정적 유효, 추인거절의 경우에는 확정적 무효로 되기 때문임)이 일어나기 때문이다.

1.106   〈2〉 **상대방의 권리**(최고권·철회권)   무권대리행위가 본인에게 효력이 발생하는가 여부는 본인의 추인 또는 추인거절에 달려 있다. 상대방은 매우 불안정한 지위에 놓이는데 민법은 상대방에게 최고권(제131조)과 철회권(제134조)을 부여하여 본인과의 관계에서 이익균형을 꾀하고 있다.

ⓘ **최고권**   상대방은 상당한 기간을 정하여 본인에게 추인 여부의 확답을 최고할 수 있다(제131조제1문). 상대방의 최고권은 적극적인 의미를 가지지 못한다. 본인이 추인을 하면 무권대리행위는 확정적 유효로 되고, 추인을 거절하면 확정적 무효가 되기 때문이다. 다만, 상당한 기간 내에 본인이 확답을 하지

않으면 추인을 거절한 것으로 본다(제131조제2문).29)

ⅱ **철 회 권**   민법은 소극적인 최고권과 달리 적극적 권리로서 상대방에게 철회권을 인정한다. 즉 상대방이 무권대리행위에 의한 구속을 원치 않는다면 자신의 의사표시를 철회할 수 있다(제134조 본문). 철회권은 본인에 의한 추인 또는 추인거절의 의사표시가 있기 전에 본인 또는 대리인에 대하여 행사한다(제134조 본문). 상대방이 자신의 의사표시를 철회하면 본인도 이제는 추인할 수 없으며, 상대방은 무권대리행위의 성립을 전제로 한 어떠한 주장도 할 수 없다. 본인에 대하여 이행청구를 할 수 없음은 물론 무권대리인에 대한 제135조제1항의 책임(계약의 이행 또는 손해배상)도 주장할 수 없다. 철회로 인하여 무권대리행위는 더 이상 존재하지 않는 것으로 되기 때문이다. 최고권과 달리 철회권은 상대방이 대리행위의 당사자인 대리인에게 대리권이 없음을 모른 때에 한하여 인정된다(제134조 단서). 악의의 상대방은 불확정적인 상태에 놓이는 것을 스스로 각오한 사람이기 때문이다.

2) 상대방·무권대리인 간의 관계

1.107   제135조는 무권대리인의 상대방에 대한 책임을 규정한다. 제135조의 적용요건은 다음과 같다: ① 대리권 없는 사람에 의한 대리행위일 것; ② 본인의 추인을 얻지 못할 것; ③ 상대방이 선의·무과실일 것; ④ 무권대리인이 제한능력자가 아닐 것.

무권대리인은 상대방의 선택에 따라 계약의 이행 또는 손해배상의 책임을 진다(제135조제1항). '계약의 이행'과 '손해배상'은 상대방의 선택에 따라 어느 하나로 확정된다. 이는 법률규정에 의하여 성립하는 선택채권30)관계이다.

3) 본인·무권대리인 간의 관계

1.108   본인이 추인을 하지 않는 한 대리행위로 인한 계약의 효과가 본인에게 귀속하지 않는다. 그런데 무권대리인의 행위로 인하여 본인이 손해를 입었다면 본인은 무권대리인에 대하여 채무불이행(제390조) 또는 불법행위(제750조)의 책임을 물을 수 있다. 또한 무권대리행위가 본인에 대하여 부당이득(제741조)이 될 수도 있다. 그러나 이들은 채무불이행·불법행위·부당이득이 적용된 결과일 뿐 무권

---

29) 여기에서의 최고는 상황전환효 최고(이에 대해서는 이 책 [1.17] 〈보충학습 1.2〉 참조)에 해당한다.
30) 선택채권의 개념에 대해서는 이 책 [2.78] 참조.

대리의 효과와는 무관한 것이다.

(2) 무권대리행위가 단독행위인 경우

1.109   단독행위의 무권대리는 원칙적으로 유동적 무효가 아닌 확정적 무효이다. 그러므로 추인의 대상이 되지 못한다. 일방의 의사표시로 성립하는 단독행위에서 본인의 추인을 인정하면 본인의 자의적 의사에 따라 법률행위의 유효·무효가 좌우되어 법률관계의 유동성이 극심하기 때문이다. 그런데 민법은 상대방 있는 단독행위에 한하여 예외를 규정하고 있다(제136조). 즉 상대방 있는 단독행위 중 일정한 경우는 유동적 무효이다. 해당 법률행위의 성립에 있어서 상대방의 관여 기회가 전혀 없는 상대방 없는 단독행위와 달리, 상대방 있는 단독행위에서는 상대방의 관여 여지가 있어 계약과 유사한 면이 있기 때문이다. 능동대리와 수동대리로 구분하여 살펴본다.

1.110   〈1〉 **능동대리의 경우**   예컨대, 대리권 없이 본인의 취소권을 대리하여 행사했다고 가정해 보자. 이 경우에 취소권 행사의 상대방이 대리인의 취소권 행사에 동의(표의자가 단독행위를 하는 것을 사전에 용인하는 행위)하거나 또는 취소권을 행사하는 대리인의 대리권을 다투지 않은 경우(표의자의 의사표시를 수령한 후 지체 없이 이의를 제기하지 않음)에는 계약의 무권대리에 관한 규정(제130~135조)을 준용한다(제136조제1문). 상대방의 동의 또는 대리권을 다투지 않은 행위를 무권대리인의 단독행위에 관여한 것으로 보는 것이다.

1.111   〈2〉 **수동대리의 경우**   상대방이 무권대리인의 동의를 얻어 단독행위를 하고 무권대리인이 그 의사표시를 수령했다면 계약의 무권대리에 관한 규정(제130~135조)을 준용한다(제136조제2문). 수동대리에서는 상대방이 능동대리에서보다 적극적으로 문제된 단독행위에 관여하고 있다.

3. 표현대리

1.112   표현대리란 무권대리이기는 하나 '대리행위의 외관의 존재', '외관형성에 대한 본인의 원인제공', '상대방의 신뢰에 대한 보호가치'의 요건이 충족되는 경우에 마치 정상적인 대리행위에서와 마찬가지로 대리행위의 효과를 본인에게 귀

속시키는 것이다. 표현대리는 무권대리인의 상대방에게 부여되는 부가적인 선택권이다. 가령 상대방은 표현대리를 주장하여 본인과 법률관계를 설정할 수도 있고 제135조에 따라 무권대리인과 법률관계를 설정할 수도 있다.

표현대리가 성립하는 경우로서 민법은 다음 세 경우를 규정하고 있다: ① 대리권을 수여하지 않았음에도 불구하고 일정한 사람에게 대리권을 수여한 것으로 표시한 경우(제125조); ② 대리권이 있기는 하나 문제의 행위에 대해서는 대리권이 없는 경우(제126조); ③ 과거에는 대리권이 있었으나 대리행위 당시에는 대리권이 없는 경우(제129조).

ⓘ 대리권 수여의 표시에 의한 표현대리(제125조)   가령 A가 X에게 실제로는 대리권을 수여하지 않았는데 대리권을 수여했다고 B에게 통지하였고, 이에 따라 X가 A의 대리인으로서 B와 계약을 체결한 경우에 문제된다. 대리권 수여의 표시가 있고, 해당 대리행위가 표시된 대리권의 범위 내에서 이루어졌으며, 상대방이 선의·무과실이라면 제125조의 표현대리가 성립한다.

ⓘ 권한을 넘은 표현대리(제126조)   대리인에게 일정 범위의 대리권은 있으나 실제 이루어진 대리행위가 대리권의 범위를 초과한 경우에 문제된다. 상대방이, 대리인에게 대리권(기본대리권)이 있으니 실제 이루어진 법률행위에 대해서도 대리권이 있다고 신뢰했고, 그 신뢰에 정당한 이유가 있다면 제126조의 표현대리가 성립한다.

ⓘ 대리권 소멸 후의 표현대리(제129조)   과거에 대리권이 있었는데 대리행위가 이루어진 시점에는 대리권이 소멸된 경우에 문제된다. 실제 이루어진 대리행위가 과거 존재했던 대리권의 범위 내에서 이루어졌고, 대리권 소멸에 대하여 상대방이 선의·무과실이라면 제129조의 표현대리가 성립한다.

보충학습 1.20 | 무권대리와 표현대리

A는 B에게 1억원의 범위에서 토지 1필을 매수하여 달라는 부탁과 함께 B에게 위임장을 작성해 주었다. 이에 따라 B는 A의 대리인으로서 C로부터 甲토지를 매수하는 계약을 체결하였는데, 매매대금을 1억 3천만원으로 약정하였다. C는 B가 해당 대리행위에 대하여 대리권이 없음을 알지 못하였고 또한 알 수도 없었다. 이 경우에 매도인 C의 매매대

금채권은 유효하게 성립하는가?

B는 무권대리인이므로 대리행위의 효과는 원칙적으로 A에게 귀속하지 못한다. 계약의 무권대리행위는 유동적 무효이다. 그러므로 만약 A가 추인을 하면 C의 A에 대한 매매대금채권이 처음부터 유효하게 성립한다(제130·133조). 만약 본인이 추인을 거절하면 C로서는 대리인 B에 대하여 매매대금채무의 이행을 청구할 수 있다(제135조제1항). C는 A의 추인 또는 추인거절이 있을 때까지 추인 여부에 대한 확답을 최고할 수 있으며(제131조), 또한 매매계약의 성립요소인 자신의 의사표시를 철회하여 매매계약의 구속력으로부터 완전히 벗어날 수도 있다(제134조).

한편, B·C 간의 법률행위는 제126조의 표현대리의 요건을 구비하고 있다. 그러므로 C가 표현대리를 주장하면 대리행위의 효과가 A에게 귀속한다. 결국, C로서는 A가 추인하지 않더라도 그의 선택에 따라 표현대리를 주장하여 A와의 법률관계를 설정하든가 제135조에 따라 대리인 B와의 법률관계를 설정할 수 있는 법적 지위에 있다.

제6절 무효와 취소

1.113
유효요건을 결한 법률행위에 대한 법적 제재는 무효 또는 취소이다. 무효와 취소의 대상은 의사표시가 아니라 법률행위이다. 무효와 취소는 법률요건에 대한 법적 평가인데, 의사표시는 법률요건을 구성하는 법률사실이지 법률요건은 아니기 때문이다. 무효사유와 취소사유의 구별은 입법정책의 문제이다. 대체로 결함 부분이 특정인의 개별적 이익에 관련된 것이어서 효력 여부에 대한 결정을 특정인에게 맡겨도 무방한 때에는 취소사유, 결함 부분이 개별적 이익의 차원을 넘어 공동체의 이익과 관련된 때에는 무효사유이다.

무효와 취소의 주된 차이는 다음과 같다: ① 무효인 법률행위는 처음부터 효력이 없으나, 취소할 수 있는 법률행위는 취소권을 행사하기 전까지는 유효하다; ② 무효와 달리 취소에 있어서는 기간의 경과로 취소권이 소멸한다.[31]

---

31) 이에 대해서는 이 책 [1.123] 참조.

Ⅰ. 무 효

1. 개 념

1.114 법률행위의 무효는 법률행위의 부존재 또는 불성립과 구별해야 한다. 부존재 또는 불성립은 법률행위의 성립요건을 결한 것임에 반해, 무효는 성립요건은 충족되었으나 효력요건에 결함이 있는 경우이다.

무효사유는 다음과 같이 분류할 수 있다: ① 당사자에 관한 효력요건에 결함이 있는 경우(예: 의사무능력); ② 의사표시에 관한 효력요건에 결함이 있는 경우(예: 제107~110조); ③ 법률행위의 내용에 결함이 있는 경우(예: 제103·104조); ④ 권한이 없는 사람에 의하여 법률행위가 이루어진 경우(예: 무권대리).

무효인 법률행위의 당사자가 아직 이행을 하지 않았다면 이행할 필요가 없고, 이미 이행했다면 부당이득으로서 반환을 청구할 수 있다(제741조).

2. 종 류

1.115 무효의 종류는 다음과 같다.

ⅰ) **절대적 무효와 상대적 무효** 절대적 무효는 당사자 간에는 물론 제3자에 대해서도 무효이다(예: 제103·104조). 상대적 무효는 당사자 간에만 무효이고 일정한 제3자에 대하여는 무효가 아니다(예: 제107조제2항, 제108조제2항).

ⅱ) **당연무효와 재판상 무효** 무효는 당연무효가 원칙이다. 이와 달리 소에 의하여 무효를 주장해야 하는 경우가 있는데, 이를 재판상 무효라 한다. 회사설립의 무효(「상법」 제184조), 회사합병의 무효(「상법」 제236조)와 같이 재판상 무효는 법률관계의 획일적 확정을 기하기 위한 것이다.

ⅲ) **확정적 무효와 유동적 무효** 확정적 무효란 보통의 무효로서 후에 추인을 하더라도 효력이 생기지 않는다(제139조 본문). 이와 달리 유동적 무효란 법률행위가 이루어진 시점에서는 무효이나, 후에 추인권자의 추인 또는 관청의 인허가를 받게 되면 법률행위시에 소급하여 유효로 되고, 추인 또는 인허가가 없으면 확정적으로 무효가 된다(예: 무권대리행위).[32]

---

32) 대법원 1991. 12. 24. 선고 90다12243 전원합의체판결; 대법원 2010. 8. 19. 선고 2010다31860·31877 판결 등 참조.

3. 일부무효의 법리

1.116

　　법률행위의 일부에 무효사유가 있는 때에는 법률행위 전부를 무효로 하는 것이 원칙이다(제137조 본문). 이 원칙의 이론적 근거는 사적자치에서 구할 수 있다. 사적자치란 법률행위 당사자가 진실로 의욕한 것에 의하여 구속되는 것이다. 법률행위의 일부가 무효인 경우에 무효인 부분에 대하여만 무효로 하고 나머지 부분은 유효로 하면 전체를 일체로서 법률행위를 하고자 했던 당사자의 의사를 왜곡하는 결과가 될 수도 있다. 그리하여 민법은 일부에 무효사유가 있을 때에도 전부를 무효로 하는 것이다.

　　제137조 본문의 전부무효의 원칙에도 불구하고 특별규정에 의하여 이 규정의 적용이 배제되는 경우가 있다(예: 환매기간에 관한 제591조제1항, 전세권의 존속기간에 관한 제312조제1항 등).

　　전부무효의 원칙에는 중대한 예외가 있다. 무효부분이 없더라도 나머지 부분만으로 법률행위를 하였을 것으로 인정될 때에는 그 나머지 부분은 유효로 한다(제137조 단서). 이를 '일부무효의 법리'라 한다. 이 법리가 적용되기 위한 요건은 다음과 같다.

　　ⅰ **법률행위의 일체성**　　법률행위의 내용이 동시에 성립하거나 또는 경제적으로 긴밀한 관계에 있어야 한다. 만약 일체성이 인정되지 않는다면 문제의 법률행위는 각각 별개의 것으로 그 유효·무효도 별도로 평가하게 되므로 일부무효의 법리를 말할 여지가 없다.

　　ⅱ **법률행위의 분할가능성**　　법률행위에 일체성이 인정되기는 하나 양적으로 분할가능한 것이어야 한다. 그래야만 유효인 부분을 가려낼 수 있기 때문이다.

　　ⅲ **무효사유의 국한성**　　무효사유가 법률행위의 일부에만 존재해야 한다. 즉 무효부분을 떼어낸 나머지 부분은 유효해야 한다.

　　ⅳ **당사자의 의사**　　나머지 부분만으로도 법률행위를 했을 것이라고 하는 당사자의 의사를 인정할 수 있어야 한다. 이 요건이 충족되어야만 법률행위의 일부만을 무효로 하더라도 사적자치의 원칙에 반하지 않게 된다. 여기에서의 의사는 실재하는 의사가 아니라 법률행위의 일부분이 무효임을 법률행위 당시에

알았다면 당사자 쌍방이 이에 대비하여 의욕하였을 가정적 의사이다.33) 보충적
해석의 기법이 개입된 것으로 볼 수 있다.34)

보충학습 1.21 | 일부무효의 법리

　A는 甲토지와 그 위 乙건물의 소유자이다. A는 甲과 乙에 대하여 일괄적으로 B와 매
매계약을 체결하였다. 그런데 甲은 「국토의 계획 및 이용에 관한 법률」상의 토지거래허
가구역 내에 있는 것이었다. 관할관청으로부터 토지거래허가를 받지 못한 상태에서 매수
인 B는 A에 대하여 토지거래 허가신청절차의 이행을 구하는 한편, 우선 乙만의 인도를
주장한다. B의 주장은 법적으로 타당한가?
　매매계약의 목적물인 甲·乙 중 乙은 건물이므로 거래허가의 대상이 아니다. 사안은
법률행위의 일부에 대하여만 무효사유가 있는 경우이다. 이 경우에 원칙은 법률행위 전
부의 무효이다(제137조 본문). 일부무효의 법리(제137조 단서)를 고려해야 하는데, 제
137조 단서의 다른 요건은 모두 충족되었으나 하나의 요건이 흠결된 것으로 보인다. 甲
과 따로 乙에 대해서만 계약을 하였을 것이라는 당사자의 가정적 의사를 인정하기 어렵
다는 것이 그것이다. 왜냐하면 토지와 건물은 법률적인 운명을 같이하는 것이 거래의 관
행이고 당사자의 의사나 경제의 관념에도 합치하는 것이므로, 토지에 관한 당국의 거래
허가가 없으면 건물만이라도 매매하였을 것이라는 가정적 의사는 특별한 경우가 아니면
인정하기 어렵기 때문이다. 사안에서는 일부무효의 법리가 적용될 수 없고 제137조 본문
에 따라 계약 전부가 무효이다. 그러므로 乙에 대한 매매계약의 유효를 전제로 하는 B의
주장은 타당하지 않다.

---

4. 무효행위의 전환

1.117　　어떤 법률행위가 당초 의도된 법률행위로는 무효이지만 다른 법률행위로서
의 요건을 구비하고 있는 경우에, 당사자가 무효를 알았더라면 다른 법률행위를
하였을 것이라고 인정된다면 당초 무효인 법률행위에 대하여 다른 법률행위로
서 효력을 인정한다(제138조). 가령 매매계약이 매매대금의 과다로 불공정행위에
해당하여 무효(제104조)인 경우에 만약 당사자 쌍방이 그 무효를 알았더라면 달리

---

33) 대법원 1993. 12. 14. 선고 93다45930 판결; 대법원 2013. 5. 9. 선고 2012다115120 판결 등 참조.
34) 보충적 해석에 대해서는 이 책 [1.90] 참조.

정했을 것으로 인정되는 금액을 내용으로 전환된 매매계약이 유효하게 성립할 수 있다.[35) 무효행위 전환의 요건은 다음과 같다.

ⓘ 법률행위가 무효이기는 하나 그 존재는 인정되어야 한다. 법률행위 부존재의 경우라면 무효행위의 전환의 대상이 없기 때문이다.

ⓘⓘ 당사자가 의도한 법률행위(제1행위)로서는 무효이지만 다른 법률행위(제2행위)로서의 유효요건은 갖추어야 한다.

ⓘⓘⓘ 당사자가 제1행위가 무효라는 사실을 알았더라면 제2행위를 의욕하였을 것으로 인정되어야 한다.[36) 제2행위를 하였을 것이라는 의사는 현실적 의사가 아닌 가정적 의사이다. 보충적 해석의 기법이 개입된 것으로 볼 수 있다.[37)

5. 무효행위의 추인

1.118   무효인 법률행위는 추인해도 효력이 생기지 않는다(제139조 본문). 그러나 당사자가 그 무효임을 알고 추인한 때에는 새로운 법률행위로 본다(제139조 단서). "새로운 법률행위로 본다"는 것은 무효행위의 추인에는 소급효가 없다는 의미이다.[38) 그러나 당사자 사이의 특약에 의하여 소급효를 인정하는 것은 사적자치의 원칙상 허용된다(통설).

보충학습 1.22 | 무효행위의 추인

P는 의사무능력 상태에서 Q와 계약을 체결하였다. 그런데 P가 의사능력을 회복한 후에도 여전히 계약체결 당시 Q와 약정하였던 내용을 그대로 유지하고 싶은 경우가 있다고 가정해 보자. 이와 같은 경우에 계약이 무효라는 이유로 모든 약정내용을 완전한 '無'의 상태로 돌린다면, P로서는 다시 동일한 내용의 의사표시를 반복해야 하는데, 이는 계약경제에 반한다. 즉 계약체결 당시 P·Q 간의 법률행위에서 무효사유인 P의 의사무능력만 제거하고 계약내용은 그대로 유지시켜 계약경제의 요구에 부응할 수 있다.

---

35) 대법원 2010. 7. 15. 선고 2009다50308 판결.
36) 대법원 2016. 11. 18. 선고 2013다42236 전원합의체판결; 대법원 2022. 5. 26. 선고 2016다255361 판결 등 참조.
37) 보충적 해석에 대해서는 이 책 [1.90] 참조.
38) 대법원 1992. 5. 12. 선고 91다26546 판결 등 참조.

Ⅱ. 취   소

1. 개   념

1.119　　취소할 수 있는 법률행위를 취소하면 소급하여 무효로 된다(제141조). 취소할 수 있는 법률행위는 유동적 유효[39](즉 무효가 될 수 있는 유효)인 법률행위로 부를 수 있다.

2. 취소권자

1.120　　취소권은 형성권으로서 일방의 의사표시에 의하여 권리변동(즉 법률행위의 무효)이 일어난다. 취소권의 이러한 특질을 고려하여 민법은 취소권자를 한정하고 있다. 제140조가 정하는 취소권자는 다음과 같다: ① 제한능력자; ② 착오로 인하거나 사기·강박에 의하여 의사표시를 한 자; ③ 이들의 대리인 또는 승계인.

　　제한능력자도 취소권자에 포함된다. 제한능력자에 의한 법률행위는 취소할 수 있는 법률행위인데, 제한능력자를 취소권자로 한 이유는 무엇일까? 취소권의 행사는 법률관계의 형성이 아니라 법적 구속으로부터 벗어나는 것이어서 제한능력자 보호에 어긋나지 않는다.

보충학습 1.23 │ 대리인을 취소권자에 포함시킨 제140조의 타당성

　제140조가 대리인을 취소권자에 포함시킨 것은 적절하지 않은 것 같다.

　(1) **법정대리인의 경우**　　법정대리에서는 각 유형별로 대리권의 범위가 정해질 것이고, 법정대리인에게 대리권이 인정되는 범위에서는 취소권도 있는 것으로 해석해야 할 것이다. 특히 제한능력자의 법정대리인은 대리인의 자격이라기보다는 자신 고유의 지위에서 행사하는 것으로 보아야 할 것이다.

　(2) **임의대리인의 경우**　　취소권의 행사도 법률행위여서 취소권의 행사를 대리할 수 있음은 물론이다. 그러므로 임의대리에 있어서 제140조는 당연한 사항을 표현한 것에 불과하다. 한편, 임의대리인에게 특정 행위에 관한 대리권이 있다고 하여 당연히 취소권을

---

39) 유동적 유효는 유동적 무효(이에 대해서는 이 책 [1.115] 참조)와 대비되는 개념이다.

보유하는 것은 아니다. 즉 해당 법률행위의 취소를 위해서는 그에 관한 명시적·묵시적 수권행위가 필요하다. 그렇다면 굳이 임의대리인을 취소권자로 규정할 이유가 없을 것이다.

3. 취소의 방법과 효과

1.121   취소는 취소권자의 일방적 의사표시로 한다(제142조). 취소권의 행사는 상대방 있는 단독행위이다. 그러므로 의사표시가 상대방에게 도달한 때에 효력이 발생한다(제111조제1항). 취소의 상대방은 해당 법률행위의 상대방이다. 미성년자 P가 계약을 통하여 Q에게 甲물건을 양도하고, Q는 甲을 R에게 다시 양도한 경우 P가 취소권을 행사한다면 그 상대방은 Q이지 R이 아니다(선의취득 등과 같이 특별한 사정이 없는 한 P는 R에게 반환을 청구할 수 있음).

취소를 하면 해당 법률행위는 소급적으로 무효가 된다(제141조 본문). 취소사유가 행위능력인 때에는 절대적 무효이지만, 착오 또는 사기·강박의 경우에는 상대적 효력에 그친다(제109조제2항, 제110조제3항).

취소로 인한 부당이득의 반환범위에서 제한능력자 보호 규정이 있다. 즉 제한능력자는 해당 법률행위로 인해 얻은 이익이 현존하는 한도에서만 반환하면 된다(제141조 단서).[40] 부당이득의 일반원칙(제748조)[41]과 달리 선의의 수익자의 반환범위와 동일하다. 현존이익이란 취소한 법률행위에 의하여 얻은 이익이 그대로 있거나 그것의 가치가 다른 것으로 변형되어 잔존하고 있는 것을 말한다(예: 계약의 이행으로 받은 물건을 매각하여 그 대금을 가지고 있는 경우). 현존 여부의 기준시점은 취소시이다. 그러므로 취소 이후의 낭비는 제141조 단서에 의해 보호되지 않는다.

4. 취소권의 소멸

1.122   〈1〉 추인에 의한 소멸   추인에는 다음 두 가지가 있다.

　　ⓘ 의사표시에 의한 추인   추인이란 취소권자가 취소권을 포기하는 것이

---

40) 제141조 단서는 의사능력의 흠결로 인하여 법률행위가 무효인 경우에도 유추적용된다(대법원 2009. 1. 15. 선고 2008다58367 판결 참조).

41) 이에 대해서는 이 책 [2.269] 참조.

다. 추인을 하면 더 이상 취소권을 행사할 수 없어(제143조제1항) 완전히 유효한 법률행위로 된다. 무권대리행위에 대한 본인의 추인에는 소급효가 있으나(제133조), 취소할 수 있는 법률행위의 추인에는 소급효가 문제되지 않는다. 취소할 수 있는 법률행위는 취소하기 전까지는 유효하기 때문이다. 추인은 취소의 원인이 종료한 후에야 할 수 있다(제144조제1항). 추인은 취소권의 포기이기 때문에 자신에게 취소권이 있음을 알고 한 것이어야 한다. 그러나 법정대리인 또는 후견인은 취소원인이 소멸되기 전에도 추인할 수 있다(제144조제2항).

  ⅱ) **법정추인**   추인의 의사표시가 없더라도 취소의 원인이 소멸된 후 추인으로 인정할 만한 사실이 있는 때에는 추인으로 간주된다(제145조). 제145조가 정하는 추인사유(법정추인사유)는 다음과 같다: ① 전부나 일부의 이행; ② 이행의 청구; ③ 경개; ④ 담보의 제공; ⑤ 취소할 수 있는 행위로 취득한 권리의 전부나 일부의 양도; ⑥ 강제집행.

  위 사유가 있다고 하여 언제나 추인으로 간주되는 것은 아니며, 다음 두 가지 요건이 구비되어야 한다(제145조): ① 일정한 사유가 추인할 수 있는 시점 후에(즉 취소의 원인이 종료된 때) 발생할 것; ② 취소권자가 이의를 보류하지 않고 법정추인사유에 해당하는 행위를 할 것.

보충학습 1.24 | 법정추인사유와 이의의 보류

  제145조가 정하는 사유들은 모두 추인의 의사를 추론할 수 있는 것들이다. 이의를 보류한다는 것은 그와 같은 추인의사와 상반되는 의사를 표현하는 것이다. "내가 당신에게 일단 이행청구는 하는데, 이것은 당신의 다른 채권자들에게 나의 채권의 존재를 인식시키기 위한 것이지 당신과의 계약을 추인하는 것은 아닙니다"라고 하는 것이 그 예이다.

1.123   〈2〉 **기간의 경과에 의한 소멸**   취소권은 추인할 수 있는 때로부터 3년, 법률행위가 있은 때로부터 10년의 경과로 소멸한다(제146조). 이 기간은 시효기간인가 혹은 제척기간인가? 형성권에 붙은 기간이므로 제척기간으로 보는 것이 타당하다.[42] 3년 또는 10년 중에서 먼저 완성되는 기간으로 취소권은 소멸한다.

---

42) 이에 대해서는 이 책 [1.17] 참조.

Ⅰ. 의   미

1.124
　　'부관(附款)'은 '약관(約款)'의 하나이다. 약관이란 법률행위의 구체적 내용(예: 매매계약에서 매매목적물, 매매대금 등)을 통칭하는 개념이다. 법률행위의 부관이란 그 내용이 법률행위의 효과의 발생 또는 소멸에 영향을 미치는 약관이다. 민법은 법률행위의 부관으로 조건과 기한을 규정한다. 조건과 기한은 법률행위의 효력의 발생 또는 소멸을 장래의 일정한 사실에 의존하도록 하는 부관이다. 조건은 장래에 일어날 가능성이 불확실한 것[43])이고, 기한은 확실한 것[44])이다.

　　조건 또는 기한도 약관의 일종으로 법률행위의 내용을 구성한다. 법률행위의 내용은 당사자가 임의로 정하는 것이다. 그러므로 당사자가 아니라 법률규정이 일정한 사실을 법률행위의 효력의 발생 또는 상실 사유로 정하더라도(예: 법인 설립요건으로서의 주무관청의 허가) 이는 법률행위의 부관이 아니다.

Ⅱ. 조   건

1. 개   념

1.125
　　조건이란 법률행위 효력의 발생 또는 소멸을 장래의 불확실한 사실의 성취 또는 미성취에 의존하게 하는 부관이다. 조건은 법률행위의 내용을 구성한다. 그러므로 조건에 무효사유가 포함되어 있으면 법률행위가 무효로 된다.

　　조건은 법률행위의 효력의 발생 또는 소멸에 관한 것이어야 한다. 그리고 조건이 되는 사실은 객관적으로 그 성취 여부가 불명한 것이어야 한다. 이 점에서 조건은 기한과 구별된다. 그러나 조건과 기한의 구별이 항상 명확하지는 않

---

43) "12월 25일에 눈이 내리면 계약이 효력을 발생하는 것으로 한다"라든가 "12월 25일에 눈이 내리면 계약이 효력을 잃는 것으로 한다"라는 약정에 있어서, '12월 25일에 눈이 내리면'이 부관인데, 이는 불확실한 것이다.

44) "12월 25일이 오면 계약이 효력을 발생하는 것으로 한다"라든가 "12월 25일이 오면 계약이 효력을 잃는 것으로 한다"라는 약정에 있어서, '12월 25일이 오면'이 부관인데, 이는 확실한 것이다.

다. 어떤 부관을 조건으로 볼 것인가 혹은 기한으로 볼 것인가는 결국 법률행위 해석의 문제이다.45)

조건의 성취 여부가 확정되지 않은 상태에 있는 조건부 권리에 대해서도 권리성이 인정된다. 그리하여 조건부권리도 처분·상속·보존·담보의 대상이 된다(제149조).

2. 종 류

1.126 〈1〉 **정지조건/해제조건** 조건의 분류 중에서 가장 기본이다. 정지조건은 조건의 성취로 인하여 법률행위가 효력을 발생한다(제147조제1항). 그러므로 정지조건부 법률행위는 법률행위로서 성립은 하였으나 조건 성취 전에는 효력이 발생하지 않는다. 반대로, 해제조건은 조건의 성취로 인하여 법률행위가 효력을 잃는다. 그러므로 해제조건부 법률행위는 법률행위로서 성립하여 효력을 발생하다가 조건이 성취되면 효력을 잃는다(제147조제2항).

1.127 〈2〉 **가장조건** 외관상으로는 조건의 모습을 띠고 있으나 조건으로 인정되지 않는 것이다.

ⓘ **불법조건** 조건의 내용이 선량한 풍속 또는 사회질서에 반하는 것이다. 불법조건이 붙은 법률행위는 조건 없는 법률행위로 되는 것이 아니라 법률행위 자체가 무효이다(제151조제1항).46) 조건은 법률행위의 구성요소이기 때문이다.

ⓘⓘ **기성조건** 법률행위 당시에 이미 그 성취가 확정된 경우이다. 과거에 이미 성취된 사실은 비록 그 사실을 법률행위 당사자가 알지 못하였더라도 유효한 조건이 되지 못한다. 기성조건이 정지조건이면 조건 없는 법률행위로 되어(제151조제2항 전단) 법률행위의 성립과 더불어 바로 효력을 발생한다(만약 조건이 성취된 과거의 특정 시점에서 효력을 발생한다고 하면 소급효를 인정하는 것으로 되어 당사자의 의사에 반하는 결과가 된다는 점을 고려한 것임). 기성조건이 해제조건인 때에는 그 법률행

---

45) 예컨대, P와 Q가 증여계약을 체결하면서 그 효력발생시기를 P가 100세가 되는 때로 약정했다. 사람에게 100세라는 연령이 통상적이지는 않다는 점에서 보면 조건이고, 모든 사람에게 출생으로부터 100년이라는 기간은 반드시 도래한다는 점에서 보면 기한이다.

46) 대법원 1966. 6. 21. 선고 66다530 판결: "부부생활의 종료를 해제조건으로 하는 증여계약은 불법조건이며, 해제조건이 붙지 않은 증여계약으로서의 효력을 가지는 것이 아니라 증여계약 자체가 무효이다."

위는 무효이다(제151조제2항 후단).

ⅲ 불능조건   객관적으로 성취가 불가능한 경우이다. 불능조건이 정지조건이면 법률행위는 무효이고, 해제조건이면 조건 없는 법률행위로 된다(제151조제3항).

3. 조건을 붙일 수 없는 법률행위

1.128   조건을 붙이지 못하는 법률행위가 있다.

① 조건을 붙이면 사회질서에 반하는 경우로 가족법상의 행위(예: 혼인, 인지, 입양, 파양, 상속의 포기·승인)가 그 예이다.

ⅱ 조건을 붙임으로써 상대방의 지위를 불안정하게 하는 경우이다. 전형적인 예는 단독행위이다. 단독행위에 조건을 붙이면 상대방의 지위는 극히 불안정하게 될 것이다. 단독행위 중 특히 형성권의 행사에는 조건을 붙이지 못한다. 상계에 관해서는 명문의 규정을 두고 있으나(제493조제1항), 다른 경우(예: 해제·해지권의 행사, 취소권의 행사, 추인권의 행사, 선택채권에서 선택권의 행사, 환매권의 행사 등)에도 마찬가지이다.

ⅲ 법률관계의 획일성과 절대적 안정을 요하는 경우이다. 어음행위와 수표행위가 그 예이다(「어음법」 제1조제2호, 제75조제2호, 「수표법」 제1조제2호).

4. 조건의 성취·미성취

1.129   〈1〉 성취·미성취의 판단   조건의 성취 여부를 판단하기 어려운 경우도 있다. 이때에는 법률행위의 해석에 준하여 판단한다.

1.130   〈2〉 성취·미성취에 대한 부당한 간섭과 그 제재   당사자 일방이 부당하게 조건을 성취시키거나 성취를 방해하는 경우가 있다. 민법은 이 경우를 명문으로 규율한다(제150조): ① 조건의 성취로 인하여 불이익을 받을 당사자가 신의성실에 반하여 조건의 성취를 방해한 때에는 상대방은 그 조건이 성취된 것으로 주장할 수 있다; ② 조건의 성취로 인하여 이익을 받을 당사자가 신의성실에 반하여 조건을 성취시킨 때에는 상대방은 그 조건이 성취되지 않은 것으로 주장할 수 있다.

　　법률행위의 당사자 일방이 조건의 성취·미성취에 대하여 부당한 간섭을 했다면 이는 조건부 권리를 침해하는 행위이다. 이에 대하여 상대방은 손해배상을 청구할 수도 있다(제148조 참조). 그러므로 상대방은 그의 선택에 따라 조건의 성취·미성취를 주장할 수도 있고(제150조), 손해배상을 청구할 수도 있다.

Ⅲ. 기　　한

1. 개　　념

1.131　　기한이란 법률행위 효력의 발생 또는 소멸을 장래에 발생할 것이 확실한 사실에 의존시키는 부관이다. 기한도 조건과 마찬가지로 법률행위의 내용으로서 당사자가 임의로 정한 것이어야 한다. 그러므로 법정기한(예: 시효기간, 제척기간)은 기한이 아니다.

2. 종　　류

1.132　　〈1〉 시기/종기　　시기는 효력의 발생을 장래의 사실에 의존시키는 것이고(제152조제1항), 종기는 효력의 소멸을 장래의 사실에 의존시키는 것이다(제152조제2항).

　　부관인 시기와 채무의 이행기는 구별해야 한다. 시기부 법률행위는 시기가 도래하기 전에는 아직 효력이 없지만, 이행기가 뒤로 미루어진 법률행위는 이행기 도래 전이라도 이미 효력이 발생한다. 채무자는 이행기 전이라도 이행할 수 있으므로(제468조 본문) 이행기 전의 채무의 이행은 유효한 변제로 되고, 따라서 이행기 전에 채무를 이행했다는 이유로 부당이득반환청구를 할 수 없다(제743조 본문). 그러나 시기부 법률행위에 있어서는 아직 채무가 효력을 발생하기 전이므로 악의의 비채변제(제742조)[47]에 해당하지 않는 한 부당이득으로서 반환청구를 할 수 있다.

1.133　　〈2〉 확정기한/불확정기한　　기한의 도래 시기가 확정되어 있는 것을 확정

---

47) 이에 대해서는 이 책 [2.271] 참조.

기한(예: 5월 5일에 효력을 발생하는 것으로 약정)이라 하고, 도래 시기가 확정되어 있지 않은 것을 불확정기한(예: P가 사망하면 효력을 발생하는 것으로 약정한 경우)이라 한다. 불확정기한과 조건의 구별이 어려운 경우가 있다. 결국 법률행위 해석의 문제인데, 해당 사실이 장래의 일정 시점에 반드시 발생할 것으로 생각하여 그것을 법률행위의 부관으로 했는가 여부가 가장 중요한 기준이 될 것이다.

3. 기한부 법률행위의 효력

1.134 〈1〉 기한 도래 전의 효력   성취 여부가 불확실한 조건부 권리도 기대권으로 보호되는 마당에 기한부 권리가 보호되는 것은 당연하다. 민법은 조건부 법률행위에 관한 제148조와 제149조를 기한부 법률행위에 준용한다(제154조).

1.135 〈2〉 기한 도래 후의 효력   시기부 법률행위는 기한이 도래한 때부터 효력을 발생하고(제152조제1항), 종기부 법률행위는 기한이 도래한 때부터 효력을 잃는다(제152조제2항).

4. 기한의 이익

1.136 기한의 이익이란 기한이 존재함으로써(즉 기한이 도래하지 않음으로 인하여) 누리는 이익이다. 시기부 법률행위에 있어서는 효력이 아직 발생하지 않음으로써 누리는 이익이 될 것이고, 종기부 법률행위에 있어서는 효력이 아직 소멸하지 않음으로써 누리는 이익이 될 것이다.

당사자 중 누가 기한의 이익을 가지는가를 판단하는 실익은 누가 기한의 이익을 포기할 수 있는가에 있다. 민법은 기한은 채무자의 이익을 위한 것으로 추정한다(제153조제1항). 이 규정은, 법률행위의 해석에서 의심스러울 때에는 "의무를 부담하는 사람에게 유리하게"(*in favorem debitoris*) 해석한다는 원칙을 반영한 것이다. 기한의 이익을 가지는 사람은 그 이익을 포기할 수 있다(제153조제2항 본문). 그런데 그 포기가 상대방에게 손해를 발생시키면 그 손해를 배상해야 한다(제153조제2항 단서).

제3장

권리의 주체

제1절 | 서 설

1.137 　　권리주체란 권리를 향유할 수 있는 지위에 있는 사람이다. 권리주체는 동시에 의무주체이기도 하다. 민법상 권리주체에는 자연인과 법인이 있다. 자연인은 유기체로서의 인간이고, 법인에는 사단법인(일정한 목적 아래 결성된 자연인의 모임)과 재단법인(일정한 목적에 바쳐진 재산)이 있다. 모든 권리주체는 권리능력을 보유한다. 권리능력은 권리와 의무의 귀속주체가 될 수 있는 법적 지위로서 '인격'이라고도 한다.

제2절 | 자 연 인

I. 권리능력의 존속기간

1.138 　　자연인은 생존한 동안 권리능력을 가진다(제3조). 권리능력의 시작점은 출생이고 종료점은 사망이다.

보충학습 1.25 | 사망과 상속

　　A가 아내(B)와 母(C)를 남기고 사망하였는데, A의 사망시에 B는 태아 D를 포태하고 있었다. D가 살아서 출생했는가 여부에 따라 A를 피상속인으로 하는 상속관계가 달라진다. 상속개시 시점(즉 피상속인 A의 사망시)에 D에게 권리능력(여기에서는 상속권)이 있는가가 문제 해결의 열쇠이다(제1000조, 제1003조제1항 참조). 만약 D가 출생 후 약간이라도 생존하다가 사망했다면 B와 D가 공동상속을 했다가 D의 사망에 따라 B는 D에게 귀속된 상속재산까지 다시 상속을 받아 결국은 B가 A의 재산 전부를 상속한다. 이와 달리 D가 살아서 출생하지 못했다면(즉 권리능력을 보유한 적이 없다면) B와 C가 A의 재산을 공동으로 상속한다.

보충학습 1.26 | 동시사망의 추정

아내(B), 母(C) 및 아들(X)을 둔 A가 X와 여행 중 항공기 사고로 모두 사망하였다. 이 경우 A의 재산에 대한 상속관계는 A와 X 중 누가 먼저 사망했는가에 따라 차이가 있다. A가 먼저 사망한 경우에는 X와 B가 공동상속을 했다가 X의 사망으로 인하여 다시 B가 X를 상속하여 결국 A의 재산은 모두 B에게 돌아간다(제1000조제2항, 제1003조제1항). X가 먼저 사망한 경우에는 B와 C가 공동상속을 하게 된다(제1003조제1항).

만약 사망의 선후를 알 수 없는 경우에는 어떠한가? 이에 대하여 민법은 2인 이상이 동일한 위난으로 사망한 경우에는 동시에 사망한 것으로 추정한다(제30조). 자연과학적으로 본다면 엄밀한 의미의 동시사망은 희소한 일이지만 사망의 선후를 증명할 수 없는 경우 동시에 사망한 것으로 다루어 공평을 기하자는 것이다. 이 규정에 따르면, 위의 사례에서 A와 X 사이에서는 상속이 일어나지 않으므로 A의 재산은 B와 C가 공동으로 상속한다.

Ⅱ. 태아의 권리능력

1.139
권리능력의 발생시점은 출생이므로 태아에게는 권리능력이 인정되지 않는다. 그러나 이 원칙으로 일관하면 태아에게 지나치게 불공평한 경우가 있다(예: 부친 사망 직후 출생한 자녀는 상속권이 없음). 그리하여 민법은 예외적인 경우에 태아에게 권리능력을 인정한다.

보충학습 1.27 | 태아의 권리능력에 관한 이론구성

태아에게 권리능력이 인정되는 경우는 태아가 살아서 출생한다는 것을 전제로 한다. 태아의 권리능력에 관한 이론구성에 두 가지 학설이 있다.

(1) **해제조건설**   '태아가 살아서 태어나지 못하는 것'을 해제조건으로 보는 입장으로, 민법이 태아를 출생한 것으로 보는 모든 경우에 문제된 시점에서 이미 권리능력을 취득하며, 다만 태아가 살아서 출생하지 못한 때에는 태아에게 권리능력이 인정되었던 과거의 시점으로 소급하여 권리능력이 없었던 것으로 본다.

(2) **정지조건설**   태아의 출생을 정지조건으로 보는 입장으로, 태아인 동안에는 아직

권리능력을 취득하지 못하고 다만 살아서 출생하게 되면 태아의 권리능력이 문제된 시점으로 소급하여 권리능력을 취득하는 것으로 본다.

어느 학설에 의하든 태아가 살아서 출생하기만 하면 문제된 시점에서부터 권리능력이 있었던 것으로 다루어진다. 다만, 해제조건설에 의하면 태아가 살아서 출생하지 못하면 사후처리가 복잡해지고 정지조건설에 따르면 태아가 살아서 출생하면 사후처리가 복잡해진다. 판례는 정지조건설을 취하고 있다.[1)]

ⓘ **불법행위에 기한 손해배상청구권** 태아는 손해배상청구권에 관하여는 이미 출생한 것으로 본다(제762조). 예컨대, 아버지가 타인의 가해행위로 사망했다면 사망자의 직계비속(아들·딸과 같이 본인을 기점으로 출생한 친족)은 가해자에게 위자료청구권(정신적 고통에 대한 배상청구권)이 있는데(제752조), 불법행위시를 기준으로 이미 출생한 직계비속뿐만 아니라 태아도 직계비속에 포함된다.

ⓘⓘ **상 속 권** 상속을 위해서는 상속개시 시점에 권리능력을 보유하고 있어야 하는데, 태아는 재산상속에 관하여 이미 출생한 것으로 본다(제1000조제3항). 태아는 대습상속권(제1001조) 및 유류분권(제1118조)에 관해서도 권리능력을 가진다. 대습상속권과 유류분권은 상속권을 전제로 하기 때문이다.

ⓘⓘⓘ **유 증** 유증에 관해서는 태아의 상속능력에 관한 제1000조제3항이 준용된다(제1064조). 유증이란 유언에 의하여 유산의 전부 또는 일부를 타인에게 급여하는 무상의 단독행위이다. 제1064조에 따라 유언자는 태아를 수유자로 하여 유증을 할 수 있다.

보충학습 1.28 | 대습상속, 유언, 유류분

(1) **대습상속(代襲相續)** 추정상속인(상속결격사유의 발생이나 선순위상속인의 출현 등이 없이 현재의 상태대로 상속이 개시된다는 가정 아래에서의 상속인)이 상속개시 전에 사망 또는 상속결격으로 인하여 상속권을 상실한 경우에 직계비속이 그에 대신하여 재산을 상속하는 것이다(제1001조).

(2) **유언** 유언자의 사망으로 효력이 발생하는 상대방 없는 단독행위이다. 유언은 자

1) 대법원 1976. 9. 14. 선고 76다1365 판결 참조.

> 필증서·녹음·공정증서·비밀증서·구수증서의 5종의 방식으로 한다(제1065조 이하 참조).
>   (3) **유류분** 유언에도 불구하고 상속인에게 법률상의 취득이 보장되는 상속재산상의 이익에 대한 일정액을 말한다(제1112조). 유류분권자에게 법정상속분의 일정 비율을 인정하는 형식으로 규정한다.

Ⅲ. 생활장소: 주소, 거소, 가주소

`1.140`   사람의 생활은 장소와 관계를 가지며, 때에 따라서는 이해관계에 결정적인 영향을 주기도 한다(예: 서울에 사는 A와 부산에 사는 B 사이의 법률분쟁에서 서울 또는 부산의 법원 중 어디에서 재판하는가). 법률주체와 생활장소의 연결점에 관하여 민법은 주소(제18조), 거소(제19·20조) 및 가주소(제21조)를 규정하고 있다.

`1.141`   〈1〉주   소   주소란 권리주체의 생활의 근거가 되는 장소이다(제18조제1항). 주소는 부재와 실종의 표준(제22·27조), 채무의 변제장소(제467조제2항), 상속개시지(제998조), 재판관할의 표준(「민사소송법」 제3조), 귀화의 요건(「국적법」 제5조) 등 중요한 기능을 한다. 주소는 '주민등록지'와 구별된다. 주민등록지는 30일 이상 거주할 목적으로 일정한 장소에 주소 또는 거소를 가진 자가 「주민등록법」에 의하여 등록한 장소이다(「주민등록법」 제6조). 주민등록지는 반드시 주소와 일치하지 않으며, 주소로 인정되는 중요한 자료가 될 뿐이다.

   주소를 정하는 입법주의로서 단일주의와 복수주의가 있는데, 우리 민법은 복수주의를 채택하고 있다(제18조제2항).

`1.142`   〈2〉거   소   거소란 주소의 정도는 아니지만 상당한 기간 계속하여 거주하는 곳을 가리킨다. 주소를 알 수 없으면 거소를 주소로 보며(제19조), 국내에 주소가 없는 자는 국내에 있는 거소를 주소로 한다(제20조).

`1.143`   〈3〉가 주 소   가주소란 일정한 거래에 있어서 특정 장소를 선택하여 그 거래에 한하여 주소와 마찬가지의 법적 효과를 부여한 것이다. 이는 거래의 편의에 의하여 인정되는 것으로 생활의 실질과는 전혀 무관한 장소이다. 가주소를 정한 때에는 그 행위에 관하여 가주소를 주소로 본다(제21조).

Ⅳ. 부재와 실종

1. 개   념

1.144   자연인이 종래의 생활장소를 떠나 오랜 기간 동안 돌아오지 않으면 여러 가지 문제가 발생한다(예: 재산의 관리, 배우자의 재혼 등). 종래의 주소를 떠나 돌아올 가망이 없는 사람을 총칭하여 '부재자'라 한다. 부재자 중에서 생사불명상태가 장기간 계속되어 가정법원에 의하여 실종선고를 받은 사람을 '실종자'라 한다.

　　부재자에 관한 민법의 규율태도는 다음과 같다: ① 부재자의 재산관리제도; ② 실종선고제도. ①은 부재자의 생존을 전제로 하여 부재자의 재산을 관리하는 제도이며, ②는 부재자를 사망으로 간주하여 법률관계를 정리하는 제도이다.

2. 부재자의 재산관리

1.145   민법은 부재자를 "종래의 주소나 거소를 떠난 자"로 정의한다(제22조제1항제1문). 그런데 부재자의 개념은 잔류재산의 관리에 목적이 있으므로 정확하게 정의한다면, 종래의 주소나 거소를 떠나있으면서 재산이 방치되어 있는 사람이다. 부재자라고 하기 위해서 반드시 생사불명일 필요는 없다. 부재자의 재산을 방치한다면 본인은 물론 이해관계인(예: 장래의 상속인 등) 및 사회경제적으로도 바람직하지 않다. 민법이 부재자재산관리제도를 마련한 이유이다. 부재자재산관리제도는 크게 다음 두 경우로 구분할 수 있다: ① 부재자가 재산관리인을 두지 않은 경우; ② 재산관리인을 둔 경우. 민법은 ①의 경우에는 법원이 광범위하게 간섭하도록 하고, ②의 경우에는 부득이한 경우에만 간섭하도록 한다.

1.146   〈1〉부재자가 재산관리인을 두지 않은 경우   가정법원은 이해관계인(예: 상속인으로서의 지위에 있는 자, 배우자, 부양청구권자, 부재자의 채권자 등) 또는 검사의 청구에 의하여 부재자의 재산관리에 필요한 처분을 명해야 한다(제22조제1항제1문). 애초에는 재산관리인을 두었으나 부재중 그 권한이 소멸한 때에도 마찬가지이다(제22조제1항제2문). 부재자가 재산관리인을 두지 않은 때 또는 재산관리인의 권한이 부재중 소멸한 때에 일정한 사람의 청구에 따라 법원이 명하는 처분은 잔류

재산의 매각(「가사소송규칙」 제49조), 재산관리인의 선임(「가사소송규칙」 제41조) 등인데, 이 중에서 가장 일반적인 것은 재산관리인의 선임이다.

1.147   **〈2〉부재자가 재산관리인을 둔 경우**   부재자가 재산관리인을 둔 경우(즉 위임재산관리인이 있는 경우)에는 국가기관인 법원이 간섭하지 않는 것이 원칙이다. 그런데 부재자가 재산관리인을 선임했더라도 법원이 간섭하는 경우가 있다.

ⓘ 본인의 부재중 재산관리인의 권한이 소멸한 경우이다. 이때에는 처음부터 관리인이 없었던 경우와 동일하게 다루어진다(제22조제1항제2문).

ⓘⓘ 부재자에 의하여 지정된 재산관리인의 임기 중에 부재자의 생사가 불분명하게 된 경우이다(제23조). 부재자가 재산관리인을 둔 경우에 법원의 간섭이 배제되는 것은 본인의 재산관리인을 통제할 수 있기 때문이다. 그런데 만약 그 가능성이 소실되는 사유가 발생한다면 법원의 간섭이 필요하게 된다. 부재자의 생사불분명은 그러한 사유이다.

3. 실종선고

(1) 개   념

1.148   실종제도란 부재자의 생사불명상태가 일정기간 계속된 경우에 법원의 선고에 의하여 그를 사망으로 간주하는 제도이다. 그러므로 실종선고에 따라 실종자의 배우자는 재혼이 가능하고 상속이 개시된다.

(2) 요   건

1.149   ⓘ **부재자의 생사불분명**   생사불분명이란 생존의 증명도 사망의 증명도 없는 상태이다.

ⓘⓘ **실종기간의 경과**   생사불명의 기간이 일정기간 계속되어야 한다. 실종기간은 사망의 개연성 정도에 따라 차이가 있다. 민법은 보통실종과 특별실종의 두 가지를 규정하고 있다.

ⓐ 보통실종: 보통실종의 실종기간은 5년이다(제27조제1항). 실종기간의 기산점은 최종소식시로 해석한다.

ⓑ 특별실종: 특별실종의 실종기간은 1년이다(제27조제2항). 특별실종에 해당하는 것은 다음과 같다: ① 전지에 임한 자에 대한 전쟁실종; ② 침몰한 선박 중

에 있던 자에 대한 선박실종; ③ 추락한 항공기 중에 있던 자에 대한 항공실종; ④ 기타 사망의 원인이 될 위난을 당한 자에 대한 위난실종. 특별실종에서 실종기간의 기산점은 각 사유별로 다음과 같다(제27조제2항): ① 전쟁실종은 전쟁이 종지한 때; ② 선박실종은 선박이 침몰한 때; ③ 항공실종은 항공기가 추락한 때; ④ 위난실종은 위난이 종료한 때.

ⅲ) **실종선고의 청구**   청구권자는 이해관계인 또는 검사이다(제27조제1항). 이해관계인이란 법률상으로뿐만 아니라 경제적·신분적인 측면에서 이해관계가 있는 사람만을 의미한다.2) 그러므로 예컨대, 부재자의 제1순위의 재산상속인이 있는 경우에 제4순위의 재산상속인은 여기에서의 이해관계인이 아니다.3)

ⅳ) **6개월 이상의 공시최고**   공시최고란 미지의 불특정 다수인에게 일정한 사실을 통지하는 절차이다. 그 방법은 법원게시판에 게시하고 관보·공보·신문 등에 공고하는 것이다. 실종선고를 위한 공시최고에는 부재자가 일정 기일까지 신고를 하지 않으면 실종선고를 받는다는 취지가 포함된다.

ⅴ) **가정법원의 선고**   공시최고 기간 동안 부재자의 생사에 관하여 아무런 신고도 없으면 가정법원은 실종선고를 해야 한다(제27조제1항).

(3) 효과: 사망의 간주

1.150   실종선고가 있게 되면 사망한 것으로 간주된다(제28조). 따라서 부재자의 생존 사실을 증명하더라도 실종선고의 효과를 뒤집지 못하며,4) 실종선고의 효과를 번복하기 위해서는 실종선고 취소판결이 있어야 한다. 실종선고에 의하여 사망으로 간주되는 시기는 실종기간 만료시이다(제28조). 그러므로 실종선고는 소급효를 가지게 된다.

(4) 실종선고의 취소

1.151   실종선고의 취소란 실종선고에 따라 사망으로 의제된 효과를 번복하는 것이다. 실종선고 취소의 실질적 요건은, 실종자가 생존하고 있다는 사실, 실종기간이 만료된 때와 다른 시기에 사망한 사실 또는 실종기간의 기산점 이후의 어떤 시점에 생존하고 있었던 사실 중 하나이다. 형식적 요건은 본인·이해관계인

---

2) 대법원 1980. 9. 8. 선고 80스27 결정 참조.
3) 대법원 1986. 10. 10. 선고 86스20 결정 참조.
4) 대법원 1970. 3. 10. 선고 69다2103 판결; 대법원 1995. 2. 17. 선고 94다52751 판결 참조.

또는 검사의 청구이다. 이들 요건이 구비된 경우에 가정법원은 실종선고를 취소해야 한다.

실종선고가 취소되면 실종선고로 인한 법률관계는 소급하여 무효로 되는 것이 원칙이다(제29조제1항 본문 참조). 실종자의 재산관계나 가족관계는 실종선고 전의 상태로 회복되는데, 그 구체적인 내용은 취소의 원인에 따라 다음과 같이 나타난다: ① 취소사유가 실종자가 생존하고 있다는 사실인 경우에는 실종자의 재산관계나 가족관계는 선고 전의 상태로 회복된다; ② 취소사유가 실종기간이 만료된 때와 다른 시기에 사망한 사실인 경우에는 실제 사망시를 기준으로 다시 사망에 기한 법률관계를 확정한다; ③ 취소사유가 실종기간 기산점 이후의 어떤 시점에 생존하고 있었던 사실인 경우에는 일단 선고 전의 상태로 회복하고 다시 실종선고를 청구해야 한다.

실종선고의 취소로 인한 실종선고의 소급적 무효의 원칙으로 일관하면 실종선고를 기초로 법률관계를 형성한 사람에게 불측의 손해를 발생시키고 거래 안전을 해할 수 있다. 이를 고려하여 민법은 "실종선고 후 그 취소 전에 선의로 한 행위의 효력에 영향을 미치지 아니한다"(제29조제1항 단서)는 예외규정을 두고 있다. 아울러 민법은 실종선고를 직접원인으로 하여 재산을 취득한 사람(예: 실종선고로 인하여 실종자의 재산을 상속한 사람)의 반환범위에 대하여 따로 규정하여 선의인 때에는 현존이익 반환을, 악의인 때에는 받은 이익에 이자를 붙여 반환하고 손해가 있으면 배상해야 한다(제29조제2항). 실종선고 취소의 효과를 이해하기 위해서는 제29조제1항과 제2항을 종합적으로 함께 고려해야 한다.

보충학습 1.29 | 실종선고 취소의 효과

甲토지의 소유자 A는 실종선고를 받아 그의 아들 B가 상속을 원인으로 甲에 대한 소유권을 취득했다. B는 甲을 C에게, C는 다시 D에게 매도하여 甲은 D의 명의로 등기되어 있다. 그 후 A가 생환함에 따라 A에 대한 실종선고가 취소되었다. A는 甲에 대한 소유권을 회복할 수 있을까?

(1) **제29조제1항의 적용**   실종선고가 취소되면 A는 甲에 대한 권리를 모두 회복하는 것이 원칙이다(제29조제1항 본문). 그러나 실종선고의 취소는 실종선고 후 취소 전에 선

의로 한 행위에는 영향을 미치지 않는다(제29조제1항 단서). "선의로 한 행위"의 구체적 의미에 대하여는 학설상 대립이 있으나, 이때의 '선의'는 실종선고취소를 원인으로 권리회복을 하고자 하는 현재의 상대방(사안에서의 D)의 선의·악의에 따라 상대적으로 판단하고자 한다. 즉 C가 악의더라도 D가 선의라면 선의자로서 보호된다. 그리고 C가 선의라면 D가 악의더라도 제29조제1항 단서에 의하여 보호된다. D는 C의 지위를 승계한다고 보아야 하기 때문이다.

(2) **제29조제2항의 적용** A가 제29조제1항 본문에 따라 D로부터 甲에 대한 소유권을 회복한다면 B·C·D 간에 채권적인 청산(매매대금의 반환)이 이루어질 것이다. 한편, A가 제29조제1항 단서에 따라 D로부터 甲에 대한 소유권을 회복하지 못하면 어떤가? 이때에는 제29조제2항에 따라 A가 B(즉 실종선고를 직접원인으로 재산을 취득한 사람)와의 관계에서 채권적인 청산을 해야 한다. 즉 B가 선의인 때에는 현존이익의 한도에서, 악의인 때에는 받은 이익에 이자를 붙여 반환해야 한다.

제3절 법   인

Ⅰ. 개   념

1.152   법인이란 자연인 외에 법률상 권리·의무의 주체로 인정되는 존재이다. 법인에는 사단법인과 재단법인이 있다. 법인제도의 존재이유로는 법률관계의 계속성 유지, 법률관계의 간명화, 책임의 제한(또는 위험의 분산)을 들 수 있다.

보충학습 1.30 | 법인제도의 존재이유

(1) **법률관계의 계속성 유지** 자연인을 중심으로 법률관계를 형성하게 되면 법률관계의 존속기간은 그 사람이 생존기간으로 제한될 수밖에 없다. 만약 법인제도를 활용한다면 이러한 시간적 한계에서 벗어날 수 있다.

(2) **법률관계의 간명화** P초등학교 동창회(회원: 1,000명)가 동창회관을 건립할 토지

를 구입하기 위하여 토지매매계약을 체결할 때, 법인제도가 없다면 1,000명의 개별회원 각각의 명의로 계약을 체결해야 한다. 만약 'P초등학교 동창회'가 사단법인으로서 법인격을 취득하게 되면 사단법인의 이름으로 계약을 체결할 수 있다.

　(3) **책임의 제한(또는 위험의 분산)** 　사단법인 또는 재단법인을 설립하여 운영하게 되면 법인의 재산은 사단법인의 사원5) 또는 재단법인의 출연자의 개인재산과의 관계에서 독립성을 보유하게 된다. 법인은 독립된 권리능력자이기 때문이다.

Ⅱ. 법인의 종류

1. 사단법인/재단법인

1.153　　　법인의 실체를 기준으로 한 구분이다. 사단법인은 사단(즉 일정한 목적을 위하여 결합한 자연인의 단체)을 실체로 하는 법인이다. 조합(제703조 이하)도 사람의 단체이기는 하나, 조합에 대해서는 법인격을 인정하지 않는다.6) 재단법인은 재단(즉 일정한 목적에 바쳐진 재산)을 실체로 하는 법인이다. 즉 어떤 재산을 바탕으로 일정한 사업(예: 장학사업)을 수행할 목적으로 재단법인을 설립한다.7) 실체의 차이로 인하여 사단법인과 재단법인 사이에는 다른 것이 많다. 특히 활동방법에 있어서 전자는 사원총회의 의결에 따라 얼마든지 자유롭게 할 수 있지만, 후자에 있어서는 설립자의 의사에 구속된다. 정관변경에서도 차이가 크다. 사단법인의 정관변경이 폭넓게 허용되는 반면, 재단법인의 정관변경에는 많은 제한이 있다(제42조와 제45조를 비교할 것). 재단법인의 경우에 자칫하면 다른 사람들이 정관변경의 명목으로 설립자의 의사를 왜곡할 위험이 있기 때문이다.

---

5) 민법에서는 사단법인의 구성원을 가리키는 것으로 사원(社員)이라는 용어를 사용한다. '사원'은 '사단의 구성원'을 줄여 부르는 용어이다(일상용어로는 '회원'). 일상적으로 '사원'은 직장의 직원(즉 피고용인)을 지칭하는데, 이는 법률상의 '사원'과는 전혀 다른 것이다. 'ㅇㅇ주식회사'가 있다고 할 때, 법률상 이 법인의 사원은 그 회사에 근무하는 직원이 아니라 그 회사의 주주이다.

6) 이에 대해서는 이 책 [2.235] 〈보충학습 2.52〉 참조.

7) '재단'이라는 용어는 어떤 자연인의 소유재산이기는 하지만 채권자 또는 제3자의 이익을 위하여 그 사람의 다른 재산과 구별하기 위한 때에도 사용된다(예: 파산재단).

2. 영리법인/비영리법인

1.154 　　법인 운영으로 얻은 이익을 구성원에게 분배하는가 여부에 따른 구별이다. 영리법인이란 이익을 사원에게 분배하는 법인이다. 법인이 공익사업을 목적으로 하더라도 그 사업으로 인한 이익을 사원에게 분배한다면 그 법인은 영리법인이다. 반대로 법인이 수익사업을 목적으로 하더라도 그 사업으로 인한 이익을 사원에게 분배하지 않는다면 비영리법인이다. 사단법인은 영리법인·비영리법인 어느 형태로도 가능하며, 영리사단법인을 가리켜 '회사'라고 한다. 한편, 이익분배의 귀속자인 사원이 없는 재단법인은 그 본질상 영리법인이 될 수 없다. 영리법인에 대해서는 상법과 같은 특별법이 우선적으로 적용되고, 규정이 없는 경우에 한하여 민법의 법인에 관한 규정이 적용된다(「상법」 제1조). 그리하여 민법은 주로 비영리사단법인과 재단법인에 적용된다.

보충학습 1.31 | 상사회사, 민사회사, 「민법」 제39조

　　회사 중에서 상행위(「상법」 제46조 이하)를 목적으로 하는 것을 '상사회사'라 하고, 그 밖의 사업을 목적으로 하는 것을 '민사회사'라고 한다. 「민법」 제39조는 민사회사에 관해 규율한다. 이 규정에 따르면, 민사회사는 상사회사와 같은 조건으로 설립되고(제1항), 설립된 후의 활동방법에 관해서도 상사회사에 관한 규정이 준용된다(제2항). 그런데 「민법」 제39조는 현행의 법체계에서는 무의미한 것으로 삭제하는 것이 옳다. 그 이유는 다음과 같다: ① 회사는 상행위를 하지 않더라도 상인이므로(「상법」 제5조제2항) 상사회사와 민사회사의 구별이 없어졌다; ② 상행위를 포함하여 그 밖에 영리를 목적으로 설립된 사단은 회사로서(「상법」 제169조) 상법의 적용을 받는다. 그러므로 현행법의 내용을 고려해 볼 때 「민법」 제39조는 무의미한 규정이다.

Ⅲ. 법인의 설립

1. 비영리사단법인

1.155 　　〈1〉 목적이 비영리적일 것　　법인의 목적이 영리 아닌 사업이어야 한다.

사업의 본질이 수익사업이면 안 되는데 법은 비영리사업으로 학술·종교·자선·기예·사교 등을 예시하고 있다(제32조). 영리가 아니면 족하지 적극적으로 공익사업일 필요는 없다(공익법인에 대해서는 「공익법인의 설립·운영에 관한 법률」이 규율함). 사업의 본질은 비영리이지만 부수적으로 수익사업을 하는 것은 가능한데, 그래도 이익을 사원에게 분배해서는 안 된다(이익을 분배하면 영리법인).[8]

1.156 〈2〉 설립행위를 할 것   2인 이상의 사람(즉 설립자)이 법인에 관한 근본규칙(이를 '정관'이라 함)을 정하여 서면에 기재하고 기명날인해야 한다(제40조). 설립행위는 계약의 일종으로서 이는 정관작성으로 나타난다.[9] 근대 민법은 법률행위에서 특별한 형식을 요구하지 않는 불요식주의를 원칙으로 하나, 법인설립에 있어서는 의사의 진정성 및 거래안전을 위하여 요식주의를 취한다. 사단법인의 정관작성에 있어서 필요적 기재사항은 법인의 목적, 명칭, 사무소의 소재지, 자산에 관한 규정, 이사의 임면에 관한 규정 등이다(제40조). 사단법인 설립 후 사원총회의 의결로 정관을 변경하는 것도 가능하다(제42조).

1.157 〈3〉 주무관청의 허가가 있을 것   주무관청이란 법인의 목적사업을 관장하는 행정관청을 말한다.

1.158 〈4〉 설립등기를 할 것   사단법인의 실체를 갖추어 행정관청으로부터 설립허가를 얻은 다음에는 소정의 절차(「비송사건절차법」 제60조 이하 참조)에 따라 주된 사무소의 소재지에서 설립등기를 함으로써 비로소 법인격을 취득한다(제33조). 설립등기는 법인의 성립요건으로서(제54조제1항) 등기를 하지 않으면 법인이 설립되지 않는다.

2. 재단법인

1.159 〈1〉 목적이 비영리적일 것   사단법인에서의 경우와 같다(다만, 재단법인에는 사원이 없어 본질상 영리법인이 될 수 없음).[10]

---

8) 영리법인·비영리법인의 구분에 대해서는 이 책 [1.154] 참조.
9) 합동행위로 보는 학설도 있으나 이 개념을 인정할 필요가 없다는 점에 대해서는 이 책 [1.41] 〈보충학습 1.6〉 참조.
10) 영리법인·비영리법인의 구분에 대해서는 이 책 [1.154] 참조.

1.160 〈2〉 설립행위를 할 것   재단법인의 설립행위는 정관작성과 재산의 출연11)으로 구성된다(제43조).

ⓘ 설립행위의 의미   재단법인 설립을 위한 정관작성에 있어서 필요적 기재사항은 법인의 목적, 명칭, 사무소의 소재지, 자산에 관한 규정, 이사의 임면에 관한 규정이다(제43조). 재단법인 설립행위는 법률행위로서 상대방 없는 단독행위이다.12)

ⓘ 정관의 보충과 변경   재단법인 설립자가 정관의 필요적 기재사항 중 핵심사항(목적, 자산)만 정하고 사망했다면 이해관계인 또는 검사의 청구와 법원의 결정에 따라 정관을 보충하여 재단법인을 설립할 수 있다(제44조). 그것이 설립자의 의사 및 사회적 이익에 부합하는 것이기 때문이다. 재단법인 설립 후에 이루어지는 정관변경은 사단법인의 경우보다 매우 까다로운 요건 아래 가능하다(제45·46조). 자칫 설립자의 뜻을 왜곡할 수 있기 때문이다.

ⓘ 재산의 출연   재산의 출연은 생전처분 또는 유언으로 할 수 있다. 재산출연에 대하여 민법은 독자적 규정을 두지 않고 관련 규정을 준용한다. 즉 생전행위로 재산출연을 하는 때에는 증여에 관한 규정(제47조제1항)을, 유언으로 재산출연을 하는 때에는 유증에 관한 규정(제47조제2항)을 준용한다. 재단법인 설립행위는 증여 또는 유증과 성질상 동일하지는 않지만 무상행위라는 공통점에 착안하여 준용으로 처리한 것이다. 출연재산이 법인으로 귀속되는 시기에 관하여 민법은, 생전처분에 의한 설립의 경우에는 법인이 성립시(제48조제1항), 유언에 의한 설립의 경우에는 유언의 효력이 발생시(제48조제2항)로 규정한다.

보충학습 1.32 | 제47조와 제48조

(1) **제47조**   재단법인 설립을 위한 출연행위는 단독행위임에 반해 증여는 계약이다. 이러한 차이에도 불구하고 양자 간의 유사성(무상행위)에 착안하여 생전처분의 경우에 증여에 관한 규정을 준용한다(제1항). 유증은, 단독행위라는 점에서는 유언에 의한 재단법인 설립과 같지만, 유언에서는 행위시에 수유자가 특정되어 있음에 반해 유언에 의한

---

11) '출연' 의미에 대해서는 이 책 [1.42] 참조.
12) 대법원 1999. 7. 9. 선고 98다9045 판결 참조. 단독행위의 의미에 대해서는 이 책 [1.41] 참조.

재단법인 설립의 경우에는 유언을 통해 비로소 권리주체(재단법인)가 생성된다. 이러한 차이에도 불구하고 양자 간의 유사성(무상행위)에 착안하여 유증에 관한 규정을 준용한다(제2항).

(2) **제48조**   제48조는 물권변동의 일반원칙과 어울리지 않는 점이 있다. 가령 출연재산이 부동산인 경우에 일반원칙(제186조)에 따르면, 설립등기를 완료하여(제33조) 법인이 성립한 후 법인 명의로 이전등기를 해야 법인의 재산으로 된다. 그런데 제48조에 따르면, 그 전의 시점(제1항의 경우에는 법인설립 등기시(제33조), 제2항의 경우에는 유언자의 사망시(제1073조제1항))에 법인의 재산으로 된다. 이 문제에 대하여 판례는 절충적 시각에서 제48조는 출연자와 법인의 관계를 정하는 기준에 불과하며 제3자와의 관계는 일반원칙에 따르는 것으로 해석한다.13) 즉 대내관계(설립자·재단법인)는 제48조, 대외관계는 제186조에 의한다는 것이다. 그리하여 가령 유언으로 부동산을 출연하여 재단법인을 설립하는 경우에 재단법인은, 그 명의로 이전등기를 하기 전에 유언자의 상속인으로부터 부동산을 매수하여 이전등기를 한 제3자에게 대항할 수 없다.

1.161   〈3〉 주무관청의 허가가 있을 것   사단법인의 경우와 같다.

1.162   〈4〉 설립등기를 할 것   사단법인의 경우와 같다.

보충학습 1.33 | 비법인사단, 비법인재단

사단법인 또는 재단법인의 실체를 가지고 활동하지만 법인의 나머지 설립요건(주무관청의 허가 및 설립등기)을 갖추지 않은 존재를 가리켜 '비법인사단' 또는 '비법인재단'이라고 한다. 비법인사단이 되기 위해서는 구성원의 개인성과는 별개로 권리의무의 주체가 될 수 있는 독자적 존재로서의 단체적 조직을 가지고 있어야 한다.14) 그리고 비법인재단이라고 하기 위해서는 일정한 목적으로 출연된 재산이 출연자의 재산과 독립되어 있고 그것을 관리하기 위한 기구가 존재해야 한다.

---

13) 대법원 1979. 12. 11. 선고 78다481·482 전원합의체판결; 대법원 1993. 9. 14. 선고 93다8054 판결 등 참조.

14) 즉 고유의 목적을 가지고 사단적 성격을 가지는 규약을 만들어 이에 근거하여 의사결정기관 및 집행기관인 대표자를 두는 등의 조직을 갖추고, 기관의 의결이나 업무집행방법이 다수결의 원칙에 의하여 행해지며, 구성원의 가입, 탈퇴 등으로 인한 변경에 관계없이 단체 그 자체가 존속되고, 그 조직에 의하여 대표의 방법, 총회나 이사회 등의 운영, 자본의 구성, 재산의 관리 기타 단체로서의 주요사항이 확정되어 있어야 한다(대법원 1992. 7. 10. 선고 92다2431 판결 등 참조).

비법인사단, 비법인재단에 대해서는 소송상의 당사자능력과 등기능력이 인정된다(「민사소송법」 제52조, 「부동산등기법」 제26조). 그리고 사단법인과 재단법인에 관한 규정 중 주무관청의 허가라든가 등기와 관련된 것을 제외한 규정이 유추적용된다.15)

IV. 법인의 기관

1.163   법인을 실제 운영하는 것은 자연인이다. 법인을 운영하는 자연인 또는 자연인의 조직을 '법인의 기관'이라고 한다. 집행기관(이사 등), 감독기관(감사), 의사결정기관(사원총회)의 순서로 살펴본다.

1. 집행기관: 이사

1.164   〈1〉개   념   이사는 사단법인과 재단법인 모두에 필수기관이다(제57조). 이사의 수와 임기에 관하여 특별한 제한은 없고, 정관에서 자유로이 정할 수 있다(제40·43조). 이사는 대내적으로는 법인의 업무를 집행하고(집행기관, 제58조제1항), 대외적으로는 법인을 대표한다(대표기관, 제59조제1항). 이사가 복수인 경우에 원칙적으로 사무집행은 이사의 과반수로써 결정하고(제58조제2항), 각자 법인을 대표한다(각자대표의 원칙, 제59조제1항).16) 이사의 대표권은 정관에 의해서만 제한할 수 있으며, 정관에 표시되지 않은 대표권 제한은 무효이다(제41조). 정관으로 대표권을 제한했어도 이를 등기하지 않으면 제3자에게 대항하지 못한다(제60조). 이사 선임행위는 법인과 이사 사이에서 이루어지는 위임 유사의 계약이다. 해임 또는 퇴임에 관하여 정관에 규정이 없는 때에는 대리에 관한 규정을 준용하거나(제127조, 제59조제2항), 위임에 관한 규정을 유추적용할 수 있다(제689·690·691조 등). 이사는 대내외적 사무를 수행함에 있어서 선량한 관리자의 주의17)를 기울여야 한다(제61·681조). 이 의무를 위반한 이사는 법인에 대하여 계약위반으로 인한 손해

---

15) 대법원 1997. 1. 24. 선고 96다39721·39738 등 참조.
16) 각자대표의 원칙은 각자대리의 원칙(제119조)과 같은 맥락이다(이 책 [1.94] 참조).
17) '선량한 관리자의 주의'란 '과실 없이'의 의미이다. 이에 대해서는 이 책 [2.22] 〈보충학습 2.4〉 참조.

배상을 해야 하며, 의무를 위반한 이사가 복수인 때에는 연대책임을 진다(제65조). 이사는 대리인을 선임하여 특정 행위를 맡길 수 있는데(제62조), 그는 이사 개인의 대리인일 뿐 법인의 기관은 아니다. 대리인의 행위는 일단 이사에게 귀속되고 결국 법인의 행위로 된다.

1.165   〈2〉 관련 기관   이사와 관련된 기관을 소개한다.

ⓘ 이 사 회   이사회란 이사 전원으로 구성된 의사결정기관이다. 주식회사(「상법」 제390조 이하) 또는 공익법인(「공익법인의 설립·운영에 관한 법률」 제6조)과 달리 민법상의 법인에서는 이사회가 필수기관이 아니지만, 이사가 복수인 경우에 이사회를 두는 것이 일반적이다.

ⓘ 임시이사   이사가 없거나 결원이 있는 경우에 이로 인하여 법인 또는 제3자에게 손해가 생길 염려가 있는 때에는, 이해관계인 또는 검사의 청구에 따라 법원은 임시이사를 선임해야 한다(제63조). 임시이사는 정식이사가 선임될 때까지만 권한을 가지는 일시적 기관이기는 하나, 이사와 동일한 권한을 가지는 법인의 대표기관이다.

ⓘ 특별대리인   법인과 이사의 이익이 상반되는 상황에 대해서는 이사에게 대표권이 없으며, 이때에는 이해관계인 또는 검사의 청구에 의하여 법원이 선임한 특별대리인이 법인을 대표한다(제64조).

ⓘ 직무대행자   이사의 직무수행에 장애가 있는 경우(예: 이사선임 무효소송의 당사자) 법원은 직무대행자를 선임하는 가처분을 할 수 있다(제52조의2). 직무대행자의 직무는 법인의 통상업무로 제한되는 것이 원칙이다(제60조의2).

2. 감독기관: 감사

1.166   민법상의 법인은 정관 또는 총회의 결의로 감사를 둘 수 있다(제66조). 주식회사의 경우에는 감사가 필수기관이나(「상법」 제409조제1항), 민법상의 법인에 있어서는 임의기관이다. 이는 민법상의 법인은 비영리법인이며, 주무관청의 검사·감독제도(제37조)가 있다는 점을 염두에 둔 것이다. 감사의 주요 직무권한은 법인의 재산상황과 업무를 감독하는 것이다(제67조).

3. 의사결정기관: 사원총회

1.167   〈1〉개   념   사원총회는 모든 사원으로 구성되는 최고의 의사결정기관
이다. 사원총회는 사단법인에 있어서 필수기관이며, 사원이 없는 재단법인에는
사원총회가 존재할 수 없다.

정관으로 이사라든가 그 밖의 임원에게 위임한 사항을 제외한 법인의 모든
사무는 사원총회의 결의에 의해야 한다(제68조). 특히 정관의 변경(제42조)과 임의
해산(제77조제2항)은 총회의 전권사항이다. 이들 사항은 정관에 의해서도 다른 기
관의 권한으로 할 수 없다. 그러나 총회의 권한에도 한계가 있다. 고유권(사원이
사단에 대하여 가지는 고유한 권리)은 총회의 결의가 있더라도 박탈할 수 없다. 소수
사원권(제70조제2항)과 사원의 결의권(제73조)이 그 예이다.

1.168   〈2〉종   류   사원총회의 종류로는 통상총회와 임시총회가 있다. 통상
총회는 1년에 1회 이상 일정한 시기에 소집된다(제69조). 임시총회는 다음과 같은
경우에 소집된다: ① 이사가 필요하다고 인정한 때(제70조제1항); ② 총사원의 5분
의 1 이상으로부터 회의의 목적사항을 제시하여 소집청구를 한 때(제70조제2항제1
문); ③ 감사가 감사결과의 보고를 위하여 소집한 때(제67조제4호). ②에서 5분의 1
이라는 수는 정관으로 증감할 수 있으나(제70조제2항제2문) 완전히 박탈하지는 못
한다. 이를 '소수사원권'이라고 한다.

1.169   〈3〉결   의   비영리사단법인의 사원총회에 있어서 각 사원의 결의권은
평등하며(제73조제1항), 사원은 총회에 자신이 직접 출석하지 않고 서면 또는 대리
인을 통하여 결의권을 행사할 수 있다(제73조제2항). 그러나 정관에 다른 규정이
있는 때에는 그에 따른다(제73조제3항). 법인과 어느 사원의 관계사항을 의결할 때
에는 해당 사원은 의결권이 없다(제74조). 총회의 결의는 원칙적으로 사원 과반수
의 출석과 출석사원의 결의권의 과반수에 의한다(제75조제1항). 총회의 의사에 관
해서는 의사록을 작성하여 비치해야 한다(제76조).

1.170   〈4〉사 원 권   '사원권'이란 사원이 사단법인에 대하여 가지는 권리와 의
무(예: 회비납부의무)를 총칭하는 개념이다. 권리로서의 사원권은 공익권(共益權)과
자익권(自益權)으로 구분된다. 전자는 사단의 관리 및 운영에 참가하는 것을 내용

으로 하는 권리이다(예: 결의권, 소수사원권, 감독권 등). 후자는 사원 자신의 개인적 이익의 향유를 내용으로 하는 권리이다(예: 법인의 설비를 이용할 수 있는 권리).

영리법인과 달리 비영리법인에서는 사원 각각의 인적 요소가 중요성을 가지는 경우가 많다. 이를 고려하여 민법은 사단법인 사원의 지위는 양도 또는 상속의 대상이 되지 않는 것으로 규정한다(제56조). 그러나 이는 임의규정으로 정관에 다른 규정이 있으면 그에 따른다.[18]

Ⅴ. 법인의 능력과 활동

1. 법인의 목적과 권리능력의 범위

1.171　　법인에 권리능력이 자연인의 그것과 동일할 수는 없다. 법인의 권리능력 제한은 다음 세 유형으로 구분할 수 있다.

ⅰ **본질에 의한 제한**　　법인은 그 본질상 자연인을 전제로 하는 권리(예: 생명권, 친족권, 정조권 등)를 향유할 수 없다. 그러나 법인은 인격권의 일종인 명예에 관한 권리의 주체가 될 수 있다.[19]

ⅱ **법률에 의한 제한**　　법인의 권리능력은 법률규정에 의해서도 제한된다. 청산법인의 권리능력은 청산의 목적 내에서만 인정된다든가(제81조), 회사는 다른 회사의 무한책임사원이 되지 못하는 것(「상법」 제173조) 등이 그 예이다.

ⅲ **목적에 의한 제한**　　법인은 "정관으로 정한 목적의 범위 내"에서 권리능력을 가진다(제34조). 따라서 목적범위 외의 행위는 그 효과가 법인에 귀속하지 않는다. 여기에서의 목적은 법률이나 정관에 명시된 목적 자체에 국한되는 것은 아니고 해당 목적을 수행하는 데 직접·간접으로 필요한 행위를 모두 포함한다.[20]

2. 법인의 불법행위책임

1.172　　〈1〉 개　 념　　대표기관이 그 직무수행과 관련하여 타인에게 손해를 가

---

18) 대법원 1992. 4. 14. 선고 91다26850 판결; 대법원 1997. 9. 26. 선고 95다6205 판결 등 참조.
19) 대법원 1965. 11. 30. 선고 65다1707 판결; 대법원 1997. 10. 24. 선고 96다17851 판결 등 참조.
20) 대법원 1988. 1. 19. 선고 86다카1384 판결; 대법원 2005. 5. 27. 선고 2005다480 판결 등 참조.

했다면 법인은 손해배상책임이 있다(제35조제1항제1문). 법인제도를 통해 사회경제 활동의 영역을 넓히는 이익을 누리고 있으니 그로 인한 부작용에 대하여 책임을 져야 한다는 취지이다.

1.173　　〈2〉 성립요건　　성립요건은 아래와 같다.

　　ⓘ 대표기관의 행위일 것　　해당 행위가 대표기관21)의 행위여야 한다. 이사 외에 임시이사(제63조), 특별대리인(제64조) 및 청산인(제82·83조)도 대표기관이므로 이들의 불법행위에 대하여도 법인이 책임을 진다.

　　ⓚ 직무에 관한 행위일 것　　대표기관의 가해행위가 직무와 관련된 것이어야 한다. 직무관련성 판단에 있어서 판례는 '외형이론'22)을 채택하여, 행위의 외형상 법인의 대표자의 직무행위라고 인정할 수 있는 것이라면 설사 그것이 대표자 개인의 사리를 도모하기 위한 것이거나 혹은 법령의 규정에 위배된 것이라도 직무에 관한 행위에 해당한다고 본다.23)

　　ⓛ 일반 불법행위의 요건을 갖출 것　　대표기관의 행위가 제750조의 요건을 갖추어야 한다.

1.174　　〈3〉 효　　과　　요건이 충족되면 법인은 피해자에게 손해배상을 해야 한다(제35조제1항제1문). 그리고 법인의 불법행위책임이 성립하는 경우에는 대표기관 개인의 불법행위책임(제750조)도 성립한다. 두 책임의 관계는 어떠한가? 법인이 책임을 진다고 해서 대표기관 개인이 면책되지 않는다(제35조제1항제2문). 이들 두 채무에 대하여 통설은 부진정연대채무24)로 해석한다. 그 결과 피해자로서는 법인과 대표기관 개인에 대하여 선택적으로 손해배상청구를 할 수 있다. 한편, 법인이 피해자에게 손해배상을 했다면 법인으로서는 대표기관이 선량한 관리자의 주의를 기울이지 못하여 법인에게 손해를 끼쳤다는 이유로 손해배상책임을 물을 수 있다(제61·65조). 법인과 대표기관 사이에는 위임 유사의 법률관계가 있기

---

21) 대표기관은 그 명칭이나 직위 여하, 또는 대표자로 등기되었는지 여부를 불문하고 당해 법인을 실질적으로 운영하면서 법인을 사실상 대표하여 법인의 사무를 집행하는 사람을 포함한다(대법원 2011. 4. 28. 선고 2008다15438 판결 참조).

22) 외형이론에 대해서는 이 책 [2.294] 참조.

23) 대법원 1988. 11. 8. 선고 87다카958 판결; 대법원 1990. 3. 23. 선고 89다카555 판결 등 참조.

24) 이에 대해서는 이 책 [2.120] 참조.

때문이다.

　　해당 가해행위가 법인의 불법행위 요건은 충족하지 못하는 경우라도 일반
불법행위(제750조)가 성립할 수 있으며, 가해행위에 관여한 사람이 모두 연대하여
배상해야 한다(제35조제2항). 이때의 손해배상은 해당 행위가 직무범위 내인가 여
부와 무관하게 인정된다.

Ⅵ. 법인의 주소

1.175　　법인의 주소는 해당 법인의 주된 사무소의 소재지이다(제36조). 주된 사무소
란 법인을 통제하는 수뇌부가 있는 곳이다. 법인은 주된 사무소의 소재지에서
설립등기를 함으로써 성립한다(제33조). 사무소에 관한 사항은 정관의 필요적 기
재사항이며(제40조제3호, 제43조), 동시에 필요적 등기사항이다(제49조제2항제3호).

Ⅶ. 법인의 소멸

1.176　　〈1〉 개　　 념　　 자연인과 달리 법인의 소멸은 단계적으로 진행된다. 즉
해산사유가 발생하면 법인은 본래의 활동을 멈추고 청산절차로 들어간다. 청산
과정에 있는 법인을 '청산법인'이라고 하며, 청산이 종료하면 법인은 소멸한다.

1.177　　〈2〉 해　　 산　　 법인의 해산이란 법인이 원래의 목적수행을 위한 적극적
인 활동을 그치고 청산절차로 들어가는 것이다. 사단법인과 재단법인 공통의 해
산사유는 다음과 같다(제77조제1항): ① 법인의 존립기간의 만료; ② 법인의 목적
의 달성 또는 달성의 불능; ③ 파산; ④ 설립허가의 취소; ⑤ 기타 정관에 정한
해산사유의 발생. 사단법인 특유의 해산사유는 다음과 같다(제77조제2항): ① 사원
이 없게 된 경우; ② 총회의 결의. 청산인은 취임 후 3주 내에 해산 사유 등을 등
기하고(제85조제1항) 이를 주무관청에 신고해야 한다(제86조제1항)

1.178　　〈3〉 청　　 산　　 청산이란 해산한 법인이 잔무를 처리하고 재산을 정리하
여 권리능력을 완전히 소멸시키는 절차이다. 해산사유가 파산인 때에는 「채무자
회생 및 파산에 관한 법률」에서 정하는 절차에 의하고, 해산사유가 그 밖의 것

인 때에는 민법이 정하는 절차에 의한다. 청산절차에 관한 규정은 모두 제3자의 이해관계에 중대한 영향을 미치므로 강행규정으로 보아야 한다.25) 청산법인은 청산의 목적범위 내에서만 권리능력을 가진다(제81조).

청산법인의 집행기관은 청산인이다. 파산의 경우를 제외하고 해산 당시의 이사가 청산인으로 되나, 정관 또는 총회의 결의로 달리 정하면 그에 의한다(제82조). 해산 전의 이사에 관한 규정들은 청산인에 준용된다(제96조). 정관에 의할 때 청산인이 될 사람이 없거나 청산인의 결원으로 인하여 손해가 생길 염려가 있을 때에는 법원은 직권 또는 이해관계인이나 검사의 청구에 의하여 청산인을 선임할 수 있다(제83조). 중요한 사유가 있을 때에는 법원은 직권 또는 이해관계인이나 검사의 청구에 의하여 청산인을 해임할 수 있다(제84조).

감사라든가 사원총회와 같은 다른 기관들은 그대로 유지된다.

청산이 종료되면 법인은 소멸한다. 청산사무를 종료한 때에는 청산인은 3주 내에 이를 등기하고 주무관청에 신고해야 한다(제94조).

VIII. 법인의 등기

1.179 법인의 조직과 내용을 일반에게 공시하기 위하여 법인등기제도를 두고 있다. 등기의 종류로는 설립등기(제49조: 설립허가로부터 3주 내에 목적·명칭·사무소 등을 등기), 분사무소 설치의 등기(제50조), 사무소 이전의 등기(제51조), 변경등기(제52조), 해산등기(제85조), 청산종결의 등기(제94조) 등이 있다. 이들 중 설립등기만 성립요건(따라서 등기가 없으면 법인은 설립되지 않는다)이고, 나머지는 모두 대항요건이다(제54조제1항).

IX. 법인의 감독과 벌칙

1.180 비영리법인은 설립부터 소멸까지 국가의 광범위한 감독을 받는다. 법인이 존속하는 동안에는 업무감독의 대상이 되는데 감독은 설립허가를 한 주무관청이 수행하며(제37조), 감독의 내용은 사무 및 재산상황의 검사, 설립허가의 취소

---

25) 대법원 1980. 4. 8. 선고 79다2036 판결; 대법원 1995. 2. 10. 선고 94다13473 판결 등 참조.

등이다(제37·38조, 제67조제3호). 해산과 청산의 감독은 법원이 수행하며(제95조), 감독의 내용은 필요한 검사와 청산인의 선임·해임이다(제95·83·84조).

법인의 이사·감사 또는 청산인이 등기사무 등 직무를 적절하게 수행하지 않으면 벌칙으로 과태료 처분을 한다(제97조).

제4장

권리의 객체

제 1 절 서 설

1.181   권리객체는 사람의 행위(예: 가수의 노래), 권리(예: 채권양도계약에 있어서 권리객체는 채권), 무형의 정신적 산물(예: 지식재산권), 유형의 물체(예: 토지, 냉장고), 무형의 물체(예: 전기, 가스, 열에너지) 등 다양하다. 이들 여러 권리객체 중 민법이 특별히 규율하는 것은 '물건'이다(제98~102조).

    물건이란 "유체물 및 전기 기타 관리할 수 있는 자연력"이다(제98조). 즉 물건은 유체물과 아울러 무체물도 포함하며, 그 요건은 아래와 같다.

    ⓘ **관리가능성**   관리가능성이란 배타적 지배가 가능하다는 것이다. 관리가능성은 상대적인 것으로 거래관념에 따라 판단된다. 유체물이라 하여 반드시 관리가능성이 있는 것도 아니며(예: 북극성은 유체물이나 현재로서는 관리가능성이 없음), 무체물이라 하여 관리가능성이 없는 것도 아니다(전기, 가스, 열에너지 등은 무체물이지만 관리가능성이 긍정됨). 과학과 문화의 발달에 따라 관리가능성의 범위는 확대될 수 있다.

    ⓘⓘ **비인격성**   살아 있는 사람의 신체 또는 그 일부가 아니어야 한다.

보충학습 1.34 | 비인격성에 관한 쟁점

    비인격성 요건과 관련하여 시체·유해가 소유권의 객체가 될 수 있는가에 대하여 학설이 대립한다. 제1설은 소유권의 객체이기는 하나 이때의 소유권은 오직 매장·제사·공양 등을 할 수 있는 권능과 의무를 내용으로 하는 특수한 소유권이라 한다. 제2설은 시체·유해에 대한 권리는 소유권이라 할 수 없으므로 관습법상의 관리권으로 이해한다. 어떤 입장이든 결론은 같다.

    ⓘⓘⓘ **독립성**   존재의 일부 또는 구성부분이 아니어야 한다. 독립성의 판단은 물리적 형태에 따른 획일적 기준이 아니라 거래관념에 따른다.

보충학습 1.35 │ 금전의 특수성1)

   금전도 물건인가? 화폐도 물건의 요건을 모두 구비하고 있어 물건의 범주에 속한다. 그러나 금전은 교환의 매개물로서 지불수단의 기능, 가치척도의 기능, 가치저장의 기능을 하는 자산(assets)으로서 일반적인 물건과 달리 그 자체가 일정한 경제적 가치를 내포하고 있지 않다.2) 그러므로 금전은 특수한 물건이다.

   금전은 물권적 청구권의 대상이 되지 않고 채권적 청구권의 대상이 될 뿐이다. B가 A의 금전 100만원을 절취한 경우 A는 B에게 채권적 청구권(불법행위 또는 부당이득)에 기하여 그 금전을 배상 또는 반환받는 것이지 물권적 청구권은 인정되지 않는다. 즉 A는 B의 절취행위로 인하여 발생한 손해 또는 손실에 해당하는 가치를 배상 또는 반환하라고 할 수 있는 것이지, A 자신이 절취당한 그 화폐 자체를 돌려달라고 요구할 수는 없다. 물권적 청구권은 그 대상이 특정되어 있음을 전제로 하는 것인데, 금전의 경우에는 그러한 특정성을 상정할 수 없으므로3) 물권적 청구권이 인정될 수 없다. 이러한 상황을 가리켜 "금전의 경우에는 소유와 점유가 일치한다"라고 표현하기도 한다.

제2절 부동산과 동산

I. 개념과 구별의 실익

1.182   부동산이란 토지 및 그 정착물이고(제99조제1항), 부동산이 아닌 물건은 동산이다(제99조제2항). 부동산과 동산을 구분하는 이유는 크게 다음 두 가지이다: ① 부동산은 비교적 가치가 큰 재산이어서 거래를 보다 신중하고 안전하게 하도록 유도할 필요가 있다; ② 권리관계를 등기부와 같은 공적 장부에 기재하여 일반에게 공시하면 여러 이점이 있는데, 모든 물건을 그렇게 할 수는 없고 양적·장소적으로 제한적인 부동산만이라도 그 이상을 실현해야 한다.

---

1) 그 밖에 금전채권의 특수성에 대해서는 이 책 [2.75] 〈보충학습 2.15〉 참조.
2) 과거 태환지폐(convertible money)와 달리 오늘날 불환지폐(unconvertible money)의 경우에는 그 자체가 아무런 상품가치도 가지고 있지 않아 명목화폐라고 부른다.
3) 앞의 사안에서 B가 A로부터 금전 100만원을 절취함으로써 그 금전은 B가 소지하고 있던 다른 금전과 혼화(이에 대해서는 이 책 [3.142] 참조)되므로 물권적 청구권의 대상을 특정할 수 없다.

부동산과 동산은 실정법상으로 여러 가지 면에서 차이가 있다. 그 중요한 것을 들면 다음과 같다: ① 공시방법에 있어서 부동산은 등기(제186조), 동산은 점유(제188조); ② 동산의 거래에 대해서는 선의취득 인정(제249조); ③ 시효취득의 요건에 차이(제245·246조); ④ 제한물권의 인정범위에 차이(예: 부동산은 질권의 대상이 되지 못함).

Ⅱ. 부 동 산

1. 토   지

1.183 일상적 의미에서 토지란 지표면을 의미한다. 그러나 법적 의미에서의 토지란 지표뿐만 아니라 지표면에 상응하는 공중과 지하까지 포함한다. 이에 따라 제212조는 "토지의 소유권은 정당한 이익 있는 범위 내에서 토지의 상하에 미친다"라고 규정한다. 토지를 구성하는 모든 요소(예: 토사·암석·지하수·동굴 등)는 토지의 구성부분으로서 당연히 해당 토지소유권의 범위에 속한다. 그러나 토지의 구성부분이라도 법률에 의하여 토지소유권의 행사가 제한되는 경우가 있다(예: 「광업법」상의 광물).

2. 토지정착물

1.184 토지정착물이란 토지에 고정되어 용이하게 이동할 수 없는 물체이다. 건물·수목·교량·송전탑 같은 것이 이에 해당한다. 토지와의 관계에서 어느 정도로 정착성을 가져야 하는가에 대한 판단은 거래관념에 의한다.

1.185 〈1〉건   물   건물이란 토지 위에 세워진 집 따위의 인공적 구조물이다. 대부분의 법제는 "지상물은 토지에 따른다"(superficies solo cedit)는 원칙에 따라 건물을 토지와 독립된 물건으로 보지 않는다. 그러나 우리나라에서 건물은 토지와 독립된 부동산이다. 그러므로 토지 위에 건물이 정착해 있는 경우에 토지와 건물을 따로 처분하는 것도 가능하다. 이에 따라 「부동산등기법」은 "등기부는 토지등기부와 건물등기부로 구분한다."라고 정하고 있다(법 제14조제1항). 토지와

독립된 부동산으로서 건물이라고 하기 위해서는 어느 정도의 구조를 갖추어야 하는가? 적어도 기둥·지붕·주벽은 이루어져 있어야 한다.4)

1.186　　　〈2〉수　목　　수목이란 토지에 뿌리를 두고 살아 있는 목본식물을 말한다. 토지에서 분리된 나무는 동산일 뿐이다. 수목은 원칙적으로는 토지의 구성부분에 불과하나, 일정한 수목집단이 '입목' 또는 '명인방법'의 대상이 된 때에는 독립된 부동산으로 다루어진다.5)

보충학습 1.36 | 명인방법

　　명인방법이란 수목의 집단에 대하여 소유자를 제3자가 명확하게 인식할 수 있도록 일정한 표식(예: 일정한 범위의 수목집단에 철망을 치고 철망 중간에 표찰을 달아 '홍길동 소유 수목'이라고 표시)을 하는 것이다. 명인방법은 관습법상 인정되는 공시방법이다.

1.187　　　〈3〉미분리과실　　미분리과실이란 수목으로부터 분리되지 않은 과실이다 (예: 과수의 열매 등). 수목으로부터 과실이 분리되면 이는 천연과실(제101조제1항)로서 원물인 수목과 독립된 동산이며, 과실의 수취권자에게 소유권이 귀속한다(제102조제1항). 이에 반해 미분리과실은 수목의 구성부분에 불과하다. 그러나 명인방법을 갖춘 때에는 독립된 권리객체로 인정된다.

1.188　　　〈4〉농작물　　농작물에 대해서는 특수한 이론이 있다(여기에서의 농작물은 양파, 마늘, 고추 등과 같은 1년생의 초본식물을 가리킴). 정당한 권원 없이 타인의 토지를 경작한 경우라도 그 농작물의 소유권은 경작자에게 귀속한다.6) 그 논거로서 판례는 농작물 재배의 경우에는 파종부터 수확까지 불과 수개월밖에 안 걸리고, 경작자의 부단한 관리가 필요하며, 그 점유가 경작자에게 귀속하고 있는 것이 비교적 명백하다는 점을 든다.

---

4) 대법원 1977. 4. 26. 선고 76다1677 판결; 대법원 1993. 4. 23. 선고 93다1527,1534 판결 등 참조.
5) 이에 대해서는 이 책 [3.58]~[3.60] 참조.
6) 대법원 1963. 2. 21. 선고 62다913 판결; 대법원 1979. 8. 28. 선고 79다784 판결 등 참조.

제 1 편 총칙

보충학습 1.37 | 농작물에 관한 판례이론 비판

　서울에 사는 A는 강원도 산골 소재 甲토지의 소유자이다.　A는 甲을 매수할 당시에
한 번 토지를 방문한 것 외에는 오랜 기간 동안 그대로 방치하고 있었다. 甲토지 인근에
살고 있는 B는 약 5년 전부터 A와 아무런 상의도 없이 甲토지에 감자를 심어왔다. 그러
던 어느 날 甲토지를 방문한 A는 그 사실을 확인하고 B에게 감자를 제거할 것을 요구하
고 있다. A의 주장은 법적으로 허용되는가?

　감자와 같은 1년생의 초본농작물의 경우에 판례는, 경작자에게 토지에 대한 사용권원
이 없더라도 경작자에게 농작물에 대한 소유권이 있는 것으로 본다. 그런데 판례이론에
의하더라도 감자에 대한 소유권이 B에게 있다는 것일 뿐, 토지소유자 A가 자신의 소유
권에 기하여 방해제거를 청구하는 것은 별개의 문제이다. A의 주장은 원칙적으로는 타
당한 것이다. 그러나 A가 오랫동안 甲토지를 방치하고 있다가 특별한 이익도 없이 감자
의 제거를 청구하는 것은 권리남용의 요건을 충족한다고 보아야 한다. 그러므로 A의 청
구는 법의 조력을 얻지 못한다. A로서는 자신의 토지가 타인에 의하여 무단으로 사용되
었다는 사실을 이유로 B에 대하여 부당이득의 반환(제741조) 또는 불법행위로 인한 손
해배상(제750조)을 청구하는 것에 만족해야 한다. 요컨대, 판례의 결론에는 동의하나 과
정은 좀 더 다듬어야 하지 않을까?

Ⅲ. 동　　산

1.189　　우리 민법상 동산의 개념은 매우 간단하다. 부동산(즉 토지 또는 그 정착물) 외
의 물건이 동산이다(제99조제2항). 전기 기타 관리할 수 있는 자연력도 동산에 속
한다. 선박, 자동차, 항공기는 동산이기는 하지만 부동산과 같이 다루어진다. 즉
부동산의 등기부와 유사하게 등록부를 두어 권리관계를 공시한다.

보충학습 1.38 | 물건의 분류: 대체물·비대체물/특정물·불특정물

　(1) **대체물·비대체물**　객관적 관점(즉 물건의 성질)에서 물건의 개성이 중시되는가에
따른 구별이다. 즉 동종·동량의 다른 물건으로 대체해도 물건의 동일성이 유지될 수 있
으면 대체물(예: 곡물), 그렇지 않으면 비대체물(예: 부동산)이다. 대체물만이 소비대차
계약(제598조)의 목적물이 된다는 점 등에서 구별의 실익이 있다.

(2) **특정물·불특정물**   대체물과 비대체물의 구별이 객관적 관점에서의 분류라면 특정물과 불특정물의 구별은 주관적 관점에서의 분류이다. A가 B로부터 아파트를 구입하기 위해 매매계약을 체결함에 있어서 매매목적물을 '동일한 구조와 평형의 아파트 100채 중에서 5채'라고 약정한 경우 각 아파트는 객관적으로는 비대체물이지만, A·B 사이의 계약에 있어서 계약의 목적물은 불특정물이다. 왜냐하면 B는 A에게 동일한 종류에 속하는 아파트 5채의 소유권을 이전해주면 되기 때문이다. 특정물과 불특정물의 구별은 변제의 장소(제467조), 매도인의 담보책임(제580·581조) 등에서 실익이 있다.

제 3 절   주물과 종물: 종물이론

Ⅰ. 개   념

1.190   종물이론이란 어떤 물건(즉 '주물')과의 관계에서 종된 지위에 있는 물건(즉 '종물')은 주물과 법적 운명을 같이 한다는 법리이다(제100조). 가령 배와 노는 각각 주물과 종물에 해당한다. 복수의 물건이 서로 주물·종물 관계에 있다면 이들의 경제적 단일성을 유지시키는 것이 사회경제적으로 유익하다는 것이 종물이론의 취지이다.

Ⅱ. 종물이론의 적용요건

1.191   〈1〉 주물의 상용에 이바지   종물은 계속성을 띠면서 주물로 하여금 경제적 효용을 다하게 하는 것이다.[7] 그러므로 주물의 경제적 효용과 직접 관계가 없는 물건은 종물이 아니다.[8]

부동산도 종물이 될 수 있다.[9] 이는 특히 건물을 토지와 독립된 부동산으로

---

[7] 대법원 1985. 3. 26. 선고 84다카269 판결; 대법원 2000. 11. 2. 선고 2000마3530 결정 등 참조.
[8] 대법원 1985. 3. 26. 선고 84다카269 판결: 호텔의 각 방실에 시설된 텔레비전, 전화기 등은 호텔 각 방실 자체의 경제적 효용에 직접 이바지하는 것이 아니므로 각 방실에 대한 종물이 아니다.
[9] 대법원 1993. 2. 12. 선고 92도3234 판결: 횟집으로 사용할 점포 건물에 거의 붙여서 횟감용 생

보는 우리 민법의 태도와 관련되는 것이다. 건물을 토지의 구성부분으로 본다면 종물은 동산에 한정되겠지만, 우리 민법에서는 그러한 제한을 둘 수 없다.

`1.192`   〈2〉 주물에 부속   종물은 주물에 부속된 것이어야 한다. '부속'이란 주물과의 관계에서 장소적 밀접성을 가지는 것이다. 장소적 밀접성을 가져야 하는 것이지 주물의 일부여서는 안 된다. 종물은 그 자체로서 독립적으로 물건의 요건을 갖추고 있어야 한다.

`1.193`   〈3〉 주물과 소유자 동일   다음과 같은 예를 들어 생각해 보자: 甲물건은 계속적으로 乙물건의 경제적 효용에 이바지하고 있다; 그런데 甲은 P의 소유이고 乙은 Q의 소유이다. 이 경우에 甲을 乙의 종물로 보고 종물이론을 적용한다면, 가령 Q가 乙에 대한 소유권을 R에게 이전한 경우 乙과 함께 甲에 대한 소유권도 R에게 이전하게 되는데, 이는 甲의 소유권자인 P의 권리를 침해하는 것이다. 이와 같은 이유로 주물과 종물은 동일한 소유자에게 속하는 것이어야 한다.

Ⅲ. 종물이론의 효과

`1.194`   종물은 주물과 법률적·경제적 운명을 같이 한다(제100조제2항). 그러므로 주물에 대한 소유권의 양도나 물권의 설정 및 매매·임대차 등은 종물에도 효력을 미친다. 주물 위에 설정된 저당권의 효력은 종물에도 미친다는 규정(제358조)은 특별한 규정이기보다는 종물이론의 연장이다.[10] 제100조제2항은 강행규정이 아니다. 그러므로 당사자 간에 특약이 있다면 종물이론은 적용되지 않는다.[11]

보충학습 1.39 | 종물이론의 유추

종물이론은 물건과 물건 사이에서 인정되는 법리이다. 그러나 권리와 권리 사이에도 종물이론을 유추적용한다. 원본채권과 이자채권은 서로 주종의 관계에 있는데, 원본채권

선을 보관하기 위하여 신축한 수족관 건물은 위 점포건물의 종물이다.

10) 대법원 1994. 6. 10. 선고 94다11606 판결 참조.
11) 대법원 1978. 12. 26. 선고 78다2028 판결; 대법원 2012. 1. 26. 선고 2009다76546 판결 등 참조.

이 양도되면 이자채권도 함께 양도된다는 것과 같은 것이 그 예이다.

　종물이론이 유추되는 대표적인 것으로 지상권에 기하여 타인의 토지 위에 건물을 소유하는 사람이 건물에 대하여 저당권을 설정한 경우에 건물에 대한 저당권의 효력이 그 건물의 소유를 내용으로 하는 지상권에 미치는 경우를 들 수 있다. 건물에 대한 저당권이 실행되어 경락인이 그 건물의 소유권을 취득하면 건물을 경락받은 후에 건물을 철거한다는 조건으로 경매된 것과 같은 특별한 사정이 없는 한, 경락인은 종물이론에 따라 건물 소유를 위한 지상권도 취득한다.12)

제4절　원물과 과실

Ⅰ. 원물과 과실의 개념

1.195　　　과실이란 일정한 물건으로부터 발생한 수익이며, 과실을 발생시킨 물건이 원물이다. 우리 민법은 물건의 과실만을 인정하며, 권리로부터 발생한 수익(예: 주식의 배당금, 특허권의 사용대가)은 과실에 속하지 않는다.

Ⅱ. 과실의 종류

1.196　　　〈1〉 천연과실　　　천연과실이란 원물의 경제적 용법(경제적 용도)에 따라 산출된 물건이다(제101조제1항). 동물의 새끼, 유실수에서 나온 열매, 닭이 낳은 계란, 젖소에서 나온 우유 등이 천연과실에 해당한다.

1.197　　　〈2〉 법정과실　　　법정과실은 물건의 사용대가로 받는 금전 기타의 물건이다(제101조제2항). 임대차계약에서 물건 사용의 대가로 받는 차임, 금전소비대차에서 금전사용의 대가로 지불되는 이자 등이 법정과실이다. 법정과실은 타인으로 하여금 일정기간 물건을 사용하게 하고 나중에 그 물건 자체(예: 임대차의 경우) 또는 그 물건과 동종·동질·동량의 물건(예: 소비대차의 경우)을 반환받는 법률관계에

---

12) 대법원 1996. 4. 26. 선고 95다52864 판결; 대법원 2013. 9. 12. 선고 2013다43345 판결 등 참조.

서 발생한다.

Ⅲ. 과실의 귀속

1.198 민법은 천연과실과 법정과실로 구분하여 과실의 귀속에 관한 질서를 정하고 있다(제102조).

ⓘ **천연과실의 귀속** 천연과실은 과실이 원물로부터 분리되는 시점을 기준으로 원물의 수익권자에게 귀속한다(제102조제1항). 천연과실은 원물로부터 발생한 수익에 해당하기 때문이다. 소유권자가 원물을 점유하고 있다면 과실수취권은 소유자에게 귀속할 것이다(제211조: 소유권은 소유물의 사용·수익·처분의 권능 포함). 소유권자가 아닌 사람에게 수익권(예: 지상권, 임차권)이 이전되었다면 소유권자가 아닌 수익권자(예: 지상권자, 임차인)에게 귀속한다.

보충학습 1.40 | 천연과실 귀속의 구체적 내용

천연과실은 원물로부터 발생한 수익이므로 과실은 원물에 대한 수익권자에게 귀속한다. 제1차적인 수익권자는 소유자이지만(제211조) 여기에 그치지 않는다. 민법은 선의의 점유자(제201조), 지상권자(제279조), 전세권자(제303조), 유치권자(제323조), 질권자(제343조), 저당권자(제359조), 매도인(제587조), 사용차주(제609조), 임차인(제618조), 친권자(제923조), 수유자(제1079조) 등도 과실수취권자로 규정한다. 그런데 과실수취권의 구체적 내용은 유형별로 차이가 있음에 유의해야 한다. 원물의 소유자·선의의 점유자·지상권자·전세권자·사용차주·임차인 등의 권리는 과실의 소유권 자체임에 반해, 유치권자·질권자·저당권자의 과실에 대한 권리는 과실에 대한 소유권 자체가 아니라 과실의 교환가치이다(유치물, 질물 또는 저당물로부터 발생한 과실에 대한 소유권은 이들 담보물의 소유권자에게 귀속하는 것이 원칙임).

ⓘ **법정과실의 귀속** 법정과실은 수취할 권리의 '존속기간일수'의 비율로 취득한다(제102조제2항).

보충학습 1.41 │ 제102조제2항의 의미

　A는 자기 소유의 PC를 B와의 임대차계약에 따라 B에게 인도하여 현재 B가 점유하고 있다. 임차기간은 90일로 하였고 차임은 임차기간 만료일에 30만원을 지급하기로 하였다. 임대차계약의 존속기간 중 1/3이 경과한 시점에서 PC를 B의 점유상태에 놓아둔 채 A는 이 임차물에 대하여 K와 매매계약을 체결하고 이를 목적물반환청구권의 양도13)의 방법으로 K에게 인도하였다. 그리고 이와 동시에 임대인으로서의 지위도 승계하였다.

　이 경우에 임차인 B가 임대차계약에 기하여 지급해야 하는 차임은 PC로부터 발생하는 법정과실이다. 또한 임대차계약이 존속하는 중에 PC에 대한 소유자 및 임대인이 A에서 K로 변경되었다. 이 경우에 차임에 대한 권리, 즉 법정과실에 대한 수취권은 PC에 대한 소유자 및 임대인으로서의 법적 지위가 존속하는 날수의 비율로 A와 K에게 귀속되는 것이다. PC에 대한 소유자 및 임대인으로서의 법적 지위가 A에서 K로 변경된 시점이 임대차계약의 존속기간 중 1/3이 경과한 때였다. 그러므로 30만원의 법정과실은 A와 K에게 각각 1/3(즉 10만원), 2/3(즉 20만원)씩 귀속하게 된다.

---

13) 이 개념에 대해서는 이 책 [3.50] 참조.

제5장

기 간

I. 의 미

1.199 기간은 독립적으로 법률요건이 되지는 않지만 다른 법률사실과 결합하여 법률요건을 구성한다(예: 성년기, 실종기간, 제척기간, 소멸시효, 취득시효 등).

II. 기간의 계산

1. 이원주의

1.200 기간계산의 방법은 크게 두 가지이다: ① 자연적 계산법(순간으로부터 시작하여 순간까지 계산하는 방법); ② 역법적 계산법(달력에 따라 계산하는 방법). 민법은 두 가지를 병행하고 있다. 단위가 짧은 경우(기간을 시·분·초로 정한 경우)에는 자연적 계산법을, 비교적 단위가 긴 경우(기간을 일·주·월·년으로 정한 경우)에는 역법적 계산법을 사용한다.

2. 기간을 시·분·초로 정한 경우

1.201 기산점은 언제인가? 기간을 시·분·초로 정한 때에는 즉시로부터 기산한다(제156조). 만료점에 대하여 민법의 규정은 없다. 그러나 기산점과 마찬가지로 정해진 시·분·초가 종료한 때를 만료점으로 보아야 할 것이다. 7시 30분부터 3시간이라고 하면 10시 30분이다.

3. 기간을 일·주·월·년으로 정한 경우

1.202 〈1〉기 산 점   원칙과 예외로 나누어 살펴본다.
ⅰ) 원   칙   기간을 일·주·월·년으로 한 경우 기산점은 초일을 산입하지 않는다(제157조 본문). 예컨대, "1월 5일 15시부터 5일"이라고 하면, 초일인 1월 5일은 산입하지 않고 다음날(1월 6일) 0시를 기산점으로 한다.
ⅱ) 예   외   위 원칙에는 예외가 있다.
ⓐ 기간이 0시부터 시작하는 경우(예: "매월 1일부터 5일간") 이때에는 초일을

산입한다(제157조 단서). 초일이 온전히 1일(즉 24시간)을 채우는 경우이므로 초일을 기산점으로 하는 것이다.

ⓑ 연령계산의 경우 연령계산에서는 출생일을 산입한다(제158조).

⟨2⟩ 만 료 점   기간의 단위를 일·주·월·년으로 정한 경우 만료점은 기간의 마지막 날이 종료한 때(즉 기간의 마지막 날의 24시)이다(제159조). "7월 1일 15시부터 5일간"이라고 하면 5일의 기간이 만료하는 시점은 7월 6일 15시가 아니라 7월 6일이 종료하는 시각인 7월 6일 24시인 것이다. 따라서 기간의 단위를 일·주·월·년으로 정했다면 그 기간의 만료점은 항상 어느 날이 끝나는 24시가 된다.

달력에 의한 계산에 있어서 민법은 몇 가지 세부적인 사항을 규정하고 있다.

ⅰ) 기간의 단위가 주·월·년으로 정해진 때에는 날의 수로 환산하지 않고 달력에 따라서 계산한다(제160조제1항). 즉 기간의 단위를 월로 한 경우에 1달이 31일이든 28일이든 모두 1개월로 계산한다. 또한 1년이 365일이든 366일이든 모두 1년이다. 제160조제1항은 월 또는 연의 날짜 수가 다르다는 것을 염두에 둔 것이다. 그런데 '주'(週)는 예외 없이 모두 7일이므로 이 규정에 주를 포함시킨 것은 잘못이다.

ⅱ) 주·월·년의 처음으로부터 기간을 기산하지 않는 때에는 최후의 주·월·년에서 그 기산일에 해당하는 날의 전일(前日)을 만료점으로 한다(제160조제2항). "주, 월 또는 연의 처음으로부터 기간을 기산하지 아니하는 때"라는 것은, 예를 들면 기산점이 3월 1일이며, 그 때로부터 1월의 기간이라는 식으로 기간이 정해진 때가 아닌 경우를 말한다. 기산점이 3월 1일 0시이고 그때로부터 1월이라고 하면 기간만료일은 3월 31일 24시가 된다. 제160조제2항은 이를테면 이런 의미이다. 2024년 9월 15일 15시로부터 3년이라고 하면, 기산일은 '9월 16일'이므로 3년 후의 달력에서 기산일에 해당하는 날짜인 '9월 16일'의 전날인 9월 15일 24시를 만료점으로 한다는 것이다.

ⅲ) 기간의 단위를 월 또는 연으로 정한 경우에 최종의 달에 해당일이 없을 수도 있다. 예컨대, 윤년의 2월 29일 15시에 지금부터 1년 후라고 하면 기간의 만료점은 다음 해 2월 29일 24시인데, 다음 해에는 그 날짜가 없다. 1월 30일 15시에 지금부터 1달 후라고 하면 기간의 만료점은 2월 30일 24시인데, 그런

날짜가 없다. 이와 같은 경우에는 그 달의 말일 24시를 만료점으로 한다(제160조 제3항).

　ⅳ 만료점이 토요일 또는 공휴일인 때에는 그 다음날 24시를 만료점으로 한다(제161조). 만료점이 토요일 또는 공휴일인 때에는 여러 분야의 사무가 정상적으로 운영되지 않는다는 점을 고려한 것이다.

Ⅲ. 기간의 역산

1.204　　일정한 시점으로부터 거꾸로 기간을 계산해야 하는 경우(예: "총회의 소집은 1주간 전에…"(제71조), "소멸시효의 기간 만료 전 6월 내…" 등)에 대해서는 민법에 규정이 없다. 그런데 이 경우에도 민법의 규정이 준용된다(통설). 사단법인의 사원총회의 소집통지의 발송기간(제71조)을 예로 들어 본다. 사원총회 일시가 5월 10일 14시라고 한다면, 기산점은 그 전날인 5월 9일 24시가 되고 만료점은 그로부터 역으로 1주(7일)를 거슬러 올라간 5월 3일 0시이다. 그러므로 늦어도 5월 2일 24시까지는 사원총회의 소집통지를 발송해야 한다.

제6장

소멸시효

제1절 │ 서 설

Ⅰ. 개념과 존재이유

1.205 일반적으로 시효제도란 일정한 사실상태가 오래 계속된 경우에 그것이 진실한 실체관계와 합치하는가 여부를 묻지 않고 사실상태 그대로 권리관계를 확정하는 제도이다. 시효제도에는 취득시효제도와 소멸시효제도가 있다. 전자에서는 시간의 경과로 권리를 취득하며, 후자에서는 시간의 경과로 권리를 잃는다. 민법은, 전자는 물권 편에서 후자는 총칙 편에서 규정한다.

시효기간 경과만으로 권리를 잃는다는 결과는 권리보호의 관념에 부합하지 않는 것처럼 보인다. 소멸시효를 인정하는 이유는 무엇인가? 통설은 소멸시효의 존재이유로 다음 세 가지를 든다: ① 거래의 안전 및 사회질서의 유지라는 공익적 측면; ② 증명곤란으로부터의 구제; ③ 권리행사의 태만에 대한 제재. 판례도 통설과 같은 입장이다.1) 이들 각각의 구체적 내용을 살펴보자.

①은, 일정한 사실상태가 있으면 그것을 기초로 거래관계가 쌓이게 되는데 현재상태가 법적으로 정당하지 않다는 이유로 사실상태를 뒤집게 되면 거래안전을 해치게 된다는 것이다. ②는, 오랜 시간의 경과로 권리관계를 증명할 수 있는 증거가 없어지기 쉬운데, 이때에는 구체적 증거보다는 현재의 사실상태에 따르는 것이 오히려 진실한 법률관계에 부합할 개연성이 크다는 것이다. ③은, 오랫동안 자기의 권리를 행사하지 않는 자는 '권리 위에 잠자는 자'이므로 보호할 필요가 없다는 것이다.

시효제도는 오랜 시간 진화를 거쳐 현재에 이른 것으로 그 존재이유를 일원적으로 설명하기는 쉽지 않다. 소멸시효의 존재이유를 다원적으로 설명하는 통설의 태도를 수긍할 수 있다. 그러나 통설의 설명 중 ③은 적절하지 않은 것 같다. 권리자가 권리를 행사하지 않고 있다는 사실을 권리박탈 사유로 삼을 수는

---

1) 대법원 1976. 11. 6. 선고 76다148 판결: "시효제도는 일정기간 계속된 사회질서를 유지하고 시간의 경과로 인하여 곤란하게 되는 증거보전으로부터의 구제 내지는 자기 권리를 행사하지 않고 소위 권리 위에 잠자는 자는 법적 보호에서 이를 제외하기 위하여 규정된 제도라 할 것이다."

없는 일이기 때문이다. ③은 존재이유라기보다는 시효로 인하여 권리가 소멸하는 사실에 대한 설명에 불과한 것이다. ②는 타당한 설명이다. 그런데 '증명곤란으로부터의 구제'는 결국 '진정한 권리자의 보호'와 같은 취지이며, 사실 시효제도의 제1차적 존재이유는 '진정한 권리자의 보호'라는 점에 유의할 필요가 있다. 요컨대, 소멸시효제도의 존재이유는 다음 두 가지로 정리하고자 한다: ① 진정한 권리관계의 보호; ② 거래안전의 유지.

보충학습 1.42 | 소멸시효가 작용하는 두 상황

P는 Q에게 금전을 대여해 주고 차용증서를 받아 두었다. 다음 두 상황을 상정해 보자
- **상황①** Q가 며칠 후에 대여금을 반환하였고 영수증도 받았다. 10년 이상 흐른 후 P가 차용증서를 제시하면서 대여금의 반환을 요구한다. Q는 영수증을 찾을 수 없다.
- **상황②** P는 Q가 대여금을 반환할 것을 잠자코 기다려 왔으나 대여금을 반환하지 않았다. 그렇게 10년 이상 흐른 후 P가 차용증서를 제시하면서 대여금의 반환을 요구한다.

상황①이든 상황②이든 간에 P는 Q에게 더 이상 대여금의 반환을 주장할 수 없다. Q에 대한 P의 권리의 소멸시효기간은 10년이기 때문이다(제162조제1항). 기간의 경과로 P의 권리가 소멸된 것으로 보게 되면 "P는 Q에 대하여 어떠한 권리도 없다"라는 사실에 기초하여 형성된 거래관계는 어떠한 손상도 입지 않는다. 즉 상황①과 상황②의 양자에 있어서 거래의 안전이 유지된다. 그런데 시효기간의 경과에 따라 P의 권리가 소멸된다면, 상황①은 진정한 권리관계에 합치하는 것이지만 상황②은 그렇지 않다. 상황②에서는 시효제도에 따라 의무자가 부당하게 의무를 면하는 결과가 된다. 이는 시효제도가 하나의 법제도이며 법제도의 획일성에 따른 결과 이해할 수밖에 없다.

상황①과 상황② 모두가 시효제도의 적용대상이라는 사실은, 시효제도의 존재이유를 '거래안전의 유지' 또는 '진정한 권리관계의 보호' 중 어느 하나만을 택하여 일원적으로 설명할 수 없는 요인이라 할 수 있다.

Ⅱ. 유사제도와의 구별

〈1〉 제척기간   제척기간이란 권리관계의 유동성을 제거하기 위하여 일정한 권리에 대하여 법률이 정하고 있는 권리의 행사기간이다(예: 제146조). 기간

의 경과로 권리가 소멸한다는 점에서 제척기간은 소멸시효와 공통점을 가진다. 그러나 양자 사이에 차이가 있다: ① 소멸시효는 '진정한 권리관계의 보호'라는 측면이 있으나, 제척기간은 이러한 면이 없고 법률관계의 조속한 안정을 목적으로 한다; ② 소멸시효가 완성되면 기산점으로 소급하여 권리가 소멸되지만(제167조), 제척기간에는 소급효가 없다; ③ 제척기간에는 시효기간에서와 달리 중단·정지제도가 없다;[2] ④ 소멸시효에 있어서는 시효완성 후의 시효이익 포기제도가 있으나, 제척기간에는 시효이익의 포기에 대응하는 개념이 있을 수 없다(문제의 권리는 제척기간의 만료로 인하여 당연히 소멸하기 때문). 이처럼 두 제도는 별개의 제도 이므로 제척기간이 있더라도 소멸시효의 적용이 배제되지 않는다.[3]

　　제척기간과 시효기간의 판별기준은 원칙적으로 법규의 문언에 의한다(통설). 즉 문언이 '소멸시효로 인하여', '소멸시효가 완성한다' 등이면 시효기간이고, 그 외는 제척기간으로 해석한다(민법 제정시에 입법자는 두 제도의 문언에 특히 유의하였음). 한편 권리의 성질상 제척기간인 경우도 있다. 형성권에 붙은 권리행사기간이 대표적 예이다.

1.207　　〈2〉권리실효　　권리실효는 신의칙(제2조)의 파생원칙인 실효의 원칙[4]이 적용된 결과이다. 권리실효는 구체적 사정에 따라 판단하는 것으로서 기간을 일률적으로 특정할 수 없다.

제 2 절 시효소멸의 요건

Ⅰ. 소멸시효 대상적격

1.208　　소멸시효의 대상은 재산권이다. 가족권·인격권과 같은 비재산적 권리는 소

---

2) 대법원 2003. 1. 10. 선고 2000다26425 판결은 제척기간에 있어서는 소멸시효와 같이 기간의 중단이 있을 수 없다고 한다.

3) 대법원 2012. 11. 15. 선고 2011다56491 판결 참조.

4) 이에 대해서는 이 책 [1.21] 참조.

멸시효의 대상이 아니다. 소멸시효의 대상으로서 가장 전형적인 재산권은 채권이다(제162조제1항). 관련 문제를 검토해 본다.

ⓘ **소 유 권**　소유권도 재산권이지만 소멸시효의 대상이 되지 않는다(제162조제2항). 소유권의 항구성이다. 소유권 자체뿐만 아니라 소유권을 전제로 한 부수적 권리(예: 소유권에 기한 물권적 청구권) 또한 소멸시효의 대상이 아니다.

� ii **점유권 또는 유치권**　점유권 또는 유치권은 소멸시효가 문제될 여지가 없다. 이들 권리는 점유라는 사실상태가 있어야 인정되며, 점유를 상실하면 소멸하기 때문이다.

ⓘii **담보물권**　담보물권(질권·저당권)은 그 자체가 독립적으로 시효로 소멸하지 않는다. 담보물권도 물권이기 때문에 20년의 시효(제162조제2항)로 소멸하는 것 아닌가? 그렇지 않다. 담보물권은 피담보채권과의 관계에서 부종성5)을 가지는데, 채권은 10년의 시효로 소멸하기 때문이다(제162조제1항).

ⓘv **용익물권**　지상권과 지역권은 소멸시효의 대상이 될 수 있다. 그러나 전세권은 20년의 시효로 소멸할 가능성이 없다. 전세권의 존속기간은 10년을 넘지 못하기 때문이다(제312조제1항).

ⓥ **항 변 권**　항변권(예: 동시이행의 항변권, 보증인의 최고·검색의 항변권)은 그 기초가 되는 권리에 수반되어 존재한다. 그러므로 항변권만이 독립하여 소멸시효에 걸리지는 않는다.

Ⅱ. 권리의 불행사

`1.209`　권리가 시효로 소멸하기 위해서는 그 권리를 행사할 수 있었음에도 불구하고 행사하지 않았어야 한다. 이에 따라 민법은 "소멸시효는 권리를 행사할 수 있는 때로부터 진행한다"라고 규정한다(제166조제1항). 즉 권리를 행사하는 데에 일정한 장애가 있다면 소멸시효는 개시되지 않는다. 여기에서 말하는 장애는 법률상의 장애만을 의미한다. 그러므로 사실상의 장애 및 주관적 사유(예: 권리자의 법

---

5) 담보물권이 피담보채권의 존재를 전제로 하여서만 존재하는 성질을 말한다. 예컨대, 대여금채권을 피담보채권으로 하여 저당권이 설정된 경우에 대여금채권이 존재하지 않거나 소멸한 때에는 담보물권도 소멸한다. 이에 대해서는 이 책 [3.191] 참조.

률지식의 부족, 권리자가 어떤 사실을 알지 못한 사정)는 소멸시효의 개시에 영향을 주지 않는 것이 원칙이다.[6]

보충학습 1.43 | 제766조제1항의 예외성

불법행위로 인한 손해배상청구권의 소멸시효 기산점은 다음 두 가지이다: ① 피해자나 그 법정대리인이 손해 및 가해자를 안 때(제766조제1항); ② 불법행위가 있은 때(제766조제2항). ①의 경우에 시효기간은 3년이고 ②의 경우에는 10년이다. 제766조제1항이 시효기간의 기산점을 일정한 사실을 안 때로 설정한 것은 시효기간의 기산점에 관한 원칙에 대한 중대한 예외이다.

Ⅲ. 시효기간의 경과

1.210 소멸시효기간은 권리에 따라 20, 10, 3 또는 1년이다.

1.211 〈1〉원   칙   원칙적인 소멸시효기간은 10년과 20년이다. 채권은 10년 (제162조제1항), 소유권과 채권을 제외한 나머지 권리는 20년의 기간으로 시효가 완성된다(제162조제2항). 상사채권의 일반소멸시효기간은 5년이나(「상법」제64조 본문), 다른 법령에 이보다 단기의 시효가 있는 때에는 그에 따른다(「상법」제64조 단서).

1.212 〈2〉단기소멸시효   시효기간이 3년(제163조) 또는 1년(제164조)인 것을 단기소멸시효라 한다. 단기소멸시효를 규정한 이유는 무엇인가?

이에 대하여 종래 학설은 다음과 같이 설명한다: ① 제163조와 제164조의 채권은 일상 빈번하게 생기는 데다 금액도 많지 않은 것이 일반적이고, 또 수령증서도 교부되지 않는 일이 많고, 또한 교부되어도 그다지 오랫동안 보존되지 않는 것이 보통이므로, 단기의 소멸시효에 의하여 법률관계를 신속히 확정하여 분쟁을 억제하려는 이유에서이다; ② 제163조와 제164조의 채권은 짧은 기간의 만족을 줄 뿐, 그 결과가 오래 지속되지 않는 것이어서 다른 채권에 비해 더욱

---

6) 대법원 1965. 6. 22. 선고 65다775 판결; 대법원 2023. 12. 21. 선고 2023다260088 판결 등 참조.

신속히 결제되는 것이 바람직하다는 이유에서이다.

위 설명은 설득력이 없다. 단기소멸시효를 둔 이유는, 해당 채권은 단기간에 결제되는 것이 보통이라는 거래현실을 반영한 것으로 변제의 추정에 근거한다고 보아야 한다. 예컨대, 변호사의 고객에 대한 채권은 3년의 단기시효에 걸리는데(제163조제5호), 변호사가 3년 동안 고객에 대하여 아무런 조치를 취하지 않았다면 이는 고객이 이미 변제하였기 때문일 것으로 보는 것이다. 음식점 주인이 손님에 대하여 가지는 채권은 1년의 단기시효에 걸리는데(제164조제1호), 음식점 주인이 1년 동안 고객에 대하여 아무런 조치를 취하지 않았다면 이는 손님이 이미 변제했기 때문일 것으로 보는 것이다.

제3절 │ 시효소멸의 장애: 중단과 정지

Ⅰ. 소멸시효의 중단

1. 의   미

1.213   소멸시효의 중단이란 일정한 사유(즉 '중단사유')가 있게 되면 이미 경과한 시효기간을 산입하지 않고, 그 사유가 종료된 때로부터 다시 진행하는 것이다(제178조제1항). 권리자가 진실한 권리관계를 주장한다든가 의무자가 의무를 승인하는 등의 사정이 있다면 시효제도를 그대로 관철할 수 있는 기초가 상실되는 것으로 보아야 한다. 제168조는 중단사유를 다음과 같이 정하고 있다: ① 청구; ② 압류·가압류·가처분; ③ 승인. ①과 ②는 권리자가 권리를 주장하는 행위이며, ③은 의무자가 스스로 의무를 승인하는 행위이다.

2. 민법의 규율구조

1.214   소멸시효의 중단에 관하여 민법은 11개의 조문을 두고 있다(제168~178조). 민법규정의 구조를 정리하면 아래와 같다.

ⓘ 제168·169·178조　　　시효의 중단사유·시효중단의 효력·중단 후의 시효진행에 관한 것으로 시효중단에 관한 일반사항을 정한다.

ⓘⓘ 제170~177조　　　이들 8개 규정은 각 중단사유에 따른 구체적 사항을 규율하고 있다. 제168조제1호의 '청구'에 해당하는 것으로 다음 6가지를 규정하고 있다: ① 재판상 청구(제170조); ② 파산절차참가(제171조); ③ 지급명령의 신청(제172조); ④ 화해를 위한 소환(제173조제1문); ⑤ 임의출석(173조제2문); ⑥ 최고(제174조). 제168조제2호의 '압류·가압류·가처분'에 대해서는 제175조 및 제176조가 규정한다. 제168조제3호의 '승인'에 대해서는 제177조가 규정한다.

보충학습 1.44 | 집행권원, 강제집행, 집행보전절차(가압류, 가처분)

(1) 집행권원　집행권원이란 강제집행을 할 수 있는 권리를 인정해 주는 공적인 문서이다. 집행권원의 대표적인 것으로 "피고는 원고에게 천만원의 금원을 지급하라"라는 식의 이행명령이 기재된 확정된 승소판결을 들 수 있다. 그 외에 가집행선고가 붙은 미확정판결, 인낙조서, 화해조서, 조정조서, 지급명령, 공정증서 등이 있다. 한편, 집행권원에 따른 집행력의 현존 또는 집행력의 내용을 공증하기 위하여 법원사무관 등이 집행권원의 정본 말미에 부기하는 공증문서를 집행문이라 한다. 확정판결 등의 집행권원에 "위 정본은 피고 ○○○에 대한 강제집행을 실시하기 위하여 원고 ○○○에게 부여한다"라는 취지를 기재하고 법원사무관 등이 기명날인하는 것이 집행문 부여이다. 집행문은 집행권원을 가지고 제1심법원이나 공증인사무소에 신청하면 간단히 처리해 준다.

(2) 강제집행　강제집행이란 재판 및 이에 준하는 절차를 통하여 일정한 사람에게 권리가 있음이 확정되었음에도 불구하고 의무자가 자신의 의무를 임의로 이행하지 않는 경우에 국가가 강제적으로 권리내용을 실현시켜 주는 절차이다.

(3) 집행보전절차(가압류, 가처분)　집행권원을 취득하기까지 상당한 시일이 걸리는 것이 보통인데, 만일 권리자가 강제집행에 착수하기 전에 의무자가 강제집행의 대상이 될 재산을 숨기거나 처분하여 버리면 권리자의 강제적 권리실현은 불가능하다. 권리자로서는 이러한 위험에서 벗어나 권리 또는 법률관계에 관한 확정판결의 강제집행을 보전하기 위한 조치가 필요하다. 보통 집행보전절차라 하면 가압류와 가처분을 의미한다. 가압류는 금전채권이나 금전으로 환산할 수 있는 채권에 대하여 동산 또는 부동산에 대한 강제집행을 보전하기 위하여 그 재산을 임시로 압류하는 처분이다(「민사집행법」 제276조). 가처분은 금전채권 외에 특정물의 급부·인도를 보전하기 위하여 처분하지 못하도록 하거나 혹은 다툼이 있는 권리관계에 대하여 임시의 지위를 정하기 위한 처분이다(「민사집행법」 제300조).

3. 시효중단의 효과

1.215　시효중단사유가 있게 되면 그때까지 경과한 기간은 산입하지 않고 중단사유가 종료하는 때부터 새로이 시효기간이 진행된다(제178조제1항). 시효기간이 다시 진행되는 시점은 중단사유에 따라 다르다. 중단사유가 재판상의 청구인 때에는 재판이 확정된 때에 다시 시효기간이 진행된다(제178조제2항). 파산절차참가의 경우에는 파산절차가 종료된 때로부터, 지급명령신청의 경우에는 지급명령이 확정된 때로부터, 압류·가압류·가처분의 경우에는 그 절차가 종료한 때로부터, 중단사유가 승인인 때에는 권리자가 승인을 인지한 때(즉 승인의 의사가 권리자에게 도달한 때)로부터 다시 시효가 진행된다.

시효중단의 효력은 당사자 및 그 승계인 사이에만 미친다(제169조).[7] 시효중단은 상대적 효력을 가진다. 여기에서의 '당사자'란 시효중단에 관여한 사람을 의미한다.[8] 중단행위에 관여한 사람이지, 시효의 대상인 권리관계의 당사자가 아니라는 점에 유의해야 한다.

보충학습 1.45 | 소멸시효의 중단과 최고

A는 2022년 5월 1일 B에게 1억원의 금전을 대여하면서 대여금 반환일자를 2024년 5월 1일 15시로 약정하였다. 반환일자에 B가 대여금을 반환하지 않자 A는 B에게 채무이행을 독촉하는 편지를 보냈는데, 이는 2024년 6월 15일 15시 B에게 도달하였다. 독촉에도 불구하고 B가 채무이행을 하지 않은 채 7개월이 흘렀는데, 그동안 A는 특별한 조치 없이 기다렸을 뿐이다. 이 경우에 A의 채권에 대한 소멸시효가 완성되는 시점은 언제인가?

A의 B에 대한 권리는 10년의 기간으로 시효기간이 완성된다(제162조제1항). 일반적인 경우라면 A의 권리는 2024년 5월 2일 0시로부터 기산하여 10년 후인 2034년 5월 1일 24시 소멸시효가 완성된다. 그런데 이 사안에서는 A가 B에게 발송한 편지를 고려해야 한다. 왜냐하면 이는 시효중단사유인 최고에 해당하기 때문이다(제174조). 이 최고가 유효한 중단사유라면 채무자에게 최고가 도달한 시점으로부터 다시 시효기간을 계산해야 한다. 최고도 중단사유이기는 하나 그 효력은 미약하여, 최고를 한 때로부터 6개월 안에 재판상의 청구와 같은 조치를 취한 때에 한하여 최고의 시점에 시효중단이 있게 된

---

7) 이 원칙과 달리 정책적 이유로 시효중단에 절대적 효력이 인정되는 경우가 있다(예: 제416·440조 등).

8) 대법원 1979. 6. 26. 선고 79다639 판결 등 참조.

다(제174조). 사안에서 2024년 6월 16일 0시로부터 6개월 후인 12월 15일 24시까지 A
는 아무런 조치도 취하지 않았다. 사안에서의 최고는 시효중단의 효력이 없고, 따라서 A
의 채권은 2024년 5월 2일 0시로부터 기산하여 10년 후인 2034년 5월 1일 24시 소멸시
효가 완성된다.

Ⅱ. 소멸시효의 정지

1. 의   미

1.216   소멸시효의 정지란 시효중단 행위를 하기 곤란한 사유가 있는 경우에 일정
기간 시효진행을 멈추었다가 다시 진행하는 것이다. 제179조부터 제182조는 시
효 완성 무렵 정지사유가 존재하는 경우에 시효완성을 유예하는 방식이다. 시효
중단에서는 이미 경과한 기간을 무(無)로 돌리고 새로 시효가 진행되지만, 시효
정지에서는 정지사유가 존재하는 동안 시효진행을 멈추었다가 다시 진행된다.

2. 정지사유

1.217   소멸시효는 최소한 권리자가 권리를 행사할 수 있음을 전제로 한다. 소멸시
효의 기산점을 권리자가 "권리를 행사할 수 있는 때"(제166조제1항)로 정하고 있는
이유이다. 민법이 정하는 정지사유를 본다.

ⓘ 소멸시효의 기간만료 전 6개월 내에 제한능력자에게 법정대리인이 없는
때에는 그가 능력자가 되거나 법정대리인이 취임한 때로부터 6개월 내에는 시효
가 완성하지 않는다(제179조). 제한능력자는 시효관리를 제대로 할 수 없음을 고
려한 규정이다.

ⓘⓘ 재산을 관리하는 부모 또는 후견인에 대한 제한능력자의 권리(예: 제한능
력자가 후견인에 대하여 채권을 보유한 경우)는 그가 능력자가 되거나 후임의 법정대리
인이 취임한 때로부터 6개월 내에는 소멸시효가 완성하지 않는다(제180조제1항).
부모·후견인과 제한능력자 간 이해충돌로 인해 시효관리를 제대로 할 수 없음
을 고려한 규정이다.

ⅲ 부부의 일방의 타방에 대한 권리는 혼인관계가 종료한 때로부터 6개월 내에는 소멸시효가 완성하지 않는다(제180조제2항). 부부 일방이 타방에게 권리가 있더라도 부부관계의 특성상 재판상 청구 등과 같은 시효중단 행위를 하기가 어렵다는 점을 고려한 것이다.

ⅳ 상속재산에 속한 권리(예: 피상속인이 권리자인 경우로서 A가 B의 채권자인데 A가 사망한 경우)나 상속재산에 대한 권리(예: 피상속인이 의무자인 경우로서 A가 B에게 채무가 있는데 A가 사망한 경우)는 상속인의 확정, 관리인의 선임 또는 파산선고가 있은 때로부터 6개월 내에는 소멸시효가 완성하지 않는다(제181조). 상속재산을 제대로 정리할 시간이 필요하다는 점을 고려한 것이다.

ⅴ 천재 기타 사변으로 인하여 소멸시효를 중단할 수 없을 때에는 그 사유가 종료한 때로부터 1개월 내에는 시효가 완성하지 않는다(제182조).

정지사유 발생 이후 그 해소시점까지 기간의 장단은 문제되지 않는다. 가령 시효기간 만료 3개월 전에 제한능력자에게 법정대리인이 없게 되었는데 그로부터 1년 후에야 법정대리인이 취임했다면 그때로부터 6개월 후에 시효가 완성된다(제179조). 아내가 남편에게 돈을 빌려주고 시효기간(10년)을 훨씬 넘어 30년간 부부관계를 유지하다가 이혼했다면 그때로부터 6개월 후에야 시효가 완성된다(제180조).

보충학습 1.46 | 시효정지에 관한 사례

(1) **제179조**   A(제한능력자)가 B에 대하여 채권(시효기간: 10년)을 보유하고 있다. 시효기산일로부터 3년이 된 때에 A의 법정대리인이 사망했고 그로부터 3개월이 지나서야 법정대리인이 새로 취임했다. 이 사안에서는 시효정지가 작용하지 않고 10년으로 시효기간이 만료한다. 정지사유가 소멸시효의 기간만료 전 6개월의 기간에 걸쳐있지 않다면 제179조가 적용되지 않기 때문이다.

(2) **제180조 제1항**   A(제한능력자)가 후견인(B)에 대하여 채권(시효기간: 10년)을 보유하고 있는데, 시효기산일로부터 3년이 되는 날에 A가 능력자가 되었다. 이 경우에는 그로부터 6개월이 경과하더라도 시효완성일에 미치지 못하고, 따라서 제180조제1항이 작용할 여지가 없다.

제4절 시효완성의 효과

1.218   〈1〉권리의 소멸   소멸시효가 완성되면 권리자는 더 이상 그 권리를 주장할 수 없다. 주된 권리의 소멸시효가 완성된 때에는 종된 권리에 효력이 미친다(제183조).

1.219   〈2〉소멸시효의 소급효   소멸시효가 완성되면 기산일에 소급하여 권리가 소멸한다(제167조). 이는 이미 진행된 사실상태 그 자체를 소급적으로 보호하자는 취지이다. 소멸시효의 소급적 효력에 따라 채무자는 시효기산일 이후의 이자지급, 지연배상 등의 의무도 부담하지 않는다.

1.220   〈3〉시효이익의 포기   소멸시효가 완성되기 전에 미리 시효이익을 포기하는 것(즉 사전포기)은 허용되지 않는다(제184조제1항). 시효이익의 사전포기를 허용하는 것은 시효제도 자체를 무의미하게 하는 것인데, 시효제도는 개인의 의사에 따라 적용되거나 적용되지 않을 제도가 아니기 때문이다. 그러나 소멸시효 완성 후 시효이익을 포기하는 것(즉 사후포기)은 허용된다(제184조제1항의 반대해석). 시효이익의 향수 여부는 개인의 개별적 이익에 관한 것이기 때문이다.

1.221   〈4〉시효에 관한 합의   소멸시효의 배제·연장·가중과 같이 시효완성을 어렵게 하는 당사자간의 특약은 무효이다(제184조제2항 전단). 그러나 소멸시효의 단축·경감을 내용으로 하는 합의는 유효하다(제184조제2항 후단). 이는 "의무를 부담하는 사람에게 유리하게"(*in favorem debitoris*)[9]의 법언에 따른 것으로 이해할 수 있다.

---

9) 이에 대해서는 이 책 [1.136]도 참조.

민 / 법 / 학 / 원 / 론   제2편

채 권

제1장

총 설

「민법」 제3편(채권)은 크게 총칙(제1장)과 각칙(계약, 사무관리, 부당이득, 불법행위: 제2~5장)으로 구성되어 있다. 그리고 각칙의 4개 장은 다시 계약(제2장)과 비계약 (제3~5장)으로 구분된다.

「민법」 제3편의 체계는 채권관계를 그 발생원인을 기준으로 계약과 비계약 으로 구분한 것으로, 이는 로마법 이래로 가장 보편적인 분류이다. 계약에 기한 채권관계를 약정채권관계(법률행위에 의한 채권관계), 기타의 채권관계를 법정채권관 계(법률행위에 의하지 않은 채권관계)라고 한다. 법률행위 중에서 가장 큰 비중을 차지 하는 것이 계약이고 보면, 「민법」 제3편의 체계는 법률행위와 비법률행위의 구 분[1]을 잘 보여주고 있다.

---

1) 이에 대해서는 이 책 [1.40] 참조.

제2장

채권총칙

제 1 절 | 채권의 효력

2.2　　　채권의 본질적 효력으로 본원적 효력과 강제력을 든다. 본원적 효력이란 채권자가 채무자에게 급부의 이행을 청구하고(청구력), 이에 응하여 채무자가 이행한 급부의 결과를 보유하는 효력(급부보유력)이다. 채무자가 임의이행을 하지 않으면 어떻게 되는가? 이 경우에 채권의 실현을 보장하기 위하여 강제력이 인정된다. 채무불이행에 대한 제재(예: 강제이행 또는 손해배상 등)는 채권의 강제력의 표현이다. 채권의 강제력은 '소구가능성'(법원에 소를 제기할 수 있음)과 '집행가능성'(채무자의 재산에서 강제집행을 할 수 있음)의 두 요소를 포함한다.

　　　채권은 본원적 효력과 강제력을 모두 가지는 것이 원칙이다. 그런데 강제력이 불완전한 채권이 있는데, 이를 '불완전채무'라고 한다. 강제력 중 소구가능성이 없는 것을 자연채무(예: 채무자가 이행한 급부를 수령하면 정당한 것으로 부당이득이 아니지만, 채무자가 이행을 하지 않아도 법원에 소를 제기할 수는 없는 채무), 소구가능성은 있으나 강제집행이 배제되는 채권을 책임없는 채무(예: 채권자·채무자 간에 강제집행을 하지 않는다는 특약을 한 경우)라고 한다.

Ⅰ. 채무불이행의 의미

1. 기본관념

2.3　　　'채무불이행'의 문자적인 뜻은 채무를 이행하지 않는 것이지만 그 의미에 관한 논의는 꽤 복잡하다. 채무불이행의 개념에 대하여 제390조는 "채무자가 채무의 내용에 좇은 이행을 하지 아니한 때"에 채권자가 손해배상을 청구할 수 있다고 규정한다. 제390조의 문언에 의한다면 채무불이행은 "채무의 내용 − 현재상태 > 0"로 표시할 수 있다. 그런데 전통적 학설은 채무불이행의 개념을 유형으로 구분하여 파악한다.

2. 채무불이행의 유형

(1) 이행지체와 이행불능

1) 대표 유형으로서의 이행지체·이행불능

2.4 채무불이행의 대표 유형은 이행지체·이행불능이다. 우리 민법이 여러 곳에서 이행지체·이행불능을 언급하는 이유이다.

2) 이행지체의 요건

2.5 이행지체란 채무의 이행기가 도래했고 이행이 가능함에도 불구하고 아직 이행되고 있지 않은 상태이다. 이행지체의 요건을 본다.

ⓘ **이행이 가능할 것**   이행기에 이행이 가능해야 한다.

ⓘⓘ **이행기에 이행행위가 없을 것**   이행기에 이행행위가 없어야 한다. 이행지체를 판단하는 기준에 대해서는 제387조가 정하고 있다. 제387조는 '기한'이라는 용어를 사용하고 있으나 이는 부관1)이 아닌 이행기를 의미한다.

ⓐ 확정기한부채무: 이행기가 확정된 경우에는 약정한 날의 다음 날부터 지체가 된다(제387조제1항제1문). 이행기가 8월 10일이라면 그날까지 이행하지 않으면 이행지체가 된다.

ⓑ 불확정기한부채무: 이행기가 불확정적인 때에는(예: 8월 1일 이후 서울 고려대학교에 처음으로 비가 내릴 때를 이행기로 약정한 경우) 채무자가 그 기한이 도래하였음을 안 다음 날부터 지체가 된다(제387조제1항제2문).2)

ⓒ 기한이 없는 채무: 채무자는 채권자에 의한 이행의 청구를 받은 다음 날부터 지체가 된다(제387조제2항).

지체의 판단기준은 위와 같으나, 만약 채무자가 담보를 손상시키는 등 기한의 이익의 상실사유(제388조)가 발생하면 지체 시점이 앞당겨진다.

ⓘⓘⓘ **위법성·귀책사유의 문제**   종래 학설은 이행지체의 요건으로 위법성과 귀책사유를 포함시킨다. 그러나 정확하게 말하자면 위법성과 귀책사유는 이행지체 자체의 요건은 아니며, 이행지체에 대한 제재수단 중 위법성과 귀책사유를 요건으로 하는 것(예: 손해배상책임)의 요건이라는 점에 유의할 필요가 있다.

---

1) 이에 대해서는 이 책 [1.124], [1.131] 참조.

2) 대법원 2005. 10. 7. 선고 2005다38546 판결 참조.

3) 이행불능의 요건

2.6 　이행불능이란 채무의 내용에 합치하는 결과를 실현하는 것이 불가능한 상태이다. 여기에서의 불능은 채권 성립시에서는 가능했던 급부가 후발적으로 불능으로 된 경우이다.3) 불능은 거래관념에 따라 판단되는 상대적 개념이다. 이행불능의 판단은 거래통념에 의한다. 물리적 불능에 한하지 않고 일반 거래실정에서 이행하는 것이 극히 곤란한 사정이 있다든가,4) 일부가 불능이어서 나머지 부분만으로는 계약의 목적을 달성할 수 없는 경우도 불능이다.5) 이행불능의 판단 시점은 원칙적으로 이행기를 기준으로 하나, 이행기 이전에도 불능이 확정적이면 이행불능의 문제가 발생할 수 있다.

　위법성과 귀책사유 문제는 이행지체에서 설명한 것과 같다.6) 즉 위법성과 귀책사유는 이행불능 자체의 요건은 아니다.

(2) 불완전이행

2.7 　〈1〉의　　미　매도인이 매수인에게 말 사료로 옥수수를 인도했는데, 그 속에 다른 열매가 포함되어 있었고 그 사료를 먹은 말이 죽었다고 가정해 보자. 이 사안은 이행지체·이행불능으로 포섭하기에 적절하지 않다. 채무자가 의무를 미이행한 것이 아니라 채무자의 적극적인 이행행위가 있었으나 그것이 불완전했기 때문이다. 이행지체·이행불능 외에 불완전이행을 고려하는 배경이다.

2.8 　〈2〉유　　래　독일민법전(1900년 시행)은 '채무불이행'이라는 포괄적 개념을 사용하지 않고 이행불능과 이행지체의 두 유형을 규정하였다. 그런데 이것들로는 모든 상황을 포섭할 수 없어 학설은 제3의 유형으로 '불완전이행'의 개념을 고안하기에 이르렀다. 불완전이행론은 그 포섭범위가 계속 확대되어 갔는데, 이는 이행불능·이행지체가 포섭할 수 없는 다양한 사안들을 불완전이행에 의지할 수밖에 없었기 때문이다. 그런데 개정 독일민법전(2002년 시행)은 채무불이행의 관념에 대하여 포괄적 일반주의의 형식에 따라 '의무위반'(Pflichtverletzung: 제280조제1항)의 개념으로 대체하는 입법적 결단을 했다.

---

3) 채권 성립시부터 불능(원시적 불능)에 대해서는 이 책 [2.150] 이하 참조.
4) 대법원 1994. 5. 10. 선고 93다37977 판결; 대법원 1995. 5. 28. 선고 94다42020 판결 등 참조.
5) 대법원 1995. 7. 28. 선고 95다5929 판결 등 참조.
6) 이에 대해서는 이 책 [2.5] 참조.

2.9 〈3〉 평 가   우리 민법학은 오랜 기간 독일의 불완전이행론을 수용하여 채무불이행의 개념을 한정적 3유형론(이행불능, 이행지체, 불완전이행)으로 설정했다. 불완전이행론은 독일민법전의 입법상의 흠결에 기인한 것이었다. 그런데 제390조는 일반조항주의를 취하고 있어 독일과는 상황이 다르다. 독일에서 입법흠결을 보완하기 위해 등장한 불완전이행론을 수입하면서 그 근거로 제390조를 드는 것은 넌센스가 아닐까? 게다가 이제 독일에서조차 불완전이행론은 막을 내렸다. 채무불이행론에서 중요한 것은 채무불이행의 유형이 아니라 채무내용에 합치하지 않는 채무자측의 일정한 작위 또는 부작위가 있었고, 그로 인하여 채권자에게 손해가 발생했다는 점에 있다. 앞으로의 논의는 채무불이행의 유형이 아니라 실제적 중요성을 가지는 사항으로 그 중심이 옮겨져야 할 것이다.

Ⅱ. 채무불이행에 대한 제재

2.10   채무불이행에 대한 제재는 다음 두 유형으로 분류할 수 있다: ① 채권관계의 존재를 전제로 한 제재(예: 강제이행, 손해배상, 대상청구권); ② 채권관계의 파기를 내용으로 하는 제재(예: 해제).

채무불이행에 대한 제재의 핵심이 채권자의 권리 보호에 있음은 물론이다. 그런데 채무자의 인격적 자유를 심각하게 침해하면서까지 채권자를 보호할 것은 아니다. 채무불이행에 대한 제재의 목적은 채권자의 권리 보호이며, 그 한계는 채무자의 인격적 자유의 존중이다.

보충학습 2.1 | "누구도 타인에게 특정 행위를 강제할 수 없다"

"누구도 타인에게 특정 행위를 강제할 수 없다"(*Nemo praecise cogi potest ad factum*)는 법언이 있다. 이는 "말을 물가에 끌고 갈 수는 있지만, 물을 마시게 할 수는 없다"(Yon can lead a horse to water, but you can't make him drink)라는 영국의 속담과 통하는 것이다. 비교법적으로 보면, 코먼로는 위 법언에 충실한 법제로 볼 수 있다. 코먼로에서 채무불이행에 대한 제재는 원칙적으로 금전배상(pecuniary damages)이며 채무자에게 특정 행위를 강제하는 것(specific performance)은 극히 예외적인 경우에 한한다.

우리 민법에서도 위 법리에 근거한 해석론 또는 조문을 발견할 수 있다. 강제이행에 있어서 직접강제가 불가한 경우에 한하여 대체집행, 대체집행이 불가한 경우에 한하여 간접강제를 할 수 있다는 해석론, 간접강제도 불가한 때에는 이제 더 이상 강제이행은 불가하고 손해배상에 의할 수밖에 없다는 해석론, 손해배상의 방법에서 금전배상주의의 원칙을 정하는 제394조와 같은 것이 그 예이다.

1. 강제이행

(1) 개   념

2.11 강제이행('현실적 이행의 강제'라고도 함)이란 채무자에 의한 임의이행이 없는 경우에 국가(법원)의 권력을 빌어 채권의 내용을 강제적으로 실현하는 것이다. 강제이행을 청구하기 위해서는 채권자에게 그 자격이 있다는 사실이 확정되어야 하는데, 강제집행의 권리를 인정하는 공적인 문서를 집행권원이라고 한다.[7]

강제이행은 이행이 가능한 상황을 전제하는 것이어서 이행불능의 경우에는 손해배상 또는 해제 등과 같은 제도에 의할 수밖에 없다. 강제이행은 이행기에 채무자가 임의로 이행하지 않음을 증명하는 것으로 족하며, 채무자의 귀책사유는 요건이 아니다. 강제이행은 채무자에게 법적 의무를 그대로 이행하라는 것이지 채무불이행에 대하여 무슨 책임을 지라는 것이 아니기 때문이다.

강제이행의 방법으로 직접강제·대체집행·간접강제가 있다.

(2) 종   류

2.12 〈1〉 **직접강제**   채무자의 의사와 무관하게 국가기관이 채무의 내용을 그대로 실현하는 것이다. A에게 동산인도 채무를 지고 있는 B가 임의이행을 하지 않는 경우에, A가 집행권원을 받아 강제로 해당 동산에 대한 점유를 이전받는 것이 그 예이다. 제389조제1항의 '강제이행'은 직접강제를 의미한다.

2.13 〈2〉 **대체집행**   원래는 채무자가 해야 할 급부를 채권자 자신 또는 제3자가 실행하고 그에 소요된 비용을 채무자에게 부담시키는 방식이다(제389조제2항). 대체집행은 급부가 누구에 의하여 행해지든 상관없는 경우, 즉 급부가 대체

---

7) 집행권원의 개념에 대해서는 이 책 [1.214] 〈보충학습 1.44〉 참조.

성을 띠는 경우에만 가능하다. 예컨대, 시설물 건축을 내용으로 하는 채무를 부담하는 사람이 임의이행을 하지 않는 경우에 대체집행이 이루어질 수 있다.

2.14 **〈3〉 간접강제**　　임의이행을 하지 않는 채무자에 대하여 금전(채무를 이행할 때까지 하루에 ○○원의 벌금을 부과) 또는 신체자유(채무를 이행할 때까지 구금)를 압박하여 급부내용을 실현하도록 간접적으로 강제하는 방식이다(「민사집행법」 제261조). 간접강제는 강제이행 중 가장 최후의 수단이다. 간접강제는 채무자의 의사에 반하여 그에게 특정 행위를 강제하는 것으로 채무자의 인격적 자유에 대한 제한이 가장 우려되는 방식이기 때문이다.

(3) 강제이행의 순서

2.15 강제이행의 순서에 관한 명문규정은 없다. 그러나 대체집행은 직접강제가 불가한 경우에, 간접강제는 대체집행이 불가한 경우에 가능하다는 데에 이견이 없다. 이는 "누구도 타인에게 특정 행위를 강제할 수 없다"는 법리에 기초한 것이다.[8] 한편, 채무의 성질상 직접강제와 대체집행이 불가하다고 하여 언제나 간접강제가 허용되는 것은 아니다. 간접강제가 채무자의 인격적 자유를 본질적으로 침해한다면(예: 채무가 예술작품의 창작인 경우) 간접강제도 허용되지 않으며, 이때에는 다른 방식(예: 손해배상)의 구제에 의해야 한다.

(4) 강제이행과 손해배상의 관계

2.16 강제이행을 실현했더라도 그와 별도로 손해배상을 청구할 수 있다(제389조제4항). 강제이행으로 원래의 채권이 실현되더라도 손해가 남을 수 있기 때문이다(예: 이행기가 지나 채권이 실현됨으로 인해 발생한 손해에 대한 배상, 즉 지연배상).

2. 책임법적 제재: 손해배상

(1) 의　　의

2.17 채무자가 채무의 내용에 좇은 이행을 하지 아니한 때에는 채권자는 손해배상을 청구할 수 있다(제390조 본문). 채무불이행에 대한 제재 중 가장 일반적이며 적용범위가 넓은 것이 바로 책임법적 제재(즉 손해배상)이다. 민법은 손해배상에 관하여 많은 조문을 배정하고 있는 이유이다. 채무불이행으로 인한 손해배상에 관한 주

---

8) 이에 대해서는 이 책 [2.10] 〈보충학습 2.1〉 참조.

요 규정(제393·394·396·399조)은 불법행위로 인한 손해배상에 준용된다(제763조).

(2) 요   건

2.18   채무불이행으로 인한 손해배상의 요건은 다음과 같다: ① 손해의 발생; ② 귀책사유; ③ 위법성; ④ 인과관계.

1) 손해의 발생

2.19   〈1〉개   념   손해가 없다면 배상의 문제가 발생할 여지가 없으므로 '손해의 발생'은 민사책임 성립을 위한 제1차적 요건이다. 손해란 가해행위가 없었다면 있었어야 할 상태와 가해행위로 인하여 발생한 현재의 이익 상태 사이의 차이이다(이른바 '차액설').

손해의 발생에 대한 증명책임은 채권자에게 있다. 그러므로 채권자가 손해의 발생 사실에 대하여 주장·증명하지 않으면 변론주의의 원칙상 법원은 손해액을 산정할 수 없다.[9] 다만, 금전채무 불이행의 경우에는 손해의 증명을 요하지 않는다(제397조제2항).[10] 금전채무의 불이행은 당연히 손해(이행기 이후로부터 이자 손해가 발생하는 것으로 간주함)를 발생시키는 것으로 보는 것이다.

2.20   〈2〉손해의 종류   손해에 관한 주요 분류를 살펴본다.

① 재산적 손해/비재산적 손해   채무불이행으로 인한 손해는 재산적 손해가 일반적이다. 비재산적 손해 중에서 정신적 손해에 대한 배상을 위자료라 한다. 제390조의 손해배상에 위자료도 포함되는가? 불법행위책임(제751·752조 등)과 달리 채무불이행에서는 명문규정이 없으나 통설·판례는 채무불이행에서도 위자료를 인정하는 입장이다.[11] 다만, 채무불이행으로 고통은 보통 재산적 손해에 대한 배상으로 회복되는 것이므로 정신적 손해배상이 인정되기 위해서는 재산적 손해의 배상만으로는 회복될 수 없는 정신적 고통을 입었다는 특별한 사정이 있고, 채무자가 그 사정을 알았거나 알 수 있었어야 한다는 입장이다.[12] 즉 정신적 손해는 제393조제2항이 정하는 특별손해이다.[13]

---

9) 대법원 2000. 2. 11. 선고 99다49644 판결 등 참조.
10) 금전채무의 특수성에 대해서는 이 책 [2.75] 〈보충학습 2.15〉 참조.
11) 대법원 1993. 11. 9. 선고 93다19115 판결; 대법원 2022. 7. 14. 선고 2022다222881 판결 등 참조.
12) 대법원 2004. 11. 12. 선고 2002다53865 판결 등 참조.
13) 이에 대해서는 이 책 [2.27] 참조.

보충학습 2.2 | 코먼로에서 계약위반으로 인한 정신상의 손해에 대한 배상

코먼로에서 계약위반으로 인하여 채권자가 정신적 충격(emotional distress)을 받은 경우, 그에 대한 손해배상을 청구할 수 있는가? 불법행위로 인한 손해배상(torts)과 달리 계약위반의 경우에는 정신상의 손해배상을 인정하지 않는 것이 원칙이다. 불법행위에 있어서 피해자가 입은 손해는 예기치 않은 것이어서 정신상의 손해배상을 인정할 여지가 있다. 그러나 계약관계에서는 타방이 계약을 위반할 수도 있다는 사실을 염두에 둔 관계이다. 즉 계약위반으로 인하여 피해자에게 정신상의 고통이 있더라도 그것은 그가 감수해야 할 영역으로 보는 것이다.

ⅱ) 적극적 손해/소극적 손해   적극적 손해(*damnum emergens*)란 기존 이익의 멸실 또는 감소이고, 소극적 손해(*lucrum cessans*)란 장래에 있어서 이익의 획득이 방해됨으로써 입는 손실이다(소극적 손해는 일실손해라고도 함). 일반적으로 손해라 하면 이 두 가지를 모두 포함한다.

2) 귀책사유

2.21   〈1〉 개   념   우리 민법은 대륙법의 전통에 따라 채무불이행으로 인한 손해배상에 있어서 과실책임주의를 취하고 있다(제390조 단서). 귀책사유에 대한 증명책임은 채무자에게 있다.

보충학습 2.3 | 계약위반으로 인한 손해배상에 있어서 귀책사유에 관한 비교법

코먼로에 있어서 계약상의 의무는 절대적인 것으로서 면책사유(예: 불가항력)가 없는 한, 손해배상의 책임이 발생한다. 코먼로의 계약책임은 특별한 면책사유가 있는 경우에만 면책된다는 의미에서 '면책주의', 과실이 없어도 책임을 진다는 의미에서 '엄격책임'(strict liability)이라고 한다. 즉 코먼로에서 귀책사유는 계약위반으로 인한 손해배상청구권의 성립요건이 아니다.

2.22   〈2〉 귀책사유의 가중·경감   귀책요건을 가중·경감할 수 있는가? 사적자치의 원칙상 가능하다.

명문규정으로 귀책요건을 경감하는 경우가 있다. 무상임치에 관한 제695조가 그 예이다.14) 증여·사용대차와 같은 무상계약의 경우에 채무자는 고의 또는 중과실의 경우에만 책임을 지도록 한 법제도 있다. 우리 민법에는 그와 같은 규정이 없으나, 제2조를 매개로 제695조의 취지를 다른 무상계약에 유추적용할 수 있을 것이다.

귀책요건이 가중되는 경우도 있는데, 이행지체 중에 생긴 손해에 대해서 채무자는 무과실책임을 진다(제392조).

보충학습 2.4 | 추상적 과실과 구체적 과실

추상적 과실은 사회평균인을, 구체적 과실은 행위자 개인을 주의의무의 기준으로 하여 과실 유무를 판단한다. '사회평균인'이란 단순히 추상적인 일반인이 아니라 과실 판단의 대상인 사람과 같은 업무·직무에 종사하는 사람을 뜻한다.15) 추상적 과실 기준에 의하게 되면 만약 행위자가 그와 동일한 업무·직무에 종사하는 사람보다 인식능력이 떨어지더라도 과실이 있다고 판단할 것이다. 반대로 동일한 업무·직무에 종사하는 사람보다 인식능력이 높더라도 과실이 없다고 판단할 것이다. 이와 같이 추상적 과실 기준에서는 구체적 개인과 과실 기준 사이에 틈이 있게 된다.

그런데 구체적 과실은 과실 판단의 대상인 사람 그 자신을 기준으로 과실 여부를 판단하므로 그러한 틈이 존재하지 않는다. 동일한 업무·직무에 종사하는 사람보다 인식능력이 떨어지는 사람에게는 추상적 과실 기준보다 구체적 과실이 책임을 경감하는 결과가 된다. 반면, 동일한 업무와 직무에 종사하는 사람보다 인식능력이 높은 사람에게는 추상적 과실보다 구체적 과실이 그의 책임을 가중하는 결과가 된다. 그럼에도 불구하고 구체적 과실 기준에 의하게 되면 그의 인식능력을 넘는 기준을 적용받지는 않는다. 이런 이유에서 구체적 과실은 추상적 과실보다 책임을 경감하는 것으로 설명한다.

2.23 〈3〉 **법정대리인·이행보조자의 귀책사유**   채무자의 법정대리인이 채무자를 위하여 이행하거나 채무자가 타인을 사용하여 이행하는 경우에 법정대리인 또는 피용자의 고의·과실은 채무자의 고의·과실로 본다(제391조). 타인의 서비스로 채무자 본인이 이익을 얻는다면 그로부터 발생하는 불이익도 본인에게 귀속시켜야 한다는 것이 그 근거이다.

---

14) 이에 대해서는 이 책 [2.233] 참조.
15) 대법원 1987. 1. 20. 선고 86다카14691 판결; 대법원 2001. 1. 19. 선고 2000다12532 판결 등 참조.

3) 위 법 성

2.24   위법한 행위로 인하여 발생한 손해를 전보하는 것을 '배상'이라 하며, 이는 적법한 원인으로 인하여 발생한 손해를 전보하는 '보상'(예: 제216조제2항)과 구별된다. 불법행위책임 분야에서는 위법성과 관련하여 매우 복잡한 논의가 있다.16) 그러나 채무불이행책임에서의 위법성 판단은 상대적으로 간단하다. 계약은 당사자 사이에서 곧 법을 대신하는 것이므로(이는 사적자치의 원칙의 표현임), 채무불이행은 특별한 사정(가령 유치권, 동시이행관계 등과 같은 위법성 조각사유)이 없는 한 위법한 행위이다.

4) 인과관계

2.25   가해행위(즉 채무불이행)와 손해 사이에 인과관계가 있어야 한다. 여기에서의 인과관계는 의학적·자연과학적 시각이 아니라 사회적·법적 인과관계이므로 반드시 자연과학적 방법으로 증명되어야 할 것은 아니다.17)

(3) 효과: 손해의 배상

1) 손해배상의 방법

2.26   손해배상의 방법으로 우리 민법은 금전배상주의를 원칙으로 하면서 예외적으로 다른 의사표시가 있으면 금전배상 외의 손해배상도 가능하다고 규정한다(제394조). 금전배상주의는 "누구도 타인에게 특정 행위를 강제할 수 없다"는 법리를 그 근거로 한다.18) 당사자 간의 합의로 금전배상 외의 배상이 가능함은 물론이나, 합의가 없는 경우에도 가능하다고 해석할 여지가 있다. 금전배상주의는 채무자의 인격적 자유의 존중에 근거하는 것이므로 그 취지에 어긋나지 않는 한도 내에서는 금전배상 외의 손해배상이 허용될 수 있기 때문이다.19)

2) 손해배상의 범위

2.27   채무불이행의 결과는 연쇄의 고리를 따라 무한으로 확대될 수 있다. 채무자의 손해배상책임을 합리적인 범위로 조정할 필요가 있다.

---

16) 이에 대해서는 이 책 [2.280] 참조.
17) 대법원 2000. 3. 28. 선고 99다67147 판결 등 참조.
18) 이에 대해서는 이 책 [2.10] 〈보충학습 2.1〉 참조.
19) 특정물채권의 목적물로부터 발생한 천연과실의 귀속(이 책 [2.72] 참조), 제3자의 임차권침해에 대한 방해배제청구(이 책 [2.53] 〈보충학습 2.11〉 참조) 등에서 금전배상이 아닌 손해배상의 예를 볼 수 있다.

손해배상의 범위에 관하여 제393조는 다음과 같이 규정한다: ① 채무불이행으로 인한 손해배상은 통상의 손해를 그 한도로 한다(제1항); ② 특별한 사정으로 인한 손해는 채무자가 그 사정을 알았거나 알 수 있었을 때에 한하여 배상의 책임이 있다(제2항). 제1항은 통상의 경험칙상 통상인이 예견할 수 있는 것이어서 당연히 배상범위에 포함되는 손해(통상손해)를, 제2항은 통상인의 경험칙을 벗어난 것이어서 당연히 배상범위에 포함되지는 않고 채무자가 그것을 예견했거나 예견할 수 있었던 경우에 한하여 배상범위에 포함되는 손해(특별손해)를 규정하고 있다.

보충학습 2.5 | 제393조의 입법계통

우리 민법은 프랑스민법전의 영향 아래 형성된 영국의 판례(1854년 Hadley vs. Baxendale) 이론을 수용한 일본민법(제416조)을 모범으로 하여 제393조를 규정하였다. 제393조제1항과 제2항은 각각 Hadley v. Baxendale 판례가 제시하고 있는 제1원칙(계약위반으로부터 사물의 통상적 경과에 따라 발생하는 손해는 배상범위에 포함된다)과 제2원칙(합리적으로 볼 때 당사자가 계약체결시에 계약위반의 개연적 결과로 예견할 수 있었다고 생각되는 손해는 배상범위에 포함된다)을 반영한 것이다. 제1항의 손해는 사물의 통상적 경과에 따라 발생하는 결과이므로 상대방에 의하여 당연히 예견된 것으로 간주된다. 제2항의 손해는 사물의 통상적 경과를 벗어난 특별한 사정으로 인하여 발생하는 결과이므로 그것을 예견했거나 예견할 수 있었던 경우에 한하여 손해배상의 범위에 포함될 수 있다. 제1항이든 제2항이든 '예견'이라는 개념을 중심으로, 제1항은 마땅히 예견했어야 하는 경우를, 제2항은 실제로 예견했거나 예견할 수 있었던 경우를 정하고 있는 것이다.

---

3) 손해배상액의 산정

2.28 제393조에 따라 손해배상의 범위를 판단했다면 그 다음으로 배상액을 산정하는 작업이 필요하다. 손해배상액 산정에 관한 주요 이슈를 살펴본다.

2.29 〈1〉 **지연배상액과 전보배상액**　　쉽게 말해 지연배상과 전보배상은 각각 이행지체와 이행불능에 대한 배상 형태이다. 그리고 지연배상은 원채무의 이행을 전제로 한다. 그런데 이행지체의 경우 채권자가 상당한 기간을 정하여 이행을 최고하여도 그 기간 내에 이행하지 않거나 지체 후의 이행이 채권자에게 이

익이 없는 때에는 채권자는 수령을 거절하고 이행에 갈음한 손해배상(즉 전보배상)을 청구할 수 있다(제395조).[20] 민법은 이때의 이행지체를 이행불능과 같은 것으로 보는 것이다.

보충학습 2.6 | 전보배상액의 계산

A(매도인)와 B(매수인)는 3월 1일 甲토지에 대하여 매매대금 3,000만원으로 계약을 체결하면서 5월 1일 각자의 채무를 동시에 이행하기로 합의하였다. 그런데 4월 1일 C가 나타나 甲토지를 3,500만원에 매수하겠다고 제안하자 A는 다시 C와 매매계약을 체결하면서 5월 1일 각자의 채무를 동시에 이행하기로 합의하였다. 5월 1일 A와 C는 각각 자신의 채무를 이행했다. B가 A에게 손해배상을 청구할 때 그 금액은 얼마인가?

B·C와 이중계약을 체결한 A가 C에게 채무를 이행했으므로 B에 대해서는 채무불이행 책임을 져야한다. 구체적인 배상액은 얼마인가? 전보배상액은 채무불이행 당시의 시가에서 A·B간 매매계약에서 정한 매매대금을 뺀 금액이다. 채무불이행 당시의 시가가 3,000만원을 넘는다면 B는 A에게 그 차액에 대하여 배상청구를 할 수 있다. 그러나 만약 채무불이행 당시의 시가가 3,000만원 이하라면 손해배상을 청구할 수 없다. 손해가 존재하지 않기 때문이다.

2.30   〈2〉이득공제   이득공제란 채무불이행으로 인하여 채권자에게 손해가 발생한 반면 동시에 이로 인하여 이익도 발생한 경우에 손해배상액의 산정에 있어서 그 이익을 공제하는 것이다. 명문규정은 없으나 손해의 개념으로부터 당연히 도출되는 개념으로 이해한다. 예컨대, 채무자가 물건인도 채무를 이행하지 않아 채권자가 손해를 입었으나 동시에 그 물건을 보관하는데 드는 비용을 지출할 필요가 없게 되었으므로 그 절약한 비용을 손해배상액에서 공제하게 된다.[21]

2.31   〈3〉과실상계   과실상계란 손해의 발생에 대하여 피해자에게도 과실이 있는 경우에 그것을 참작하는 것이다(제396조). 1,000만원의 손해가 발생했는데 피해자에게도 그 손해발생에 30%의 과실이 있다면 이를 고려하여 배상액은 700만원이 된다. 만약 이득공제와 과실상계 사유가 병존한다면 과실상계 후에 이득

---

20) 여기에서의 최고는 상황전환효 최고(이에 대해서는 이 책 [1.17] 〈보충학습 1.2〉 참조)에 해당한다.
21) 대법원 2002. 5. 10. 선고 2000다37296,37302 판결 참조.

공제를 한다.22)

2.32　　　〈4〉중간이자의 공제　　　채무불이행으로 인하여 장래 얻을 수 있는 이익을 상실한 경우에 현재 시점에서 배상액을 일시금으로 지급할 때에는 장래의 취득예정액에서 그 사이의 중간이자를 공제해야 한다. 그렇지 않으면 채권자에게 부당한 이득이 되기 때문이다. 중간이자 공제의 방식으로는 단리계산법(Hoffmann식)과 복리계산법(Leibniz식)이 있다. 일반적으로 판례는 단리계산법에 따르면서도23) 법원의 자유로운 판단에 따라 복리계산법도 허용된다는24) 입장이다.

4) 손해배상액의 예정

2.33　　　손해배상액의 예정이란 채무불이행의 경우에 지급해야 할 배상액을 미리 약정하는 것이다(제398조제1항). 채무불이행을 이유로 채권자가 손해배상을 받기 위해서는 손해액을 주장·증명해야 하는데, 그 과정에서 자신의 노하우 또는 영업비밀이 드러난다든가 손해액의 증명에 어려움을 겪는 등의 불편함을 겪을 수 있다. 손해배상액의 예정을 한다면 그러한 불편을 피할 수 있다. 손해배상의 예정이 있다면 채권자는 예정배상액만을 청구할 수 있으며, 이는 실손해가 예정배상액을 초과하더라도 마찬가지이다.25) 이런 이유로 예정배상액을 과다하게 약정하는 경우가 발생하게 되는데, 예정배상액이 과다한 때에는 법원은 직권으로 감액할 수 있다(제398조제2항).

손해배상액의 예정과 구별해야 할 것으로 위약벌이 있다. 위약벌은 채무불이행 자체에 대한 벌금이다. 위약벌은 손해배상의 의미를 포함하지 않으므로, 채권자는 채무자에게 손해배상을 받고 그와 별도로 위약벌로 약정한 금액을 청구할 수 있다.

손해배상액의 예정 또는 위약벌과 같이 채무불이행에 대비하여 이루어진 약정을 총칭하여 위약금 약정이라 한다. 위약금 약정의 성질이 증명되지 않을 때에는 손해배상액의 예정으로 추정한다(제398조제4항).

---

22) 대법원 1981. 6. 9. 선고 80다3277 판결; 대법원 2010. 2. 25. 선고 2009다87621 판결 등 참조.
23) 대법원 1965. 9. 25. 선고 65다1534 판결 참조.
24) 대법원 1983. 6. 28. 선고 83다191 판결 참조.
25) 대법원 1993. 4. 23. 선고 92다41719 판결; 대법원 2010. 7. 15. 선고 2010다10382 판결 등 참조.

> **보충학습 2.7 | 손해배상액의 예정에 관한 학설 논쟁**
>
> 손해배상액의 예정에 관한 학설 논쟁으로 두 가지를 검토한다.
>
> (1) 손해배상액의 예정이 있다면 손해발생에 대한 증명은 요구되지 않는가(제1설)? 구체적인 액수를 증명할 필요는 없지만 그래도 손해가 있다는 사실은 증명해야 하는가(제2설)? 손해배상액의 예정은 손해에 대한 증명을 피하고자 하는 것인데, 이에 반하여 증명을 요구하는 것은 당사자의 의사에 반한다. 제1설이 타당하다.26)
>
> (2) 채무자의 귀책사유가 있는 경우에 한하여 채무자가 예정배상액을 지급해야 하는가? 손해배상액의 예정은 귀책사유 유무에 관하여 일체의 분쟁을 피하려는 취지이므로 귀책사유에 대한 증명은 불필요하다는 학설도 있다. 그러나 그리 볼 것은 아니다. 궁극적으로는 의사해석의 문제일 것이나, 일반적으로 손해배상액의 예정이 있다고 하여 채무자가 위험을 인수한 것으로(과실 없이도 책임을 진다는 의사) 해석하기는 무리이므로 채무자의 귀책사유에 대한 증명은 필요하다 할 것이다.27)

5) 손해배상자의 대위

2.34 A·B 간의 임치계약에 따라 A가 B 소유의 甲물건을 보관하던 중 C가 甲을 훔쳐갔다. 이 사고에는 A의 과실도 개재된 것으로 판명되었다. B는 A에게 손해배상을 청구하여 甲의 시가에 해당하는 금액을 배상받았다. 이와 같이 채권자(B)가 그 채권의 목적인 물건 또는 권리의 가액 전부를 손해배상으로 받은 때에는 채무자(A)는 그 물건 또는 권리에 관하여 당연히 채권자를 대위한다(제399조). 즉 손해배상을 한 A가 종전의 B의 甲에 대한 지위(즉 소유자)를 대위하여 甲에 대한 소유권을 취득한다. 이를 손해배상자의 대위라 한다. 손해배상채권자가 이중이득을 취하는 것을 방지하기 위한 것이다.

3. 대상청구권

2.35 대상청구권이란 원래의 급부가 후발적 불능인 경우에 이행을 불능하게 한 사정의 결과로 채무자가 대상(代償: 이행불능의 대가로 취득한 이익)을 취득했다면 채권자가 채무자에게 그것의 양도를 청구하는 권리이다. 이행불능에 대하여 채무

---

26) 대법원 1975. 3. 25. 선고 74다296 판결; 대법원 2000. 12. 8. 선고 2000다50350 판결 등 참조.
27) 대법원 2007. 12. 27. 선고 2006다9408 판결; 대법원 2010. 2. 25. 선고 2009다83797 판결 등 참조.

자에게 귀책사유가 있든 없든 인정된다. 명문규정은 없으나 이를 인정하는 데에 학설·판례상 이견이 없다. A가 자기 소유의 甲물건에 대하여 매매계약을 체결했는데 C의 과실로 甲이 멸실되었다면 A는 C에게 불법행위에 기한 손해배상청구권(제750조)을 취득한다(C는 과실로 타인의 소유권을 침해했으므로). 이때 B는 A에게 A의 C에 대한 손해배상청구권(代償)의 양도를 청구할 수 있다. 대상청구권은 채권관계의 존속을 전제로 하는 제도로서 대상청구권을 행사하는 사람은 그의 채무도 이행해야 한다. 채권자는 채무자에게 대상의 양도를 청구하는 것이지(즉 대상청구권은 채권적 청구권) 대상 자체가 채권자에게 귀속되는 것은 아니다.[28]

4. 계약의 파기: 해제·해지

(1) 의   미

2.36 〈1〉개   념   강제이행·손해배상·대상청구권 등은 채권관계의 존속을 전제로 한 제재이다. 이와 달리 해제·해지는 해당 계약을 파기하는 방법으로 계약을 위반한 채무자를 제재하는 것이다. 해제는 일시적 계약(예: 매매계약)의 위반시에 계약을 소급적으로 파기하는 것임에 반해, 해지는 계속적 계약(예: 임대차계약)관계에서 일부는 정상적으로 이행되었고 특정 시점 이후부터 계약위반이 있는 경우에, 정상적으로 이행된 부분은 그대로 두고 계약위반 시점 이후부터 장래에 향하여 계약관계를 파기하는 것이다.

계약의 해제·해지는 계약의 구속력을 부정함으로써 채권자가 계약으로부터 해방되어 다른 사람과 계약관계를 형성할 수 있도록 한다. 해제·해지는 계약의 구속력과 거래의 자유 사이의 타협점에 위치하는 것으로 계약위반의 정도가 중대한 경우에 한하여 인정된다.

해제·해지는 특히 쌍무계약에서 의미를 가진다. 편무계약에서는 일방만이 채무를 부담하고 상대방에게는 반대급부의무가 없으므로 해제·해지의 핵심특질(즉 채권자가 계약관계로부터 해방)이 발현되지 않기 때문이다.

2.37 〈2〉해제·해지권의 법적 성질   해제·해지권은 상대방에 대한 의사표시로 행사한다(제543조제1항). 우리 민법은 해제·해지권을 형성권으로 정하고 있다

---

28) 대법원 1996. 10. 29. 선고 95다56910 판결; 대법원 2012. 6. 28. 선고 2010다71431 판결 등 참조.

(제543조제1항). 해제·해지의 의사표시는 철회할 수 없다(제543조제2항). 이는 형성권의 일반적 특질의 반영이다. 해제·해지는 계약을 처분하는 일이므로 해제·해지권은 계약당사자(또는 그 지위를 승계한 사람)와 같이 해당 계약의 처분권자에게 속한다.

　해제·해지권의 성질로서 불가분성도 유의해야 한다. 당사자의 일방 또는 쌍방이 복수인 경우에는 계약의 해제·해지는 그 전원으로부터 또는 그 전원에 대하여 행사한다(제547조제1항). 이는 이론적인 이유보다는 현실적 이유에 근거한다. 즉 다수당사자가 관련되어 있는 계약에서 누구와의 관계에서는 계약이 해제·해지되고, 또 누구와의 관계에서는 계약관계가 존속함으로써 발생하는 법률관계의 복잡성을 피하기 위한 것이다.[29]

2.38　〈3〉 **유사개념과의 구별**　　제543조 이하의 해제·해지는 주로 법정해제·법정해지에 관한 것이다. 계약위반이 있는 경우에 그 상대방에게 법률상 인정되는 권리라는 의미이다. 법정해제·법정해지와 구별되는 개념을 보기로 한다.

　ⅰ **합의해제·해지**　　계약위반과 무관하게 계약당사자의 합의에 따라 계약관계를 해소하는 것이다. 명문규정은 없으나 사적자치의 원칙상 유효하다.[30]

　ⅱ **실권약관**　　계약체결과 동시에 또는 계약체결 후의 특약으로 "당사자 중 1인이 위약할 때에는 그 계약은 무효로 한다(또는 자동적으로 해제·해지된다)"라는 내용의 약정이다.[31]

　ⅲ **약정에 의한 해제·해지권의 유보**　　당사자 간의 합의에 의하여 일방에게 일방적 의사표시로 계약을 해제·해지할 수 있는 권한을 주는 것이다. 이는 일방적 의사표시에 의한 해제·해지라는 점에서 법정해제·해지와 유사하나, 채무불이행을 요건으로 하지 않는다는 점에서 차이가 있다.

　(2) 해　　제

1) 해제권의 발생

2.39　해제는 계약의 구속력을 부정하는 제재이므로 해제권은 계약위반의 정도가 중대한 때에 발생한다. 현행법상 해제는 유책적 계약위반에 대한 제재이므로 다

---

29) 대법원 2013. 11. 28. 선고 2013다22812 판결; 대법원 2022. 7. 14. 선고 2021다294674 판결 등 참조.

30) 대법원 2003. 2. 11. 선고 2002다62333 판결 등 참조.

31) 대법원 1994. 9. 9. 선고 94다8600 판결; 대법원 2010. 7. 22. 선고 2010다1456 판결 등 참조.

음에서 설명하는 해제사유는 귀책사유를 전제로 하는 것이다.

2.40　　〈1〉 **이행불능**　　　이행불능은 중대한 계약위반의 전형이다. 이행불능이 되면 더 이상 계약의 목적을 달성할 수 없으므로 채권자는 즉시 계약을 해제할 수 있다(제546조).

2.41　　〈2〉 **이행지체**　　　이행지체가 있다고 해서 언제나 계약의 목적을 달성할 수 없는 것은 아니다. 그런데 만약 채권자가 이행지체로 인하여 계약의 목적을 달성할 수 없다는 사실을 증명한다면 이행지체도 해제사유가 될 수 있다. 이행지체의 경우에 해제를 위하여 채권자가 언제나 그와 같은 증명을 해야 하는가?

　　ⓘ **일반적인 이행지체**(제544조)　　　당사자 일방이 그 채무를 이행하지 아니하는 때에는 상대방은 상당한 기간을 정하여 그 이행을 최고하고, 그 기간 내에 이행하지 아니한 때에는 계약을 해제할 수 있다. 상당기간 내에 이행하지 않으면 계약의 목적을 달성할 수 없는 것으로 간주하는 것이다(제544조 본문).[32] 이는 독일민법에서 유래하는 법기술(Nachfrist)로서 채권자의 증명책임을 완화해 주는 기능을 한다. 그런데 채무자가 미리 이행하지 아니할 의사를 표시한 경우에도 최고를 해야 해제권을 취득하는가? 이 경우에 최고는 무용한 일이므로 민법은 최고를 요하지 않는다고 정하고 있다(제544조 단서).[33]

　　ⓘⓘ **정기행위의 이행지체**(제545조)　　　초대장의 제작·인쇄의 일을 맡은 사람이 행사일까지도 채무를 이행하지 못한 경우를 생각해 보자. 이때의 이행지체는 이행불능과 달리 볼 이유가 없다. 정기행위(계약의 성질 또는 당사자의 의사표시에 의하여 일정한 시일 또는 일정한 기간 내에 이행하지 않으면 계약의 목적을 달성할 수 없는 경우)에 있어서 당사자 일방이 그 시기에 이행하지 않으면 상대방은 최고 없이 즉시 계약을 해제할 수 있다(제545조).

2.42　　〈3〉 **기타의 채무불이행**　　　민법이 해제권의 발생원인으로 이행불능과 이행지체를 규정하고 있기는 하나, 해제사유가 이 두 가지로 한정되는 것은 아니

---

32) 여기에서의 최고는 상황전환효 최고(이에 대해서는 이 책 [1.17] 〈보충학습 1.2〉 참조)에 해당한다.

33) 이행기 전에 채무자가 계약을 이행하지 않을 의사를 명백히 표시한 경우에도 채권자는 최고 없이 채무자의 이행거절을 이유로 계약을 해제할 수 있다(대법원 2005. 8. 19. 선고 2004다53173 판결; 대법원 2023. 9. 27. 선고 2023다240817 판결).

다. 계약해제에 있어서 이행불능·이행지체와 같은 유형 그 자체보다는 채무자의 채무불이행이 계약의 구속력을 부정할 만한 정도인가 여부가 중요하기 때문이다. 계약위반이 구속력을 부정할 만한 정도라면 즉시 해제권을 취득하며(즉 이행불능에 준함), 그 정도에 이르지 못한 정도라면 최고 절차를 거쳐 해제권을 취득할 것이다(즉 이행지체에 준함).

2) 해제권의 소멸

2.43   해제권은 형성권이므로 형성권의 일반적 소멸사유로 소멸한다. 그 외에 민법은 해제권에 특유한 소멸사유를 정하고 있다.

ⓘ **최고와 상당기간의 경과**(제552조)   해제권 행사의 기간을 정하지 않은 경우에 채무자가 해제권자에게 상당한 기간을 정하여 해제권 행사 여부의 확답을 최고하고, 그 기간 내에 해제의 통지를 받지 못한 때에는 해제권은 소멸한다. 이 최고권은 형성권자의 상대방이 처한 법적 불안정을 완화하기 위한 것이다.[34]

ⓘⓘ **채무이행으로 수령한 목적물의 반환과 배치되는 행위**(제553조)   채권자가 채무자로부터 수령한 목적물의 반환과 배치되는 행위(훼손, 반환불가, 다른 종류의 물건으로 변경)를 한 때에도 해제권을 행사할 수 없다. 이와 같은 행위는 해제권의 묵시적 포기로 이해할 수 있을 것이다.

3) 해제의 효과

2.44   〈1〉 **원상회복 등**   계약당사자 일방이 계약을 해제하면 각 당사자는 계약이 없었더라면 있었어야 할 상태(원상: statuo quo ante)로 회복할 의무를 진다(제548조제1항 본문). 이 원상회복의무는 서로 동시이행관계에 있다(제549조). 반환할 것이 금전인 때에는 금전을 받은 날로부터 이자를 지급해야 한다(제548조제2항). 원상회복의 방법은 원물반환이 원칙이며(즉 계약의 이행으로 수령한 물건 자체의 반환), 원물반환이 불가능할 때에는 가액반환을 해야 한다.

계약의 해제·해지는 손해배상에 영향을 미치지 않는다(제551조). 해제로 인한 원상회복에도 불구하고 손해가 남을 수 있다는 점을 고려한 것이다.

---

34) 여기에서의 최고는 상황전환효 최고(이에 대해서는 이 책 [1.17] 〈보충학습 1.2〉 참조)에 해당한다.

> **보충학습 2.8 | 제548조제2항이 정하는 '이자'의 의미**
>
> 제548조제2항은 반환할 금전에는 그 받은 날로부터 이자를 가할 것을 정하고 있다. 여기에서의 '이자'의 성격은 무엇인가? 여기에서의 금전은 원물반환이 불가능한 경우의 가액반환을 의미하는 것이 아니라 계약의 이행으로 수령한 금전을 말하는 것이다. 가령 A(매도인)와 B(매수인) 사이의 매매계약에서 B는 A에게 매매대금 채무를 완전히 이행했는데 A가 계약을 위반하여 B가 계약을 해제했다면 A는 B로부터 받은 금전을 반환해야 한다(제548조제1항 본문). 제548조제2항이 정하는 금전의 반환은 원상회복의 성질을 가지는 것이며 반환의무의 이행지체로 인한 것이 아니므로, 부동산매매계약이 해제된 경우 매도인의 매매대금반환의무와 매수인의 소유권이전등기 말소등기절차 이행의무가 동시이행의 관계에 있는지 여부와는 관계없이[35] 매도인이 반환해야 할 매매대금에 대하여는 그 받은 날로부터 법정이율인 연 5푼의 비율에 의한 법정이자를 부가하여 지급해야 한다.[36]

2.45 〈2〉 **제3자 보호** 해제에 따라 원상회복을 한다면 해제의 의사표시가 있기 전 그 계약으로부터 발생한 법률효과를 기초로 새로운 권리를 취득한 사람의 권리를 해할 수 있다. 이를 고려하여 민법은 제3자 보호규정을 마련하고 있다(제548조제1항 단서). 여기서 제3자란 해제된 계약으로부터 생긴 법률적 효과를 기초로 하여 새로운 이해관계를 가졌을 뿐 아니라 등기·인도 등으로 완전한 권리를 취득한 사람을 의미한다.[37]

2.46 〈3〉 **이론구성** 해제의 효과에 관한 이론구성에 관하여 학설은 직접효과설(해제에 의하여 계약관계 소급적 소멸)과 청산관계설(해제에 의하여 계약관계가 소급적으로 소멸하지 않고 양당사자는 계약관계를 청산하기 위한 새로운 관계로 들어감)이 대립한다. 직접효과설은 비소급효를 본질로 하는 해지와 해제의 차이를 명백하게 한다는 장점이 있으나, 해제와 손해배상의 병존을 규정하는 제551조를 설명하기 어렵다는

---

35) 여기에서 두 의무가 동시이행관계에 있는지를 언급하는 이유는, 만약 이행지체로 인한 배상으로 본다면 그 성질은 손해배상이라는 결과가 되는데, 손해배상은 위법성을 요건으로 하며 위법성 판단에 있어서 상대방이 동시이행항변권을 가지는가 여부는 결정적인 요인이기 때문이다. 상대방이 이행을 지체하고 있더라도 동시이행의 항변권을 행사할 수 있는 상태라면 위법성이 인정되지 않아 손해배상을 청구할 수 없다. 이에 대해서는 이 책 [2.155] 참조.

36) 대법원 1996. 4. 12. 선고 95다28892 판결.

37) 대법원 2014. 2. 13. 선고 2011다64782 판결; 대법원 2014. 12. 11. 선고 2013다14569 판결 등 참조.

약점(손해배상은 계약관계의 존재를 전제하므로)이 있다. 청산관계설은 제551조를 설명하기는 편리하나 해제와 해지의 구별이 모호하게 된다. 청산관계설은 민법규정에 부합하지 않는다. 해지의 비소급효를 정하는 제550조는 해제의 소급효를 내포하는 규정으로 보는 것이 합당할 것이다. 또한, 청산관계설에서 보면 제548조 제1항 단서는 주의적 규정에 불과하게 된다(왜냐하면 해제에 소급효가 없다고 하면 해제로 인하여 제3자의 권리를 침해할 가능성이 없기 때문). 직접효과설이 타당하다고 생각한다. 해제에 의하여 소급적으로 소멸하는 것은 계약에서 정해진 원채무일 뿐이며, 채무불이행으로 인하여 야기된 손해와 그 배상은 해제와 별개의 문제로 관념한다면 해제에 의한 계약관계의 소급적 소멸에도 불구하고 손해배상을 청구할 수 있다는 논리에 특별한 어려움이 없지 않을까?

보충학습 2.9 | 해제의 효과에 관한 직접효과설·간접효과설

A(매도인)와 B(매수인) 사이에 甲부동산에 대하여 매매계약이 체결되었다. A가 먼저 이행하기로 약정함에 따라 A는 자신의 채무(이전등기 및 점유이전)를 모두 이행하였다. 그런데 B는 이행기에 매매대금을 지급하지 않은 채 甲에 대하여 C와 매매계약을 체결하고 C에게 이전등기까지 해주었다. A는 B와의 계약을 해제하여 甲에 대한 등기를 회복할 수 있을까?

금전채무자 B는 이행지체의 형태로 계약을 위반하고 있다. A는 B에게 상당기간의 최고를 하고 그 기간 내에도 이행하지 않으면 계약을 해제할 수 있다(제544조). 문제는 해제의 구체적인 효과인데, 이에 대해서는 직접효과설이 타당하다. 직접효과설은 다시 채권적 효과설과 물권적 효과설로 구분되는데 전자는 물권행위 무인론, 후자는 물권행위 유인론을 전제로 한다.[38]

(1) **채권적 효과설** 해제의 효력은 채권행위에 한정되며 물권행위(이행행위)에는 영향을 미치지 않는다(물권행위 무인론의 논리). 그러므로 해제에도 불구하고 A는 B로부터 C에게 이루어진 이행행위의 효력을 부정할 수 없다(즉 C는 甲에 대한 소유권 보유). B는 甲 자체를 반환할 수 없으므로 그 가액을 반환해야 한다.

(2) **물권적 효과설** 해제에 의하여 채권행위가 실효됨에 따라 물권행위(이행행위)도 소급적으로 실효된다(물권행위 유인론의 논리). 논리적으로 보면, 甲에 대한 소유권은 해제로 인하여 즉시 A에게 복귀(C명의의 등기는 무효)한다고 보아야 한다. 그런데 거래

---

38) 물권행위 무인론·유인론에 관해서는 이 책 [3.18]~[3.20] 참조.

안전을 위한 특별규정(제548조제1항 단서)에 의하여 A는 소유권을 회복할 수 없고 B에게 가액반환을 받는 것에 만족해야 한다.

어느 학설에 의하든 결과에는 차이가 없다. 그런데 우리 민법에서 물권행위의 무인론(보다 근본적으로는 물권행위의 개념 자체)을 인정할 수 있는지 의문이다.39) 그리고 만약 채권적 효과설에 의하게 되면 제548조제1항 단서는 무의미한 규정으로 전락한다(그 규정이 없어도 제3자는 보호되기 때문). 현행민법의 해석론으로서는 물권적 효과설이 타당하다고 본다. 판례도 같은 입장이다.40)

(3) 해   지

2.47 　　우리 민법은 해제와 병렬적으로 해지를 규정하고 있다. 해제권과 마찬가지로 해지권도 형성권으로서(제543조), 불가분성을 보유하며(제547조), 손해배상청구권에 영향을 미치지 않는다(제551조). 해지의 비소급효에 대해서도 명문으로 규정한다(제550조). 해지권의 발생원인은 다음과 같이 분류할 수 있다.

2.48 　　〈1〉 계속적 계약에서 의무위반 일반　　사용차주의 의무위반(제610조제1~3항), 임차인의 의무위반(제654조), 임차인의 의사에 반하는 임대인의 보존행위(제625조), 임차인의 차임 연체가 2기의 차임액에 달한 경우(제640조), 노무자의 동의없이 사용자가 노무제공채권을 제3자에게 양도한 경우(제657조제1항), 사용자가 노무자에게 약정하지 않은 노무를 요구하는 경우(제658조제1항) 등이 이에 해당한다.

2.49 　　〈2〉 계속적 계약 특유의 해지사유　　계속적 계약관계의 특성에 기한 해지는 다시 두 가지로 구분할 수 있다.

　　ⅰ 기간을 정하지 않은 계속적 계약관계에서 해지의 자유　　기간을 정하지 않은 계속적 계약은 당사자의 자유를 부당하게 제한할 수 있으므로41) 해지의 자유가 인정된다(예: 제635·660·699조 등). 해지의 효력은 일정 기간 경과 후 발생하는 경우(예: 제635·660조)와 즉시 발생하는 경우(예: 제699조)가 있다.

　　ⅱ 계속적 계약에 있어서 부득이한 사유로 인한 해지　　부득이한 사유로 인하여 더 이상 계약관계에 구속력을 인정할 근거가 없는 경우이다(예: 제661·698조 등).

---

39) 이에 대해서는 이 책 [3.17], [3.20] 참조.
40) 대법원 1977. 5. 24. 선고 75다1394 판결; 대법원 1982. 7. 27. 선고 80다2968 판결 등 참조.
41) 이에 대해서는 이 책 [2.142] 〈보충학습 2.28〉 참조.

Ⅲ. 채권자지체

2.50   〈1〉개   념   채무자가 성실한 이행행위를 하더라도 채권자가 이를 수령하지 않는다면 채무자는 채무로부터 벗어날 수 없다. 이와 관련하여 민법은 채권자지체를 규정하고 있다. 채권자지체는 수령을 지체한 채권자를 제재하기 위한 제도라기보다는 성실한 채무자를 보호하기 위한 제도라는 점에 유의해야 한다.

보충학습 2.10 │ 채권자지체의 법적 성질에 관한 관점의 전환

채권자지체의 법적 성질에 관한 학설은 다음과 같다.

(1) **채무불이행책임설**   채권자와 채무자는 채권의 실현을 위하여 서로 협력하는 관계이다. 채권자에게도 급부수령의무가 있으며 이를 위반하면 채무불이행책임을 지는데, 채권자지체는 이를 규정한 것이다. 이와 같이 채권자지체는 채무불이행에 대한 제재이므로 그 효과는 제401조부터 제403조 등 민법이 채권자지체의 효과로 정하는 사항 외에 손해배상, 해제권 등도 포함된다.

(2) **법정책임설**   채권자에게 급부수령의무는 없으므로 채권자지체는 공평관념에 기하여 법률상 특별히 인정한 제도이다. 그러므로 그 효과는 제401조부터 제403조 등 민법이 채권자지체의 효과로 정하는 사항으로 한정된다.

채무불이행책임설이 채무자 보호에 더 충실한 것 같지만, 꼭 그렇지도 않다. 채무불이행책임설은 채권자지체의 성립요건으로 채권자의 귀책사유를 요구하게 되어, 만약 채권자의 귀책사유가 없다면 제401조부터 제403조 등 민법이 명문으로 정하는 효과도 주장할 수 없기 때문이다. 한편, 법정책임설과 같이 채권자에게는 수령의무가 없다고 단언할 것도 아니다. 채권관계의 내용에 따라서는 채권자에게 수령의무가 있다고 해석해야 할 경우가 있기 때문이다. 채권자지체의 법적 성질에 관해서는 관점의 전환이 필요하다.

(3) **관점의 전환**   종래 학설의 기본관점은 수령을 지체한 채권자에게 어떤 불이익을 부과할 것인가에 있었다. 그런데 채권자지체의 핵심은 채권자를 제재하는 것이 아니라 성실한 채무자를 보호하기 위한 것이다. 성실한 채무자를 보호함으로써 반사적으로 채권자에게 불이익이 갈 수도 있지만, 그것은 채권자지체의 본질과는 무관한 것이다.

(4) **수령의무 위반에 대한 제재**   채권자에게 수령의무가 인정되며 그 의무를 위반하면 채권자는 그에 대하여 채무불이행책임을 져야 한다. 그런데 이것은 채권자지체의 문제가 아니라 채무불이행의 문제에 속하는 것이다.

2.51 〈2〉요　　건　　채권자지체의 요건은 다음과 같다.

① **채무자에 의한 변제의 제공**[42]　　채권자지체의 핵심요건이다. 채권자지체는 성실하게 이행행위를 한 채무자를 보호하는 제도이기 때문이다.

② **채권자의 수령거절 또는 수령불능**　　채권자지체가 성립하기 위해서는 채무자가 변제의 제공을 했으나 채권자가 급부를 수령하지 않아 채무로부터 벗어나지 못하는 상황이어야 한다. 그러므로 만약 채권자의 수령행위 없이 채무자의 이행행위만으로 채무가 소멸되는 경우라면 채권자지체가 문제되지 않는다.

③ **채권자의 귀책사유**(?)　　채무불이행책임설은 채권자의 귀책사유를 요구한다. 그러나 이 견해는 적절하지 않다. 다만, 채무의 내용상 채권자에게 수령의무가 인정되는 때에는 채권자 측의 채무불이행이 문제될 수 있으며(예: 손해배상), 채권자에게 채무불이행책임을 묻기 위해서는 그의 귀책사유가 요구될 것이다. 그런데 이것은 채권자지체의 문제가 아니다.

2.52 〈3〉효　　과　　채권자지체의 효과는 다음과 같다.

① **채무자의 주의의무 경감**　　채권자지체 중에는 채무자는 고의 또는 중대한 과실이 있는 때에만 채무불이행으로 인한 책임을 진다(제401조).

② **이자지급 의무 면제**　　채권자지체 중에는 이자있는 채권이라도 채무자는 이자를 지급할 의무가 없다(제402조).

③ **비용의 채권자 부담**　　채권자지체로 인하여 그 목적물의 보관 또는 변제의 비용이 증가된 때에는 그 증가액은 채권자의 부담으로 한다(제403조).

위의 효과 외에 공탁권 발생(제487조),[43] 대가위험의 채권자부담(제538조제1항 후단)[44]도 채권자지체의 효과에 해당한다.

Ⅳ. 제3자에 의한 채권침해

2.53 가수 A는 X방송사와의 계약에 따라 방송국에서 노래를 불러야 하는데 B가 A를 감금하는 바람에 X에게 채무를 이행하지 못한 경우에 B의 행위는 A에 대하

---

42) 변제의 제공에 대해서는 이 책 [2.88]~[2.90] 참조.

43) 이에 대해서는 이 책 [2.96] 참조.

44) 이에 대해서는 이 책 [2.158] 참조.

여 불법행위(제750조)를 구성한다. 한편, B(A·X 간의 채권관계에서 제3자)가 X의 채권을 침해하는 행위가 불법행위의 요건을 갖춘다면 X는 B에게 손해배상을 청구할 수 있다.

제3자의 채권침해의 불법행위 성립요건45)을 검토함에 있어서 유의해야 할 것은 위법성 요건이다. 절대성·배타성을 가지는 물권은 그 침해 자체가 위법성을 띠지만, 상대성·비배타성을 가지는 채권은 사정이 다르다. 채권이 이미 존재함을 알고 그와 동일한 내용의 채권관계를 설정하여 타인의 채권을 침해하더라도 그것만으로는 위법성이 인정되지는 않는다.46) 채권자평등의 원칙에 따라 복수의 채권자는 서로 경쟁관계에 있기 때문이다. 물론 일정한 수준을 넘으면(즉 선량한 풍속 또는 사회질서에 반하는 행위: 제103조) 위법성이 인정될 것이다.47)

보충학습 2.11 | 제3자에 의한 채권침해와 방해제거청구

A는 B 소유의 토지를 임차하였는데(등기는 하지 않았음), C가 그 토지에 공작물을 건축하였다. 이때 A가 C에게 방해배제를 청구할 수 있는가? A가 C에게 제750조에 기하여 금전배상을 청구할 수 있다는 점에 대해서는 이견이 없다. A가 B(해당 토지의 소유자)를 대위하여(즉 채권자대위권48)을 행사하여) C에게 방해배제를 청구할 수 있다는 점에 대해서도 이견이 없다. 문제는, A가 자기 고유의 지위에서 C에게 해당 토지 위에 건축한 공작물의 제거를 청구할 수 있는가에 있다. 이에 대하여 통설·판례49)는, 임차권이 등기되어 대항력을 갖춘 경우에 한하여 방해배제청구를 할 수 있다는 입장이다. 통설·판례는 방해제거청구권을 물권(당연히 대항력이 인정되는 권리)에 특유한 것으로 인식하고, 채권은 대항력을 가지는 경우에 한하여 그 침해에 대하여 방해제거청구권을 인정하자는 것이다.

채권의 대항력 여부를 기준으로 방해제거청구권 인정 여부를 판단하는 통설·판례의 타당성에 의문이다. 그 논리대로라면 대항력을 구비할 방법이 없는 채권에 대한 제3자의 침해의 경우에는 방해배제청구가 원천적으로 불가할 것이기 때문이다. 제3자의 채권침해에 대한 방해제거청구를 불법행위법의 차원에서 해결하는 것이 어떨까? 제3자에 의한

---

45) 불법행위의 성립요건에 대해서는 이 책 [2.278] 이하 참조.
46) 대법원 2001. 5. 8. 선고 99다38699 판결 참조.
47) 대법원 2006. 12. 7. 선고 2005다21029 판결 참조.
48) 이에 대해서는 이 책 [2.56] 〈보충학습 2.12〉 참조.
49) 대법원 1977. 12. 13. 선고 77다115 판결 참조.

채권침해는 불법행위가 될 수 있고, 불법행위의 효과는 손해배상이며, 손해배상은 금전배상이 원칙이지만(제394조 후단), 금전배상의 원칙의 근본취지(손해배상채무자의 인격적 자유의 존중50))에 반하지 않는다면 원물배상도 가능하다.

　이러한 시각에서 보면, C의 행위는 A에 대하여 제3자에 의한 채권침해로서 불법행위를 구성하여 C는 A에게 손해배상책임이 있는데, 손해배상의 방법을 금전배상이 아닌 원물배상(방해제거청구)의 방법으로 하는 것이 가능하다.

V. 책임재산의 보전

2.54　　　채권의 효력은 종국에 가서는 채무자의 일반재산(즉 책임재산)에 의하여 담보되므로 채권자는 채무자의 책임재산에 대하여 중요한 이해관계를 가진다. 그러나 채무자가 그의 재산을 어떻게 운용할 것인가는 그의 자유에 속하는 것으로 채권자가 간섭할 수 없는 것이 원칙이다. 그런데 민법은 이에 대한 예외를 규정하는데, 채권자대위권과 채권자취소권이 그것이다. 다만, 이들 권리를 행사하더라도 채권자가 직접 만족을 얻는 것은 아니고, 그 효과는 채무자의 책임재산으로 귀속한다. 이들 제도가 채권자평등의 원칙에서 벗어나는 것은 아니기 때문이다.

1. 채권자대위권

(1) 개　　념

2.55　　　A가 B의 채권자이고 B는 C의 채권자인데, B가 C에 대하여 채권을 행사하지 않는 경우에 A가 B를 대위하여 B의 C에 대한 채권을 행사하고, 이에 따라 C가 B에게 채무를 이행하면 B의 책임재산이 보강되어 A의 B에 대한 채권이 그만큼 실효성을 가지게 될 것이다. 채권자대위권이란 채권자가 자기의 채권을 보전하기 위하여 자기의 채무자의 채무자(제3채무자)에 대하여 채무자의 권리를 대위하여 행사하는 권리이다(제404조제1항 본문).

---

50) 이에 대해서는 이 책 [2.10] 〈보충학습 2.1〉 참조.

(2) 요 건

1) 실질적 요건

2.56

〈1〉채권자 측의 요건   채권자 측의 요건은 다음 두 가지이다: ① 채권자의 채권보전의 필요성(제404조제1항 본문); ② 채권자의 채권의 이행기 도래.

ⓘ 대위채권자의 채권보전의 필요성   이 요건에 관해서는 채무자의 무자력과의 관계에서 논의가 분분하므로 판례이론에 따라 설명한다. 보전하려는 채권(즉 피보전채권)이 처음부터 금전채권이거나 또는 채무불이행으로 인하여 궁극에 가서는 금전채권으로 되는 경우에는 채무자의 자력이 피보전채권을 변제하기에 불충분할 때에 한하여 채권자대위권을 인정한다(즉 채무자의 무자력이 채권자대위권의 행사 요건).[51] 그 외의 경우에는 채무자의 무자력이 채권자대위권의 요건이 아니다(학설은 이를 '채권자대위권의 전용'이라고 함).

보충학습 2.12 | 채권자대위권 전용의 예

채권자대위권의 전용(채무자의 무자력과 무관하게 채권자대위권 행사 가능)의 대표적인 예는 다음과 같다.

(1) **이전등기청구권의 대위행사**   A 소유 부동산이 B, C에게 전매되었으나 등기부상의 명의인은 여전히 A인 경우, C는 B의 A에 대한 부동산등기청구권을 대위하여 행사할 수 있다.[52]

(2) **임차인에 의한 임대인(소유자)의 방해배제청구권의 대위행사**   제3자가 임차지에 불법 침입한 경우에 임차인은 임대인(소유자)을 대위하여 방해배제청구를 할 수 있다.[53]

최근 대법원은 위의 경우 외에도 채권자대위권 전용을 확대하여 인정하는 경향을 보인다. 대법원은 전용을 인정하는 일반기준으로서, 채권자가 보전하려는 권리와 대위하여 행사하려는 채무자의 권리가 밀접하게 관련되어 있고, 채권자가 채무자의 권리를 대위하여 행사하지 않으면 자기 채권의 완전한 만족을 얻을 수 없게 될 위험이 있어 채무자의 권리를 대위하여 행사하는 것이 자기 채권의 현실적 이행을 유효·적절하게 확보하기 위하여 필요하며, 채권자대위권의 행사가 채무자의 자유로운 재산관리행위에 대한 부당한 간섭이 된다는 등의 특별한 사정이 없을 것을 든다.[54]

---

51) 대법원 1993. 10. 8. 선고 93다28867 판결 등 참조.
52) 대법원 1969. 10. 28. 선고 69다1351 판결 참조.
53) 대법원 1980. 7. 8. 선고 79다1928 판결 등 참조.
54) 대법원 2001. 5. 8. 선고 99다38699 판결; 대법원 2014. 12. 11. 선고 2013다71784 판결 참조.

ⓘ **대위채권자의 채권의 이행기 도래**   이행기 전에는 채권자가 채권을 행사할 수 없는 것이므로 채권자대위권도 행사할 수 없는 것이 원칙이다(제404조제2항 본문). 그러나 민법은 예외 상황(법원의 허가, 보존행위)을 인정하고 있다(제404조제2항 단서).

2.57 〈2〉 **채무자 측의 요건**(채무자의 권리불행사)   채무자가 스스로 권리를 행사하고 있음에도 불구하고 채권자대위를 인정하면 채무자에 대하여 부당한 간섭이 되므로 이를 허용할 수 없다.[55] 명문규정은 없으나 제도의 취지상 당연한 요건이다.

2.58 〈3〉 **채권자대위권의 객체**   채무자의 제3채무자에 대한 권리가 유효하게 존재하고 채무자가 그 권리를 행사할 수 있는 상태에 있어야 한다.[56] 채권자대위권의 객체가 될 수 없는 주요한 경우는 다음과 같다.

ⓘ **일신전속권**(제404조제1항 단서)   일신전속권(인격권·가족권 등과 같이 특정인만이 향유·행사할 수 있는 권리)의 행사 여부는 원권리자인 채무자의 자유의사에 맡겨야 하기 때문이다.[57]

ⓘ **압류가 금지되는 채권**(「민사집행법」 제246조, 「근로기준법」 제86조, 「공무원연금법」 제32조 등)   압류가 금지되는 권리는 채권의 공동담보로 하지 못하기 때문이다.

2) **형식적 요건: 대위권의 행사**

2.59 〈1〉 **대위권 행사의 방법**   채권자는 자기의 이름으로 채권자대위권을 행사한다. 또한, 대위행사에 있어서 채무자의 동의나 지시를 받을 필요가 없다. 채권자취소권과 달리 재판상으로 행사해야 할 필요도 없다.

2.60 〈2〉 **대위권 행사의 통지**   채권자가 보존행위 외의 대위권을 행사한 때에는 이 사실을 채무자에게 통지해야 한다(제405조제1항). 해당 재산의 원칙적 운용 권자인 채무자에 대한 최소한의 이익 보장이다. 채무자가 통지를 받은 후에는 그 권리를 처분하여도 이로써 채권자에게 대항하지 못한다(제405조제2항). 가령, A는 B에게, B는 C에게 채권이 있는데, A가 C에게 채권자대위권을 행사하고 그 사

55) 대법원 1979. 3. 27. 선고 78다2342 판결 참조.
56) 대법원 1982. 8. 24. 선고 82다283 판결; 대법원 1991. 3. 27. 선고 90다17552 판결 등 참조.
57) 대법원 2010. 5.2 7. 선고 2009다93992 판결 참조.

실을 B에게 통지했다면 그 후에 B가 C에게 채무면제를 하더라도 A와의 관계에서는 B의 C에 대한 채권이 여전히 존속하는 것으로 보게 된다.

(3) 효   과

2.61 채권자대위권을 행사하면 그 효과는 직접 채무자에게 귀속한다. 그리하여 대위행사의 결과는 채무자의 모든 채권자를 위한 공동담보(즉 책임재산)를 구성한다. 채권자대위권이 채권자의 고유 권리이기는 하나, 이는 채무자의 제3채무자에 대한 권리를 대위하여 행사하는데 불과하므로 채권자는 대위행사시 제3채무자에 대하여 채무자에게 이행행위를 하도록 청구함이 원칙이다.

2. 채권자취소권

(1) 개   념

2.62 A에 대하여 금전채무를 부담하는 B가 자기의 유일한 재산인 甲토지에 대한 소유권을 아들 C에게 무상으로 이전했다고 가정해 보자. 이를 그대로 인정하면 A의 채권은 공허한 권리이다. 일정한 경우에 A가 B·C 간의 양도행위의 효력을 부인하고 그 재산을 B의 책임재산으로 회복시키는 권리가 인정된다(제406조제1항 본문). 이것이 채권자취소권이다(사안에서 A를 취소채권자, B를 채무자, C를 수익자, B·C간의 법률행위를 사해행위라고 한다).

채권자취소권은 이미 이루어진 법률행위의 효력을 부인한다는 점에서 채권자대위권보다 더 심각하게 채무자의 재산운용권에 간섭하는 권리이다. 이런 이유에서 채권자취소권은 재판상 행사하도록 하며, 제척기간(채권자가 취소원인을 안 날로부터 1년, 법률행위가 있은 날로부터 5년: 제406조제2항)을 두고 있다.

(2) 요   건

2.63 〈1〉 **피보전채권의 존재**   피보전채권(취소채권자의 채무자에 대한 채권)이 유효하게 성립하고 있어야 한다. 피보전채권의 요건에 관하여 중요한 사항을 들어 본다.

ⓘ **피보전채권의 성립 시기**   취소채권자의 채권은 취소대상인 사해행위 전에 발생한 것이어야 한다.58) 채권자는 채권발생 당시의 채무자의 자력을 신용

---

58) 대법원 2009. 9. 24. 선고 2009다37107 판결 등 참조.

의 기초로 하기 때문이다.

ⅱ 특정물채권의 보전을 위한 채권자취소권　　채권자취소권은 사해행위를 취소하여 채무자의 재산을 원상회복시킴으로써 취소채권자를 포함한 모든 채권자를 위하여 채무자의 책임재산을 보전하는 권리이다. 그러므로 특정물채권을 보전하기 위하여 채권자취소권을 행사하는 것은 허용되지 않는다.[59] 채권자취소권에서 피보전채권은 불특정물채권(특히 금전채권)이다.

2.64　　〈2〉 채권자를 해하는 법률행위(사해행위)　　채권자취소권의 대상은 재산권을 목적으로 한 법률행위로서, 특히 채권자를 해하는 법률행위(사해행위)이다(제406조제1항 본문). 채권자를 해한다는 것은 해당 행위로 인해 채무자의 일반재산이 감소함으로써 채권자에게 완전한 변제를 못하게 되는 것이다.[60] 이와 관련하여 유의해야 할 사항은 다음과 같다.

ⅰ 채무자의 행위　　채무자의 행위만이 취소 대상이다. 가령 채무자를 위하여 자기의 부동산 위에 저당권을 설정하기로 한 사람이 해당 부동산을 제3자에게 양도하더라도 그 행위에 대하여 채권자취소권을 행사할 수는 없다.

ⅱ 재산권을 목적으로 한 법률행위　　채권자취소권은 채무자의 책임재산을 보전하는 제도이므로 취소권의 객체는 직접 채무자의 일반재산을 구성하는 권리에 관한 것이어야 한다(매매, 증여, 대물변제, 저당권의 설정 등).[61] 따라서 간접적으로는 재산상의 이익에 관계되는 것이지만 그 행사를 채무자의 자유에 맡겨야 하는 행위는 취소의 대상이 되지 않는다(예: 혼인, 입양, 상속의 포기·승인 등).[62] 다만, 부부의 합의이혼시 행한 재산분할은 취소의 대상이 된다(제839조의3 제1항).

2.65　　〈3〉 악의(사해의사)　　채권자취소권을 위한 주관적 요건이다. 사해의사란 해당 행위가 공동담보의 부족을 초래한다는 사실을 인식하는 것이다.[63] 사해의사는 채무자와 수익자(또는 전득자) 모두에게 요구된다.

---

59) 대법원 1999. 4. 27. 선고 98다56690 판결 등 참조.
60) 대법원 1962. 1. 15. 선고 62다634 판결; 대법원 1982. 5. 25. 선고 80다1403 판결 등 참조.
61) 대법원 2010. 7. 15. 선고 2007다21245 판결; 대법원 2013. 5. 31. 선고 2012마712 결정 등 참조.
62) 대법원 2011. 6. 9. 선고 2011다29307 판결 등 참조.
63) 대법원 1995. 6. 9. 선고 94다32580 판결 등 참조.

(3) 행   사

2.66   채권자는 사해행위의 취소와 원상회복을 청구할 수 있다. 채권자는 채권자취소권을 자기의 이름으로 재판상 행사한다. 채권자취소소송의 피고는 수익자(또는 전득자)이며 채무자는 피고적격이 없다.

(4) 효   과

2.67   〈1〉 채무자의 일반재산에 귀속   채권자취소권 행사의 효과는 모든 채권자의 이익을 위하여 효력이 있다(제407조). 즉 채권자취소권의 효력으로서 채무자의 책임재산이 증가하는 것이지, 채권자취소권을 행사한 채권자에게 직접적 이익을 주는 것이 아니다. 이는 채권자평등의 원칙의 표현이다. 채권자는 채권자취소권을 행사하여 채무자의 책임재산을 확보한 후에, 회복된 재산에 대하여 채무자로부터 임의변제를 받거나, 임의변제가 없다면 다시 이행청구소송을 제기하여 집행권원을 얻어 강제집행을 해야 한다.

2.68   〈2〉 상대적 효력   A의 채무자인 B가 자기 소유의 甲토지에 대하여 증여계약(사해행위)에 기해 C에게 소유권 이전등기를 했는데, A가 C를 상대로 채권자취소소송에서 승소했다고 가정해 보자. 채권자취소의 효력은 상대적인 것으로 채권자취소소송의 당사자(A·C) 사이에만 미칠 뿐 다른 법률관계에는 영향이 없다(즉 A를 제외한 모든 사람들과의 관계에서 甲의 소유자는 C). A의 승소에 따라 甲에 대한 소유명의는 B에게 회복되어 A는 甲으로부터 변제를 받을 수 있다. A가 변제를 받고 남은 재산은 C에게 반환해야 한다. 그리고 C로서는 자기 소유물이 B의 A에 대한 채무의 변제에 활용된 결과가 되므로 그 부분에 대해서 B를 상대로 내부적 청산(예: 부당이득)을 할 수 있다.

제 2 절   채권의 목적

2.69   채권의 목적이란 채권자가 채무자에 대하여 청구할 수 있는 일정한 행위이며, 보통 '급부'라고 한다(민법은 '급부'라는 용어 대신 '급여'라고 표현함).

금전으로 가액을 산정할 수 없는 것이라도 채권의 목적으로 할 수 있다(제 373조). 이 규정은 채권의 목적인 급부가 재산적 가치를 보유한 것이어야 하는가에 대한 입법적 결단(의용민법 시대에 학설 다툼이 있었음)으로서, 재산적 가치가 없는 급부도 채권의 목적이 될 수 있음을 소극적으로 밝히는 규정이다.

Ⅰ. 특정물채권

2.70   〈1〉 개   념   특정물채권이란 급부가 특정물의 인도인 채권이다. 특정물의 인도란 구체적으로 특정되어 있는 물건의 점유를 이전하는 것이다. 종류채권[64]이나 선택채권[65]과 같은 불특정물채권에서 목적물이 특정된 때에도 특정 이후부터는 특정물채권의 법리가 적용된다. 채무의 이행장소에 관한 일반원칙은 지참채무(즉 채무자가 채권자의 주소에 가서 이행해야 함: 제467조제2항)이나, 특정물채권은 채권 성립시에 그 특정물이 있던 장소가 이행지이다(제467조제1항).

2.71   〈2〉 특정물채무자의 목적물 보존의무   특정물채무자는 그 물건을 인도할 때까지 선량한 관리자의 주의로 보존해야 한다(제374조). 즉 채무자의 과실로 특정물이 멸실·훼손되면 그에 대하여 책임을 진다(제390조). 선관주의 의무의 존속기간은 채무의 이행기까지가 아니라 채무자가 채권자에게 실제로 특정물을 인도할 때까지이다. 특정물채무자가 선관주의 의무를 다했는데도(즉 과실없이) 목적물이 멸실·훼손되었다면 그 현상대로 인도할 수 있으며, 이때에는 채무불이행책임을 지지 않는다. 이를 '현상인도의 원칙'이라 한다.[66]

2.72   〈3〉 특정물채권의 목적물로부터 발생한 천연과실의 귀속   특정물채권의 목적물로부터 발생한 천연과실은 누구의 소유인가? 종래의 통설은, 이행기까지 발생한 과실은 채무자에게, 이행기 이후에 발생한 과실은 채권자에게 귀속한다는 입장이다. 적절하지 않은 견해로 본다. 왜냐하면 과실 귀속 문제는 물권질서에 관한 것인데, 채무의 이행기는 물권질서에 영향을 주지 못하기 때문이다. 이

---

64) 이에 대해서는 이 책 [2.73] 이하 참조.
65) 이에 대해서는 이 책 [2.78] 이하 참조.
66) 이에 대해서는 이 책 [2.86] 참조.

제 2 편 채 권

행기를 기준으로 과실 귀속을 판단할 것은 아니다. 천연과실의 귀속권자는 천연 과실이 원물로부터 분리되는 시점에서 원물에 대한 수익권자(제102조제1항)이다. 과실은 원물로부터 발생한 수익이기 때문이다.

보충학습 2.13 ┃ 특정물채권의 목적물로부터 발생한 천연과실의 귀속

A는 B에게 돼지 1마리를 매도하는 계약을 체결했다. B는 매매대금을 완납했는데 A는 이행기가 지나도록 채무(돼지의 인도)를 이행하지 않고 있던 중 돼지가 새끼(천연과실)를 낳았다. 새끼 돼지는 누구의 소유인가? 종래 통설은 B가 새끼 돼지의 소유자고 할 것이다. 새끼돼지가 이행기 후에 산출되었기 때문이다.

그러나 이행기는 과실의 귀속권 판단 기준이 될 수 없다. 돼지를 아직 인도하지 않은 이상 A는 돼지의 소유자이며(제188조제1항) 동시에 수익권자이다. 그러므로 새끼 돼지의 소유자는 A라고 할 수밖에 없다. 다만, A가 이행기에 B에게 돼지를 인도했더라면 B는 돼지의 소유자(수익권자)로서 새끼돼지에 대한 소유자가 되었을 것인데, A의 채무불이행으로 인해 그 이익을 상실했다는 점에 주목할 필요가 있다. B는 그 이익 상실 부분(새끼 돼지의 시가 상당액)에 대하여 A에게 손해배상을 청구할 수 있다. 만약 B의 손해배상청구에 대하여 A가 새끼돼지를 모두 인도했다면 원물배상의 형태로 손해배상을 한 것이다(제394조 전단).

Ⅱ. 종류채권

2.73   〈1〉개   념   종류채권이란 채권의 목적물이 종류와 수량에 의해서만 정해져 있는 채권이다(예: 무연휘발유 100리터의 인도를 요구할 수 있는 채권). 종류채권의 특수한 형태로서 한정종류채권이 있다. "K창고에 보관된 사과 100kg"과 같이 종류의 범위가 한정된 경우이다.[67] 종류채권의 목적물의 품질에 관하여 당사자 간에 약정이 있다면 물론 그에 의하겠지만, 약정이 없는 때에는 중등품질의 물건으로 이행한다(제375조제1항).

2.74   〈2〉특   정   특정이란 종류채무의 이행을 위하여 해당 종류의 물건

---

67) 한정종류채권과 선택채권의 구별에 대해서는 이 책 [2.78] 참조.

중에서 일정한 물건을 채권의 목적물로 확정하는 것이다. 특정이 되면 종류채권은 특정물채권으로 전환되어 그때부터 채무자는 선관주의의무를 부담한다(제374조). 특정이 되기 전에는 거래계에 해당 종류물이 고갈되지 않는 한 채무자는 그 물건을 계속 조달할 의무를 진다(즉 물건에 대한 위험을 채무자가 부담함). 이러한 상황을 가리켜 "종류물은 소멸하지 않는다"(Genera non pereunt)라고 말한다.

특정의 방법에 관하여 당사자 사이에 합의가 있다면 물론 그에 따른다. 합의가 없는 때에는 제375조제2항에 의하는데, 이 규정은 특정의 방법으로 다음 두 가지를 정하고 있다: ① 채무자가 이행에 필요한 행위를 완료한 때; ② 채권자의 동의를 얻어 이행할 물건을 지정한 때.

ⓘ **채무자가 이행에 필요한 행위를 완료한 때**(제375조제2항 전단) "채무자가 이행에 필요한 행위를 완료"한다는 것은 '변제제공'을 의미한다.68) 변제제공의 방법은 변제의 장소에 따라 그 시기 및 방법에 차이가 있다.

ⓐ 지참채무(채무자가 목적물을 채권자의 현주소(또는 현영업소)까지 지참하여 이행해야 하는 채무): 특별한 사정이 없다면 지참채무가 원칙이며(제467조제2항), 따라서 채무자가 채권자의 주소에 가서 변제제공을 함으로써 특정이 된다.

ⓑ 추심채무(채권자가 채무자의 주소에 와서 변제를 수령해야 하는 채무): 약정에 의하여 추심채무로 하는 것도 가능하다. 이때에는 목적물을 분리하여 채권자가 이를 수령할 수 있는 상태를 완료한 후 이 사실을 채권자에게 통지하는 것으로 변제제공이 되며(제460조 단서), 그때에 목적물이 특정된다.

ⓒ 송부채무(채무자가 채권자의 주소 또는 제3지에 우편, 운송수단 등을 통하여 발송하면 되는 채무): 약정에 의하여 송부채무로 하는 것도 가능하다. 송부채무에 있어서 채무자는 목적지에 목적물을 발송함으로써 변제제공이 되고, 그때에 목적물이 특정된다.

ⓘⓘ **채권자의 동의를 얻어 이행할 물건을 지정한 때**(제375조제2항 후단) "채권자의 동의를 얻어 이행할 물건을 지정"한다는 것은 당사자 간의 합의에 의하여 채무자에게 지정권이 주어져 있고, 이에 따라 채무자가 계약에서 정해진 수량을 분리해 놓는 것이다.

---

68) 변제제공의 방법과 효과에 대해서는 이 책 [2.89], [2.90] 참조.

보충학습 2.14 | 변제제공의 시점과 특정의 시점은 동일한가?

제375조제2항 전단에 의한 특정의 경우에는 변제제공의 시점과 특정의 시점이 동일하다. 그러나 제375조제2항 후단에 의한 특정의 경우에는 변제제공의 시점과 특정의 시점이 동일하지 않다. 경우를 나누어 살펴보자.

(1) **채무자에게 지정권이 있으며 지참채무인 경우**   채무자가 지정권을 행사하여 물건을 분리함으로써 특정이 되나, 그 목적물을 채권자의 현주소(또는 현영업소)에 가지고 가서 인도해야 변제제공이 된다.

(2) **채무자에게 지정권이 있으며 추심채무인 경우**   채무자가 지정권을 행사하여 물건을 분리함으로써 특정이 되나, 변제준비의 완료를 채권자에게 통지하고 수령을 최고해야 (제460조 단서) 변제제공이 된다.

(3) **채무자에게 지정권이 있으며 송부채무인 경우**   채무자가 지정권을 행사하여 물건을 분리함으로써 특정이 되나, 목적물을 발송해야 변제제공이 된다.

Ⅲ. 금전채권

2.75   금전채권이란 금전의 지급을 목적으로 하는 채권이다. 애초에는 금전채권이 아니지만 채무불이행에 따라 손해배상청구권이 성립하면 금전채권으로 된다(제394조). 금전채권도 종류채권의 일종이지만 금전채권만의 독특한 성질이 두드러진다.

보충학습 2.15 | 금전채권의 특수성[69]

(1) 금전채무에서는 이행불능이 없고 이행지체만이 문제된다. 예를 들어, A가 5월 10일에 B에게 100만원을 지급해야 할 채무가 있는데 이행기에 지급을 위하여 그 금전을 B에게 가지고 가다가 강풍으로 금전이 모두 날아갔더라도, 다시 준비하여 지연이자와 함께 100만원을 지급해야 한다. 금전이라는 종류물은 그 성질상 거래계에서 고갈될 수 없는 것이기 때문이다.

(2) 금전채무의 불이행을 이유로 한 손해배상청구에서는 손해의 증명을 요하지 않는다 (제397조제2항 전단). 책임법의 일반원칙은 손해배상을 받기 위해서 손해가 발생했음을

---

69) 금전의 특수성에 대해서는 이 책 [1.181] 〈보충학습 1.35〉도 참조.

증명해야 하는데, 금전채무에 있어서는 손해의 증명이 필요하지 않다. 금전채무의 불이행은 당연히 이자에 해당하는 손해를 발생시킨다는 관념의 표현이다.

(3) 금전채무자가 자신의 채무불이행에 과실이 없음을 주장하더라도 손해배상책임을 면할 수 없다(제397조제2항 후단). 책임법의 일반원칙과 달리 금전채무의 불이행에서는 채무자에게 귀책사유가 요구되지 않는다. 금전채무에서 채무자의 주관적 지급불능은 면책사유가 아니기 때문이다.

금전채권은 금액에 의미를 두는 것이지(금액채권) 통화의 종류에는 특별한 의미가 없다. 즉 금전채권은 원칙적으로 금액채권이다. 그런데 일정한 종류의 통화로 지급하기로 하는 것도 가능하다(예: 5만원권 지폐로 1억원). 이러한 금전채권을 금종채권이라 한다. 금종채권이라도 중심은 금액에 있는 것이므로(즉 상대적 금종채권), 해당 통화가 변제기에 강제통용력을 잃은 때에는 채무자는 다른 통화로 변제해야 한다(제376조). 이와 달리 절대적 금종채권이라면 해당 통화가 변제기에 강제통용력을 잃더라도 그 통화로 지급하면 된다. 절대적 금종채권은 금전채권이라기보다는 일반적인 종류채권이기 때문이다.

외화채권에 대해서도 금액채권의 성질이 그대로 인정된다(제377조). 채무자는 지급할 때(즉 현실로 이행할 때)에 있어서의 이행지의 환금시가에 의하여 우리나라 통화로 변제(이를 '대용급부권'이라 함)할 수 있으며(제378조), 채권자도 채무자에게 외화채권을 우리나라 통화로 환산하여 청구할 수 있다.[70]

Ⅳ. 이자채권

〈1〉개 념 이자란 금전 기타 대체물의 사용대가이며, 원본액과 사용기간에 비례하여 산정되는 금전 기타 대체물로서 법정과실의 일종이다. 이자채권은 이자의 지급을 목적으로 하는 채권이다. 이자채권은 원본의 반환을 청구하는 채권(원본채권)을 전제로 한다. 이자채권은 종류채권의 일종이며, 이자가 금전이라면 금전채권이다. 이자는 이율에 의하여 산정된다. 당사자 간에 이율에 관한 약정이 있다면 그에 의하고(약정이율), 약정이 없다면 법정이율이 적용된다. 법

---

70) 대법원 1991. 3. 12. 선고 90다2147 전원합의체판결 참조.

정이율은 민사에서는 연 5푼(제379조), 상사에서는 연 6푼(「상법」 제54조)이다. 법정이율은 금전채무의 불이행으로 인한 손해배상(지연배상)액의 산정에도 적용된다(제397조제1항).

2.77   〈2〉 이자의 제한(「이자제한법」)   과도한 이자는 사회불안 요소이다. 그리하여 1962년 「이자제한법」을 제정·시행하다가 1998년 IMF 구제금융을 계기로 폐지되었다. 그 후 2007년 「이자제한법」을 다시 제정·시행하고 있다.

ⓘ **적용범위**   금전의 소비대차에 적용된다(법 제2조제1항). 모든 종류의 대차에 적용하는 것은 지나친 규제라는 점을 염두에 둔 것이다.

ⓙ **최고이자율**   최고이자율은 대통령령으로 정한다(법 제2조제1항, 「이자제한법 제2조제1항의 최고이자율에 관한 규정」). 최고이자율을 초과하는 부분은 무효이다(법 제2조제3항).[71]

ⓚ **임의로 지급된 제한초과이자에 대한 처리**   채무자가 최고이자율을 초과하는 이자를 임의로 지급한 경우에 초과부분은 원본에 충당되고, 원본이 소멸한 때에는 그 반환을 청구할 수 있다(법 제2조제4항).

보충학습 2.16 | 임의로 지급된 제한초과이자의 원본충당과 반환

A가 B로부터 1년간 연이율 50%로 1,000만원의 금전을 차용했는데, 1년 후에 이자의 명목으로 500만원을 지급하고 원본 명목으로는 200만원이 모자라는 800만원만 지급했다고 가정해 보자.

최고이자율을 연 25%라고 한다면 A가 B에게 이자 명목으로 지급한 500만원 중 250만원은 원본에 충당된다. 이 250만원은 원본을 소멸시키고도 50만원이 남는데 이는 B가 A에게 반환해야 한다. 구 「이자제한법」은 이 부분에 대한 규율이 없어서 임의로 지급된 제한초과이자는 원본충당[72]이 불가하고 불법원인급여(제746조)[73]에 해당되어 반환청구도 불가하다는 시각이 있었는데, 현행 「이자제한법」은 이를 명문으로 해결했다.

---

71) 대법원 2007. 2. 15. 선고 2004다50426 전원합의체판결 참조.
72) 변제충당에 대해서는 이 책 [2.91], [2.92] 참조.
73) 이에 대해서는 이 책 [2.272], [2.273] 참조.

ⓘ 선 이 자   금전소비대차에 있어서 선이자를 사전 공제한 경우에 그 공제액이 채무자가 실제 수령한 금액을 원본으로 하여 최고이자율에 따라 계산한 금액을 초과하는 때에는 그 초과부분은 원본에 충당한 것으로 본다(법 제3조).

보충학습 2.17 | 선이자 공제에 대한 규제

A가 B로부터 1년간 연이율 50%로 1,000만원의 금전을 차용하고자 소비대차계약을 체결했는데, B는 이자로 500만원을 미리 공제하고 A에게 500만원만 지급했다고 가정해 보자. 원본은 A와 B가 약정한 1,000만원이 아니라 A가 실제로 수령한 500만원이며, 이를 기준으로 계산한 제한이자(연 25%)는 125만원이다. 그리하여 A가 B에게 반환해야 할 금액은 625만원이다.

ⓥ 간주이자   채권자가 받는 원본 외의 금전은 예금(禮金), 할인금, 수수료, 공제금, 체당금(替當金: 금전소비대차에 의하지 않고 널리 타인을 위하여 출연하는 금전) 등 명칭 여하를 불문하고 이자로 간주한다(법 제4조). 이는 명칭을 달리하여 「이자제한법」을 회피하는 것을 제어하기 위한 것이다.

Ⅴ. 선택채권

〈1〉개   념   선택채권이란 여러 개의 서로 다른 개성을 가진 급부가 선택적으로 채권의 목적인 경우이다. 선택채권은 당사자 사이의 약정 또는 법률규정(예: 제135조제1항, 제203조제2항, 제443조)에 의하여 발생한다.

선택채권과 구별해야 할 것으로 한정종류채권이 있다. 한정된 범위의 물건들이 각자 개성을 가지고 있는 경우에는 선택채권, 목적물의 범위에만 중점이 있고 물건의 개성이 중요성을 띠지 않은 경우에는 한정종류채권으로 볼 수 있다. "특정 지역의 토지 1000㎡ 중 100㎡"라고 하면 보통 선택채권으로 해석하는 것이 타당할 것이다. 1000㎡ 중 100㎡의 각 부분은 개성을 가지는 것이 보통이기 때문이다. 선택채권과 한정종류채권은 특정의 방법에 차이가 있으므로 구별의 실익이 있다.

2.79

〈2〉 특   정   선택채권의 특정 방법은 다음 두 가지이다: ① 선택에 의한 특정; ② 급부불능에 의한 특정.

  ⅰ) **선택에 의한 특정**   주요 사항을 살펴본다.

  ⓐ 선 택 권: 선택이란 여러 개의 급부 중에서 하나의 급부를 선정하는 행위로서 당사자 간의 약정 또는 법률규정으로 달리 정한 바가 없다면 채무자에게 있다(제380조). 선택은 선택권자의 일방적 의사표시로 하며(제382·383조), 선택권이 행사되면 법률관계가 변동(목적물의 특정)되므로 형성권의 일종이다.

  ⓑ 선택권의 이전: 선택권자가 선택권을 행사하지 않으면 채권관계가 청산되지 못한다. 민법이 선택권의 이전을 규정하는 이유이다.[74] 채권자·채무자 중 일방에 선택권이 있는 경우에는 선택권을 가지지 않은 일방이 상당기간을 정하여 선택권 행사를 최고하고, 그 기간 내에 선택권을 행사하지 않으면 상대방에게 선택권이 이전된다(제381조). 제3자에게 선택권이 있는데 그가 선택할 수 없을 때에는 선택권은 채무자에게 이전된다(제384조제1항). 제3자가 선택을 하지 않으면 채권자 또는 채무자는 상당기간을 정하여 선택권의 행사를 최고하고, 그 기간 내에 선택권을 행사하지 않으면 채무자에게 선택권이 이전된다(제384조제2항).

  ⓒ 선택의 효과(소급효): 선택권의 행사에 따라 채권의 목적은 선택의 대상 중 하나로 특정된다. 선택권을 행사하면 선택채권은 특정채권으로 되는가? 꼭 그렇지는 않다. 만약 선택채권의 대상이 A종류채권과 B종류채권이었다면 선택의 결과 그 중 하나의 종류채권으로 특정되고, 이행을 위해서는 다시 종류채권의 특정 과정을 거쳐야 한다. 선택의 효력은 선택채권이 발생한 때에 소급한다(386조 본문). 특정물 甲·乙 중 하나를 인도해야 하는 선택채권이고, 선택권이 채권자에게 있다고 가정해 보자. 채무자는 채권자가 甲을 선택할 것으로 예상하고 乙을 함부로 보관했는데, 예상과 달리 채권자가 乙을 선택했다면 채무자는 선관주의의무 위반에 대한 책임을 져야 한다(제374조). 선택권 행사에는 소급효가 있으므로 채권관계의 목적물은 계약성립시부터 乙이었던 것으로 보아야 하기 때문이다.

---

74) 여기에서의 최고는 상황전환효 최고(이에 대해서는 이 책 [1.17] 〈보충학습 1.2〉 참조)에 해당한다.

> **보충학습 2.18 | 제386조 단서의 부적절성**
>
> 제386조 단서는, 선택의 소급효는 제3자의 권리를 해하지 못한다고 규정하고 있다. 이 규정은 의용민법을 부적절하게 계승한 것이다. 물권변동에서 의사주의를 채택한 의용민법에서는 선택의 소급효로 제3자의 권리를 해할 가능성이 있었으나, 형식주의를 채택한 현행법에서 제386조 단서는 불필요하다.
>
> 선택채권의 성립 후 선택으로 특정될 때까지 사이에 선택된 목적물에 관하여 제3자가 권리를 가지게 된 경우를 살펴보자.
>
> **(1) 제3자의 권리가 물권인 경우**   채권자의 권리가 소급한다고 해도 제3자의 물권에는 영향이 없다. 왜냐하면 채권자의 그 물건에 대한 권리는 채권에 불과하므로 해당 물건에 대하여 물권을 취득한 제3자를 침해할 가능성이 없기 때문이다(의사주의 하에서는 사정이 다르다. 왜냐하면 선택의 효력이 소급하면 채권자는 채권성립시부터 그 물건에 대하여 물권자의 지위에 서기 때문이다).
>
> **(2) 제3자의 권리가 채권인 경우**   채권의 본질상 그 성립의 선후에 따른 효력상의 차이가 없으므로 선택의 효과가 소급하더라도 제3자의 권리를 해하는 것이 아니다.

ⅱ) 급부불능에 의한 특정   선택의 대상인 여러 급부 중에 원시적 또는 후발적으로 불능인 것이 있으면 채권은 나머지 급부에 대하여만 성립한다(제385조 제1항). 그러나 이행불능이 선택권이 없는 사람의 과실로 인한 것인 때에는 선택권에 영향을 미치지 않는다(제385조제2항). 즉 선택권자는 불능으로 된 급부를 선택할 수도 있는데, 이렇게 되면 채무자는 손해배상을 해야 한다.

제 3 절 채권의 소멸

2.80   채권도 권리의 일종이므로 권리의 일반적 소멸원인(예: 소멸시효, 취소, 해제조건의 성취 등)에 의하여 소멸한다. 그런데 민법은 "채권의 소멸"(제460~507조)이라는 독립 절을 두어 7개의 채권소멸 사유를 규정하고 있다. 채권자에게 만족을 주는 사유(변제, 대물변제, 공탁, 상계)와 채권자의 만족과 무관한 사유(경개, 면제, 혼동)로 구분하여 설명한다.

I. 채권자에게 만족을 주는 소멸사유

1. 변   제

(1) 의   의

2.81   변제는 채무의 내용을 실현하는 행위이다. 차용금을 갚는 것도, 채무의 목적물인 물건을 인도하는 것도, 채무의 내용인 서비스를 제공하는 것도 모두 변제이다.

변제의 장소는 채무의 성질 또는 당사자의 의사로 정해진다. 이 기준으로 정해지지 않으면 특정물의 인도는 채권성립 당시에 그 물건이 있었던 장소(제467조제1항), 그 외의 채무는 채권자의 현주소(또는 현영업소)가 에서 변제해야 한다(제467조제2항: 지참채무의 원칙). 지참채무의 원칙은 변제비용의 채무자부담 원칙(제473조)과 같은 맥락이다.

변제의 시기는 이행기를 의미한다. 변제는 이행기에 하면 되지만, 당사자의 특별한 의사표시가 없으면 변제기 전의 변제도 유효하다(제468조 본문). 그러나 변제기 전의 변제로 상대방이 입은 손해는 배상해야 한다(제468조 단서).[75]

(2) 변제의 당사자

1) 변 제 자

2.82   변제자는 통상 채무자이나 제3자의 변제도 원칙적으로 유효하다. 그러나 채무의 성질 또는 당사자의 의사표시로 채무자가 직접 변제해야 할 채무를 제3자가 변제하면 유효한 변제가 아니다(제469조제1항 단서). 제3자의 변제가 유효한 경우라도 이해관계 없는 제3자(보증인·물상보증인 등은 이해관계 있는 제3자)는 채무자의 의사에 반하여 변제하지 못한다(제469조제2항). 이는 "누구도 자신의 의사에 의하지 않고는 손실은 물론 이익도 강제당하지 않는다"(어떤 사람에게 일정한 이익을 주고 그것을 기화로 나중에 그 사람의 인격적 자유를 억압할 수 있는 염려가 있기 때문임)는 관념을 반영한 것이다. 제3자가 유효한 변제를 했다면 채권은 만족되어 소멸한다. 그러나 채무자는 해방되지 못하고 제3자(변제자)에게 구상채무를 부담하게 된다.

---

75) 기한의 이익에 대한 제153조와의 비교를 위하여 이 책 [1.136] 참조.

2) 변제수령자

2.83 〈1〉 일반원칙   변제수령권은 변제를 유효하게 수령할 수 있는 법적 지위이다. 변제수령권자가 아닌 사람에게 변제를 했다면 변제수령권자에게 다시 변제해야 한다. 물론 앞서 이루어진 변제에 대하여 부당이득반환청구를 할 수 있으나, 그 반환채권의 실현에 대한 위험은 변제자에게 있다(즉 변제수령자가 무자력이라면 부당이득반환채권은 무의미함).

변제수령권한은 채권자에게 있는 것이 원칙이다. 그러나 채권자라도 변제수령권한이 없는 경우가 있고, 또 그 반대로 채권자가 아니면서 변제수령권한이 인정되는 경우도 있다.

2.84 〈2〉 변제수령권한이 없는 채권자   채권이 압류(또는 가압류)된 채권자(「민사집행법」 제227조, 제296조제3항), 채권에 질권이 설정된 채권자(제352~354조) 등이 그 예이다. 이들은 자신의 채권에 대한 처분권을 제한당한 사람들이다.

2.85 〈3〉 채권자가 아니면서 변제수령권한이 인정되는 사람   실체적으로 변제수령권한이 없지만 마치 수령권자와 같은 외관을 갖춘 사람을 '표현수령권자'라고 한다.

ⅰ **채권의 준점유자**(제470조)   거래관념상 진정한 채권자라고 신뢰할 만한 외관을 갖춘 사람이다(예: 예금통장·인장을 소지하고 비밀번호를 알고 있는 사람).

ⅱ **영수증소지자**(제471조)   영수증은 변제의 수령을 증명하는 문서이다. 영수증은 변제수령권한을 가진 사람이 소지하는 것이 통례일 것이다.

변제자가 선의·무과실로 표현수령권자에게 변제를 했다면 유효한 변제가 된다. 그러므로 진정한 채권자는 다시 채무의 변제를 요구할 수 없고, 변제를 실제로 수령한 표현수령권자에게 부당이득반환채권을 행사하여 자기의 권리를 회복해야 한다. 표현수령권자가 수령물을 진정한 채권자에게 반환하면 다행이지만, 그가 무자력이라면 그 위험은 진정한 채권자의 부담으로 돌아간다.

ⅲ **증권적 채권증서의 소지인**   증권적 채권(지시채권, 무기명채권, 지명소지인출급채권)의 증서(즉 증권)의 소지인에 대한 변제는, 그 소지인이 진정한 권리자가 아니라도 변제자가 악의 또는 중과실이 아닌 한 유효하다(제514·518·524·525조). 증

권적 채권의 유통과 거래의 안전을 위하여 증권적 채권의 소지인을 두텁게 보호하는 것이다.

(3) 변제의 목적물

2.86 〈1〉 **특정물채무의 경우**(현상인도의 원칙)   특정물의 인도가 채권의 목적인 때에는, 채무자는 이행기의 현상대로 그 물건을 인도해야 한다(제462조: 현상인도의 원칙). 제462조는 제374조[76]와 밀접하게 연관지어 이해해야 한다. 특정물채무자는 목적물을 선량한 관리자의 주의로 보관하다가 채권자에게 인도해야 하며, 채무자가 주의의무를 다했다면 비록 목적물이 변질·훼손되더라도 그것을 인도함으로써 면책된다.

2.87 〈2〉 **불특정물채무의 경우**   주요 이슈를 중심으로 살펴본다.

ⓘ **타인 소유의 물건으로 한 변제**   채무의 변제로 타인의 물건을 인도한 채무자는 다시 유효한 변제를 하지 않으면 그 물건의 반환을 청구하지 못한다(제463조). 이 규정은 채무자가 다시 유효한 변제를 할 수 있음을 전제한 것이어서 불특정물채무에 적용되는 것이다. 특정물채무는 유효한 변제를 재차 할 수 없기 때문이다. 또한 이 규정은 채무자가 그 물건의 반환을 청구할 수 없다는 것이지 다른 사람(예: 해당 물건의 소유자)이 반환을 청구할 수 없다는 것은 아니다.[77]

ⓘⓘ **양도능력 없는 소유자에 의한 물건인도**   양도할 능력이 없는 소유자(예: 제한능력자)가 변제로 물건을 인도한 후 그 변제가 취소된 때에도 다시 유효한 변제를 하지 않으면 그 물건의 반환을 청구하지 못한다(제464조). 이 규정 역시 채무자가 다시 유효한 변제를 할 수 있음을 전제한 것이므로 불특정물채무에 적용된다.

(4) 변제의 제공

2.88 〈1〉 **개   념**   채무 중에는 채무자의 이행행위만으로 변제의 결과를 가져오는 경우(예: 부작위채무, 의사표시를 해야 할 채무)와 채권자의 수령 등 일정한 협력이 있어야만 변제의 결과를 가져오는 경우가 있다. 전자와 달리 후자에서는 채권자가 협력하지 않으면 채무자는 변제를 완료할 수 없고, 따라서 채무를 소

---

76) 제374조에 대해서는 이 책 [2.71] 참조.
77) 대법원 1993. 6. 8. 선고 93다14998 판결 참조.

멸시킬 수 없다. 성실한 채무자를 보호하기 위한 조치가 필요하다. 변제제공이란 채무자가 채무이행을 위하여 필요한 행위를 완료하는 것을 말한다. 채무자의 변제제공에 대하여 채권자의 협력이 없다면 채무가 소멸되지는 않지만, 채무자는 최소한 채무불이행책임을 지지 않는다(제461조).

2.89 〈2〉**변제제공의 방법** 변제제공의 방법은 현실제공이 원칙이다(제460조 본문). 금전채무자가 금전을 지참하여 채권자의 주소지에 간다든가, 부동산매도인이 이전등기에 필요한 서류를 갖추고 등기소 기타 약속장소에 출두하는 것이 그 예이다.

구두제공만으로 변제제공으로 인정되는 예외가 있다(제460조 단서). 채권자가 수령을 거절하거나 채무이행을 위하여 채권자의 행위가 선행되어야 하는 경우(예: 채권자가 공급하는 재료를 가공해야 할 채무)가 그러하다. 이때에도 현실제공을 요구하는 것은 불공평하므로 채무자의 행위 수준을 낮춘 것이다. 한편, 채권자의 수령거절의 의사가 완강하다면 구두제공조차 요구되지 않는다.[78]

2.90 〈3〉**변제제공의 효과** 변제제공의 핵심효과는 채무자가 채무불이행책임으로부터 해방된다는 것이다(제461조). 변제제공으로 채무가 소멸되지는 않지만 성실한 변제자에게 위법성을 인정할 수는 없기 때문이다. 그 외에도 채무자의 변제제공에 따라 상대방은 채권자지체에 빠지며(제400조), 채무자는 변제공탁을 할 수 있다(제487조). 그리고 쌍무계약의 경우에 변제제공을 한 당사자의 상대방은 동시이행의 항변권을 상실한다.[79]

(5) 변제의 충당

2.91 〈1〉개 념 B에 대하여 300만원(이율: 연 20%)과 200만원(무이자)의 대여금채무가 있는 A가 B에게 400만원을 변제했다고 가정해 보자. 400만원은 A의 B에 대한 채무를 모두 소멸시키기에 부족한 액수이다. 400만원이 어떤 채무에 충당되는가에 따라 이해관계에 중대한 영향을 준다. 변제충당은 채무자가 동일한 채권자에 대하여 다수의 채무를 부담한 경우(제476조)에 문제된다. 1개의 채무를 위하여 다수의 급부를 해야 하는 경우에 변제로서 제공한 급부가 채무 전부

---

78) 대법원 1976. 11. 9. 선고 76다2218 판결; 대법원 1981. 11. 24. 선고 81다633 판결 등 참조.
79) 이에 대해서는 이 책 [2.154] 〈보충학습 2.33〉 참조.

를 소멸시키기에 부족한 때도 변제충당에 관한 규정이 준용된다(부족변제의 충당: 제478조).

2.92 〈2〉 **변제충당의 방법** 변제충당은 1차적으로는 당사자 사이의 합의에 의하여 결정한다(합의변제충당).[80] 합의가 없는 경우를 대비하여 민법은 지정변제 충당 및 법정변제충당을 규정한다.

ⓘ **지정변제충당** 지정권자의 지정에 의하여 이루어지는 변제충당이다. 1차적 지정권자는 변제자이다(제476조제1항). 변제자가 지정을 하지 않을 때에는 변제수령자가 변제 수령시에 지정할 수 있다(제476조제2항 본문). 변제수령자가 변제충당의 의사표시를 하더라도 이에 대하여 변제자가 즉시 이의를 제기하면 변제수령자의 변제충당은 효력이 없으며(제476조제2항 단서), 이때에는 법정변제충당에 의한다.

ⓘ **법정변제충당** 지정변제충당이 없거나 혹은 변제수령자의 지정충당에 관하여 채무자가 이의를 제기하면 법정변제충당에 의한다. 제477조는 법정변제충당의 구체적인 방법을 정하고 있다.

(6) 변제자대위: 변제에 의한 대위

2.93 〈1〉 **개념과 유형** 변제자대위란 채무자가 아닌 제3자(보증인 포함) 또는 공동채무자(예: 연대채무자)가 변제한 경우에 구상권의 범위 내에서 종래 채권자에게 귀속했던 채권 및 담보에 관한 권리가 변제자에게 이전되는 것이다. 변제자대위는 변제자의 구상권을 보장하기 위한 제도이다. 변제자대위는 다음 두 유형으로 구분된다.

ⓘ **법정대위** 변제에 정당한 이익이 있는 사람(예: 변제를 하지 않으면 불이익을 입는 사람으로서 물상보증인, 저당부동산의 제3취득자 등)은 변제로 당연히 채권자를 대위한다(제481조).

ⓘ **임의대위** 변제에 정당한 이익이 없는 사람은 당연대위는 아니고 채권자의 승낙(채권 및 담보의 이전에 관한 동의)을 얻어 채권자를 대위할 수 있다(제480조제1항). 이때에는 채권양도의 대항요건에 관한 규정(제450~452조)[81]이 준용된다

---

80) 대법원 1987. 3. 24. 선고 84다카1324 판결; 대법원 2010. 3. 10. 선고 2009마1942 결정 등 참조.
81) 이에 대해서는 이 책 [2.106]~[2.108] 참조.

(종전 채권자는 채권양도인, 변제자는 채권양수인에 준하는 것으로 봄).

2.94　　〈2〉효　　과　　　관련 당사자별로 살펴본다.

　　ⅰ 대위변제자와 채무자 사이의 관계　　　변제자대위의 목적은 변제자의 구상권 확보이다. 그러므로 변제자대위는 변제자의 출재를 한도로 구상권의 범위 내에서만 허용된다(제482조제1항). 변제자대위에 의하여 채권자의 채권, 그에 부수하는 권리(예: 채권자취소권, 채권자대위권 등) 및 담보에 관한 권리(예: 보증채무 등 인적 담보, 저당권 등 물적 담보)가 변제자에게 이전된다. 변제자는 채무자에 대하여 구상권(자기 고유의 지위)을 행사하든 변제자대위(종전 채권자의 지위)를 주장하든 선택할 수 있다.[82]

　　ⅱ 대위변제자와 채권자 사이의 관계　　　채권 전부의 대위변제를 받은 채권자는 그 채권에 관한 증서 및 점유한 담보물을 대위자에게 교부하여야 한다(제484조제1항). 채권 일부에 대한 대위변제의 경우에 채권자는 채권증서에 대위 사실을 기입하고 자기가 점유한 담보물의 보존에 관하여 대위자의 감독을 받아야 한다(제484조제2항).

　　ⅲ 복수 대위변제자 상호간의 관계　　　A의 B에 대한 채권(채권액: 1,000)을 담보하기 위하여 C는 보증인이 되었고, D는 자기 소유 토지(가액: 1,000)에 저당권을 설정했다고 가정해 보자. 만약 C가 A에게 1,000을 변제한 경우 C는 A를 대위하여 D의 소유물에 대한 저당권을 실행하여 1,000의 만족을 얻을 수 있을까? 이를 허용한다면 D는 다시 A를 대위하여 C에게 보증채무의 이행을 청구할 수 있을까? 이를 긍정하면 대위의 순환이 일어나고, 부정하면 먼저 변제한 C에게 유리한 상황이 된다(물론 C는 채무자 B에게 구상권이 있지만 그가 무자력이라면 그 리스크를 혼자서 부담). 정책적 시각에서 C·D 사이의 이해관계를 조정할 필요가 있음을 알 수 있다. 이 사안에 대하여 민법은, C는 D에 대하여 500을 한도로 A를 대위할 수 있다고 규정한다(제482조제2항제5호제1문). 이러한 상황을 포함하여 민법은 복수의 대위변제자 사이의 관계에 대하여 유형별로 규정한다(제482조제2항제1~5호). 제482조제2항은 복수의 대위변제자 상호간의 관계에 관한 것일 뿐이어서, 변제자가 변제자대위로써 만족을 얻지 못한 부분은 채무자에게 구상할 수 있다(문제는 채무

---

82) 대법원 1997. 5. 30. 선고 97다1556 판결 등 참조.

자가 무자력인 경우인데 민법은 위 사안에서 C와 D가 B의 무자력에 대한 리스크를 균분 부담하라는 취지임).

2. 대물변제

2.95   채무자가 본래의 급부에 대신하여 다른 급부를 제공하고 채권자가 이를 본래의 급부를 대신하는 것으로 승낙하면서 수령하면(1억원의 금전채무를 지는 채무자가 채권자의 승낙을 얻어 1억원 대신에 특정 토지에 대한 소유권을 이전) 변제와 같은 효력이 있다(제466조). 대물변제와 구별되는 것으로 대물변제의 예약이 있다. 대물변제의 예약이란 대물변제를 성립시킬 의무를 미리 약정하는 것이다. A가 B에게 1,000만원을 대여해 주면서 "만약 B가 A에게 대여금을 반환하지 못하면 금전 대신 B 소유의 토지(시가 1,500만원)에 대한 소유권을 A에게 이전하겠다"와 같은 약정이 그것이다. 대물변제의 예약만으로는 원래의 채무가 소멸되지 않는다는 점에서 현실적으로 대물급부가 이루어져 채권이 소멸하는 대물변제와 구별된다.

3. 공   탁

2.96   채무자가 변제제공을 하면 채무불이행책임을 지지는 않지만(제461조), 그렇다고 채무를 면하는 것은 아니다. 공탁은 채권자가 변제를 수령하지 않거나 수령할 수 없는 경우에 변제자가 채권자를 위하여 변제의 목적물(금전, 유가증권 기타의 물건)을 공탁소에 인도하여 채무를 면하는 것이다(제487조). 공탁의 당사자는 공탁자(채무자)와 공탁소이며, 공탁소는 각 지방법원에 둔다. 피공탁자(즉 채권자)는 공탁물출급청구권을 행사하여 공탁물을 수령한다.

공탁에 의하여 채무는 소멸되지만 채권은 채권자가 공탁물을 인수받아 만족을 얻은 후에야 소멸한다. 채무가 소멸하므로 담보권도 소멸하고 이자도 정지된다. 변제에 있어서는 채무와 채권의 소멸 시점이 동일하나, 공탁의 경우에는 양 시점이 동일하지 않다.

4. 상 계

2.97 〈1〉개 념   상계란 채권관계의 당사자 쌍방이 서로 같은 종류의 채무를 지는 경우에 각 채무를 대등액의 한도에서 소멸시키는 것이다(제492조제1항). 상계는 상대방에 대한 의사표시로 한다(상계의 의사표시의 법적 성질은 형성권: 제493조제1항). A가 B에게 2,000만원의 채무를, B는 A에게 3,000만원의 채무를 지고 있는데, A가 B에게 상계를 하면 A의 B에 대한 채무는 소멸하고, B의 A에 대한 채무는 1,000만원으로 된다. 상계의 의사표시를 하는 사람의 채권을 자동채권, 그 상대방의 채권을 수동채권이라 한다.

2.98 〈2〉요 건   상계를 위해서 서로 대립하는 두 채권이 갖추어야 할 요건이 있는데, 이를 '상계적상'이라고 한다(제492조제1항).

ⅰ 상호대립적 채권의 존재   당사자들은 서로 상대방에 대하여 채권을 가지고 있어야 한다.

ⅱ 양 채권의 동종성   양 채권의 내용이 동일해야 한다. 그러므로 상계는 금전채권 또는 대체적 급부를 내용으로 하는 채권 사이에서 가능하다.

ⅲ 양 채무의 변제기 도래   이 요건이 없다면 당사자에게 변제기 전의 변제를 강요하는 결과가 될 것이다. 그러나 수동채권의 변제기 도래는 상계에 장애가 되지 않는다. 채무자(상계의 의사표시를 하는 사람은 수동채권의 채무자)는 변제기 전의 변제를 할 수 있기 때문이다(제468조).

2.99 〈3〉상계가 허용되지 않는 경우   상계가 허용되지 않는 경우가 있다.

ⅰ 채무의 성질에 의한 상계 금지   양 채권이 서로 현실이행을 해야만 채권의 목적을 달성할 수 있는 경우(예: 양당사자가 서로 밭을 매주기로 하는 채무), 자동채권에 최고검색의 항변권 또는 동시이행의 항변권이 붙어있는 경우(만약 항변권이 붙어있는 채권을 자동채권으로 하여 다른 채무와의 상계를 허용하면 상대방의 항변권을 박탈하는 결과가 됨),[83] 채권자가 자동채권을 자유로이 처분할 수 없는 경우(예: 자동채권이 압류된 경우, 자동채권에 질권이 설정된 경우) 등이 그 예이다.

ⅱ 당사자의 의사표시에 의한 상계 금지   상계는 당사자의 의사로 상계를

---

83) 대법원 2014. 4. 30. 선고 2010다11323 판결 등 참조.

금지할 수 있다(제492조제2항 본문).

  ⑪ **법률규정에 의한 상계 금지**   고의의 불법행위로 인한 수동채권(제496조: 채무자의 무자력 등의 이유로 변제받을 수 없게 된 채권자가 채무자에게 불법행위를 하는 것을 저지하기 위한 조치), 압류금지(「민사집행법」 제246조제1항)의 수동채권(제497조: 수동채권의 현실적 이행을 확보해 주기 위한 조치), 지급금지의 수동채권(제498조: 압류·가압류와 같은 지급금지명령을 확보한 채권자를 보호하기 위한 조치).

2.100   〈4〉효   과   상계는 소급효가 있다(제493조제2항). 그러므로 상계의 의사표시를 하면 상계적상 이후부터 이자가 발생하지 않는다. 그리고 상계에는 변제충당에 관한 규정이 준용된다(제499조).

Ⅱ. 채권자의 만족과 무관한 소멸사유

1. 경   개

2.101   경개란 채무의 중요부분을 변경함으로써 신채무를 성립시키는 동시에 구채무를 소멸시키는 계약이다(제500조). 경개는 구채무를 소멸시킨다는 점에서 구채무가 존속하는 대물변제예약[84]과 구별된다. 경개에 있어서 구채무의 소멸은 신채무의 원인행위이다(즉 구채무가 소멸하기 때문에 신채무가 성립하는 것이다). 그러므로 구채무가 소멸하지 않으면 신채무는 성립하지 않으며, 신채무가 성립하지 않으면 구채무는 소멸하지 않는다(제504조).[85] 경개가 유효하게 성립하면 구채무와 신채무 사이에는 동일성이 인정되지 않는다. 그러므로 구채무에 붙어있던 담보권도 경개와 함께 소멸하는 것이 원칙이지만, 민법은 거래의 편의를 위해 특별규정을 두고 있다(제505조).

  채권관계를 '법의 사슬'로 관념하고 채권자 또는 채무자의 변경은 채권의 동일성을 상실한다고 보아 채권양도 또는 채무인수 제도를 두지 않았던 로마시대에는 경개가 거래에서 중요한 역할을 했다.[86] 그러나 채권양도 또는 채무인수

---

84) 이에 대해서는 이 책 [2.95] 참조.
85) 대법원 2011. 6. 24. 선고 2011다11009 판결 참조.
86) 이에 대해서는 이 책 [2.104] 참조.

가 승인된 근대법에서 경개는 예외적인 제도로 전락했다.

> **보충학습 2.19 | 경개의 주요 유형**
>
> (1) **채무자변경으로 인한 경개** 이 유형의 경개가 채권자·구채무자·신채무자의 3면
> 계약으로 이루어질 수 있음은 물론이다. 채권자와 신채무자 사이의 계약으로도 채무자변
> 경이 가능하나(제501조 본문), 구채무자의 의사에 반하여 경개계약을 할 수는 없다(제
> 501조 단서). 이는 제469조제2항과 같은 취지이다.[87]
> (2) **채권자변경으로 인한 경개** 이 유형의 경개는 채권양도와 달리 신구채권자와 채무
> 자 간의 3면계약에 의하는 것으로 해석한다. 그러나 채권양도와의 유사한 기능을 고려하
> 여 채권양도에 관한 일부 규정을 준용한다(제502·503조).

2. 면　　제

2.102　　채권자와 채무자의 계약으로 채무를 소멸시키는 것도 가능하나(사적자치의 원
칙), 민법이 정하는 면제는 채권자의 단독행위로 채무를 소멸시키는 것이다(제506
조 본문). 그러나 정당한 이익을 가진 제3자에게는 면제로써 대항하지 못한다(제
506조 단서).

3. 혼　　동

2.103　　일정한 사유로 채권과 채무가 동일인에게 귀속되면 원칙적으로 채권이 소
멸한다(제507조 본문: 가령, 채권자가 채무자를 상속한다든가 또는 그 반대). 그러나 채권이
제3자의 권리의 목적인 때에는 소멸하지 않는다(제507조 단서). 이는 타인의 권리
를 임의로 간섭할 수 없다는 취지로, 권리관계의 일반원칙상 당연한 것이다.

---

87) 이에 대해서는 이 책 [2.82] 참조.

제4절 채권·채무의 이전

2.104
로마법에서는 채권을 '법의 사슬'(*iuris vinculum*)이라 하여 채권 또는 채무가 동일성을 유지한 채 그 귀속주체가 변경될 수 있다는 관념이 없었다.[88] 채권양도·채무인수는 채권이 동일성을 유지하면서 채권자 또는 채무자가 변경되는 것으로 근대적인 제도에 해당한다.

채권양도의 기능은 무엇인가? 채권이 실현되기 위해서는 이행기가 도래하여 실제로 이행되어야 한다. 만약 이행기 전에 채권자가 채권의 유동화(쉽게 말해 현금화)를 원하고 채권실현에 대한 위험을 피하고자 한다면 해당 채권을 타인에게 양도하고 그 대가를 받으면 될 것이다. 채권의 양수인은 일반적으로 채권액보다 적은 금액을 지급하고(이것을 '채권할인'이라고 함) 채권을 양수할 것이다. 채권할인의 이유는 이자와 채권실현에 대한 위험으로 인한 비용에서 찾을 수 있다.

채무인수의 기능은 무엇인가? A가 B 소유의 甲부동산(시가 3억원)을 매수하려는데 마침 甲에 대하여 K은행이 매우 좋은 조건으로 B에게 2억원을 대출하고 저당권을 설정했다고 가정해 보자. A가 B의 K은행에 대한 채무를 인수한다면 현금 1억원으로 甲의 소유자가 될 수 있다.

민법은 채권양도를 지명채권(제3편 제1장 제4절: 제449~452조)과 증권적 채권(제3편 제1장 제7~8절: 제508~526조)으로 구분하여 규율한다. 채무인수에 대해서는 지명채권의 양도 직후에 규율한다(제3편 제1장 제5절: 제453~459조).

I. 채권양도

1. 지명채권의 양도

(1) 지명채권의 양도성

2.105
지명채권이란 채권자가 특정되어 있는 채권이다. 민법에서 보통 채권이라 하면 지명채권을 가리킨다. 증권적 채권과 달리 지명채권은 채권의 성립·행사·

---

[88] 그런 이유로 채권자변경에 의한 경개, 채무자변경에 의한 경개가 중요한 기능을 담당했다(이에 대해서는 이 책 [2.101] 참조).

양도에 증서(즉 증권)의 작성·교부 등이 요구되지 않는다.

민법은 "채권은 양도할 수 있다"(제449조제1항 본문)라고 하여 지명채권의 양도성의 원칙을 선언하고 있다. 그러나 양도성을 본질로 하는 증권적 채권과 달리 지명채권의 양도성에는 상당한 제한이 따른다. 지명채권은 그 성질이 허락하지 않는 경우(제449조제1항 단서: 위임계약 등과 같이 채권자의 변경으로 인해 채권의 동일성이 깨지는 경우), 당사자 사이의 특약이 있는 경우(제449조제2항 본문) 또는 법률이 특별히 정하는 경우에는 양도가 제한된다. 민법 또는 기타 특별법에서는 일정한 채권이 반드시 원래의 채권자에게 귀속되고 또한 그가 채권의 수혜자가 되어야 한다는 취지에서 채권양도를 금지(예: 제979조의 부양청구권, 특별법에 의한 연금청구권)한다. 채권양도를 제한하는 당사자의 약정은 선의의 제3자에게 대항하지 못한다(제449조제2항 단서).

(2) 지명채권 양도의 대항요건

2.106 채권양도계약의 당사자는 양도인(원채권자)과 양수인(신채권자)이다. 그러므로 이 계약에 개입하지 않은 채무자 또는 제3자는 채권양도로 인하여 불측의 손해를 입을 수 있다. 채무자가 채권양도 사실을 모르고 구채권자에게 변제를 한다든가(논리적으로는 구채권자는 채권자가 아니므로 채무자는 신채권자에게 다시 변제를 하고 구채권자에게 부당이득반환청구를 해야 함) 혹은 이미 채권을 양도한 사람이 다시 다른 사람에게 채권을 양도(논리적으로는 두 번째 양도계약은 무효이므로 채권을 양수할 수 없음)하는 것이 그 예이다.

이에 관하여 민법은 다음과 같이 규정한다: ① 지명채권의 양도는 양도인이 채무자에게 통지하거나 채무자가 승낙하지 않으면 채무자 기타 제3자에게 대항하지 못한다(채무자에 대한 대항요건: 제450조제1항); ② 채무자가 아닌 제3자에게 채권양도로 대항하기 위해서는 통지나 승낙을 확정일자 있는 증서로 해야 한다(제3자에 대한 대항요건: 제450조제2항).

2.107 〈1〉 **채무자에 대한 대항요건** 채무자에 대한 대항요건은 양도의 통지 또는 승낙이다. 통지는 해당 채권을 다른 사람에게 양도했음을 알리는 것으로 양도인이 채무자에게 해야 한다. 양수인을 통지권자로 하지 않은 이유는 양수받은 사실이 없으면서 허위로 자신이 채권양수인이라고 통지할 위험이 있기 때문이

다. 승낙은 채무자가 채권양도 사실을 인식하고 있음을 양도인 또는 양수인에게 알리는 행위이다.

통지 또는 승낙이 있게 되면 양수인은 채무자에게 채권양도 사실을 가지고 대항할 수 있다. 즉 채무자에 대하여 채권을 행사할 수 있다.

보충학습 2.20 │ 통지와 승낙의 부수적 효력

(1) **통지의 부수적 효력**   채권양도의 통지는 채무자에 대한 대항 외에 다음과 같은 부수적 효력을 발생시킨다.

ⓐ **채무자의 양수인에 대한 대항**   양도인이 통지만을 한 때에는 채무자는 그 통지를 받은 때까지 양도인에게 생긴 사유를 가지고 양수인에게 대항할 수 있다(제451조제2항). 따라서 가령 채무자는 양수인에게 변제 기타의 사유로 채권의 전부 또는 일부가 소멸하였다는 항변을 할 수 있다.

ⓑ **채무자의 양도인에 대한 대항**   양도인이 채무자에게 채권양도를 통지한 때에는 아직 양도하지 아니하였거나 그 양도가 무효인 경우에도 선의인 채무자는 양수인에게 대항할 수 있는 사유로 양도인에게 대항할 수 있다(제452조제1항). 따라서 선의의 채무자는 그가 표현양수인에게 한 변제 기타의 면책행위를 유효한 것으로 주장할 수 있다.89)

(2) **승낙의 부수적 효력**   채권양도의 승낙은 채무자에 대한 대항 외에 다음과 같은 부수적 효력을 발생시킨다(채무자가 승낙을 할 때 이의를 보류했는가 여부에 따라 차이).

ⓐ **이의를 보류한 승낙**   채무자가 채권양도를 승낙함에 있어서 양도인과의 관계에서 항변사유를 보유하고 있음을 밝히면서 하는 승낙이다. 이의를 보류한 승낙에 대하여 민법은 특별한 규정을 두지 않고 있다. 이는 통지와 동일한 효력이 있다는 의미이다.

ⓑ **이의를 보류하지 않은 승낙**   채무자가 채권양도를 승낙함에 있어서 양도인과의 관계에서 항변사유를 보유하고 있음을 밝히지 않고 단순하게 승낙하는 것이다. 이 경우에는 양수인을 두텁게 보호한다. 단순승낙을 한 채무자는 양도인에게 대항할 수 있는 사유로써 양수인에게 대항하지 못한다(제451조제1항 본문). 채무자의 적극적인 행위(승낙)가 양수인에게 신뢰를 조성했다면 이에 대하여 책임을 져야 한다는 의미로서 신의칙(모순행위금지의 원칙)의 반영이다. 양수인은 채무자에 의한 이의가능성이 완전히 배제된 채권을 취득하며, 채무자가 대항하지 못함으로 인하여 발생한 불이익은 양도인과의 사이에서 조정된다(제451조제1항 단서).

---

89) 이러한 법리는 표현수령권자에 대한 변제(이 책 [2.85] 참조)와 유사한 것이다.

2.108 　　〈2〉 채무자가 아닌 제3자에 대한 대항요건　　채권자가 자신의 채권을 이중으로 양도하고 채무자에게 통지했다면 두 양수인 중 누가 진정한 채권자인가? 채무자는 누구에게 변제를 해야 하는가? 이것이 채무자 외의 제3자에 대한 대항요건의 문제이다. 여기에서 제3자란 해당 채권에 관하여 양수인의 지위와 양립할 수 없는 법률상의 지위를 취득한 사람(예: 채권의 이중양수인, 채권의 질권자, 채권을 압류 또는 가압류한 양도인의 채권자 등)이다.

　　물권의 경우에는 공시방법(등기 또는 인도)으로 우열을 가릴 수 있지만 지명채권은 공시방법이 없다. 민법은 채권양도의 제3자에 대한 대항요건 또한 통지 또는 승낙으로 하면서, 다만 확정일자 있는 증서를 요구하고 있다(제450조제2항). 가령 채권의 이중양수인이 있다면 확정일자 있는 통지·승낙을 먼저 받은 사람이 우선하게 된다.

　　확정일자란 증서에 대하여 그 작성 일자에 관한 완전한 증거가 될 수 있는 것으로 인정되는 날짜로서 당사자가 나중에 변경하는 것이 불가능한 것을 가리킨다.[90] 공정증서에 기입된 날짜, 내용증명우편의 날짜 같은 것이 그 예이다.

2. 증권적 채권의 양도

2.109 　　증권적 채권이란 채권의 성립·존속·양도·행사 등을 위하여 증서(즉 증권)의 작성·교부가 요구되는 채권이다. 증권적 채권은 양도성을 핵심으로 하며, 채권자 결정 방법에 따라 지시채권, 무기명채권, 지명소지인출급채권 등이 있다.

　　ⓘ 지시채권의 양도　　지시채권이란 특정인 또는 그가 지시하는 사람에게 변제해야 하는 증권적 채권이다(예: 어음, 화물상환증, 창고증권, 선하증권). 지시채권의 양도는 배서와 교부에 의한다(제508조). 배서란 증권에 양도인과 양수인의 성명을 기입하고 그들 사이에 양도행위가 이루어졌음을 기재하는 것이다.

　　ⓘ 무기명채권의 양도　　무기명채권이란 증서에 특정인의 이름을 기재하지 않고 그 증권의 소지인에게 변제해야 하는 증권적 채권이다(예: 백화점상품권, 연극표, 무기명사채, 무기명주식, 무기명수표). 무기명채권은 양수인에게 증권을 단순히 교부함으로써 양도의 효력이 발생한다(제523조). 지시채권에 관한 규정 중 배서를

---

90) 대법원 1988. 4. 12. 선고 87다카2429 판결; 대법원 2000. 4. 11. 선고 2000다2627 판결 등 참조.

제외한 사항(제514~522조)은 무기명채권에 준용된다(제524조).

  ⅲ) 지명소지인출급채권의 양도 지명소지인출급채권이란 말 그대로 증서에 기재된 특정인(지명) 또는 증서의 소지인에게 변제할 것(증권소지인출급)을 부기한 증권적 채권이다. 증서의 소지인에게 변제해도 된다는 점에서 무기명채권과 같다. 따라서 지명소지인출급채권은 무기명채권과 동일하게 취급한다(제525조).

Ⅱ. 채무인수

1. 개 념

2.110 민법은 채권의 양도성(제449조제1항)과 함께 채무의 이전성을 규정하고 있다(제453조제1항). 채무인수에 따라 구채무자는 채무를 면하고 신채무자만이 채무를 부담한다는 점에서 채무자변경에 의한 경개와 유사하다. 그러나 경개와 달리 채무인수에서는 채무의 동일성이 유지된다. 제458조(채무인수인은 전채무자의 채권자에 대한 항변사유로 대항할 수 있음)는 채무인수에 있어서 채무의 동일성 유지를 반영한 규정이다.

보충학습 2.21 | 제459조의 의미

 채무인수의 본질(특히 채무의 동일성 유지)로 일관한다면 채무인수가 있더라도 채무뿐만 아니라 그에 부수된 사항(예: 담보, 보증 등)도 모두 그대로 인수인에게 이전되어야 한다. 그것이 동일성 유지의 핵심이기 때문이다. 그러나 제459조는, 전채무자의 채무에 대한 보증이나 제3자가 제공한 담보는 보증인이나 제3자의 승낙이 없는 한 채무인수로 인하여 소멸한다고 하여 채무의 동일성 유지와 어긋나는 태도를 취하고 있다. 이는 구채무를 위하여 담보를 제공한 사람을 보호하기 위한 것으로 타인의 채무이행을 위한 약정은 인적요소(채무자가 누구인가 하는 것이 중요함)가 중시되는 계속적 법률관계라는 점을 고려한 것으로 이해할 수 있다.

---

2. 채무인수의 당사자

2.111 몇 개의 유형으로 구분하여 살펴본다.

ⓘ 채권자·채무자·인수인　　이들 3자간의 약정에 의하여 채무인수가 이루어질 수 있음은 당연하다. 당연하기에 민법이 명문규정을 두지 않은 것이다.

ⓒ 채권자·인수인　　채무인수로 인하여 이해관계에 큰 변화를 겪는 사람은 채권자(채무인수로 채무자가 변경되고 그에 따라 책임재산이 달라지기 때문)와 인수인(없던 채무를 새로 부담하기 때문)이다. 이해관계의 핵심 당사자가 인수계약을 유효하게 체결할 수 있다는 것은 이론상 별다른 문제가 없다(제453조제1항). 다만, 고려할 사항은 "누구도 자신의 의사에 의하지 않고는 손실은 물론 이익도 강제당하지 않는다"는 원칙이다. 제453조제2항은 이를 반영한 것으로 제469조제2항과 같은 맥락이다.[91]

ⓒ 채무자·인수인　　채무자·인수인 사이의 계약에 의한 채무인수는 채권자의 승낙에 의하여 효력이 생긴다(제454조제1항). 아울러 민법은 당사자 간의 이해관계 조정을 위한 규정을 두고 있다(제455~457조).

3. 채무인수와 유사한 제도

[2.112]　　채무인수와 유사하지만 구별해야 할 제도를 살펴본다.

ⓘ 병존적 채무인수　　병존적 채무인수는 원채무자의 채무가 소멸하지 않고 제3자가 새로이 동일한 내용의 채무를 부담함으로써, 결국 채무자가 하나 추가되는 경우이다. 이는 채권자의 입장에서 보면 인적 담보의 의미를 가지게 된다. 병존적 채무인수와 구별하기 위하여 원래 의미의 채무인수를 면책적 채무인수로 부르기도 한다. 면책적 채무인수인지 병존적 채무인수인지가 분명하지 않은 때에는 병존적 채무인수로 보아야 한다.[92]

ⓒ 이행인수　　이행인수란 인수인이 채무자의 채무를 이행할 것을 약정하는 채무자와 인수인 사이의 계약이다. 이행인수가 있더라도 채무자의 변경은 없다. 이행인수인이 채권자에게 이행하지 않더라도 채권자가 직접 이행청구를 할 수는 없으며, 다만 채무자가 인수인에게 채무불이행책임을 물을 수 있을 뿐이다.

ⓒ 계약인수　　채권양도, 채무인수가 채권 또는 채무의 단편적 이전인 것

---

91) 이에 대해서는 이 책 [2.82] 참조.
92) 대법원 2012. 1. 12. 선고 2011다76099 판결 참조.

과 달리, 계약인수는 계약당사자로서의 지위(채권자로서의 지위와 채무자로서의 지위)의 포괄적 승계를 내용으로 하는 계약이다. 명문규정은 없으나 사적자치의 원칙상 인정된다.[93] 계약인수는 주로 계속적 계약관계(예: 임대차)에서 이루어지며, 계약인수가 있게 되면 양도인은 계약관계에서 벗어난다.

제5절 다수당사자의 채권관계

2.113 다수당사자의 채권관계란 하나의 급부에 관하여 채권자 또는 채무자의 일방 또는 쌍방이 2인 이상인 경우이다. 다수당사자의 채권관계는 하나의 급부를 목적으로 하지만, 채권자 또는 채무자의 수만큼의 채권관계가 성립한다. 예컨대, 채권자가 A·B이고 채무자가 X·Y·Z인 다수당사자의 채권관계라면 6개(A-X, A-Y, A-Z, B-X, B-Y, B-Z)의 채권관계가 성립한다. "급부는 하나, 관계는 다수"(Objet unique, mais plusieurs liens)로 표현할 수 있다.

다수당사자의 채권관계의 핵심 법률관계는 다음과 같다(사례: 채권자 A, 채무자 X·Y, 채권액 200).

ⓘ 대외적 효력   채권자 측과 채무자 측 사이의 법률관계로서 이는 다시 다음 두 가지로 나누어 생각할 수 있다: ① 이행청구나 변제가 어떻게 행해지는가(가령, A가 X·Y에게 각각 100을 청구할 수 있는지, 아니면 X·Y 각각에게 200을 청구할 수 있는지); ② 복수주체 중 1인에게 생긴 사유가 다른 사람에게 어떤 영향을 미치는가(가령, A가 X에게 채무면제의 의사표시를 하면 그 효력이 Y에게도 미치는지).

ⓘ 대내적 효력   다수인 채권자 상호간 또는 채무자 상호간의 법률관계이다. 가령, X가 A에게 200을 변제한 경우에 채무자 X·Y의 내부관계는 어떻게 정리되어야 하는가의 문제이다.

다수당사자의 채권관계로 민법은 분할채권·채무, 불가분채권·채무, 연대채무, 보증채무를 규정하고 있다(제408조 이하). 이 중에서 불가분채무, 연대채무, 보증채무는 채권담보의 기능을 한다(인적 담보).

---

93) 대법원 1982. 10. 26. 선고 82다카508 판결; 대법원 1987. 9. 8. 선고 85다카733·734 판결 참조.

Ⅰ. 분할채권·채무

2.114 　　다수당사자의 채권관계는 특별한 사정이 없는 한 분할채권(채권자가 복수인 경우)·분할채무(채무자가 복수인 경우)이다(제408조). 이러한 입법주의를 '분할주의'라고 한다. 제408조는 형식적으로는 다수당사자의 채권관계의 1유형인 분할채권과 분할채무를 규정한 것이지만, 실질적으로는 다수당사자의 원칙적 유형을 규정한 것이다.

　　분할채권·채무의 효력을 본다.

　　ⅰ 대외적 효력　　분할채권자는 자기의 채권액 이상을 채무자에게 청구할 수 없으며, 분할채무자는 자기가 부담하는 비율 이상의 채무를 이행할 필요가 없다. 각 채권자의 채권 또는 각 채무자의 채무는 사실상 각각 독립한 채권·채무이다. 그러므로 1인의 채권자 또는 채무자에게 생긴 사유(예: 채무불이행, 경개, 면제, 혼동, 시효 등)는 다른 채권자 또는 채무자에게 아무런 영향이 없다.

　　ⅱ 대내적 효력　　분할채권·채무에 있어서 공동채권자·공동채무자는 서로 독립된 채권자·채무자이다. 즉 공동채권자 또는 공동채무자 사이에 특별한 내부관계가 없다. 그러므로 가령 분할채무자 중의 1인이 다른 분할채무자의 채무를 변제했다면 이는 제3자에 의한 변제(제469조)이다.

Ⅱ. 불가분채권·채무

1. 개　　념

2.115 　　불가분채권·채무의 개념을 사례를 들어 설명한다.

　　• A·B·C가 공동으로 X로부터 자동차를 매수한 경우(사안①): A·B·C의 X에 대한 채권은 불가분채권이다.

　　• P·Q·R이 공유하는 토지를 Y에게 매도한 경우(사안②): P·Q·R의 Y에 대한 채무는 불가분채무이다.

　　사안①에서 A·B·C의 채권과 사안②에서 P·Q·R의 채무는 그 성질상 나눌 수 없는 것으로 각각 불가분채권, 불가분채무이다(성질에 의한 불가분채권·채무).

제 2 편　채권

한편, 사안①에서 A·B·C의 X에 대한 채무(금전채무) 및 사안②에서 P·Q·R 의 Y에 대한 채권(금전채권)은 다수당사자의 채권관계 중 어떤 유형일까? 다수당 사자의 채권관계이면서 다른 특별한 사정이 없으므로 분할채권·채무로 해석할 수 있다(제408조). 그런데 이들 금전채권·채무라도 당사자의 의사표시에 의하여 불가분으로 할 수 있다(의사표시에 의한 불가분채권·채무). 급부가 성질상 불가분인 경우 외에 의사표시에 의한 불가분채권·채무를 인정하는 이유는 무엇일까? 이 행청구나 채무이행의 편의(이는 불가분채권, 불가분채무 모두에 해당하는 사항) 또는 채 권담보의 기능(이는 불가분채무에 해당하는 사항)에서 그 이유를 찾을 수 있다.

불가분채권·채무가 가분채권·채무로 변경된 때에는 분할채권·채무로 변경 된다(제412조). 예컨대, 불가분채무가 이행불능이 되어 손해배상채무로 전환되었 다면 이때의 손해배상채무는 분할채무로서 각 채무자는 자기의 부담부분만을 이행하면 된다. 다수당사자의 채권관계에서의 원칙인 분할주의(제408조)에서 그 근거를 찾을 수 있다.

2. 불가분채권

2.116   〈1〉 **대외적 효력**   각 채권자는 모든 채권자를 위하여 채무자에게 이행 청구를 할 수 있고, 채무자는 모든 채권자를 위하여 각 채권자에게 이행할 수 있 다(제409조).

채권자 중 1인의 행위나 1인에 관한 사항 중 이행청구 또는 이행은 다른 채 권자에게도 효력이 있다(절대적 효력). 또한 이행청구 또는 이행을 전제로 하는 사 항(예: 이행지체, 채권자지체)도 모든 채권자에게 효력이 있다고 해석된다. 그러나 그 외의 사항은 다른 채권자에게 영향을 미치지 않는다(제410조제1항). 즉 상대적 효 력에 그친다. 가령, 불가분채권자 중 1인과 채무자 사이에 경개·면제가 있더라 도 다른 채권자는 전부의 이행을 청구할 수 있다.

보충학습 2.22 | 불가분채권자 1인이 행한 면제의 효력

A·B·C가 공동으로 자동차를 구입하기 위해 X와 매매계약을 체결하여 불가분채권이 성립했다고 가정해 보자. 불가분채권자 중 A가 X에게 채무면제를 한다면 그 효과는 A와 X 사이에서만 발생하고 B·C에게는 영향이 없다(상대적 효력). 그러므로 B·C는 X에게 원래의 급부를 청구할 수 있다.

그렇다면 A의 X에 대한 채무면제는 구체적으로 어떤 효과로 나타나는가? X가 B에게 채무를 이행한다면 X는 면책되고, X는 만약 면제를 하지 않았다면 A에게 귀속했을 이익에 대하여 A를 상대로 부당이득반환청구를 할 수 있다. A의 X에 대한 면제는 최소한 A·X 간에는 효력이 있기 때문이다. 그리하여 논리적으로는 X가 B에게 변제를 하면 B는 A·B·C 사이의 내부관계에 따라 이익을 나누고, X는 A를 상대로 그에게 분급된 이익에 대하여 반환청구를 해야 한다. 그런데 민법은 A에게 분급될 이익을 변제를 받은 B가 직접 X에게 상환하도록 한다(제410조제2항). 법률관계를 간략하게 하기 위한 조치로 볼 수 있다.

2.117 〈2〉 **대내적 효력**　　불가분채권자의 내부관계에 대해서는 민법이 정하는 바가 없다. 당사자 사이에 특별한 약정이 없다면 급부이익은 균등한 비율로 분배하는 것으로 해석하는 것이 합리적일 것이다.

3. 불가분채무

2.118 〈1〉 **대외적 효력**　　불가분채무의 대외적 효력에 대하여 민법은 불가분채권(제410조) 및 연대채무(제413~415조, 제422조)에 관한 규정을 준용한다(제411조).

유의할 것은 불가분채무자 1인에게 생긴 사유의 효력에 관해서 연대채무 관련 규정(제416~423조)을 그대로 준용하지 않는다는 점이다. 그 결과 불가분채무는 연대채무에 비하여 절대적 효력사유의 범위가 좁으며, 따라서 연대채무보다 채권담보의 기능이 더 강하다.

2.119 〈2〉 **대내적 효력**　　불가분채무의 대내적 효력에 대하여 민법은 불가분채권(제410조) 및 연대채무(제424~427조)에 관한 규정을 폭넓게 준용한다(제411조).

Ⅲ. 연대채무

1. 개   념

2.120   연대채무에서는 수인의 채무자가 각자 채무 전부를 이행할 의무를 지고, 채무자 1인의 이행으로 다른 채무자도 의무를 면하게 된다(제413조). 연대채무는 당사자 간의 약정 또는 법률규정(예: 제616·654·832조 등)에 의해 발생한다.

채권자는 연대채무자 중 누구에게나 전부의 이행을 청구할 수 있으므로 연대채무는 채권담보의 기능을 한다. 책임재산의 수를 늘리는 방법으로 채권을 담보하는 제도(인적 담보)의 전형은 보증채무이다. 그런데 연대채무가 보증채무보다 담보적 기능이 더 강하다. 가령, 주채무가 무효 또는 취소되면 보증채무도 실효되지만(부종성), 연대채무에서는 어느 연대채무자에 대한 법률행위의 무효·취소는 다른 연대채무자에게 영향이 없다(제415조).

연대채무와 구별되는 것으로 부진정연대채무가 있다. 하나의 동일한 급부(예: 손해배상)에 관하여 복수의 채무자가 각자 독립해서 그 전부를 급부할 의무를 부담하는 채권관계로 정의한다.[94] 연대채무와 달리 부진정연대채무에서는 채권자에게 만족을 주는 변제(또는 이에 준하는 사유) 외에는 채무자 1인에게 발생한 사유가 다른 채무자에게 영향을 주지 않는다. 그 결과 연대채무보다 채권자의 권리가 더 강하다. 부진정연대채무는 복수의 채무자가 손해배상을 하는 경우에 주로 성립한다(예: 법인의 손해배상채무와 이사 개인의 손해배상채무 상호간(제35조), 공동불법행위 가해자들의 손해배상채무 상호간(제760조)).

2. 대외적 효력

(1) 연대채무의 이행

2.121   채권자는 어느 연대채무자에 대하여 또는 동시나 순차로 모든 연대채무자에 대하여 채무의 전부나 일부의 이행을 청구할 수 있다(제414조). 예컨대, A·B·C 3인이 X에 대하여 300만원의 연대채무를 부담한다면, X는 A·B·C 중 누구에게든 300만원 청구할 수도 있고, 동시 또는 순차로 가령 A에게 200만원, B에게

---

94) 대법원 2006. 9. 8. 선고 2004다55230 판결 등 참조.

60만원, C에게 40만원을 청구할 수도 있다.

(2) 연대채무자 1인에게 생긴 사유의 효력

1) 절대적 효력

2.122   연대채무는 복수의 채무로서 각각의 채무는 서로 독립적이어서 채권의 목적 실현(예: 변제) 외에 채무자 1인에게 발생한 사유는 다른 채무자에게 영향이 없는 것이 논리이다. 그러나 이렇게 순수논리를 채택한 법제는 없다. 절대적 효력사유는 법제마다 차이가 있는데, 우리 민법은 절대적 효력사유로서 7가지(제416~422조)를 규정한다. 명문규정은 없으나 채권자에게 만족을 주는 사유(예: 변제, 대물변제)는 당연히 절대적 효력을 가진다. 절대적 효력사유의 범위가 넓을수록 채권담보의 기능은 약해진다.

민법이 규정하는 절대적 효력사유에는 다음 두 가지 유형이 있다: ① 일체형 절대적 효력사유(연대채무자 1인에게 발생한 사유가 다른 연대채무자에게 그대로 효력을 미치는 경우); ② 부담부분형 절대적 효력사유(연대채무자 1인에게 발생한 사유가 그 연대채무자의 부담부분의 범위 내에서만 다른 연대채무자에게 효력을 미치는 경우).

일체형 절대적 효력사유로 민법이 정하는 것은 이행의 청구(제416조), 경개(제417조), 상계(제418조), 채권자지체(제422조)이다.

보충학습 2.23 | 상계의 절대효

A·B·C가 X에 대하여 300만원의 연대채무를 부담하는데(부담부분은 균등) A가 X에 대한 120만원의 반대채권으로 상계를 하면 B·C에게도 영향을 미쳐 결국 A·B·C는 180만원의 연대채무를 부담하게 된다(제418조제1항). A는 자신의 출재로 다른 연대채무자들을 면책시켰으므로 B·C에게 각각 40만원씩 구상할 수 있다.

B 또는 C가 A의 X에 대한 반대채권을 가지고 상계할 수 있는가? 타인의 재산권을 행사한다는 점에서 법리상의 문제가 있기는 하나 민법은 A의 부담부분의 범위 내에서 상계할 수 있도록 하고 있다(제418조제2항). 부담부분이 동일하다면 B 또는 C는 100만원의 범위 내에서 A의 X에 대한 반대채권을 가지고 상계할 수 있다. 제418조제2항은 법률관계를 간략하게 처리하기 위한 특별규정으로 이해해야 한다.

부담부분형 절대적 효력사유로 민법이 정하는 것은 면제(제419조), 혼동(제420조), 소멸시효의 완성(제421조)이다.

보충학습 2.24 │ 면제의 절대효

A·B·C 3인이 X에 대하여 300만원의 연대채무를 부담하는데(부담부분 균등) X가 A에게 채무면제를 하면 이는 A의 부담부분의 한도(즉 100만원)에서 B·C에게도 효력이 미쳐 B·C의 채무액은 200만원으로 감축된다.

A는 채무를 완전히 면하는가? 이에 대하여 일부 학설은, A가 채무를 완전히 면하지는 않고 B·C와 마찬가지로 200만원에 대하여 연대채무를 부담한다고 주장한다. 그러나 이는 찬성하기 곤란하다. X가 A에게 면제의 의사표시를 했다면 최소한 A·X 간에는 그 효과가 온전히 나타나야 할 것이기 때문이다. 따라서 A는 채무를 면하고 B·C만이 200만원의 연대채무를 부담한다고 해석해야 한다.

A가 채무면제를 받아 B·C의 채무액이 100만원 감소하기는 했으나 A가 B·C에게 구상할 수는 없다. 구상요건의 하나인 출재가 없기 때문이다.

---

2) 상대적 효력

2.123   연대채무의 본질상 또는 법률규정에 의하여 절대적 효력사유로 인정되는 것 외에는 어느 연대채무자에 관한 사항은 다른 연대채무자에게 효력이 없다(제423조). 제423조는 연대채무가 복수의 채무이며 각 채무는 서로 독립성을 가진다는 것을 보여준다.

3. 대내적 효력: 구상관계

(1) 구상의 요건

2.124   어느 연대채무자가 변제 기타 자기의 출재로 공동면책이 된 때에는 다른 연대채무자의 부담부분에 대하여 구상권을 행사할 수 있다(제425조제1항). 부담부분에 관하여 특약이 없다면 균등한 것으로 추정한다(제424조). 구상의 범위에는 면책일 이후의 법정이자 및 피할 수 없는 비용 기타 손해배상을 포함한다(제425조제2항). 구상권이 발생하기 위한 요건은 다음과 같다.

ⓘ **공동면책**　　연대채무자 중의 1인이 모든 채무자를 위하여 채무를 소멸시키거나 또는 감소시켜야 한다.

ⓘⓘ **자기의 출재**　　연대채무자 중의 1인이 출재를 해야 한다. 출재에 의하지 않은 면책(예: 채무면제, 시효의 완성 등)은 구상권을 발생시키지 않는다. 구상권의 본질은 부당이득반환채권이며 부당이득이 성립하기 위해서는 이득과 손실이 존재해야 하는데,[95] 출재가 없다면 손실이 없기 때문이다. 자신의 부담부분 이상을 출재해야 구상권이 발생하는가? 부담부분은 고정액이 아니라 비율의 개념이므로 부담부분에 미달하는 출재가 있더라도 구상권이 발생한다.

(2) 구상권의 제한

2.125　　어느 연대채무자가 공동면책을 위하여 출재를 할 때에는 사전 또는 사후에 면책행위 사실을 통지해야 한다(제426조). 통지는 구상권의 발생요건은 아니지만 이를 게을리하면 구상권 행사상 불이익이 있다.[96] A·B·C 3인이 X에 대하여 300만원의 연대채무를 부담하는 사안을 들어 설명한다(부담부분 균등).

2.126　　〈1〉 **사전통지를 게을리한 경우**(제426조제1항)　　A가 B·C에게 사전통지를 하지 않고 300만원을 변제했는데, A의 변제 전 X가 B에게 100만원의 채무를 면제했다면 B는 이 사실로써 A에게 대항할 수 있다. 즉 B는 A의 구상권 행사에 응하지 않을 수 있다. 이렇게 되면 A는 B에게는 구상할 수 없고 X에 대하여 부당이득반환청구를 하여 100만원을 회수해야 한다. X가 A에게 100만원을 반환하면 다행이지만 A는 X의 무자력에 대한 위험을 부담하게 된다.

만약 B가 X에 대하여 200만원의 반대채권이 있는데, A가 사전통지 없이 X에게 300만원을 변제하고 B·C에게 각각 100만원을 구상한다면 B는 그의 부담부분인 100만원에 관하여 A에게 상계로써 대항할 수 있다. 그리하여 A는 B에게 구상권을 행사하지 못하고 B의 X에 대한 채권은 A에게 이전되어 A는 X에게 100만원을 청구할 수 있다. X가 A에게 100만원을 지급하면 다행이지만 A는 X의 무자력에 대한 위험을 부담하게 된다.

제426조제1항은 채권자에 대하여 항변사유를 보유한 채무자가 그것을 주장

---

95) 이에 대해서는 이 책 [2.264] 및 [2.265] 참조.
96) 이 통지의무는 책무(책무에 대해서는 이 책 [2.146] 〈보충학습 2.30〉 참조)에 해당한다.

하는 기회를 잃지 않도록 하기 위한 것이다.

2.127   〈2〉 **사후통지를 게을리한 경우**(제426조제2항)   A가 X에게 300만원을 변제하고 B·C에게 사후통지를 하지 않았는데 그 사실을 모르고 B가 X에게 다시 300만원을 변제했다면 B는 자기 변제의 유효를 주장할 수 있다.

B가 변제의 유효를 주장할 수 있다는 것은 무슨 의미인가? 논리로만 본다면 다음과 같다: ① 제1변제(A의 변제)가 유효하고 제2변제(B의 변제)는 비채변제로서 B가 X에게 부당이득반환청구권을 행사하여 회수해야 한다; ② 만약 X가 무자력이라면 B의 X에 대한 채권은 무의미하고 오히려 A에게 100만원의 구상채무를 이행해야 한다. 그런데 제426조제2항을 적용하게 되면, 오히려 A가 X에게 부당이득반환청구권을 행사하여 300만원을 회수하고, B는 A·C에게 100만원을 구상할 수 있다. 즉 사후통지를 게을리한 A가 채권자 X의 무자력에 대한 위험을 부담하게 된다.

(3) 상환무능력과 무자력위험의 분담

2.128   A·B·C 3인이 X에 대하여 300만원의 연대채무를 부담하고 있다고 가정해 보자(부담부분 균등). A가 300만원을 변제한 경우 원칙대로 한다면 A가 B·C에게 각각 100만원을 구상하는데, B가 무자력이라면 B의 부담부분인 100만원은 A와 C가 분담한다(제427조제1항 본문). 즉 A와 C가 각각 150(100 은 자기 고유의 부담부분, 50은 B의 부담부분 분담액)만원씩 부담한다. 그러나 구상권자에게 과실이 있었던 경우(예: A가 구상권의 행사를 게을리하던 중에 B가 무자력)에는 다른 연대채무자에 대하여 분담을 주장하지 못한다(제427조 1항 단서). 즉 C에 대하여 B의 부담부분의 분담을 주장하지 못하므로 결국 A는 300만원의 채무 중 200만원을 부담하는 결과가 된다.

(4) 연대의 면제와 구상권

연대의 면제란 채권자가 특정 연대채무자에게 그의 부담부분만 이행하도록 하는 것이다. 위의 사례에서 X가 B의 부담부분을 분담할 C에게 연대의 면제를 했다면 C가 분담할 50만원은 채권자 X의 부담으로 된다. 따라서 300만원 전액을 변제한 A는 C에게 100만원, 채권자 X에게 50만원을 구상할 수 있다.

Ⅳ. 보증채무

1. 개　　념

2.129 　보증채무란 주채무자가 채무를 이행하지 않는 경우에 보증인이 이행해야 할 채무이다. 앞서 본 다수당사자의 채권관계에서는 다수의 채권자들 또는 채무자들이 서로 동등한 지위에 있지만, 주채무자와 보증채무자의 관계는 그렇지 않다. 엄밀하게 보면 보증채무는 다수당사자의 채권관계로 볼 수 없다.

　　보증채무는 주채무와 별개의 독립된 채무이다(독립성). 보증채무는 주채무의 성립·존속·소멸 등에 종속된다(부종성).[97] 쉽게 말해 보증채무는 주채무와 운명을 같이 한다. 보증인의 보증범위는 보증계약 당사자 간의 의사표시에 의하여 정해지며, 특별한 약정이 없다면 보증채무는 주채무의 이자, 위약금, 손해배상 기타 주채무에 종속한 채무를 포함한다(제429조제1항). 그리고 보증인의 부담이 주채무의 목적이나 형태보다 중한 때에는 주채무의 한도로 감축한다(제430조).

2. 성　　립

2.130 　보증채무는 보증계약에 의하여 성립하며, 그 당사자는 채권자와 보증인이다 (주채무자는 보증계약의 당사자가 아님). 보증계약은 주채무자의 부탁에 의하여 체결되는 것이 보통이나 부탁의 유무는 보증계약의 효력에는 영향이 없고, 다만 구상권의 범위에 영향을 줄 뿐이다(제441조 참조).

　　경솔한 보증계약은 개인적으로나 사회적으로 심각한 문제가 될 수 있다. 이런 점을 고려하여 민법은 보증계약을 서면으로 체결하도록 규정한다(제428조의2 제1항). 보증채무의 내용을 보증인에게 불리하게 변경하는 때에도 서면에 의해야 한다(제428조의2 제2항).

---

97) 그러므로 보증인의 출연행위 당시에는 주채무가 유효하게 존속했지만 그 후 주계약이 해제되어 소급적으로 소멸하면 보증채무도 소급적으로 소멸한다(대법원 2004. 12. 24. 선고 2004다20265 판결 참조).

3. 대외적 효력

(1) 보증인과 채권자 간의 법률관계

2.131   〈1〉 채권자의 권리   주채무와 보증채무의 이행기가 모두 도래한 때에는 채권자는 주채무자와 보증인에 대하여 동시에 또는 순차로 이행청구를 할 수 있다. 즉 보증인이 주채무자에게 먼저 이행을 청구해야 하는 것은 아니다.

2.132   〈2〉 채권자의 통지의무   민법은 채권자의 정보제공의무 내지 통지의무를 규정한다. 채권자가 보증계약을 체결할 때 보증계약의 체결 여부 또는 그 내용에 영향을 미칠 수 있는 주채무자의 채무 관련 신용정보를 보유하고 있거나 알고 있는 경우에는 보증인에게 그 정보를 알려야 한다(제436조의2 제1항). 채권자는 보증계약을 체결한 후에 주채무자에게 발생한 주요사실도 보증인에게 알려야 한다(제436조의2 제2항). 채권자는 보증인의 청구가 있으면 주채무의 내용 및 그 이행 여부를 알려야 한다(제436조의2 제3항). 채권자가 이들 의무를 위반하여 보증인에게 손해를 입힌 때에는, 법원은 그 내용과 정도 등을 고려하여 보증채무를 감경하거나 면제할 수 있다(제436조의2 제4항).

2.133   〈3〉 보증인의 권리   두 부류로 구분하여 설명한다.
ⓘ 부종성에 기한 권리   보증인은 주채무자가 채권자에 대하여 가지는 항변권을 행사하여 채권자에게 대항할 수 있다(제433조제1항). 그리하여 보증인은 주채무의 부존재 또는 소멸을 주장하거나 동시이행의 항변권을 주장할 수 있다. 주채무자가 항변을 포기해도 보증인에게는 효력이 없다(제433조제2항).
ⓘⓘ 보충성에 기한 권리   채권자가 보증인에게 채무의 이행을 청구한 경우에 보증인은 주채무자에게 변제자력이 있다는 사실 및 그 집행이 용이한 것을 증명하여 먼저 주채무자에게 청구할 것과 그 재산에 대하여 집행할 것을 항변할 수 있다(제437조). 이를 최고·검색의 항변권이라고 한다. 보증인이 최고·검색의 항변을 했음에도 불구하고 채권자의 해태로 인하여 채무자로부터 전부나 일부의 변제를 받지 못한 경우에는 채권자가 해태하지 않았으면 변제받았을 한도에서 보증인은 그 의무를 면한다(제438조).

(2) 주채무자 또는 보증인에게 생긴 사유의 효력

2.134 주채무자에게 생긴 사유는 원칙적으로 보증인에게 효력이 있다(즉 절대적 효력). 이는 보증채무의 부종성에서 도출되는 결과이다. 반면, 채권자에게 만족을 주는 사유(예: 변제, 대물변제 등) 외에는 채권자와 보증인 사이에서 발생한 사유는 채권자와 주채무자의 관계에 아무 영향이 없다.

4. 대내적 효력: 구상관계

2.135 〈1〉 **구상권의 요건과 행사**　보증인이 보증채무를 이행하여 주채무가 소멸하면 주채무자에 대하여 구상권이 있다. 그런데 이 구상권이 실제적 효용을 가지는 경우는 많지 않다. 최고·검색의 항변권까지 행사했음에도 불구하고 보증채무를 이행했다면 주채무자에게 자력이 없는 것이 현실이기 때문이다. 구상권의 범위는 주채무자의 부탁으로 보증인이 되었는가 여부에 따라 차이가 있다: 수탁보증인의 경우에는 연대채무에 관한 제425조제2항을 준용하고(제441조제2항), 부탁없는 보증인의 경우에는 보증채무 이행 당시 주채무자가 이익을 받은 한도에서 구상하며(제444조제1항), 주채무자의 의사에 반하여 보증인의 경우에는 주채무자에게 현존하는 이익의 한도에서 구상한다(제444조제2항).

구상권은 보증인이 자기의 출재로 주채무를 소멸하게 한 후에 행사하는 것이 원칙(사후구상의 원칙)이다. 그런데 특별한 경우에는 수탁보증인에게 사전구상을 허용한다(제442·443조). 수탁보증인의 구상권 보호를 위한 특별규정이다.

2.136 〈2〉 **구상권의 제한**　보증인이 주채무자에게 통지하지 않고 변제 기타 자기의 출재로 주채무를 소멸하게 한 경우에 주채무자가 채권자에게 대항할 수 있는 사유가 있었을 때에는 이 사유로 보증인에게 대항할 수 있고, 그 대항사유가 상계라면 상계로 소멸할 채권은 보증인에게 이전된다(제445조제1항). 보증인이 변제 기타 자기의 출재로 면책되었음을 주채무자에게 통지하지 아니한 경우에 주채무자가 선의로 채권자에게 변제 기타 유상의 면책행위를 한 때에는 주채무자는 자기의 면책행위의 유효를 주장할 수 있다(제445조제2항). 이들 규범구조는 연대채무에 관한 제426조와 유사하며, 채무자의 부탁으로 보증인이 되었는가 여부와 무관하게 공통적으로 적용된다.

한편, 수탁보증인에게만 적용되는 규정이 있다. 주채무자가 자기의 행위로 면책하였음을 그 부탁으로 보증인이 된 사람에게 통지하지 않았는데 보증인이 선의로 채권자에게 변제 기타 유상의 면책행위를 했다면 보증인은 자기의 면책행위의 유효를 주장할 수 있다(제446조).

보충학습 2.25 | 연대채무·불가분채무의 보증인의 구상권

A·B·C가 X에 대하여 300만원의 연대채무를 부담하고(부담부분은 균등) Y가 A를 위하여 채권자 X와 보증계약을 체결한 후 Y가 X에게 300백만원을 이행했다고 가정해 보자. 이때 Y의 구상권은 어떻게 되는가? 원칙대로라면 Y가 A에게 300만원을 구상하고 A는 B·C에게 각각 100만원을 구상해야 한다. 이러한 구상 외에 민법은 Y가 직접 B·C에게 각각 100만원씩 구상할 수 있도록 한다(제447조). 이에 따라 Y의 선택 폭이 넓어져 Y의 구상채권의 효력이 강화된다. A가 무자력이 되더라도 B와 C에게는 각각 100만원씩 구상할 수 있기 때문이다.

---

5. 보증의 특수형태

2.137

보증의 특수형태 중 주요한 것을 살펴본다.

ⓘ **연대보증**　연대보증이란 보증인이 주채무자와 연대하여 채무의 이행을 담보하는 형태의 보증이다. 연대보증채무도 보증채무이므로 주채무와의 관계에서 부종성이 인정된다. 그러나 연대보증인은 주채무와 연대하여 채무를 부담하는 것이어서 보충성에 기한 권리(최고·검색의 항변권)를 행사할 수 없다.

ⓙ **공동보증**　공동보증은 보증인이 2인 이상인 경우이다. 공동보증의 형태는 다음과 같다: ① 복수의 보증인이 보통의 보증인인 경우(복수의 보증인들이 분할채무자); ② 복수의 보증인이 연대보증인인 경우; ③ 복수의 보증인이 보증연대인인 경우(복수의 보증인들이 보증채무에 관하여 연대채무자). 공동보증인의 채무내용은 유형에 따라 다르다. 위 ①의 공동보증인들은 주채무를 균등하게 나눈 액에 관하여 보증채무를 부담하는데, 이를 '분별의 이익'이라 한다(제439조). 이는 다수당사자 채권관계의 일반원칙(제408조, 분할주의)의 반영이다. 그런데 위 ②·③ 및 주채무가 불가분채무인 경우에는 분별의 이익이 없다(제448조제2항). 즉 공동보증인

들은 주채무 전부를 이행해야 한다(제439조). 공동보증인 사이에 분별의 이익 인정 여부에 따라 구상의 범위가 달라진다. 분별의 이익이 인정되는 때에는 부탁 없는 보증인에 준하고(제448조제1항), 분별의 이익이 인정되지 않는 때에는 연대채무자에 준한다(제448조제2항).

　ⅲ) **계속적 보증**　　계속적 보증이란 계속적 채권관계에서 발생하는 불확정채무를 보증하는 것이다. 계속적 보증은 근보증과 신원보증을 포함하는 개념이다.

　ⓐ 근보증: 신용보증이라고도 한다. 계속적 거래관계(예: 당좌대월계약, 어음할인계약, 신용카드거래계약 등)로부터 발생하는 장래의 불확정채권을 담보하는 보증형태이다. 근보증은 보증인에게 과중한 부담을 지우는 경우가 많아 보증인 보호의 필요성이 크다. 민법은 근보증에서 채무의 최고액을 서면으로 특정하도록 하고, 채무 최고액을 서면으로 특정하지 않은 근보증계약은 무효로 규정한다(제428조의3).

　ⓑ 신원보증: 신원보증이란 고용관계에서 피용자가 업무수행 과정에서 책임 있는 사유로 사용자에게 손해를 입힌 경우에 배상채무를 부담하는 것이다(「신원보증법」제2조). 신원보증인에게 과중한 부담을 지우는 경우가 많아 문제점으로 지적되었다. 「신원보증법」은 보증기간을 2년을 한도로 하고(법 제3조) 피용자의 고의 또는 중과실로 인한 손해에 대해서만(법 제6조제1항) 신원보증인이 책임을 지도록 규정한다.

제 2 편

채권

제3장

계 약

제 1 절 | 계약총론

I. 계약의 의미

2.138   계약이란 두 개 이상의 의사표시로 구성되는 법률행위이다. 계약은 법률행위 중 가장 중요한 비중을 차지한다.

계약은 당사자가 개별적으로 체결하는 것이 일반적이다. 그런데 일방(사업자)이 계약 내용을 미리 준비해 두었다가 그것으로써 다수의 사람과 계약을 체결하는 경우도 있다(예: 보험계약). 이를 '부합계약'이라고 하며, 이때 사업자가 준비한 약관이 '보통거래약관'이다. 보통거래약관에 의한 계약은 효율적이라는 장점도 있지만, 사업자에게만 유리한 경우도 있게 되는데, 이는 공정한 거래질서를 해치는 것이다. 이를 규제하기 위하여 「약관의 규제에 관한 법률」이 있다.

II. 계약의 분류

2.139   〈1〉 전형계약/비전형계약   전형계약이란 「민법」 제3편 제2장 제2절 이하가 규정하는 15개의 계약이다. 전형계약이 아닌 것을 비전형계약이라 한다. 계약자유의 원칙의 결과 계약의 종류는 무수한데, 그 중 빈번하게 이용되는 계약들을 전형계약으로 정한 것이다.

전형계약은 비전형계약의 해석에 있어서 규준을 제공한다. 예컨대, 정확하게 임대차계약으로 볼 수는 없지만 계약의 내용이 일정 기간 타인의 물건을 유상으로 빌려 쓰는 법률관계라면 임대차에 관한 규정을 유추적용할 수 있을 것이다. 즉 전형계약은 비전형계약에서 문제된 법률문제 해결의 실마리를 제공한다.

2.140   〈2〉 낙성계약/요물계약   낙성계약은 당사자의 합의만으로 성립하는 계약이며, 요물계약은 합의 외에 물건의 인도와 같은 현실적인 급부행위가 있어야 성립하는 계약이다. 전형계약 중 현상광고("잃어버린 강아지를 찾아오는 사람에게 100만원을 지급하겠다"고 제안한다면 이것은 청약에 해당하고, 강아지를 실제로 찾아 청약자에게 인도

하는 행위는 승낙에 해당함)1)가 유일한 요물계약이다.

2.141 　　〈3〉쌍무계약/편무계약, 유상계약/무상계약　　쌍무계약과 편무계약의 구별은 계약 성립 이후에 계약의 효력으로서 당사자 쌍방이 채무를 부담하는가 여부이다. 쌍방이 채무를 부담하면 쌍무계약, 일방만이 채무를 부담하면 편무계약이다. 쌍무계약·편무계약의 구분과 유사하지만 구별해야 할 것으로 유상계약·무상계약이 있다. 유상계약·무상계약의 구분은 경제관념이 반영된 것으로 계약 성립 이전·이후의 전 과정(쌍무·편무의 구별은 계약 성립 이후의 시점에서 판단한다는 점에서 차이)에서 이루어진 출연관계를 기준으로 한다. 양당사자가 모두 출연을 하면 유상계약, 일방만이 출연을 한다든가 혹은 당사자 누구도 출연을 하지 않는다면 무상계약이다.

　　쌍무·편무와 유상·무상은 개념상 구별되는 것이며 실제상으로도 차이를 가진다. 예컨대, 동시이행관계는 쌍무계약에서,2) 담보책임은 유상계약에서 문제되는 것이다.

보충학습 2.26 | 계약의 쌍무성·편무성과 유상성·무상성의 구별

　(1) "모든 쌍무계약은 유상계약이다" 이 명제는 거짓이다. 대부분의 쌍무계약은 유상계약이지만 무상계약인 경우도 있기 때문이다. 경제적 가치가 없는 급부도 계약의 목적이 될 수 있는데(제373조), 계약 성립 이후에 계약의 효력으로서 계약당사자 쌍방이 경제적 가치가 없는 급부를 이행할 채무를 부담한다면 이 계약은 쌍무계약이지만 무상계약이다.

　(2) "모든 유상계약은 쌍무계약이다" 이 명제도 거짓이다. 대부분의 유상계약은 쌍무계약이지만 편무계약인 경우도 있기 때문이다. 현상광고가 좋은 예이다. 현상광고가 유효하게 성립했다면 그것은 유상계약이다. 계약당사자의 쌍방이 모두 출연을 하기 때문이다. 그러나 현상광고는 편무계약이다. 계약 성립 이후에는 광고자만이 이행의무(즉 보수지급의무)를 부담하기 때문이다.

---

1) 이에 대해서는 이 책 [2.226] 참조.
2) 쌍무계약으로 분류해야 하지만 동시이행관계가 성립할 수 없는 경우가 있는데 사용대차가 그 예이다. 동시이행관계는 쌍무계약에서 인정되는 것이지만, 동시이행관계가 성립하지 않는다 하여 편무계약이라고 말할 것은 아니다.

> **보충학습 2.27 | 사용대차계약의 쌍무성·편무성과 유상성·무상성**
>
> 종래 학설은 사용대차계약을 편무계약이며 무상계약이라고 설명한다. 과연 그럴까?
> 사용대차를 요물계약으로 구성하는 의용민법의 시각에서는 사용대차는 편무계약이며
> 무상계약이다. 사용대주가 물건을 사용차주에게 인도함으로써 계약이 성립하고, 성립 이
> 후에는 사용대주는 채무를 부담하지 않고 사용차주만이 채무를 부담하기에 편무계약이
> 다. 그리고 사용대주는 사용료를 받지 않고 물건을 빌려주는 것이기에(즉 사용대주만이
> 출연) 무상계약이다.
> 그러나 사용대차를 낙성계약으로 구성하는 우리 민법은 의용민법과 사정이 다르다. 무
> 상계약이라는 점에서는 차이가 없지만 우리 민법에서 사용대차는 편무계약으로 보기 어
> 렵다. 사용대주와 사용차주의 합의만으로 계약이 성립하고, 계약 성립 이후에 사용대주
> 와 사용차주는 서로 채무를 부담하기 때문이다(대주는 물건인도 채무, 차주는 물건반환
> 채무). 사용대차의 특성상 쌍무계약의 특성인 동시이행관계가 성립하지는 않지만, 그렇
> 다고 편무계약으로 볼 것은 아니다.

2.142 〈4〉 **일시적 계약/계속적 계약** 시간적 계속성을 갖는 채무를 발생시키는 계약(예: 임대차, 임치, 고용, 조합 등)을 계속적 계약, 채무의 실현이 일시적 급부에 의하여 이루어지는 계약(예: 증여, 매매, 교환 등)을 일시적 계약이라고 한다. 계속적 계약은 다음과 같은 특성을 가진다.

ⓘ 인적 요소의 중요성 계속적 계약은 계약당사자의 인적 요소(누가 계약당사자인가)가 계약내용의 중요부분에 해당하는 경우가 많다. 그리하여 가령 계약당사자 일방의 파산 또는 사망이 계약관계에 영향을 미친다(제614·663·690조 등 참조).

ⓘ 해제가 아닌 해지 계약위반을 이유로 계약을 파기하는 경우에 해제가 아닌 해지가 고려된다. 해제와 달리 해지는 장래에 대하여만 효력이 있다(제550조). 계약관계가 아직 이행상태의 단계에 들어가기 전이라면 해제를 해야 할 것이나 그 후에는 해지만이 고려된다.[3]

ⓘ 존속기간의 문제 계속적 계약에서는 계약의 존속기간이 중요한 법적 관심사이다. 계약의 존속기간을 직접적으로 규율한다든가(예: 제619조), 존속기간의 약정이 없거나 지나치게 장기인 경우에 계약체결 후 상당한 기간이 경과했다

---

3) 대법원 1994. 11. 22. 선고 93다61321 판결 등 참조.

면 당사자 쌍방에게 해지의 자유를 인정하는 경우(예: 제635·659·660·689·716조)
등이 그 예이다.

보충학습 2.28 | 계속적 계약의 임의해지

　계약은 구속력을 가지는데, 계약에 의하여 구속되는 기간에 약정이 없거나 지나치게
장기인 경우에는 계약의 내용이 당사자의 의사의 자유를 본질적으로 침해할 우려가 있
다. 이런 이유에서 특별한 사유가 없더라도 당사자에게 해지권을 인정하는데 이를 '임의
해지권'이라 한다.

　일방이 상대방에게 해지의 의사표시를 한 경우에 해지의 효과가 발생하는 시기는 해지
의 의사표시 후 일정한 기간이 경과한 후에 효력을 발생하는 경우(예: 제635·660조)와
즉시 효력을 발생하는 경우(예: 제689조)로 구분된다. 전자는 상대방에게 새로운 계약을
준비하는 등의 기간을 부여하기 위한 것이다.

　　ⓘ 사정변경의 고려　　　계약 성립 이후 급부가 실현되는 중에 예기치 못한
사정변경이 발생하고, 이에 따라 만약 계약의 내용을 그대로 유지한다면 극히
불공평한 결과를 초래하는 경우가 있다. 그리하여 계속적 계약에서는 사정변경
에 따라 계약내용의 변동(변경 또는 소멸)을 인정하는 규정 또는 법이론(예: 사정변경
의 원칙)[4]이 빈번하게 고려된다.

2.143　　　〈5〉 요식계약/불요식계약　　　일정한 형식에 따라 계약을 체결해야 유효한
계약을 요식계약, 그렇지 않은 계약을 불요식계약이라 한다. 현행민법의 15개
전형계약은 모두 불요식계약이다. 이것은 계약자유의 원칙과 관련된다.

Ⅲ. 계약의 성립

1. 계약성립의 모습

(1) 계약성립의 원칙적 모습

2.144　　　〈1〉합　　　의　　　계약성립의 원칙적 모습은 청약과 이에 부합하는 승낙

---

4) 이에 대해서는 이 책 [1.22] 참조.

이다. 청약과 승낙이 합치한 상태를 합의라고 한다. 합의는 객관적 합치(계약당사자가 서로 주고받은 의사표시 내용의 일치)와 주관적 합치(예: A가 B에게 청약을 했는데 B가 아닌 C가 같은 조건으로 승낙하더라도 계약은 성립하지 못함)를 포함한다. 청약과 승낙이 합치되지 않은 경우를 불합의(dissent)라 하며, 이때에는 계약이 성립하지 않는다.

보충학습 2.29 | 불합의의 유형

불합의에는 다음 두 가지 유형이 있다.

(1) **의식적 불합의**　계약당사자가 의사표시의 불일치를 알고 있는 경우이다(예: 청약에 조건을 붙이거나 수정제안을 하는 경우). 이때에는 뒤의 의사표시를 새로운 청약으로 본다(제534조).

(2) **무의식적 불합의**　계약당사자 쌍방 또는 일방이 의사표시의 불일치를 의식하지 못한 경우이다(예: 모두 과일상인인 A와 B가 사과 100상자의 가격에 대하여 합의를 하면서 서로 매도청약의 의사를 가지고 있었는데, 두 사람 모두 상대방이 매수의사를 가지고 있는 것으로 알고 있었던 경우). 무의식적 불합의는 착오와 구별된다. 무의식적 불합의는 두 개의 의사표시 사이에 불일치가 있는 경우이나 착오는 하나의 의사표시의 성립과정에서 의사와 표시 사이에 불일치가 있는 경우이기 때문이다. 착오에서는 그것이 법률행위의 중요부분에 관한 것인 때에 한하여 취소할 수 있으나 무의식적 불합의에서는 중요부분이 아니라도 계약은 처음부터 성립하지 않는다.

2.145　　〈2〉청　　약　　청약은 그에 대응하는 승낙만 있으면 곧 계약이 성립될 수 있어야 하므로 내용이 확정성을 가져야 한다. 청약은 청약의 유인과 구별된다. 청약의 유인이란 상대방으로 하여금 청약을 하도록 유인하는 행위이다(예: 구인광고, 물품판매광고, 상품목록의 배부). 청약과 청약의 유인의 구별은 의사표시 해석의 문제이다.

2.146　　〈3〉승　　낙　　승낙은 청약을 무조건적으로 수락하는 것이어야 한다. 승낙자가 청약에 대하여 조건을 붙이거나 변경을 가하여 수락한 때에는 원래 청약에 대한 거절과 동시에 새로운 청약을 한 것으로 간주된다(제534조). 이는 계약경제를 고려한 조치이다. 만약 제534조가 없다면 청약자는 승낙자가 제안한 것과 동일한 청약을 반복해야 할 것이다.

승낙은 청약이 효력을 보유하는 기간(승낙기간)에 이루어져야 유효하다. 승낙기간에 관한 주요 사항을 정리하면 다음과 같다.

ⓘ 승낙기간이 정해져 있는 경우(제528조제1항)   승낙기간 내에 승낙이 청약자에게 도달해야 계약이 성립한다.

ⓒ 승낙기간이 정해져 있지 않은 경우(제529조)   상당한 기간 내에 승낙이 청약자에게 도달해야 계약이 성립한다.

승낙이 승낙기간 후에 청약자에게 도달하면 어떻게 되는가? 승낙기간이 정해져 있든 없든 연착된 승낙은 새로운 청약으로 본다(제530조). 이 규정도 제534조와 마찬가지로 계약경제를 고려한 것이다. 만약 연착된 승낙을 전혀 고려하지 않는다면 청약자는 동일한 청약을 다시 반복해야 하기 때문이다. 한편, 승낙기간이 정해져 있는 경우에 관해서는 특칙이 있는데, 그 내용은 다음과 같다.

ⓘ 승낙의 통지가 승낙기간 후에 도달했지만, 보통이라면 승낙기간 내에 도달할 수 있었던 것일 때에는 청약자는 지체없이 상대방에게 그 연착의 통지를 해야 한다(제528조제2항 본문). 그러나 그 도달 전에 이미 지연의 통지를 발송한 때에는 그렇지 않다(제528조제2항 단서).

ⓒ 청약자가 연착의 통지를 하지 않은 때에는 승낙의 통지는 연착되지 아니한 것으로 본다(제528조제3항). 즉 계약이 성립한다.

보충학습 2.30 | 제528조제2항과 제3항의 의미와 책무의 개념

10월 5일 A(서울 거주)가 B(부산 거주)에게 승낙기간(10월 15일)을 정해 청약을 했다. 10월 10일 B는 A에게 빠른우편으로 승낙의 통지를 발송했다. 그런데 승낙이 A에게 도달한 것은 승낙기간이 지난 10월 17일이었다. 통상적이라면 B의 승낙은 승낙기간(10월 15일)까지 도달했어야 하는데 2일이나 지나 도착했다. 이때 A가 B에게 지체없이 연착의 통지를 하면(제528조제2항 본문) 계약이 성립하지 않는다. 그러나 A가 B에게 연착의 통지를 하지 않으면 계약이 성립한다(제528조제3항).

제528조제2·3항은 연착에 대한 위험을 원칙적으로는 승낙자에게 부담시키면서 청약자에게는 연착의 통지를 해주어야 할 신의칙상의 책무(Obliegenheit)를 부과한 것이다. 책무란 간접의무라고도 하는데, 제528조제2·3항 외에 증여자의 하자고지의무(제559조), 사용대주의 하자고지의무(제612조) 등도 이에 해당한다. 책무는 이를 위반해도 상

대방이 소송에 의하여 강제하거나 손해배상청구가 필연적인 것은 아니며, 다만 법률이 정하는 일정한 불이익이 따른다. 제528조제2·3항에 있어서 책무위반에 대한 불이익은 계약의 성립이다.

2.147 〈4〉 격지자 간 계약의 성립시기 의사표시의 효력발생에 관한 일반원칙은 도달주의이다(제111조제1항). 이에 따른다면 계약은 승낙이 청약자에게 도달한 때에 성립해야 한다. 그런데 제531조는 격지자 간의 계약은 승낙의 통지를 발송한 때에 성립한다고 규정한다. 격지자 간의 계약이란 대화자 간 계약에 대응하는 것으로 계약당사자가 장소적으로 떨어져 있는 경우이다. 격지자 여부는 장소적인 개념이라기보다는 시간적 개념이다.[5] 제531조는 도달주의 원칙에 대한 중대한 예외이다. 제531조를 도달주의 원칙과 조화시키기 위하여 여러 학설이 있지만 근본적인 해결(민법 개정)이 필요하다.

보충학습 2.31 | 제531조의 입법태도에 대한 비판

이 조문의 취지에 대해서 계약성립의 시점을 앞당기기 위한 것이라든가, 승낙자가 승낙의 통지를 발송한 직후에 안심하고 계약이행의 준비를 할 수 있도록 하기 위한 것이라는 등의 견해가 제시되고 있다. 이들 견해의 적절성에 대해서는 의문이다. 도달주의의 원칙(제111조제1항, 제528·529조)에서 볼 때 제531조는 매우 이질적인 조문으로 볼 수밖에 없다. 앞으로 민법개정을 통해 삭제하는 것이 타당할 것이다.

---

(2) 계약성립의 특수한 모습

2.148 〈1〉 의사실현 청약자의 의사표시나 관습에 의하여 승낙의 통지가 필요하지 않은 때에는 승낙의 의사표시로 인정되는 사실이 있는 때에 계약이 성립한다(제532조). 매도청약과 동시에 물건을 보내면서 "이 물건을 사용하면 승낙으로 간주한다"고 말했는데 상대방이 그것을 사용했다면 이는 승낙의 의사표시로 인정되는 사실에 해당하여 계약이 성립한다.

---

5) 이에 대해서는 이 책 [1.40] 〈보충학습 1.5〉 참조.

2.149 〈2〉 **교차청약**　　A가 B에게 甲을 100만원에 매도하겠다는 청약의 의사표시를 하고, B도 A의 청약과 관계없이 A에게 甲을 100만원에 매수하겠다는 청약의 의사표시를 했다. 이 경우 청약과 그에 대응한 승낙은 없고 청약만 두 개가 있지만 그 내용은 동일하다. 청약이 상호 교차된 때에는 양 청약이 상대방에게 도달한 때(즉 뒤의 청약이 상대방에게 도달한 때)에 계약이 성립한다(제533조).

2. 계약체결상의 과실

2.150 〈1〉 **개　　념**　　원시적 불능(예: 이미 멸실된 동산을 목적물로 한 매매계약)인 급부를 목적으로 계약이 체결된 경우에 그 불능을 알았거나 알 수 있었을 사람은 상대방에게 손해배상을 해야 한다(제535조). 제535조는 독일에서 형성된 계약체결상의 과실(*culpa in contrahendo*) 이론의 일부를 명문화한 것으로 이에 관해 복잡한 논의가 있으나, 여기에서는 제535조에 한정하여 설명한다.

2.151 〈2〉 **제535조의 적용요건**　　제535조의 적용요건은 다음과 같다.

ⓘ **계약체결 정황**　　양당사자 사이에 계약체결로 인정될 수 있는 객관적인 정황이 있어야 한다.

ⓙ **원시적 불능**　　급부가 원시적 불능이어야 한다. 여기에서의 불능은 원시적 불능 중 객관적 불능(예: 목적물의 부존재)을 의미한다. 주관적 불능(예: 타인 소유물매매)의 경우에는 계약이 유효하게 성립하고 다만 채무불이행 또는 담보책임의 문제로 해결된다.

ⓚ **악의 또는 과실**　　계약교섭 당시에 당사자의 일방이 그 불능을 알았거나 알 수 있었어야 한다. 즉 일방당사자의 악의 또는 과실이 요구된다.

ⓛ **손해의 발생과 인과관계**　　상대방에게 손해가 발생하고, 손해발생과 악의·과실 사이에 인과관계가 있어야 한다. 이 요건은 책임이론상 당연한 요건이다.

ⓥ **피해자의 선의·무과실**　　일반적인 책임에 있어서 피해자의 악의·과실은 가해자의 면책사유는 아니고 경우에 따라 과실상계사유가 될 뿐이다. 그런데 여기에서는 피해자의 선의·무과실이 손해배상청구권의 성립요건이다.

2.152 〈3〉 **제535조의 효과**　　배상해야 할 손해는, 피해자인 당사자가 목적의

불능을 알았더라면 지출하지 않았을 비용 또는 기타의 손해(즉 신뢰이익)이다. 그리고 배상액은 계약이 유효하여 제대로 이행되었다면 상대방에게 생길 이익(즉 이행이익)을 넘지 못한다. A는 B로부터 고가구를 구입하기 위하여 매매계약을 체결했는데 그 가구는 처음부터 존재하지 않았다(즉 원시적 불능). A는 고가구 구입에 맞춰 실내 인테리어를 정비하기 위하여 1,000만원을 지출했다. 그런데 A가 해당 계약으로부터 얻는 이행이익(예: 이행기의 고가구의 시가와 매매가액 사이의 차액)⁶⁾이 500만원이라면 A가 B에게 손해배상을 청구하더라도 배상액은 500만원을 한도로 한다.

Ⅳ. 쌍무계약의 일반적 효력

2.153   쌍무계약에서 계약당사자는 서로가 채무자로서 이들의 채무는 상호의존관계로 나타난다. 이를 '견련성'(상호 의존성)이라 하며, 다음 세 가지 모습으로 나타난다: ① 성립상의 견련성(일방의 채무가 성립하지 않으면 대가관계에 있는 채무도 성립하지 않음); ② 이행상의 견련성(일방이 채무를 이행하지 않으면 상대방도 채무이행을 거부할 수 있음); ③ 존속상의 견련성(일방의 채무가 소멸하면 상대방의 채무도 소멸함). 민법이 규정하는 동시이행의 항변권(제536조)과 위험부담(제537조)은 각각 쌍무계약에서의 이행상의 견련성과 존속상의 견련성을 표현한 것이다.

보충학습 2.32 │ 성립상의 견련성의 작용

    A(매도인)와 B(매수인)는 甲을 목적물로 하여 매매계약을 체결하였는데, 계약성립 당시에 이미 甲이 멸실되어 원시적 불능이었다. 이 경우에 A·B의 각 채무(① A의 B에 대한 소유권이전채무, ② B의 A에 대한 금전지급채무)는 어떠한가? 이 두 채무 중 원시적 불능은 ①에 한정된다. 금전채무는 불능이 없기 때문이다.⁷⁾ A의 채무가 원시적 불능임에 따라 A·B간의 계약이 무효가 되는 논리과정은 다음과 같다: "불능은 채무를 발생시키지 않는다"(*impossibilium nulla obligatio*)라는 원칙에 의하여 ①은 실효된다; ①이 실효되면 쌍무계약의 특성인 성립상의 견련성으로 인하여 ②도 실효된다; 계약관계의 내용

---

6) 이에 대해서는 이 책 [2.29] 〈보충학습 2.6〉 참조.
7) 이에 대해서는 이 책 [2.75] 〈보충학습 2.15〉 참조.

을 이루는 두 채무가 모두 실효되므로 A · B간의 계약은 무효이다.

편무계약(예: 증여계약)의 경우에는 어떠한가? 여기에서는 당사자 일방만이 채무를 부담하며, 이 채무가 원시적으로 불능이라면 "불능은 채무를 발생시키지 않는다"라는 원칙에 의하여 해당 채무가 실효되며, 따라서 계약이 무효로 된다.

1. 이행상의 견련성: 동시이행관계

(1) 동시이행의 항변권

2.154 쌍무계약의 일방당사자는 상대방이 변제제공을 할 때까지 자기의 채무이행을 거절할 수 있다(제536조제1항 본문). 이것이 동시이행의 항변권이다. 동시이행의 항변권은 연기적 항변권이다.

보충학습 2.33 | 동시이행의 항변권의 딜레마

쌍무계약의 당사자 쌍방은 각각 동시이행의 항변권을 행사할 수 있다. 쌍방이 동시이행의 항변권을 주장하다 보면 쌍무계약은 영영 이행될 수 없는 것 아닌가? 약간 엉뚱한 생각이지만 논리적으로 가능한 추론이다. 동시이행의 항변권은 다른 각도에서 이해할 필요가 있다. 동시이행의 항변권 문제는 변제의 제공[8]과 긴밀하게 연관지어 이해해야 한다. 동시이행의 항변권은 상대방이 변제제공을 하지 않고 이행청구를 하는 경우에 행사할 수 있는 것이다. 상대방이 이미 변제를 했거나 혹은 변제제공을 하면서 이행청구를 하는 상황이라면 동시이행의 항변권을 행사할 여지가 없다. 즉 상대방의 동시이행의 항변권을 무력화시키고자 한다면 변제제공을 하면 된다.

---

(2) 이행상의 견련성의 다른 발현 모습

2.155 쌍무계약의 이행상의 견련성은 동시이행의 항변권 외에 다른 모습으로도 발현된다. 동시이행의 항변권과 달리 아래 두 경우는 적극적으로 행사해야 인정되는 것이 아니라 동시이행관계에 있다는 상황만으로 족하다.

① **이행지체책임 저지효**   동시이행의 항변권을 행사할 수 있는 상태에 있다면 이행지체책임(예: 지연배상)을 지지 않는다. 쌍무계약의 당사자 모두 변제제

---

8) 이에 대해서는 이 책 [2.88] 이하 참조.

공을 하지 않은 상태로 변제기가 지났다면 쌍방 모두 이행지체 상태이다. 그러나 그 이행지체에 위법성이 없으므로 지연배상책임(지연배상은 위법성을 요건으로 하므로)을 지지 않는다. 그러나 일방이 변제제공을 했다면 그 이후로는 상대방의 이행지체는 위법성이 인정되어 지연배상을 해야 한다.

ⅱ) **상계 금지효** A(매도인)와 B(매수인)가 매매계약을 체결했는데(매매대금: 100만원), 이 매매계약 전에 A가 B로부터 소비대차계약에 의해 100만원을 빌렸다고 가정해 보자. A·B 간의 모든 채무가 이행기에 있다고 할 때 A가 B에 대한 100만원의 매매대금채권을 자동채권으로 상계를 할 수 있는가? 불가하다. 매매계약에 기한 A의 B에 대한 채권과 B의 A에 대한 채권은 동시이행관계에 있는데, 만약 A의 상계를 허용하게 되면 B의 권리(즉 항변권을 행사할 수 있는 권리)를 박탈하는 결과가 되기 때문이다(그러므로 B가 상계하는 것은 허용됨).

(3) 동시이행 항변권의 행사요건

2.156   동시이행상의 항변권을 행사하기 위한 요건은 다음과 같다.

ⅰ) **상호대가관계에 있는 채무의 존재** 상호대가관계에 있는 채무가 동일한 계약으로부터 발생된 것이어야 한다. 한편 동시이행관계는 채권관계의 상환적 청산이 요구되는 경우에 널리 유추된다(예: 무효에 따른 상호반환의무).[9]

ⅱ) **쌍방의 채무의 변제기 도래** 상호대가관계에 있는 채무가 모두 변제기에 있어야 한다. 약정 또는 법률규정(제633·656·665·686·701조)에 의하여 선이행의무를 부담하는 사람은 이행상의 견련성을 주장하지 못한다. 그런데 이 원칙에는 중대한 예외가 있다. 선이행의무자라도 상대방에게 채무이행이 곤란한 현저한 사유(상대방의 신용불안이나 재산상태의 악화 등의 사정으로 반대급부를 받을 수 없는 사정변경이 생기고 이로 인하여 당초의 계약내용에 따른 선이행의무를 이행하도록 하는 것이 공평과 신의칙에 반하게 되는 경우)가 있을 때에는 동시이행의 항변권을 행사할 수 있다(제536조제2항).[10] 이른바 '불안의 항변권'이다.

ⅲ) **상대방에 의한 변제 또는 변제제공이 없을 것** 상대방이 자신의 채무를 변제하거나 변제제공을 하면 이행상의 견련성을 주장할 수 없다.

---

9) 대법원 1976. 4. 27. 선고 75다1241 판결; 대법원 2001. 7. 10. 선고 2001다3764 판결 등 참조.
10) 대법원 2012. 3. 29. 선고 2011다93025 판결; 대법원 2023. 12. 7. 선고 2023다269139 판결 등 참조.

2. 존속상의 견련성: 대가위험부담

2.157   〈1〉개   념   A(매도인)와 B(매수인) 사이에 매매계약이 체결된 후 A·B 누구에게도 책임없는 사유로 목적물이 멸실되었다면 A는 채무를 면한다. 그렇다면 B의 채무(B의 A에 대한 채무는 금전채무로서 여전히 이행이 가능함)의 운명은 어떠한가? 쌍무계약에서 일방의 채무가 쌍방 누구에게도 책임없는 사유로 불능으로 된 경우에 상대방의 채무(즉 불능으로 된 채무와 대가관계에 있는 채무)의 운명을 대가위험이라고 한다. 민법은 A가 B에게 이행을 청구하지 못한다(제537조)고 규정한다. 불능이 된 급부를 기준으로 할 때 채무자인 A가 대가위험을 부담한다는 의미에서 이를 '채무자위험부담주의'라 한다.

대가위험부담 상황이 발생하면 두 당사자는 더 이상 이행할 필요가 없으며, 이행한 것이 있으면(예: 계약금의 지급) 상대방에게 반환해야 한다. 그러나 만약 채권자가 대상청구권을 행사하면 그 또한 자신의 채무를 이행해야 한다.[11]

보충학습 2.34 | 채권자위험부담주의? 소유자위험부담주의?

A(매도인)와 B(매수인) 사이에 특정 동산 甲을 목적물로 매매계약이 체결된 후 불가항력으로 甲이 멸실된 경우에 제537조에 의하면 B도 금전채무를 면한다. 그런데 같은 상황에 대한 일본이나 프랑스 민법의 태도는 정반대이다. 즉 A는 채무를 면하지만 B는 금전채무를 이행해야 한다. 일부 학설은 이런 상황을 가리켜서 채권자위험부담주의라고 한다. 그러나 이런 시각은 정확하지 않은 것이다.

이 문제는 물권변동에 관한 입법주의를 염두에 두면서 살펴야 한다. 프랑스나 일본은 특정물매매계약이 성립하면 매매목적물에 대한 소유권이 즉시 매수인에게 이전된다(이른바 의사주의). 매도인의 목적물인도의무는 타인소유물을 관리하다가 반환하는 관계에서의 의무와 유사한 것이다. 프랑스나 일본에서 B가 위험을 부담하는 것은 채권자의 지위에서라기보다는 오히려 甲동산의 소유자의 지위에서 위험을 부담한다고 말하는 것이 정확하다.

2.158   〈2〉채권자의 귀책사유로 인한 이행불능   이행불능이 채권자의 귀책사유로 인한 것이라면 채무자는 상대방에게 이행을 청구할 수 있다(제538조제1항제1문).

---

11) 이에 대해서는 이 책 [2.35] 참조.

사실 이 규정은 위험의 문제는 아니다. 위험 상황은 양당사자 누구에게도 귀책사유가 없는 상황을 전제로 한 것이기 때문이다.

　채권자지체 중에 당사자 쌍방의 책임없는 사유로 이행불능이 된 때에도 채무자는 상대방에게 이행을 청구할 수 있다(제538조제1항제2문). 민법은 채권자지체의 효과로서 대가위험의 이전을 규정하고 있다.

　위의 경우에 채무자가 이행청구를 할 수는 있지만, 채무자가 채무를 면함으로써 얻은 이익(예: 채무자가 부담했어야 할 교통비, 재료비)은 채권자에게 상환해야 한다(제538조제2항). 채무자에게 부당한 이득이 귀속되지 않도록 하기 위함이다.

V. 제3자를 위한 계약

2.159　　A(매도인)와 B(매수인) 사이에 매매계약이 체결되었는데(매매대금: 100만원) B는 C에게 소비대차에 기한 100만원의 채권이 있다. 통상적으로는 B가 C로부터 100만원을 받아 이를 A에게 지급할 것이다. 그런데 B·C 간에 C가 직접 A에게 100만원을 지급하기로 합의하였다면 B·C 간에 제3자를 위한 계약이 체결된 것이다(제539조제1항). 학설은 C를 낙약자, B를 요약자, A를 수익자라고 부른다. 제3자를 위한 계약체결의 당사자는 요약자와 낙약자이다(A·B의 관계를 대가관계 또는 원인관계, B·C의 관계를 기본관계 또는 보상관계, A·C의 관계를 수익관계라 함).

보충학습 2.35 | 제3자를 위한 계약의 요건 및 특징

　제3자가 이행한다고 해서 모두 제3자를 위한 계약은 아니다. 제3자를 위한 계약이 되기 위해서는 다음 두 가지 요건이 필요하다.

　(1) 수익자가 낙약자에게 직접 급부를 청구할 수 있어야 한다. 이 요건으로 인해 이행인수12)는 제3자를 위한 계약이 아니다. 이행인수는 인수인과 채무자 간에 인수인이 채무자의 채무를 부담하는 것을 내용으로 하는 계약일 뿐 제3자인 채권자가 직접 채권을 취득하는 것은 아니기 때문이다.

　(2) 수익자가 전에는 없던 새로운 채권을 취득해야 한다. 면책적 채무인수13)는 제3자

---

12) 이에 대해서는 이 책 [2.112] 참조.
13) 이에 대해서는 이 책 [2.110] 참조.

> 를 위한 계약이 아니다. 왜냐하면 채권자로 하여금 새로운 채권을 취득하게 하는 것이 아니기 때문이다(면책적 채무인수는 채무의 동일성을 유지한 채 채무자만 변경되는 것임). 반면에 병존적 채무인수는 제3자를 위한 계약으로 볼 수 있다. 왜냐하면 채권자가 새로운 채권(채무자의 증가)을 취득하기 때문이다.

수익자의 권리는 그가 낙약자에게 수익의 의사를 표시한 때에 생긴다(제539조제2항). 수익자의 권리가 발생한 후에는 당사자(즉 요약자와 낙약자)는 이를 변경 또는 소멸시키지 못한다(제541조). 민법은 수익자의 의사에 따라 법률관계가 변동된다는 점을 고려하여 낙약자에게 최고권을 부여하고 있다. 즉 낙약자는 상당한 기간을 정하여 수익 여부의 확답을 수익자에게 최고할 수 있으며, 낙약자가 그 기간 내에 확답을 받지 못한 때에는 수익을 거절한 것으로 본다(제540조).[14] 낙약자는 요약자와의 제3자를 위한 계약에 기한 항변으로 수익자에게 대항할 수 있다(제542조).

제 2 절   계약각론

I . 증   여

2.160   〈1〉개   념   증여는 당사자 일방이 무상으로 재산을 상대방에 수여하는 의사를 표시하고 상대방이 이를 승낙함으로써 성립하는 계약이다(제554조). 증여는 무상·낙성·편무계약이다. 우리 민법상 증여는 불요식계약이나, 증여가 서면에 의한 것인가 여부에 따라 효력에서 차이가 있다(제555조 참조).

특수한 증여로는 다음과 같은 것이 있다.

① 사인증여   증여자의 사망시에 효력이 발생하는 증여이다. 사인증여는 계약이기는 하나 그 기능은 유증과 유사하여 유증에 관한 규정을 준용한다(제

---

14) 여기에서의 최고는 상황전환효 최고(이에 대해서는 이 책 [1.17] 〈보충학습 1.2〉 참조)에 해당한다.

562조). 사인증여에 제1108조제1항(유언자의 유언철회의 자유)도 준용할 것인가? 사인
증여가 계약(계약에서는 당사자 일방이 임의로 의사표시를 철회할 수 없음)이라는 점에 집
착하기보다는 그 실질에 무게를 두어 증여자의 의사를 최대한 존중할 필요가 있
으므로 준용함이 타당할 것이다.[15]

ⓘⓘ **정기증여**   증여자의 수증자에 대한 급부가 회귀적으로 이루어지는
증여이다. 정기증여는 증여자 또는 수증자의 사망으로 인하여 그 효력을 잃는다
(제560조). 정기증여는 인적 요소가 강하다는 점을 고려한 것이다.

ⓘⓘⓘ **부담부증여**   수증자에게 일정한 부담을 지우는 증여이다(예: A는 B에게
甲부동산을 증여하고 B는 A를 부양하기로 합의). 부담부증여에는 부담의 한도에서 쌍무
계약 및 유상계약에 관한 규정이 적용된다(제559조제2항, 제561조). 가령 제555·558
조는 부담부증여에 적용되지 않는다.[16]

2.161   〈2〉**효   력**   증여는 매매, 교환과 더불어 재산권이전형계약(물권의 이
전 등 재산권의 처분이 이루어짐)에 속한다. 증여는 무상계약이므로 증여자는 유상계
약에서 인정되는 담보책임을 지지 않는다(제559조제1항 본문). 그러나 증여자가 증
여의 목적인 물건 또는 권리의 하자나 흠결을 알고 수증자에게 고지하지 않은
때에는 그에 대하여 책임을 진다(제559조제1항 단서). 이는 악의의 증여자에게 부과
되는 민사벌의 일종이다.

2.162   〈3〉**해   제**   증여에 특유한 해제사유는 다음과 같다.

ⓘ **서면에 의하지 않은 증여의 해제**   서면에 의하지 않은 증여는 각 당사자
가 해제할 수 있다(제555조). 증여자가 경솔하게 무상으로 재산을 처분하는 것을
예방하고 당사자의 의사를 명확하게 하여 분쟁을 피하려는 취지이다.[17]

ⓘⓘ **수증자의 망은행위와 증여의 해제**   수증자가 망은행위(예: 증여자 또는 그
배우자나 직계혈족에 대한 범죄행위)를 한 때에는 증여자는 증여를 해제할 수 있다(제
556조제1항). 이 해제권은 해제원인이 있음을 안 날로부터 6개월을 경과하거나 증
여자가 수증자에 대하여 용서의 의사를 표시한 때에는 소멸한다(제556조제2항).

---

15) 대법원 2022. 7. 28. 선고 2017다245330 판결 참조.
16) 대법원 1997. 7. 8. 선고 97다2177 판결 등 참조.
17) 대법원 1988. 9. 27. 선고 86다카2634 판결; 대법원 2022. 9. 29. 선고 2021다299976 판결 등 참조.

ⓘⓘⓘ 증여자의 재산상태 변경과 증여의 해제   증여계약 후에 증여자의 재산상
태가 현저히 변경되고 그 이행이 생계에 중대한 영향을 미칠 경우에는 증여자는
증여를 해제할 수 있다(제557조).

위의 세 해제는 이미 이행한 부분에는 영향을 미치지 않는다(제558조). 그러
나 입법론적 시각에서 이 규정의 타당성에 의문이 든다.

보충학습 2.36 | 제558조의 입법상의 오류

제558조는 입법과정의 오류에 기인한 것이어서 앞으로 개정되어야 할 것으로 생각한다.
의용민법에는 현행민법 제555조에 해당하는 규정만 있었을 뿐이며 제556조와 제557
조는 현행민법을 제정하면서 신설한 것이다. 의용민법에서는 현행민법 제555조와 제558
조가 같은 조문(의용민법 제550조)의 본문과 단서의 형식으로 규정되어 있었다. 현행민
법은 제556조와 제557조를 신설하면서 의용민법 제550조 단서를 독립시켜 모든 해제에
적용되는 제558조로 만든 것이다. 이미 이행한 부분에 대하여 증여해제의 효력을 제한하
는 규정은 서면에 의한 증여의 해제(제555조)와 증여자의 재산상태 변경과 증여의 해제
(제557조)에는 타당성이 있으나 제556조의 해제와는 전혀 어울리지 않는 것으로 보인
다. 이러한 지적은 민법 제정 당시에도 있었다.[18] 제558조는 비교법적으로도 유례가 없
는 것으로 앞으로 개정되어야 할 규정이다.

Ⅱ. 매   매

1. 개   념

2.163   매매는 당사자 일방이 재산권을 상대방에게 이전하고 상대방이 그 대금을
지급할 것을 약정함으로써 성립하는 계약이다(제563조). 매매는 유상·낙성·쌍무
계약이다. 매매에 관한 규정은 다른 유상계약에 준용된다(제567조).

매매계약에서 매도인의 채무는 물건 또는 권리를 이전하는 것이며, 매수인
의 채무는 언제나 금전채무이다(제568조). 매도인은 이행기까지 물건 또는 권리를
매수인에게 이전하면 되므로 매매계약 당시에는 해당 물건 또는 권리에 대한 처

---

18) 명순구, 『실록 대한민국 민법 3』, 법문사, 2010, 388·392쪽 참조.

분권이 없어도 무방하다(제569조).

2. 성립에 관한 법률문제

2.164 　〈1〉 **매매의 예약**　　매매계약의 체결이 강제되는 경우도 있으며, 여기에는 법률규정에 의한 강제(제283조제2항, 제644·645·647조)와 예약에 의한 강제가 있다. 예약은 본계약을 체결하기 위한 상황이 성숙되지 않은 경우에 사정을 관찰한 후 본계약을 체결하고자 할 때 활용된다.

　　ⓘ **편무예약/쌍무예약**　　일방이 본계약 체결을 위해 청약을 하면 타방은 이에 대하여 승낙할 의무를 부담하는 내용의 합의이다. 편무예약은 당사자 일방만이 청약할 수 있고 타방은 승낙의무만을 부담하는 경우이며, 쌍무예약은 쌍방이 모두 청약할 수 있고 서로 승낙의무를 부담하는 경우이다. 만약 일방의 청약에 대하여 상대방이 승낙하지 않으면 법원에 의사표시를 대신할 재판을 청구할 수 있다(제389조제2항).

　　ⓙ **일방예약/쌍방예약**　　이 구별에는 예약완결권이 개재되어 있다. 예약완결권이란 일방적인 의사표시로 계약을 성립시키는 권리이다. 예약완결권은 일방의 의사표시로 법률관계가 변동되는 것으로(계약의 성립) 형성권의 일종이다(제564조제2항과 제3항은 통상 형성권에 부수하는 법기술19)). 일방만이 예약완결권을 가지면 일방예약(제564조제1항), 쌍방 모두 가지면 쌍방예약이다.

보충학습 2.37 | 일방예약의 채권담보 기능

　A가 B에게 1억원을 대여해 주었다. 이때 B 소유의 시가 2억원 상당의 甲부동산을 목적물로 하면서 매매대금을 1억원, 매수인을 A, 예약완결권자를 A로 하는 매매의 일방예약을 체결했다고 가정해 보자. 만약 B가 1억원의 대여금채무를 이행하지 않으면 A는 예약완결권을 행사할 것이고, 예약완결권을 행사하면 그것만으로 A·B 간에 甲부동산을 목적으로 하는 매매계약이 성립한다. 이때 매수인 A의 매매대금채무는 대여금채무와 상계하는 방법으로 진행된다. 이 거래의 과정을 보면 B 소유의 甲부동산은 A의 B에 대한 대여금채권의 담보 역할을 하게 된다. 특히 A는 자신의 채권액을 훨씬 상회하는 목적물

---

19) 이에 대해서는 이 책 [1.17] 〈보충학습 1.2〉 참조.

에 대한 소유권을 취득할 수도 있다. 이런 불공정한 거래를 제어하기 위하여 「가등기담보 등에 관한 법률」이 제정·시행되고 있다.20)

2.165 〈2〉**계 약 금** 계약금이란 계약체결과 관련하여 계약당사자의 일방이 타방에게 교부하는 금전 또는 유가물이다. A(매도인)와 B(매수인)가 매매계약을 체결하면서(매매대금: 1억원) B가 A에게 1,000만원을 지급하는 것이 그 예이다. 계약금은 증약금(계약의 성립을 증명하는 기능), 위약금(제398조 참조), 해약금(계약해제권을 유보하는 기능)의 기능을 할 수 있다. 계약금은 최소한 증약금의 기능을 한다. 계약금이 당연히 위약금21)의 기능을 하지는 않으나 약정에 의하여 위약금의 기능을 할 수 있음은 물론이다.22)

계약금은 해약금으로 추정한다(제565조제1항). 그리하여 위 사안에서 B는 1,000만원을 포기하고, A는 그 배액을 B에게 상환함으로써 자유롭게 계약을 해제할 수 있다. 즉 해약금이란 자유로운 해제권의 가격이다. 해약금에 의한 해제는 당사자 일방이 이행에 착수23)할 때까지를 그 시한으로 하며, 당사자 중 어느 일방이 이행에 착수한 후에는 해약금에 의한 해제는 불가하다(제565조제1항). 해약금에 의한 해제는 채무불이행과는 전혀 무관한 제도이다. 그러므로 해약금에 의한 해제에서는 손해배상이 문제되지 않는다(제565조제2항).

2.166 〈3〉**매매계약의 비용부담** 매매계약에 관한 비용(예: 목적물의 측량비용, 계약서작성비용)은 당사자 쌍방이 균분하여 부담한다(제566조). 이 규정은 물론 임의규정이다. 매매계약의 비용은 매매계약 자체에 소요되는 비용으로서 변제비용(운송비와 같이 변제를 위하여 필요한 비용)과는 구별된다. 변제비용은 채무자가 부담하는

---

20) 이에 대해서는 이 책 [3.261] 참조.

21) 이에 대해서는 이 책 [2.33] 참조.

22) 계약금이 위약금의 기능을 하는 경우 위 사례에서 만약 A가 채무불이행을 하면 자신이 받은 계약금의 배액(2,000만원)을 B에게 위약금으로 주고, B가 채무불이행을 하면 자신이 A에게 지급한 계약금을 위약금 명목으로 몰수당하게 된다.

23) 이행의 착수는 객관적으로 외부에서 인식할 수 있을 정도로 채무의 이행행위의 일부를 행하거나 또는 이행을 하기 위하여 필요한 전제행위를 하는 것이며, 단순히 이행의 준비만으로는 부족하다(대법원 1994. 11. 11. 선고 94다17659 판결 참조).

것이 원칙이다(지참채무의 원칙24)).

3. 효　　력

(1) 매도인에 대한 효력

1) 재산권이전의무

2.167　　〈1〉주된 의무　　　매도인의 재산권이전의무(제568조제1항)의 구체적 내용은 매매의 대상에 따라 다르다. 가령 부동산물권(소유권, 지상권, 지역권, 전세권 등)의 이전이라면 등기에 필요한 서류의 교부 및 점유의 이전 등이 될 것이고, 지식재산권의 이전이라면 등록 등에 필요한 서류의 교부 등이 될 것이며, 채권의 이전이라면 채무자에 대한 통지 등 양수인이 대항력을 갖출 수 있도록 하는 일이 될 것이다.

2.168　　〈2〉과실의 귀속과 대금의 이자　　　A(매도인)와 B(매수인)가 甲물건을 목적으로 매매계약을 체결했는데, 그 목적물로부터 발생한 과실은 누구에게 귀속하는가? 이에 대하여 민법은 "매매계약 있은 후에도 인도하지 아니한 목적물로부터 생긴 과실은 매도인에게 속한다"(제587조제1문)고 규정한다. 즉 인도를 기준으로 과실귀속을 판단한다. 이 규정은 과실귀속의 일반원칙(제102조)25)과 일치하지 않는다. 이에 대하여 통설·판례는 매매목적물로부터 발생한 과실에 관한 복잡한 법률관계를 간명하게 하기 위한 특별규정으로 이해한다. 그런데 다른 유상계약에 준용되는(제567조) 정도의 무게를 가지는 매매계약에 관한 규정을 단순히 특별규정으로 볼 수 있을까?

> ### 보충학습 2.38 ｜ 제587조제1문의 입법론적 문제점
>
> 　　제587조제1문은 의용민법 제575조제1항과 동일한 내용이다. 물권변동에 관하여 의사주의를 채택한 의용민법에서는 제575조제1항이 특별한 의미를 갖는다. 왜냐하면 의사주의를 그대로 관철하면 매매계약의 효력으로 목적물에 대한 소유권은 매수인에게 이전되

---

24) 이에 대해서는 이 책 [2.81] 참조.
25) 이에 대해서는 이 책 [1.198] 참조.

지만 목적물로부터 발생한 과실의 소유권은 원물의 소유권과 무관하게 인도시점을 기준으로 결정되기 때문이다.

그런데 물권변동에 관하여 형식주의를 채택한 우리 민법에서는 상황이 다르다. 우선, 동산매매에서는 매도인이 매수인에게 목적물을 인도하면 매수인은 원물에 대한 소유자로서 당연히 과실수취권을 가지게 되어 제587조제1문은 당연한 규정이 된다. 다음으로, 부동산매매의 경우를 본다. 제587조제1문에 따르면, 매도인이 매수인에게 이전등기를 했더라도 인도를 하지 않았다면 해당 부동산으로부터 발생한 과실은 매도인에게 속하게 된다. 결국 제587조제1문은 동산에 관해서는 당연한 규정, 부동산에 관하여는 부적절한 규정이다.

한편, 매수인은 목적물을 인도받은 날로부터 대금의 이자를 지급해야 한다(제587조제2문). 그리하여 매수인은 대금채무의 이행기가 이미 지났더라도 매도인이 목적물을 인도하고 있지 않는 한 이자를 지급할 의무가 없다. 이 규정에 대하여 통설은, 매매계약에서의 특칙으로서 목적물을 인도할 때까지 매도인은 그 목적물에서 생기는 과실을 수취할 수 있다는 제1문과 표리관계에 있는 것으로 양 당사자 간의 이익균형을 위한 것이라고 설명한다. 그런데 제587조제2문도 그 이론적 타당성에 의문이 든다.

보충학습 2.39 | 제587조제2문의 입법론적 문제점

문제의 소재를 명확히 하기 위해 여기에서의 '이자'의 의미를 생각해 본다. 제587조제2문의 '이자'는 지연배상의 본질을 가지는 것이다.[26] 그렇다면 배상책임의 판단을 위한 기준시점을 이행기로 해야 할 것인데, 제587조제2문은 금전채무자인 매수인이 지체책임을 지는 기준시점을 "매도인으로부터 목적물을 인도받은 때"로 규정하고 있다. 이 규정은 매도인의 목적물인도의무와 매수인의 대금지급의무의 동시이행관계를 염두에 두고 지연이자에 관한 문제를 규율하고 있는 것이다. 즉 매도인이 의무를 이행하지 않으면 매수인이 이행기에 대금을 지급하지 않더라도 지연배상책임을 부담하지 않는다는 관념을 담고 있다.[27]

---

26) 대법원 1981. 5. 26. 선고 80다211 판결; 대법원 1995. 6. 30. 선고 95다14190 판결 등 참조.

27) 대법원 1998. 3. 13. 선고 97다54604,54611 판결; 대법원 2024. 2. 29. 선고 2023다289720 판결 등 참조.

이 관념이 잘못된 것은 아니다. 문제는 제587조제2문의 문언이 부적절하다는 데에 있다. 동산매매에서 제587조제2문은 당연한 규정이다. 매도인의 동산소유권 이전채무는 해당 동산의 인도로 이행하는 것이기 때문이다. 한편, 부동산매매에서 제587조제2문은 부적절하다. 부동산의 인도만으로는 매도인의 재산권이전의무를 이행했다고 볼 수 없기 때문이다. 부동산매매계약에서 매도인은 부동산의 인도 외에 등기이전의무까지 이행해야 한다. 제587조제1문과 마찬가지로 제2문도 동산에 관해서는 당연한 규정, 부동산에 관하여는 타당하지 않은 규정이다.

2) 담보책임

(가) 의   의

2.169 담보책임이란 매매계약의 목적인 물건 또는 권리에 흠결이 있는 경우에 매도인이 부담하는 책임이다. 담보책임은 유상계약에서 양 급부 사이의 등가성을 유지시켜 주기 위한 특별한 제도로서[28] 반대급부의 한도에서 절대책임(즉 무과실책임)을 지는 것이다. 매도인만이 담보책임을 지도록 한 이유는 무엇인가? 매수인의 채무는 금전채무로서 해당 금액을 지급하는 것이므로 물건 또는 권리의 흠결이라는 것을 생각할 수 없기 때문이다.

(나) 담보책임의 내용

2.170 〈1〉권리흠결에 대한 담보책임   이에 해당하는 담보책임을 유형별로 살펴본다.

① 권리의 전부가 타인에게 속한 경우   타인소유물 매매에서 매도인이 이행기에 매수인에게 소유권을 이전하지 못하면 매수인은, 선의인 때에는 해제와 함께 손해배상청구권을, 악의인 때에는 해제권을 행사할 수 있다(제570조). 악의의 매수인에게 해제권을 인정하는 이유는, 매수인이 악의라도 그가 추탈위험(권리를 취득하지 못할 위험)을 인수한 것으로 볼 수는 없기 때문이다. 그리고 악의의 매수인에게 손해배상청구권을 인정하지 않는 이유는, 이때의 매수인은 손해 내지 위험을 인수한 것으로 보아야 하기 때문이다.

---

28) 대법원 1992. 12. 22. 선고 92다30580 판결 참조.

보충학습 2.40 | 선의의 매도인의 권리(제571조)

甲부동산이 등기부상으로는 A명의로 등재되어 있지만 사실은 특별법에 의하여 이미 국유화되었는데 A가 이 사실을 모르고 B에게 매도하는 계약을 체결했다고 가정해 보자. 명백한 것은 등기 명의와 무관하게 甲부동산의 소유자는 국가(제187조)라는 점이다. 이와 같은 경우에 대하여 민법은 선의의 매도인을 배려하는 규정을 두고 있다.

(1) **매도인이 그 권리가 타인에게 속한다는 사실에 대하여 선의인 경우**   매수인에게 권리를 이전할 수 없을 때에는 매도인은 손해를 배상하고 계약을 해제할 수 있다(제571조제1항).

(2) **매도인은 선의이나 매수인이 그 권리가 타인에게 속한다는 사실에 대하여 악의인 경우**   매도인은 손해배상 없이 계약을 해제할 수 있다(제571조제2항). 매수인이 악의인 경우에 손해배상을 허용하지 않는 이유는, 이때의 매수인은 손해를 인수한 것으로 보아야 하기 때문이다.

제571조는 매도인의 담보책임 관련 조문들과 함께 규정되어 있기는 하나 담보책임과는 무관한 것이다.

ⅱ) 권리의 일부가 타인에게 속한 경우   공유자 중 1인이 공유물 전부를 목적물로 매매계약을 체결했다고 가정해 보자. 매도인이 이행기에 소유권을 완전히 이전하지 못하면 매수인은, 선의인 때에는 이전불능부분의 비율에 따른 대금감액청구권(제572조제1항), 잔존한 부분만으로는 매수인이 매수하지 않았을 것이라면 해제권(제572조제2항) 및 손해배상청구권(제572조제3항)을 행사할 수 있다. 한편, 악의의 매수인은 이전불능부분의 비율에 따른 대금감액청구권만을 가진다(제572조제1항). 매수인의 선의·악의를 불문하고 대금감액청구권을 인정하는 이유는, 제570조가 선의·악의를 불문하고 해제권을 인정하는 이유와 동일하다. 악의의 매수인에게 손해배상청구권을 인정하지 않는 이유도 제570조가 악의의 매수인에게 손해배상청구권을 인정하지 않는 이유와 동일하다. 매수인의 권리는 1년 내에 행사해야 한다(제573조).

ⅲ) 목적물의 수량부족·일부멸실   권리의 일부가 타인에게 속한 경우에 관한 규정(제572·573조)은 수량을 지정한 매매의 목적물이 부족한 경우(1,000㎡의 토지를 목적물로 매매계약을 체결하면서 매매대금을 ㎡당 10만원씩 계산하여 1억원으로 약정하였는데, 사실은 900㎡에 불과한 경우)와 매매목적물의 일부가 계약 당시에 이미 멸실된

경우(나무 100그루를 목적물로 매매계약을 체결하면서 매매대금을 1그루당 10만원으로 하여 1,000만원으로 약정했는데 계약 당시에 50그루가 이미 고사한 경우)로서 매수인이 그 부족 또는 멸실에 대하여 선의인 때에 준용한다(제574조). 제574조가 적용되기 위해서는 매매당사자가 일정한 면적·용량·중량 등을 계약내용의 중요부분으로 하고 또한 매매대금도 그에 상응하여 정한 경우여야 한다.29) 제570조와 제572조는 주관적 불능(즉 존재하기는 하나 매도인 외의 사람에게 속하는 경우)에 관한 것인데 비해 제574조는 객관적 불능에 관한 것이다. 제574조가 선의의 매수인에게만 권리를 부여하고 있는데, 이는 계약체결 당시에 객관적 일부불능(수량부족·일부멸실)에 대하여 악의라면 그로 인한 손해 내지 위험을 인수한 것으로 보아야 하기 때문이다.

ⓘⓥ 재산권이 타인의 권리에 의하여 제한받고 있는 경우   매매의 목적물에 지상권·지역권·전세권·질권·유치권 등의 제한물권이 설정되어 있거나(제575조제1항), 목적부동산을 위하여 있어야 할 지역권이 없거나 그 부동산에 등기된 임대차계약이 있는 경우(제575조제2항) 매도인은 담보책임을 진다. 선의의 매수인은 소유권의 제한으로 인하여 계약의 목적을 달성할 수 없는 경우에는 해제권, 그 밖의 경우에는 손해배상청구권을 행사할 수 있다. 악의의 매수인은 손해 내지 위험을 인수한 것으로 보고 선의의 매수인에게만 권리를 인정한다. 매수인은 그 사실을 안 날로부터 1년 내에 권리를 행사해야 한다(제575조제3항).

ⓥ 저당권·전세권이 행사된 경우   매매의 목적인 부동산에 설정되어 있던 저당권 또는 전세권이 실행되어 매수인이 소유권을 취득할 수 없거나(예: 매수인이 소유권을 취득하기 전에 부동산이 경매된 경우) 또는 매수인이 소유권을 상실한 경우(예: 소유권을 취득한 후 경매된 경우)에 매수인은 계약을 해제할 수 있으며 손해가 있으면 그 배상을 청구할 수 있다(제576조제1·3항).30) 악의의 매수인에게도 권리를 인정하는데, 이는 저당권·전세권이 설정되어 있더라도 그것만으로 모든 위험을 인수한 것으로 볼 수는 없기 때문이다. 제576조는 저당권의 목적이 된 지상권 또는 전세권이 매매의 목적인 경우에 준용된다(제577조).

---

29) 대법원 2001. 4. 10. 선고 2001다12256 판결 등 참조.

30) 저당권 또는 전세권이 설정된 부동산에 대하여 매수인의 출재로 그 소유권을 보존한 때에는 매도인에 대하여 그 상환을 청구할 수 있으며(제576조제2항), 손해가 있으면 그 배상을 청구할 수 있다(제576조제3항). 이 규정은 담보책임을 정한 것이 아니라 매수인이 이해관계 있는 제3자로서 변제한 경우에 그 구상권을 정한 것이다.

2.171 　〈2〉 물건의 하자에 대한 담보책임　　하자란 매매목적물이 거래통념상 기대되는 객관적 성질·성능을 결여하거나, 당사자가 예정 또는 보증한 성질을 결여한 경우이다.[31] 매입한 냉장고의 온도조절 기능이 작동되지 않는 경우, 분양받은 애완용 강아지에 질병이 있는 경우 등이 그 예이다. 민법은 특정물매매와 종류물매매로 나누어 규정하는데, 어떤 경우든 매수인은 선의·무과실이어야 한다(제580조제1항 단서, 제581조제1항). 역사적·전통적으로 제580·581조는 숨은 하자를 규율하는 것이기 때문이다. 특정물매매의 매수인은, 하자로 인하여 계약의 목적을 달성할 수 없을 때에는 해제, 기타의 경우에는 손해배상을 청구할 수 있다(제580조제1항). 종류물매매에서 특정된 물건에 하자가 있는 때에도 또한 같다(제581조제1항). 그리고 종류물매매에서는 해제 또는 손해배상을 청구하지 않고 하자 없는 물건을 요구할 수 있다(제581조제2항). 제580·581조의 경우에 매수인은 하자를 인식한 날로부터 6개월 내에 권리를 행사해야 한다(제582조).

2.172 　〈3〉 채권매도인의 담보책임　　채권매매의 경우에 매도인은 채권의 존재 또는 채권액에 대해서는 담보책임을 진다(제567조). 가령 채권의 전부 또는 일부가 채권매도인이 아닌 타인에게 속한 경우에는 제570조부터 제573조가 정하는 담보책임이 인정된다. 그러나 채무자에게 변제자력이 있는가에 대해서는 매도인(즉 채권양도인)이 책임을 지지 않는다. 그런데 매도인과 매수인이 채무자의 자력을 담보하는 특약을 할 수 있다. 특약이 없는 경우를 위하여 추정규정이 있다. 변제기에 도달한 채권의 매도인이 채무자의 자력을 담보했다면 매매계약 당시의 자력을 담보한 것으로 추정하며(제579조제1항), 변제기에 도달하지 않은 채권의 매도인이 채무자의 자력을 담보했다면 변제기의 자력을 담보한 것으로 추정한다(제579조제2항).

2.173 　〈4〉 경매에서의 담보책임　　강제집행 또는 담보권 실행을 위하여 국가기관에 의하여 이루어지는 경매(공경매)도 매매의 한 방식이다(경쟁체결 방식에 의한 경매). 공경매에서는 물건의 하자에 대하여 담보책임을 지지 않는다(제580조제2항). 경매의 결과를 확실하게 하기 위한 조치이다. 권리흠결에 대하여 경락인(일반 매매에서의 매수인에 해당)은 채무자(일반 매매에서의 매도인에 해당)에게 제570조부터 제

---

31) 대법원 2000. 1. 18. 선고 98다18506 판결; 대법원 2021. 4. 8. 선고 2017다202050 판결 등 참조.

577조의 규정에 따라 담보책임을 주장할 수 있다(제578조제1항). 채무자가 자력이 없는 때에는 대금의 배당을 받은 채권자가 배당받은 금액의 한도에서 책임을 진다. 경락인이 주장할 수 있는 권리는 해제 또는 대금감액(제578조제1항)이며, 손해배상청구권은 원칙적으로 인정되지 않는다. 그러나 채무자나 채권자가 권리의 흠결에 대하여 악의인 때에는 손해배상을 청구할 수 있다(제578조제3항).

(다) 담보책임의 본질

2.174 ~ 2.175

매도인은 매수인과 합의한 대로 채무를 이행해야 한다. 즉 매도인은 제한이나 부담이 없는 완전한 권리, 그리고 품질에도 하자가 없는 물건을 매수인에게 인도해야 한다. 이렇게 보면 담보책임의 본질은 채무불이행책임의 일종으로 파악하면 될 것 같다. 그런데 담보책임의 본질, 특히 특정물하자담보책임(제580조)에 관해서 매우 복잡한 학설 논쟁이 있다.

(라) 담보책임 관련 주요 이슈

2.176 ~ 2.178

〈1〉 **특정물하자담보책임의 전형적 효과**(해제·대금감액)　특정물하자담보책임은 무과실책임으로서 그 전형적 효과는 해제와 대금감액이다. 대가의 한도에서 매도인이 무과실책임을 부담하는 것이 담보책임이고 보면 그 책임의 최대한도가 해제라는 점은 수긍이 간다(대금감액은 일부해제에 해당함). 그런데 제580조는 특정물하자담보책임의 효과를 해제와 손해배상(대금감액이 아닌)으로 정하여 비교법적으로 독특한 모습이다. 손해배상은 원칙적으로 과실을 요건으로 한다는 점에서(제390조) 해석상 어려움을 수반한다. 이에 따라 제580조의 손해배상의 구체적인 의미에 대하여 매우 복잡한 학설 논쟁이 있다.

2.179

〈2〉 **권리흠결에 대한 담보책임과 손해배상**　권리흠결의 경우(제570조 단서, 제572조제3항, 제575조제1항제2문, 제576조제3항 등)에 매도인에게 과실이 있다면 매수인은 손해배상을 청구할 수 있다.[32] 그리고 이때의 손해배상은 이행이익의 배상으로서 그 범위는 제393조에 따라 정할 일이다.

2.180

〈3〉 **담보책임과 기타 제도의 경합**　담보책임은 다른 여러 제도와 얽혀 있다. 그런데 담보책임이란 유상계약에서 대가적 급부 사이의 등가성 유지를 위하여 부가적으로 마련된 제도라는 점에 유의해야 한다. 이는 담보책임 제도로

---

32) 대법원 1970. 12. 29. 선고 70다2449 판결; 대법원 1993. 11. 23. 선고 93다37328 판결 등 참조.

인하여 매수인에게 선택의 가능성이 축소될 수 없음을 의미한다. 가령 타인 권리의 매매에서 매도인의 귀책사유로 인하여 이행불능이 되었다면 매수인으로서는 제570조를 근거로 손해배상을 청구할 수도 있고 제390조를 근거로 손해배상을 청구할 수도 있다. 특히 매수인이 악의라면 제570조 단서에 의한 손해배상을 청구할 수는 없지만 제390조를 근거로 손해배상을 청구할 수 있다.[33]

보충학습 2.41 | 성상의 착오와 특정물하자담보책임의 관계

A(매도인)가 특정동산(甲)에 대하여 B(매수인)와 매매계약을 체결했는데, 甲에는 A와 B 누구도 알지 못한 하자가 존재하고 있었다고 가정해 보자. 이 경우에 성상의 착오로 인한 취소(제109조)와 하자담보책임(제580조)이 고려될 수 있는데, 다수설은 두 조문의 관계를 법조경합으로 파악하여 제580조만이 적용된다고 한다.

다수설대로 한다면 만약 매수인이 소송에서 성상의 착오를 주장하는 경우에 제109조의 요건을 구비했더라도 법원은 그것을 받아들이지 않는다는 것인데 이는 민사소송법의 원칙(특히 변론주의[34])에 어긋난다. 판례도 당사자가 착오취소를 주장하면 그에 대하여, 또한 하자담보책임을 주장하면 그에 대하여 적법성 여부를 판단할 뿐이다.[35] 요컨대, 제109조와 제580조는 권리경합관계에 있다고 보아야 한다.

---

(2) 매수인에 대한 효력

2.181   매수인의 채무는 금전채무이다. 그리하여 금전채무에 관한 일반규정이 적용된다(제376~379조, 제397조 등). 그 밖에 매매와 관련하여 민법은 대금지급시기(제585조), 대금지급장소(제586조), 대금지급거절권(제588조) 등을 규정한다.

4. 환   매

2.182   〈1〉개   념   환매란 매도인이 매매계약과 동시에 매매목적물을 다시 매수할 권리(환매권)를 유보하고 일정기간 안에 환매대금(매도인이 수령한 매매대금에 매수인이 부담한 매매비용을 더한 금액)을 제공하면서 환매권을 행사하여 목적물을 다

---

33) 이에 관해서는 이 책 [2.179]와 연계하여 이해.
34) 변론주의(辯論主義)란 소송자료(사실과 증거)의 수집, 제출책임은 당사자에게 있고, 법원은 당사자가 수집하여 변론에서 제출한 소송자료만을 재판의 기초로 삼아야 한다는 원칙이다.
35) 대법원 2018. 9. 13. 선고 2015다78703 판결 참조.

시 매수하는 것이다(제590조제1항). 특별한 약정이 없다면 목적물의 과실과 대금의
이자는 상계한 것으로 본다(제590조제3항). 환매특약이 원매매계약과 동시에 행해
진 경우를 환매라 하고 기타의 경우를 '재매매의 예약'이라고 한다. 비전형담보 중
소위 매도담보는 환매 또는 재매매의 예약의 형식으로 이루어진다.[36]

보충학습 2.42 | 재매매의 예약과 환매의 비교

재매매의 예약이란 목적물의 매도인이 장래 매수인으로부터 그 목적물을 다시 매수할
뜻을 정한 예약이다. 매도인이 예약완결권을 행사하면 예약완결권자를 매수인으로 하는
매매계약이 성립하게 된다. 이와 같이 재매매의 예약은 환매와 유사한 기능을 수행한다.
대부분 채권담보의 기능을 수행하는 점은 환매와 같다. 그러나 재매매의 예약은 다음과
같은 점에서 환매와 다르다: ① 성립시기에 있어서, 환매는 매매계약과 동시이나, 재매
매의 예약은 제한이 없다; ② 존속기간에 있어서, 환매는 부동산에 대하여는 5년, 동산
에 대하여는 3년이라는 제한이 있으나(제591조제1항) 재매매의 예약은 그러한 제한이
없다. 이와 같은 이유로 거래계에서는 환매보다 재매매의 예약이 널리 활용된다.

2.183

〈2〉 요 건   환매의 요건을 정리하면 다음과 같다.

ⓘ 목 적 물   환매의 목적물은 부동산에 한정되지 않는다(제591조제1항, 제
592조 참조).

ⓙ 환매특약의 시기와 등기   환매특약은 매매계약과 동시에 해야 하며, 매
매계약의 종된 계약이므로 매매계약과 운명을 같이 한다. 매매의 목적물이 부동
산인 경우에 매매등기와 동시에 환매권의 보류를 등기한 때에는 제3자에 대하여
그 효력이 있다(제592조).

ⓚ 환매대금   다른 특약이 없는 한 환매대금은 원매매대금에 원매수인
이 부담한 매매비용을 더한 금액이다. 이때 목적물의 과실과 대금의 이자는 다
른 특약이 없으면 상계한 것으로 본다(제590조제3항).

ⓛ 환매기간   제591조는 환매기간을 비교적 짧게 정하고 있다(부동산 5년,
동산 3년). 이는 물건의 소유와 이용이 오랫동안 분리됨으로 인하여 발생하는 법
적 불안정을 회피하기 위한 것이다.

---

36) 이에 대해서는 이 책 [3.268] 〈보충학습 3.46〉 참조.

2.184   〈3〉 환매의 실행과 효과   환매권자는 환매권을 환매기간 내에 행사해야 한다. 환매권의 행사는 환매의 의사표시만으로는 부족하고 환매대금을 원매수인에게 제공하면서 해야 한다(제594조제1항). 환매기간 내에 환매권을 행사하지 않은 경우에 소유권을 되찾아 올 수 있는가 여부는 해당 사안이 「가등기담보 등에 관한 법률」이 적용되는가 여부에 따라 다르다.37)

보충학습 2.43 | 환매의 담보적 기능과 「가등기담보 등에 관한 법률」의 규제

A가 B로부터 1,000만원의 금전을 빌리기 위한 방편으로 A 소유의 부동산(시가: 3,000만원)을 B에게 매도하면서 매매대금의 명목으로 1,000만원을 받고 해당 부동산에 대해서는 B의 명의로 소유권이전등기를 했다. A가 일정한 기간(즉 환매기간) 내에 B에게 일정한 대금(즉 환매대금)을 제공하고 다시 매수하기로 하는 특약을 했다. 이 경우에 A·B 간에는 매매계약이 이루어졌으나 실질적으로는 A가 B로부터 금전을 차용하고 A 소유의 부동산은 B의 채권을 담보하는 기능을 한 것이다. A가 B로부터 매매대금 명목으로 받은 1,000만원은 차용금, 환매기간은 변제기, 환매대금은 피담보채권에 해당한다.

만약 환매기간 내에 A(즉 채무자)가 환매를 하지 않으면 어떻게 되는가? B는 그대로 해당 부동산의 소유자가 되는가? 그리된다면 B는 엄청난 폭리를 취할 수 있다. 1,000만원으로 3,000만원 상당의 부동산을 취득한 셈이 되기 때문이다. 이 문제는 해당 사안이 「가등기담보 등에 관한 법률」이 적용되는가 여부에 따라 달리 해결된다.

(1) **「가등기담보 등에 관한 법률」이 적용되지 않는 경우**   환매기간을 경과하면 환매권을 잃으므로(제594조 1항) A는 소유권을 되찾아 올 수 없다.

(2) **「가등기담보 등에 관한 법률」이 적용되는 경우**   B는 비록 자기 명의로 이전등기가 되어 있기는 하나 그대로 소유권이 인정되지는 않고 「가등기담보 등에 관한 법률」이 정하는 청산절차를 거친 후에 소유자가 될 수 있다.38)

Ⅲ. 교   환

2.185   교환은 당사자 쌍방이 금전이 아닌 재산권을 상호 이전할 것을 내용으로 하는 계약이다(제596조). 교환계약은 불요식·낙성·유상·쌍무계약이다. 교환계약의

---

37) 이에 대해서는 이 책 [3.273] 참조.
38) 이에 대해서는 이 책 [3.273] 참조.

두 급부가 균형을 유지하지 못하는 경우에(사실 교환계약에서는 이런 상황이 흔히 발생할 수 있음) 당사자 사이에서 보충금에 관한 합의를 하게 되는데, 이 보충금에 관해서는 매매계약에서의 매매대금에 관한 규정을 준용한다(제597조).

Ⅳ. 소비대차

1. 개 념

2.186   소비대차는 일방(대주)이 금전 기타 대체물의 소유권을 상대방에게 이전할 것을 약정하고 상대방(차주)은 같은 종류·품질·수량으로 반환할 것을 내용으로 하는 계약이다(제598조). 소비대차는 차주가 해당 차용물을 소비하기 위하여 빌리는 것으로 차용물 그 자체를 반환하는 것(사용대차·임대차의 경우)이 아니라는 점에서 구별된다. 그리하여 소비대차의 목적물은 대체물이다.

소비대차는 불요식·낙성계약이다. 쌍무성과 유상성은 어떠한가? 통설은, 소비대차가 이자부이면 쌍무·유상계약이고 무이자부이면 편무·무상계약이라고 한다. 이자부 여부로 유상성을 가르는 것에 대해서는 이견이 없다. 그러나 이자부 여부는 쌍무성에는 영향을 주지 못한다고 보아야 한다. 소비대차가 낙성계약인 현행법에서 당사자 간의 합의로 계약이 성립하면 대주와 차주 모두 채무를 부담한다(소비대차를 요물계약으로 관념하던 의용민법에서는 대주가 차주에게 목적물을 인도해야 계약이 성립하고 계약성립 후에는 차주만이 반환의무를 부담하므로 편무계약).39)

2. 대주의 의무

2.187   〈1〉 소유권이전의무   대주에게 소유권 이전의무가 있는가? 이에 대하여 학설 다툼이 있으나 부적절하다. 이 문제에 대하여 침묵하던 의용민법(제587조)과 달리 현행 민법은 의도적으로 "소유권을 상대방에게 이전"(제598조)한다고 규정하고 있다. 명문에 반하는 시각은 해석이 아니라 입법정책의 제안이다.

2.188   〈2〉 담보책임   이자부소비대차의 경우에 목적물에 하자가 있을 때에는

---

39) 계약의 쌍무성과 낙성·요물계약의 관계에 대해서는 이 책 [2.141] 〈보충학습 2.27〉 참조.

하자담보책임에 관한 규정(제580~582조)을 준용한다(제602조제1항). 이자부소비대차는 유상계약이므로 담보책임을 지는 것은 자연스러운 논리이다. 무이자부인 때에는 담보책임이 문제되지 않는다. 다만, 민법은 소비대차의 특성을 고려한 특칙을 두고 있다. 무이자부소비대차에서 차주는 하자 있는 물건의 가액으로 반환할 수 있다(제602조제2항 본문). 그러나 대주가 그 하자를 알고 차주에게 고지하지 아니한 때에는 담보책임을 지도록 한다(제602조제2항 단서). 이 규정은 제559조제1항 단서와 같은 취지로 일종의 민사벌로 볼 수 있다.

3. 차주의 의무: 목적물반환의무

2.189 〈1〉 반환할 물건　　　일반론과 대물대차로 구분하여 설명한다.

ⓘ 일 반 론　　　차주는 대주로부터 받은 물건과 동종·동질·동량의 물건으로 반환한다(제598조). 차주가 동종·동질·동량의 물건을 반환할 수 없는 때에는 그때의 시가로 상환해야 한다(제604조 본문). 물론 금전소비대차의 경우에는 금전채무에 관한 규정(제376조, 제377조제2항)이 적용된다(제604조 단서).

ⓘⓘ 대물대차　　　대물대차란 금전대차에 있어서 대주가 차주에게 금전을 지급하지 않고 금전에 갈음하여 유가증권 기타의 물건(예: 약속어음, 채권 등)을 인도하는 경우이다. A(차주)가 B(대주)로부터 1,000만원을 차용하는 소비대차계약을 체결했지만 B가 실제로 A에게 인도한 것은 甲물건(시가: 700만원)이고, 나중에 A는 1,000만원의 금전(경우에 따라서는 이자 부가)을 반환하는 것이다. 대물대차는 대주의 폭리수단으로 악용될 수 있다. 그리하여 민법은, 대물대차의 경우에는 금전 대신으로 받은 유가증권 기타 물건의 인도시의 가액을 차용액으로 한다고 규정한다(제606조). 이에 반하는 약정으로서 차주에 불리한 것은 효력이 없다(제608조).

2.190 〈2〉 반환시기　　　반환시기의 약정이 있다면 그에 따르며(제603조제1항), 약정이 없을 때에는 대주는 상당한 기간을 정하여 반환을 최고해야 한다(제603조제2항 본문). 상당한 기간이 지나면 차주는 이행지체에 빠진다. 그러나 차주는 언제든지 반환할 수 있다(제603조제2항 단서). 차주는 기한의 이익을 포기할 수 있기 때문이다.

2.191 〈3〉 대물반환의 예약　　대물반환의 예약은 대물변제의 예약[40]의 일종으로 차주가 본래의 반환물에 대신하여 다른 급부를 할 것을 미리 대주와 약정하는 것이다. 대물반환의 예약은 주로 채권담보의 용도로 이용된다. A가 B에게 1억원을 대여해 주면서 "만약 B가 A에게 대여금을 반환하지 못하면 금전 대신 B소유의 甲토지(대물반환의 예약 당시의 시가: 2억원)에 대한 소유권을 A에게 이전하겠다"와 같은 약정이 그것이다. 대물반환의 예약에서는 대주가 폭리를 취할 수 있다. 이 점을 고려하여 민법은 위 사안에서 대물반환의 예약 당시 甲토지의 가액이 차용액 및 이에 붙인 이자의 합산액을 넘지 못한다고 규정한다(제607조). 그리하여 가령 예약 당시 차용액이 1억원이고 이자가 2천만원이라면(차용액과 이자의 합산액이 1억 2천만원) 이는 제607조의 규제대상이 된다. 그리고 제607조에 반하는 약정으로서 차주에 불리한 것은 효력이 없다(제608조). 제607조는 「가등기담보 등에 관한 법률」이 적용되기 위한 전제이다(법 제1조 참조).[41]

4. 소비대차의 실효와 해제

2.192 〈1〉 파산과 소비대차의 실효　　대주가 차주에게 목적물을 인도하기 전에 당사자 일방이 파산선고를 받은 때에는 소비대차는 그 효력을 잃는다(제599조).

2.193 〈2〉 무이자부소비대차계약의 해제　　이자없는 소비대차의 당사자는 목적물의 인도 전에는 언제든지 계약을 해제할 수 있다(제601조 본문). 그러나 상대방에게 생긴 손해가 있는 때에는 이를 배상해야 한다(제601조 단서).

Ⅴ. 사용대차

1. 개　념

2.194 사용대차는 당사자 일방이 상대방에게 무상으로 사용·수익하게 하기 위하여 목적물을 인도할 것을 약정하고 상대방은 그 물건을 반환할 것을 내용으로 하는 계약이다(제609조). 차용물 자체를 반환한다는 점에서 소비대차와 다르고,

---

40) 이에 대해서는 이 책 [2.95] 참조.
41) 이에 관해서는 이 책 [3.261] 참조.

무상이라는 점에서 임대차와 구별된다. 사용대차는 불요식·낙성계약이다. 의용민법과 달리 현행법상 사용대차는 낙성계약이다. 통설은 사용대차를 무상·편무계약이라고 한다. 사용대차가 무상계약이라는 점은 수긍할 수 있지만 편무계약이라고 할 수는 없다.42)

2. 대주의 의무

2.195   대주의 의무는 다음과 같다.

ⓘ **목적물인도의무**   대주는 목적물을 차주에게 인도해야 한다. 그러나 임대차와 달리 사용대주에게는 차용물의 수선·보수의무는 없다.

ⓘ **담보책임**   사용대차는 무상계약이므로 대주에게 담보책임이 부과되지 않는다. 사용대주에 대하여 증여자에 관한 제559조를 준용하고 있는데(제612조), 이는 담보책임이 아니라 민사벌이다(제602조제2항도 동일한 규범구조).43)

3. 차주의 권리·의무

2.196   차주의 권리·의무를 살펴본다.

ⓘ **목적물에 대한 사용·수익권**   사용·수익의 방법은 계약내용에 의하여 정해진다. 약정이 없는 때에는 목적물의 성질에 의하여 정해진 용법으로 사용·수익한다(제610조제1항). 차주는 대주의 승낙없이 전대할 수 없다(제610조제2항). 사용대차가 당사자의 인적 요소가 중요요소라는 점을 보여주는 규정이다. 제610조제1·2항에 위반한 때에는 대주는 계약을 해지할 수 있다(제610조제3항).

ⓘ **목적물보관의무**   차주는 선량한 관리자의 주의로 목적물을 보관해야 한다(제374조). 차용물의 통상필요비는 차주의 부담이다(제611조제1항). 사용대차의 무상성을 고려한 규정이다. 통상필요비 외의 기타 비용(특별필요비, 유익비)에 대해서는 제594조제2항을 준용한다(제611조제2항).

ⓘ **목적물반환의무**   약정이 있다면 차주는 그 시기에 차용물을 반환하며(제613조제1항), 약정이 없다면 목적물의 성질에 의한 사용·수익이 종료한 때에

---

42) 이에 대해서는 이 책 [2.141] 〈보충학습 2.27〉 참조.
43) 이에 대해서는 이 책 [2.188] 참조.

목적물을 반환한다(제613조제2항 본문). 그러나 목적물의 성질에 의한 사용·수익에 족한 기간이 종료한 때에는 대주는 언제든지 계약을 해지할 수 있다(제613조제2항 단서). 목적물을 반환할 때에 차주는 원상회복을 해야 하고 차용물에 부속시킨 물건은 철거할 수 있다(제615조).

　　ⓘⓥ **공동차주의 연대의무**　　수인이 공동으로 물건을 차용한 때에는 연대하여 의무를 부담한다(제616조).

　　ⓥ **손해배상·비용상환청구의 기간**　　계약 또는 목적물의 성질에 위반한 사용·수익으로 인하여 생긴 손해배상의 청구와 차주가 지출한 비용의 상환청구는 대주가 목적물을 반환받은 날로부터 6개월 내에 해야 한다(제617조).

Ⅵ. 임 대 차

1. 개　　념

2.197　　임대차는 당사자 일방이 상대방에게 목적물을 사용·수익하게 하고 이에 대하여 상대방이 차임을 지급할 것을 내용으로 하는 계약이다(제618조). 차용물 자체를 반환하는 점에서 사용대차와 같고 소비대차와는 다르며, 유상이라는 점에서 사용대차와 구별된다. 임대차는 불요식·낙성·쌍무·유상계약이다.

　　임대차에서의 주요 과제 중 하나가 임차인 보호인데, 그 핵심 목록은 다음과 같다: ① 임차권에 물권 유사의 대항력 인정; ② 임차인의 투하자본 회수(임차권의 전대·양도); ③ 임차권의 존속보장; ④ 보증금 회수. ①·②·③은 모든 법제에 공통된 이슈임에 반해, ④는 보증금의 다액이거나 차임을 전세 형식으로 지급하는 관행을 가진 우리나라에 특유한 이슈이다.[44]

보충학습 2.44 | 전세, 전세권, 채권적 전세

　(1) **전세**　전세란 물건 사용료의 지급방식이 특수한 경우이다. 일반적으로 사용료는 일정한 기간(예컨대 월)을 단위로 정기적으로 지급하는 방식이지만, 전세의 경우에는 사

---

44) 이에 대해서는 이 책 [2.208] 〈보충학습 2.48〉 참조.

용자가 일시에 거액의 '전세금'(목적물 가액의 약 70%)을 지급하고 사용기간이 종료하면 그것을 다시 반환받는 형식이다. 그리하여 사용기간 중에는 사용료를 주고받는 일이 일어나지 않는다. 경제적으로 보면 전세금으로부터 발생한 이자를 사용료로 대체하는 것이다. 전세는 우리나라에 특유한 제도이다.

(2) **전세권** 전세권은 사용료가 전세의 형태로 지급되는 물권이다(제303조).45) 가령 X가 자기 소유의 甲건물에 대하여 B에게 전세권을 설정할 수 있는데 이때 B는 A에게 전세금을 지급하게 된다. 전세권에서 물건의 사용은 언제나 전세의 방식으로 지급되며 전세금 지급은 전세권의 성립요소이다(제303조). 전세권은 물권이므로 존속기간이 만료하면 전세권자는 전세금의 반환에 관하여 우선변제권을 가진다. 이는 전세권의 물권으로서의 성질에 기인한다.

(3) **채권적 전세** 채권관계인 임대차의 경우에도 사용료(차임)를 전세의 방식으로 할 수 있다. 임대차이면서 차임의 지급을 전세 방식으로 하게 되면 기간 만료 후에 전세금 회수가 큰 문제이다. 임대차 기간이 만료했는데 임대인이 전세금을 반환하지 않으면 임차인은 낭패를 볼 수 있다. 임차인의 전세금반환청구권은 채권으로서 우선변제권권이 인정되지 않기 때문이다. 이러한 문제를 해결하기 위해 「주택임대차보호법」과 「상가건물임대차보호법」은 일정한 요건 하에 임차인에게 임차목적물의 경매대금에 대하여 우선변제권을 인정한다.46)

2. 존속기간

2.198

〈1〉 기간의 약정이 있는 경우   원칙과 예외로 나누어서 설명한다.

ⓘ 원   칙   임대차계약의 존속기간은 당사자의 합의로 정할 수 있다. 민법은 임대차계약의 존속기간에 관하여 최장기의 제한도 최단기의 제한도 두고 있지 않다.47)

ⓘⓘ 예   외   임대차는 처분행위가 아니어서(임대차계약 체결은 관리행위에 해당) 처분을 위한 능력 또는 권한이 없는 사람도 임대차계약을 체결할 수 있다. 그런데 이런 사람이 장기로 임대차계약을 체결하게 되면 실질적으로 처분행위

---

45) 전세권에 대해서는 이 책 [3.179] 이하 참조.

46) 이에 대해서는 이 책 [2.212], [2.213] 참조.

47) 민법이 최단기의 제한규정을 두지 않은 것은 입법정책상 문제라는 지적이 있다(임대차기간을 단기로 정하게 되면 임차인의 지위 불안, 잦은 차임인상 등의 요인으로 작용). 「주택임대차보호법」과 「상가건물임대차보호법」은 최단기의 제한 규정을 두고 있다(이 책 [2.212], [2.213] 참조).

를 하는 것과 유사한 결과가 된다. 이를 고려해 민법은 이들이 체결하는 임대차에 대해서는 임차물의 종류에 따라 최장기를 정하고 있다(제619조). 제619조는 처분권한은 없지만 관리권한은 있는 사람을 전제로 하며, 부재자의 재산관리인, 권한이 정해져 있지 않은 대리인(제118조) 등이 이에 해당한다.

2.199 〈2〉 기간의 약정이 없는 경우   임대차기간의 약정이 없는 때에는 당사자는 언제든지 계약해지의 통고를 할 수 있다(제635조제1항). 이것은 기간의 약정이 없는 계속적 계약에서 전형적으로 인정되는 규범형식이다.[48] 해지통고는 임차물의 종류 및 해지통고자에 따라 그 통고를 받은 날로부터 일정한 기간(6개월, 1개월, 5일)이 경과한 후에 효력을 발생한다(제635조제2항). 상대방에게 해지 후의 준비를 할 수 있는 기간을 부여하기 위한 것이다.

2.200 〈3〉 기간의 갱신   약정에 의한 갱신과 묵시의 갱신으로 구분하여 설명한다.
ⓘ 약정에 의한 갱신   임대차기간이 만료하면 당사자는 약정으로 그 기간을 갱신할 수 있다. 처분능력 또는 권한이 없는 사람이 체결한 임대차계약도 갱신할 수 있으나, 임차물의 종류에 따라 계약기간 만료 전 일정 기간 내에 갱신해야 한다(제620조).
ⓘⓘ 묵시의 갱신   임대차기간이 만료한 후 임차인이 임차물의 사용·수익을 계속하는데 이에 대하여 임대인이 상당한 기간 내에 이의를 제기하지 않고 침묵했다면 전임대차와 동일한 조건으로 계약을 갱신한 것으로 본다(제639조제1항 본문). 이렇게 갱신된 임대차는 기간의 정함이 없는 임대차로서 당사자는 언제든지 해지통고를 할 수 있다(제639조제1항 단서).[49]

3. 당사자의 권리·의무

2.201 〈1〉 목적물의 사용·수익   임대인은 목적물을 임차인에게 인도하고 그 사용·수익에 필요한 상태를 유지할 의무를 부담한다(제618·623조). 임대인이 임대물의 보존에 필요한 행위를 하는 때에는 임차인은 이를 거절하지 못한다(제624

---

48) 이에 대해서는 이 책 [2.142] 〈보충학습 2.28〉 참조.
49) 임대차의 묵시적 갱신에 관한 제639조는 고용의 묵시적 갱신에 관한 제662조와 같은 형식이다.

조). 그런데 보존행위가 임차인의 의사에 반하고 이로 인해 임차의 목적을 달성할 수 없는 때에는 임차인은 계약을 해지할 수 있다(제625조).

2.202 **〈2〉 차임의 지급** 임차인은 차임지급의무를 진다(제618조). 임대차와 같은 계속적 계약은 계약 존속기간 중에 사정의 변화가 생길 가능성이 많다. 이에 따라 민법은 다음과 같은 제도를 규정한다.

ⓘ **차임감액청구권·해지권** 임차물의 일부가 임차인의 과실없이 멸실 기타 사유로 인하여 사용·수익할 수 없을 때에는 임차인은 그 부분의 비율로 차임감액을 청구할 수 있다(제627조제1항). 만약 잔존부분으로 임차의 목적을 달성할 수 없다면 임차인은 계약을 해지할 수 있다(제627조제2항).

ⓘ **차임증감청구권** 임대물에 대한 공과부담의 증감 기타 경제사정의 변동으로 인하여 약정한 차임이 상당하지 아니하게 된 때에는 임대인 또는 임차인은 장래에 대한 차임의 증액 또는 감액을 청구할 수 있다(제628조).

민법은 임대인의 차임채권을 확보해 주기 위하여 다음과 같이 법정담보물권을 규정한다.

ⓘ **임차지의 부속물·과실 등에 대한 법정질권** 토지임대차에서 임대인이 임대차에 관한 채권에 의하여 임차지에 부속 또는 그 사용의 편익에 공용한 임차인 소유의 동산 및 그 토지의 과실을 압류한 때에는 질권과 동일한 효력이 있다(제648조).

ⓘ **임차지 위의 건물에 대한 법정저당권** 토지임대차에서 임대인이 변제기를 경과한 최후 2년의 차임채권에 의하여 그 지상에 있는 임차인 소유의 건물을 압류한 때에는 저당권과 동일한 효력이 있다(제649조).

ⓘ **임차건물 등의 부속물에 대한 법정질권** 건물 기타 공작물의 임대차에서 임대인이 임대차에 관한 채권에 의하여 그 건물 기타 공작물에 부속한 임차인 소유의 동산을 압류한 때에는 질권과 동일한 효력이 있다(제650조).

2.203 **〈3〉 담보책임** 임대차는 유상계약이므로 매매계약의 담보책임에 관한 규정이 준용된다(제567조).

2.204 **〈4〉 임차권의 대항력** 임차권은 채권이므로 임차인은 임차권을 가지고

제3자에게 대항할 수 없다. 그런데 민법은 부동산임차권에 대하여 대항력을 인
정하는 규정을 두고 있다.

ⓘ 부동산임대차의 등기   부동산임대차를 등기하면 그때부터 제3자에 대
하여 효력이 생긴다(제621조). 주택에 대하여 제621조에 의한 임대차등기가 이루
어진 때에는 「주택임대차보호법」이 인정하는 대항력과 우선변제권에 관한 규정
이 준용된다(법 제3조의4).

ⓘⓘ 건물등기 있는 토지임대차의 대항력   건물의 소유를 목적으로 한 토지임
차인이 토지임대차의 등기를 하지 않고 그 지상건물을 등기한 때에는 토지임대
차를 가지고 제3자에게 대항할 수 있다(제622조제1항). 건물이 임대차기간 만료 전
에 멸실 또는 폐허로 된 때에는 대항력을 잃는다(제622조제2항). 가령 건물을 신축
할 목적으로 토지임대차계약을 체결한 후 계획대로 그 토지 위에 건물을 신축하
여 임차인이 자신 명의로 보존등기를 했다면 임차인은 건물이 존속할 때까지 자
신의 토지임차권을 가지고 제3자에게 대항할 수 있다. 즉 토지소유권이 변동되
더라도 새로운 토지소유자가 건물의 철거를 주장할 수 없다.

2.205   〈5〉 비용상환청구권   임차인이 임차물을 사용·수익하는 과정에서 임차
물의 유지 또는 개선을 위하여 비용을 지출할 수 있다. 이 비용에 대하여 임차인
은 비용상환청구권을 행사할 수 있다.

보충학습 2.45 | 비용상환청구권의 의미와 법적 규율

(1) **개념**   물건의 소유자가 해당 물건의 보존 또는 개량을 위하여 비용을 지출하면 그
것은 특별한 법률문제를 발생시키지 않는다. 그런데 소유자가 아닌 사람이 물건의 보존
또는 개량을 위하여 비용을 지출하면 얘기가 달라진다. 비용지출은 소유자가 아닌 사람
이 했지만 그로 인한 이익은 소유자에게 귀속하기 때문이다. 원래는 소유자가 지출했어
야 할 비용을 다른 사람이 지출함으로써 소유자는 비용을 절약한 것이므로 그 부분은 부
당이득에 해당하여 반환청구의 대상이 된다(제741조). 이것이 비용상환청구권으로서 그
본질은 부당이득반환청구권으로 볼 수 있다. 소유자가 아닌 사람이 일정 기간 동안 물건
을 사용·수익하다가 나중에 소유자에게 반환하는 법률관계에서는 비용상환청구권이 문
제된다. 비용은 크게 필요비와 유익비로 구분된다.

ⓐ **필요비** 물건의 보존을 위하여 지출한 비용으로서 이는 다시 통상필요비(예: 시간 경과에 따른 통상적 보수와 같이 물건의 보존을 위해서 통상적으로 지출해야 하는 비용)와 특별필요비(예: 번개로 인하여 파손된 물건의 수리에 지출하는 비용과 같이 특별한 사정으로 발생하는 비용)로 구분된다.

ⓑ **유익비** 물건의 보존을 넘어 그것을 개량하기 위하여 지출한 비용이다.

(2) **법적 규율** 비용상환청구권에 관한 민법의 규율구조는 대체로 다음과 같다.

ⓐ **무상용익의 경우(예: 사용대차)** 필요비 중 통상필요비는 상환청구를 할 수 없고 특별필요비와 유익비에 대해서만 상환청구를 할 수 있다.

ⓑ **유상용익의 경우(예: 임대차)** 통상필요비, 특별필요비, 유익비 모두에 대하여 상환청구를 할 수 있다.

ⓒ **유익비상환청구권의 성립요건과 행사(제203·310·325·367·626조 등 참조)** ① 유익비상환청구권이 성립하기 위해서는 용익관계 종료시에 유익비 지출의 결과가 현존해야 한다(이는 부당이득의 요건으로서의 '이득' 요건에 해당50)); ② 유익비상환청구권자의 상대방의 선택에 따라 지출금액 또는 증가액의 상환을 청구할 수 있다(즉 선택채권); ③ 유익비상환청구권자의 상대방의 청구에 따라 법원은 유예기간을 부여할 수 있다.

임차인은 임대인에게 임차물에 지출한 필요비(통상필요비 및 특별필요비)의 상환을 청구할 수 있다(제626조제1항). 임차인이 유익비를 지출한 때에는 임대인은 임대차종료시에 그 가액의 증가가 현존한 때에 한하여 임차인의 지출한 금액이나 그 증가액을 상환해야 한다(제626조제2항 본문). 이때 법원은 임대인의 청구에 의하여 유예기간을 부여할 수 있다(제626조제2항 단서).

보충학습 2.46 | 비용상환청구권의 실효성

민법이 임차인의 비용상환청구권을 규정하고 있기는 하나 이는 강행규정이 아니다(강행규정을 열거하는 제652조에서 제626조는 제외). 따라서 이와 다른 약정도 유효한데 거래계에서는 임대계약서에 유익비상환청구권 포기조항이 포함된 경우가 대부분이다. 임대차 종료시 원상회복을 하기로 하는 약정,51) 임차인이 부착한 가건물이나 시설물을 임

50) 이에 대해서는 이 책 [2.264] 참조.
51) 대법원 1995. 6. 30. 선고 95다12927 판결.

대인에게 증여한다는 약정,52) 시설물이 임대인에게 귀속된다는 약정53) 등은 모두 유익비상환청구권 포기 약정에 해당한다. 이와 같이 실제 거래계에서 임차인이 유익비를 상환받는 경우는 희소하다. 그러나 일단 유익비상환청구권이 인정되면 그 효력은 매우 강력한 것으로 볼 수 있다. 왜냐하면 임대차가 종료하더라도 임차인은 유치권을 주장하여 유익비를 상환받을 때까지 임차물의 반환을 거절할 수 있기 때문이다.

2.206 〈6〉 토지임차인의 계약갱신청구권·지상물 매수청구권 A가 甲토지의 소유자 B와 토지임대차계약을 체결한 후 그 토지 위에 乙건물을 신축하여 건물등기부를 개설하고 보존등기를 하여 사용·수익하다가 임대차기간이 만료되었다고 가정해 보자. 사례에서 乙건물의 소유자는 여전히 A인데 임대차기간이 만료되었으므로 결국 A는 정당한 권원 없이 타인의 토지 위에 건물을 소유하고 있는 셈이다. 이 상황은 지상권이 소멸한 경우와 유사하여 제283조를 준용한다(제643조). 임차인은 임대인에게 계약의 갱신을 청구하고(제283조제1항), B가 계약갱신을 원하지 않는 때에는 A는 B에게 乙건물의 매수를 청구할 수 있다(제283조제2항). 이들 권리는 임차인의 보호를 위한 것으로 편면적 강행규정(즉 규정에 반하는 것으로 임차인에게 불리한 약정은 무효)이다(제652조). B는 A와의 임대차계약을 갱신하든지 乙건물을 매수하든지 선택해야 한다.

2.207 〈7〉 부속물매수청구권 X가 甲건물의 소유자 Y와 건물임대차계약을 체결하여 건물을 사용·수익하던 중 Y의 동의를 얻어 자신의 비용으로 냉방기(해당 공간의 규격에 맞춰 주문 제작됨)를 구입·설치하여 사용하다가 임대차기간이 만료되었다고 가정해 보자. 이 사례에서 냉방기는 X의 소유이므로 임대차기간이 만료하면 X가 수거할 수 있다. 그런데 그 냉방기는 甲건물에 맞게 제작된 것이어서 다른 공간으로 옮기면 가치가 격감될 수 있어 냉방기를 그곳에 그대로 둘 수 있는 방안을 강구할 필요가 있다. 그리하여 민법은 X가 Y에게 냉방기의 매수를 청구할 수 있도록 한다(제646조제1항). 임대인의 동의를 얻어 부속시킨 물건뿐만 아니라 임대인으로부터 매수한 부속물도 마찬가지이다(제646조제2항). 여기서 부속물

---

52) 대법원 1983. 5. 10. 선고 81다187 판결.
53) 대법원 1996. 8. 20. 선고 94다44705·44712 판결.

이란 건물 자체에 부속된 물건으로서 건물의 구성부분이 되지 않는(즉 건물과는 독립된 별개의 물건) 물건으로서 임차인 소유의 물건 중 건물의 사용에 객관적 편익을 가져오는 것을 말한다.54) 부속물매수청구권도 임차인의 보호를 위한 것으로 편면적 강행규정이다(제652조).

보충학습 2.47 | 부속물매수청구권과 유익비상환청구권의 비교

부속물매수청구권과 유익비상환청구권은 다음과 같은 점에서 구별된다.

(1) **독립성 여부**   임차인이 부속시킨 시설이 임차물과의 관계에서 독립된 물건으로 인정되는가에 따라 인정되면(즉 떼어내도 물건으로서의 가치를 잃지 않는 경우) 부속물매수청구권, 그렇지 않으면(떼어내면 물건으로서의 가치를 보전하지 못하는 경우) 유익비상환청구권의 대상이 된다.

(2) **임대인의 동의 여부**   부속물매수청구권은 임대인의 동의를 받고 설치한 부속물에 대해서만 행사할 수 있으나 유익비상환청구권은 임대인의 동의와 무관하게 인정된다. 왜냐하면 유익비상환청구권은 부당이득의 본질을 가지는 것이기 때문이다.

2.208   〈8〉 **보증금과 권리금**   보증금이란 임대차에서 임대인의 채권(차임채권, 계약위반으로 인한 손해배상채권)을 담보하기 위하여 임차인이 임대인에게 교부하는 금전 기타 유가물이다. 월 100만원으로 5년간 건물임대차계약을 체결하면서 임차인이 3개월분의 차임에 해당하는 300만원을 보증금으로 지급했다고 가정해 보자. 임차인이 임대기간 동안 차임을 정확히 지급하였고 임차물의 관리에도 아무 문제가 없다면 임대인은 계약 종료시에 보증금 300만원을 임차인에게 반환해야 한다. 그러나 가령 임차인이 1개월분의 차임을 지급하지 않았고 임차인의 과실로 임차물이 훼손되었다면 1개월분의 차임과 수리비를 공제하고 나머지만 반환하면 된다.55)

권리금이란 임차물이 가지는 장소적 이익 등에 대한 대가로서 임차인이 임대인에게(또는 임차권의 양수인이 양도인에게) 지급하는 금전 또는 유가물이다(예: A가 B의 건물을 임차하고 식당을 운영하다가 임차권을 C에게 양도할 때 C가 A에게 1억원의 권리금

---

54) 대법원 1977. 6. 7. 선고 77다50·51 판결; 대법원 1982. 1. 19. 선고 81다1001 판결 등 참조.
55) 대법원 2012. 9. 27. 선고 2012다49490 판결 등 참조.

지급). 권리금은 임차권의 양도 또는 전대차 계약시에 지급되는 것이 보통이며 임대차기간이 종료해도 임대인에게 반환청구를 하지 못한다.[56)

보충학습 2.48 | 보증금에 대한 법적 규율

보증금에 관하여 민법에는 명문규정이 없다. 즉 민법은 보증금 없이 정기금(예: 월세)을 지급하는 임대차를 예정하고 있다. 그러나 사적자치의 원칙상 보증금 약정은 유효하며, 또한 보증금약정이 있는 것이 일반적이다. 임대차 종료의 경우에 임차인의 목적물반환의무와 임대인의 보증청산금(보증금 중 임차인의 채무를 청산한 나머지 금액) 반환의무는 동시이행관계이다.[57)

민법과 달리 「주택임대차보호법」은 보증금 약정을 수반한 경우(예: 보증금 5억, 월세 300만원)를 전형으로 규정하면서 보증금 회수를 위하여 특유의 규정을 두고 있다(법 제3조의2, 제7조 · 8 · 12조). 「주택임대차보호법」은 이 제도를 채권적 전세(미등기전세: 정기금 없이 임차인이 임대인에게 전세금만 지급하는 형식)에 준용하면서 이때 전세금은 임대차보증금으로 본다(법 제12조).

---

4. 임차권의 양도와 전대

2.209 〈1〉개 념 임차권의 양도 또는 전대는 임차인이 임차물에 투하한 자본을 조기에 회수하는 수단이다. 이에 대한 각국의 입법태도는 다양한데, 우리 민법은 보수적인 입장이다. 즉 건물임차인이 소부분을 타인에게 사용하게 하는 경우(제632조) 외에는 임대인의 동의를 요구한다(제629조제1항). 임대인의 동의가 없는 임차권의 양도 또는 전대는 양도계약·전대계약의 당사자 사이에서는 유효하지만 임대인은 무단 양도·전대를 이유로 임대차계약을 해지할 수 있다(제629조제2항).

2.210 〈2〉임차권 양도의 권리관계 임대인의 동의 아래 임차권의 양도가 이루어졌다면 양도인(원임차인)은 계약관계에서 벗어나고 임대인과 양수인이 계약당사자로 된다. 계약인수[58)의 한 형태이다.

---

56) 대법원 2000. 4. 11. 선고 2000다4517·4524 판결; 대법원 2001. 4. 10. 선고 2000다59050 판결.
57) 대법원 1977. 9. 28. 선고 77다1241·1242 전원합의체판결.
58) 이에 대해서는 이 책 [2.112] 참조.

2.211 〈3〉 전대차의 권리관계   임대인의 동의 아래 전대차가 이루어졌더라도 임대인과 전대인 사이의 임대차관계는 계속하여 존재하고(제630조제2항) 전대인과 전차인 사이에 새로이 전대차관계가 형성된다. 임대인과 전차인 사이에는 이론상 직접적인 계약관계가 존재하지 않는다. 그런데 민법은 정책상의 이유(전대인에게 투하자본의 조기회수를 인정하는 대신에 임대인·전차인에 대한 보호책 필요)로 특별규정을 두고 있다.

ⓘ 임대인 보호를 위한 규정   전차인은 직접 임대인에 대하여 의무를 부담하며, 가령 전차인이 전대인에게 차임을 지급했더라도 이것을 가지고 임대인에게 대항할 수 없다(제630조제1항).59) 임대인과 전차인 사이의 관계에도 불구하고 임대인은 전대인(원임차인)에게 원임대차계약에 따른 권리를 주장할 수 있다(제630조제2항).

보충학습 2.49 | 전대차에서 임대인의 권리행사 방법

A가 甲건물의 소유자 B와 임대차계약을 체결하고(차임: 월 200만원) 얼마 후에 B의 동의를 얻어 甲건물 전체를 C에게 전대했다고(차임: 월 250만원) 가정해 보자. 이때 B는 차임 월 200만원을 C에게 청구할 수도 있고(제630조제1항) A에게 청구할 수도 있다(제630조제2항). B가 C에게 월 250만원을 청구할 수는 없다. B의 C에 대한 권리는 B의 A에 대한 권리를 기초로 하는 것이기 때문이다.

ⓘⓘ 전차인 보호를 위한 규정   전차인 보호를 위한 규정은 다음과 같다.
ⓐ 전차인의 권리의 불변: 임대인과 임차인의 합의로 임대차를 해지하더라도 전차인의 권리는 소멸하지 않는다(제631조).
ⓑ 해지통고의 전차인에 대한 통지: 임대차가 해지통고로 종료한 경우 임대인이 전차인에게 그 사유를 통지하지 않으면 해지로써 전차인에게 대항하지 못한다(제638조제1항). 원임대차가 해지통고로 종료되는 경우는 기간의 약정이 없다든가(제635조), 임대차관계의 일방에게 해지권이 유보되어 있다든가(제636조), 임차

---

59) 그러므로 만약 전차인이 전대인에게 이미 차임을 지급했는데 전대인이 이를 임대인에게 전달하지 않았다면 전차인은 임대인에게 다시 차임을 지급하고 전대인에게 부당이득반환청구권을 행사해야 한다.

인의 파산(제637조)한 때이다. 제638조는 해지통고에 대하여만 규정하고 있으므로 즉시해지(예: 채무불이행으로 인한 해지)에는 적용되지 않는다. 임대인이 전차인에게 해지 사유를 통지하면 전차인에게도 해지의 효력이 미치며 이때에는 제635조제2항이 정하는 기간이 준용된다(제638조제2항).

ⓒ 토지임대차의 전차인의 임대청구권·매수청구권: 건물 소유, 식목 등을 목적으로 한 토지임차인이 그 임차토지를 전대한 경우에 임대차 및 전대차의 기간이 동시에 만료되고 지상물 등이 현존할 때에는 전차인은 임대인에 대하여 전 전대차와 동일한 조건으로 임대할 것을 청구할 수 있다(제644조제1항). 임대인이 임대를 원하지 않을 때에는 임대인에게 지상물 등의 매수를 청구할 수 있다(제644조제2항). 제644조는 제643조와 같은 규범구조이다. 제644조는 지상권자가 지상권의 목적인 토지를 임대한 경우에 준용한다(제645조).

ⓓ 건물 등의 전차인의 부속물매수청구권: 건물 등의 임차인이 임대인의 동의를 얻어 임차물을 전대하고 전차인이 임차물 사용의 편익을 위하여 임대인의 동의를 얻어 이에 부속한 물건이 있는 때에는 전대차의 종료시에 임대인에 대하여 그 부속물의 매수를 청구할 수 있다(제647조제1항). 임대인으로부터 매수하였거나 그 동의를 얻어 임차인으로부터 매수한 부속물에 대하여도 마찬가지이다(제647조제2항). 제647조는 제646조와 같은 규범구조이다.

5. 특별법상의 임대차

(1) 「주택임대차보호법」

현행 민법의 입법자는 전세권을 물권으로 구성하여 서민들의 주거권을 보장해 주고자 했다(전세권은 물권이므로 주택 소유자가 주택의 소유권을 타인에게 양도해도 전세권자는 계속하여 그 주택에서 생활할 수 있음). 그런데 거래상황은 입법자의 의도대로 전개되지 않았다. 주택의 소유자는 전세권 설정을 기피하였고 그 결과 주택임대차는 민법의 임대차계약에 의하게 되었다. 민법상의 건물임대차에는 최단존속기간의 보장도 없고, 건물의 소유자가 변경되면 임차권을 가지고 새로운 소유자에게 대항할 수도 없다. 게다가 임대차가 전세의 방식으로 이루어지면 임대차 종료시에 다액의 전세금을 회수하는 것도 어려운 일이다. 엄동설한에 악덕 임대인의 횡포로 전세금도 돌려받지 못하고 길바닥으로 내던져진 사람들이 적지 않았다. 이러한 사회문제를 해결하기 위하여 주택임차인 보호를 기본축으로 하는 「주택임대차보호법」이 제정되었다(1981년). 이 법률의 주요 내용을 소개한다.

ⓘ **최단기간의 제한**   주택임대차에 있어서 당사자가 존속기간을 정하지 않았거나 2년 미만으로 정한 때에는 존속기간은 2년으로 본다(법 제4조제1항). 민법과 달리 최단기의 제한을 규정한다.

ⅱ **대 항 력**   주택임대차는 등기가 없어도 임차인이 주택을 인도받고 주민등록을 마치면 그 다음 날부터 제3자에게 대항할 수 있다(법 제3조제1항).

ⅲ **보증금의 회수**   주택임차인이 대항력을 갖추고 임대차계약서에 확정일자를 받으면 「민사집행법」에 의한 경매 또는 「국세징수법」에 의한 공매시 임차주택의 환가대금에서 후순위권리자 기타 채권자보다 우선하여 보증금의 변제를 받을 수 있다(법 제3조의2 제2항). 주택임대인이 금전을 차용하고 채권자에게 저당권을 설정해 주었더라도 만약 임대차계약서의 확정일자가 저당권등기 일자보다 앞선다면 임차주택이 경매되더라도 저당권자에 우선하여 보증금을 반환받을 수 있다.

ⅳ **소액임차인의 특별보호**   보증금이 소액인 임차인의 경우 그 보증금의 일정액에 관하여 선순위 담보권자보다도 우선하여 임차주택(대지 포함) 가액의 1/2의 범위 내에서 배당을 받는다(법 제8조제1항).

ⅴ **임차인의 계약갱신청구권**   임대차기간이 끝나기 6개월 전부터 2개월 전까지의 기간에 임차인이 계약갱신을 요구할 경우 임대인은 정당한 사유(예: 임대인이 해당 주택에 실제 거주하려는 경우) 없이 거절하지 못한다(법 제6조, 제6조의3).

(2)「상가건물임대차보호법」

2.213

상가건물의 임차인을 보호하기 위하여 「상가건물임대차보호법」이 제정되었다(2001년). 규범체계는 「주택임대차보호법」과 유사하며, 주요 내용은 다음과 같다.

ⓘ **적용범위**   대통령령이 정하는 보증금액을 초과하지 않는 상가건물의 임대차에 적용되며, 대항력 등 일부 규정은 모든 상가건물에 적용된다(법 제2조). 「주택임대차보호법」이 원칙적으로 모든 주택임대차에 적용되는 것과 차이가 있다.

ⅱ **최단기간의 제한**   기간의 정함이 없거나 1년 미만으로 정한 때에는 그

기간은 1년으로 간주한다(법 제9조).

ⅲ **대항요건**   등기가 없어도 임차인이 건물의 인도와 아울러 사업자등록을 신청하면 제3자에 대하여 대항력을 취득한다(법 제3조).

ⅳ **보증금의 회수**   대항요건을 갖추고 관할 세무서장으로부터 임대차계약서상에 확정일자를 받은 임차인은 상가건물의 환가대금(대지 포함)에 대하여 우선변제권을 가진다(법 제5조).

ⅴ **소액임차인의 특별보호**   소액임차인의 경우에는 임대건물 가액의 1/2의 범위 안에서 보증금 중 일정한 범위 안에서 최우선변제권이 인정된다(법 제14조).

ⅵ **임차인의 계약갱신청구권**   임차인은 10년을 넘지 않는 범위 내에서 계약갱신청구권을 가지며, 임대인은 정당한 사유(예: 임차인이 임차한 건물의 전부 또는 일부를 고의나 중대한 과실로 파손한 경우) 없이 이를 거절하지 못한다(법 제10조).

ⅶ **권리금의 보호**   임대인은 신규임차인에 대한 권리금 회수를 방해하지 못하며 위반시 손해배상을 해야 한다(법 제10조의3, 제10조의4).

Ⅶ. 고   용

2.214   〈1〉 **개   념**   고용은 당사자의 일방이 상대방에 대하여 노무를 제공할 것을 약정하고 상대방이 이에 대하여 보수를 지급할 것을 약정함으로써 성립하는 계약이다(제655조). 고용은 불요식·낙성·쌍무·유상계약이다. 고용은 노무공급계약(계약의 목적이 타인 노무의 사용)에 속하는데, 노무자가 사용자의 지휘·감독에 따라 노무를 제공해야 한다는 점에서 다른 노무공급계약(도급·현상광고·위임·임치)과 구별된다.

민법의 고용에 관한 규정은 사용자와 노무자를 대등한 힘을 가진 당사자(노무자는 재주를 가진 사람, 사용자는 자본을 가진 사람)가 자유로운 합의에 의하여 계약관계를 형성한다는 것을 전제로 한다. 이런 이유로 고용에 관한 규정은 모두 임의규정이다. 그런데 사회현실은 그렇지 않다. 헌법은 근로를 인간의 존엄성에 관한 것으로 보며(「헌법」 제32조), 이에 따라 다양한 법률이 제정되고 이들 법률은 노동법(예: 「근로기준법」)이라는 영역을 이룬다. 민법의 고용에 관한 규정은 노동법과의 관계에서 일반법의 위치에 있으므로 노동법이 적용되지 않는 경우에 보충적으로 적용된다.

2.215 〈2〉 권리·의무   사용자와 노무자의 주요 권리·의무는 다음과 같다.

ⓘ 노무의 제공   노무자는 고용계약에서 정한 노무를 제공해야 한다. 고용계약은 계속적 계약으로서 전형적인 인적요소 고려계약이다. 즉 사용자와 노무자의 개인적 특성이 계약의 중요요소이다. 그리하여 사용자는 노무자의 동의 없이 채권을 양도할 수 없고(제657조제1항), 노무자는 사용자의 동의 없이 타인에게 자신의 의무를 대신 이행하도록 할 수 없다(제657조제2항).

ⓙ 보수의 지급   고용은 유상·쌍무계약으로서 사용자는 노무제공에 대한 대가로 노무자에게 보수를 지급해야 한다(제655·656조).

2.216 〈3〉 종   료   고용의 종료사유는 다음과 같다.

ⓘ 계약기간의 만료   기간의 만료로 고용계약은 종료한다. 고용기간 만료 후 노무자가 계속하여 노무를 제공하는데 사용자가 상당한 기간 내에 이의를 하지 않으면 전과 동일한 조건으로 계약을 갱신한 것으로 본다(제662조제1항 본문). 그러나 이렇게 갱신된 고용은 기간의 정함이 없는 고용으로서 당사자는 언제든지 해지통고를 할 수 있다(제662조제1항 단서).[60]

ⓙ 해   지   해지의 종류는 다음과 같다.

ⓐ 계약위반으로 인한 해지: 사용자와 노무자는 고용계약의 특성에 따라 노무를 요구하고 제공해야 하는데 이에 위반하면 상대방은 계약을 해지할 수 있다(제657조제3항, 제658조).

ⓑ 부득이한 사유: 고용기간의 약정이 있더라도 부득이한 사유가 있을 때에는 각 당사자는 계약을 해지할 수 있다(제661조 본문). 부득이한 사유란 고용계약을 존속시켜 그 이행을 강제하는 것이 사회통념상 불가능한 경우이다. 고용은 당사자 사이의 특별한 신뢰관계를 전제하므로 고용관계를 유지하는 데 필요한 신뢰관계를 파괴하거나 해치는 사실도 부득이한 사유에 포함되며, 따라서 고용계약상 의무의 중대한 위반도 부득이한 사유에 포함된다.[61] 부득이한 사유가 당사자 일방의 과실로 인하여 생긴 때에는 상대방에 대하여 손해를 배상해야 한다

---

60) 고용의 묵시적 갱신에 관한 제662조는 임대차의 묵시적 갱신에 관한 제639조와 같은 형식이다.
61) 대법원 2004. 2. 27. 선고 2003다51675 판결 등 참조.

(제661조 단서).

ⅲ 해지통고　해지통고 사유로 민법은 다음 세 경우를 규정하고 있다.

ⓐ 고용기간이 장기인 경우: 고용의 약정기간이 3년을 넘거나 당사자의 일방 또는 제3자의 종신까지로 된 때에는 각 당사자는 3년을 경과한 후 언제든지 계약해지의 통고를 할 수 있다(제659조제1항). 상대방이 해지의 통고를 받은 날로부터 3개월이 경과하면 해지의 효력이 생긴다(제659조제2항).

ⓑ 고용기간의 약정이 없는 경우: 고용기간의 약정이 없는 때에는 당사자는 언제든지 계약해지의 통고를 할 수 있다(제660조제1항).[62] 상대방이 해지의 통고를 받은 날로부터 1개월이 경과하면 해지의 효력이 생긴다(제660조제2항).

ⓒ 사용자의 파산: 사용자가 파산선고를 받은 때에는 고용기간의 약정이 있는 때에도 노무자 또는 파산관재인은 계약을 해지할 수 있다(제663조제1항).

Ⅷ. 도　　급

1. 개　　념

2.217　도급이란 당사자 일방(수급인)이 어느 일을 완성할 것을 약정하고 상대방이 그 일의 결과에 대하여 보수를 지급할 것을 약정하는 계약이다(제664조). 도급은 불요식·낙성·쌍무·유상계약이다. 도급은 고용·현상광고·위임·임치와 함께 노무공급계약에 속하는데, 다른 노무공급계약과 비교할 때 도급의 핵심 특질은 수급인의 채무가 '일의 완성'이라는 점이다. 일을 완성하지 못하면 보수를 청구할 수 없다. 도급계약의 목적인 일은 여러 가지 공정을 포함하는 포괄적인 것일 수도 있다.[63]

도급과 관련하여 유의해야 할 개념을 살펴본다.

ⅰ 제작물공급계약　일방이 상대방의 주문에 따라 자기 소유의 재료를 사

---

62) 그런데 제660조제1항은 임의규정이므로 해고제한의 특약이 있다면 그 적용을 배제할 수 있다(대법원 2008. 3. 14. 선고 2007다1418 판결 참조).

63) 설계시공일괄입찰(Turn-Key Base) 방식의 공사계약이 그 예다. 이는 수급인이 도급인이 의욕하는 공사 목적물의 설치목적을 이해한 후 그 설치목적에 맞는 설계도서를 작성하고 이를 토대로 스스로 공사를 시행하며 그 성능을 보장하여 결과적으로 도급인이 의욕한 공사목적을 이루게 해야 하는 계약으로서 그 법적 성질은 도급이다(대법원 1996. 8. 23. 선고 96다16650 판결).

용하여 제작한 일정한 물건을 공급하고 타방은 이에 대하여 보수를 지급할 것을 약정하는 계약이다. 제작물공급계약은 일면(물건의 제작)에서는 도급계약의 성질을, 다른 면(물건의 공급)에서는 매매계약의 성질을 가지고 있어서 그 성질 결정에 대하여 논의가 있다. 제작물이 대체물인 때에는 매매, 비대체물일 때에는 도급이라고 할 수 있다.[64] 제작물공급계약의 목적물이 대체물인 경우에는 이미 만들어져 있는 물건을 인도해도 아무 상관이 없어 매매의 성질을 가지는 것으로 볼 수 있기 때문이다.

ⅱ 하 도 급   도급은 일의 완성을 목적으로 하는 것이므로 일을 반드시 수급인 자신이 하지 않고 제3자에게 맡길 수도 있다. 도급인과 약정한 일을 위하여 수급인(원수급인)이 제3자(하수급인)와 체결하는 도급을 하도급이라 한다. 도급인과 하수급인 사이에는 직접적인 법률관계가 없으나 하수급인의 보호와 같은 정책상의 이유로 특별법을 통해 채권관계를 인정하기도 한다.[65]

2. 효   력

(1) 수급인에 대한 효력

2.218   〈1〉 일의 완성과 완성물 인도의무   수급인은 일을 완성하고 그 완성물을 도급인에게 인도해야 한다. 완성물 인도의무는 완성물에 대한 사실상의 점유이전과 아울러 완성물에 대한 소유권이전을 포함하는 개념이다. 완성물에 대한 소유권이 이미 도급인에게 있다면 소유권이전은 문제되지 않을 것이다. 완성물에 대한 소유권은 누가 재료의 전부 또는 주요부분을 제공했는가에 따라 달라진다.

보충학습 2.50 | 완성물에 대한 소유권

완성물에 대한 소유권자 결정 기준에 관하여 학설상 논의가 있다. 이를 정리하면 다음과 같다.

(1) **도급인이 재료의 전부 또는 주요부분을 제공한 경우**   완성물이 동산이든 부동산이

---

64) 대법원 2006. 10. 13. 선고 2004다21862 판결 참조.

65) 「하도급거래 공정화에 관한 법률」이 그 예이다. 특별한 사정이 있을 때에는 도급인은 하수급인에게 하도급대금을 직접 지급할 수 있다(법 제14조제1항).

든 그 소유권은 도급인에게 귀속한다.66)

　(2) 수급인이 재료의 전부 또는 주요부분을 제공한 경우　이 경우는 다시 두 부류로 구분된다.

　ⓐ 도급인을 소유자로 한다는 특약 또는 그렇게 판단할 특별한 사정이 있는 경우　완성물이 동산인가 부동산인가를 불문하고 도급인에게 소유권이 귀속한다.67)

　ⓑ 도급인을 소유자로 한다는 특약 또는 그렇게 판단할 특별한 사정이 없는 경우　완성물이 동산이든 부동산이든 수급인에게 소유권이 귀속한다는 학설(제1설)과 동산과 부동산을 구분하여 부동산인 경우에는 도급인에게 소유권이 귀속한다는 학설(제2설)이 대립한다. 이 문제의 해결에 있어서 동산과 부동산을 차별하는 합리적인 근거를 찾을 수 없다는 점에서 제1설이 타당하다고 생각한다.

2.219　　〈2〉 담보책임　　도급도 유상계약이므로 매도인의 담보책임에 관한 규정을 준용할 수 있을 것 같다(제567조). 그런데 도급은 매매와 다른 특성이 있으며 이를 고려하여 민법은 수급인의 담보책임에 관하여는 특별히 규정하고 있다(제667~672조). 매매와 비교할 때 도급계약의 특수성은 무엇인가? 매매에서 목적물의 하자는 매도인의 행위에 의한 것이 아니지만, 수급인이 목적물을 제작하여 도급인에게 공급할 의무를 부담하는 도급에서 완성물에 존재하는 하자는 수급인의 행위에 기인한다는 점을 도급계약의 특수성으로 지적할 수 있다. 이에 따라 매도인의 담보책임의 효과는 대금감액과 해제인 데 반해 수급인의 담보책임의 핵심은 하자보수에 있다.

　ⓘ 하자보수·손해배상　　수급인의 담보책임 중 하자보수와 손해배상은 하자의 중요도와 하자보수에 드는 비용에 따라 다음과 같이 나타난다.

　ⓐ 하자가 중요하지 않고 하자보수에 과다한 비용이 드는 경우　　이때에는 하자보수를 청구할 수 없다(제667조제1항 단서). 건물을 신축하면서 수도관을 A회사 제품을 사용하기로 약정했으나 기능상 차이가 없는 B회사 제품을 사용하여 건물

---

66) 판례(대법원 1962. 7. 5. 선고 4292민상876 판결; 대법원 1992. 8. 18. 선고 91다25505 판결 등) 와 학설 일치.

67) 판례(대법원 1979. 6. 12. 선고 78다1992 판결; 대법원 2010. 1. 28. 선고 2009다66990 판결 등) 와 학설 일치. 도급인을 소유자로 판단할 수 있는 특별한 사정으로는, 건축허가명의가 도급인 앞으로 되어 있는 경우, 도급계약의 내용에 도급인이 공사대금을 미지급한 때에는 완성된 건물로 대물변제하기로 하는 경우 등이다. 이들 사정은 완성물에 대한 소유권이 도급인에게 있음을 전제로 한 것이다.

이 완성된 경우가 그 예이다. 하자가 중요하지도 않고 또한 건물이 이미 완성된 상태에서 수도관을 교체하기 위해서는 과다한 비용이 들 것이다. 도급인이 하자보수를 청구할 수 없다면 어떻게 구제를 받으라는 것인가? 손해배상으로 해결하라는 것이다. 이때에는 하자보수에 갈음하는 손해배상을 청구할 수 없고 "하자로 인한 손해"의 배상만을 청구할 수 있다.68) "하자로 인한 손해"란 하자 없이 시공하였을 경우의 목적물의 교환가치와 하자가 있는 현재 상태에서의 교환가치의 차액이다.

　　ⓑ 하자가 중요하지 않고 하자보수에 과다한 비용이 들지 않는 경우　　이때에는 하자보수와 함께 손해배상을 청구할 수 있다(제667조제2항). 여기에서의 손해배상은 하자보수를 해도 남는 손해에 대한 배상이다.

　　ⓒ 하자가 중요한 경우　　도급인은 상당한 기간을 정하여 수급인에게 하자보수를 청구할 수 있다(제667조제1항 본문 및 단서의 반대해석). 이때에는 손해배상청구권도 인정되는데 여기에서의 손해배상은 "하자보수에 갈음하는 손해배상"(즉 하자의 보수에 필요한 비용의 배상)이다(제667조제2항). 도급인은 하자보수 또는 손해배상 중 하나를 선택할 수 있다. 이 경우는 하자보수에 과다한 비용이 드는가 여부는 도급인의 권리에 영향을 미치지 않는다.

　　ⅱ 해　　제　　도급인이 완성된 목적물의 하자로 인하여 계약의 목적을 달성할 수 없을 때에는 계약을 해제할 수 있다(제668조 본문). 그러나 건물 기타 공작물에 관하여는 하자로 인하여 계약의 목적을 달성할 수 없더라도 해제할 수 없고(제668조 단서)69) 하자보수 또는 손해배상으로 해결해야 한다.

　　ⅲ 담보책임의 경감 및 면제　　목적물의 하자가 도급인이 제공한 재료의 성질 또는 도급인의 지시에 기인한 때에는 수급인은 제667조와 제668조의 담보책임을 지지 않는다(제669조 본문). 그러나 수급인이 그 재료 또는 지시의 부적당함을 알고 도급인에게 고지하지 아니한 때에는 예외이다(제669조 단서). 제667조와 제668조의 담보책임을 지지 않는다는 약정이 있더라도 수급인이 하자를 알고 고지하지 않은 사실에 대해서는 책임을 면하지 못한다(제672조).

---

68) 대법원 1997. 2. 25. 선고 96다45436 판결; 대법원 2022. 7. 14. 선고 2022다222881 판결 등 참조.
69) 취지: 이 경우에 해제를 인정하면 수급인에게 과대한 손실을 주고 이미 완성된 건물을 철거하는 것은 사회경제적으로도 과대한 손실이 된다.

　ⓘⓥ **담보책임의 존속기간**　담보책임의 존속기간은 원칙적으로 1년이다(제 670조). 그런데 토지, 건물 등의 공사에 관해서는 5년 또는 10년, 목적물 멸실·훼손의 경우에는 1년으로 정하고 있다(제671조). 이들 기간은 제척기간이다.[70]

　(2) 도급인에 대한 효력

2.220　〈1〉**보수지급의무**　도급인의 보수지급은 수급인의 완성물 인도와 동시이행관계에 있다(제665조제1항 본문). 보수액 결정 방법은 보수의 총액을 미리 일정한 금액으로 정하는 정액도급과 그 대략만을 정하고 나중에 정산하는 개산도급이 있다.

2.221　〈2〉**부동산공사 수급인의 저당권설정청구권**　부동산공사의 수급인은 보수채권을 담보하기 위하여 그 부동산(예: 건물신축 공사에서 해당 건물)에 저당권의 설정을 청구할 수 있다(제666조).

보충학습 2.51 | 저당권설정청구권(제666조)의 실효성

　제666조가 부동산공사 수급인의 보수채권을 보호하기 위한 것이기는 하나 그 실효성에 대하여 학설은 회의적이다. A가 자기 소유의 토지에 건물의 신축을 내용으로 B와 도급계약을 체결하였다고 해보자. 수급인의 저당권설정청구권이 문제되는 경우는 신축건물의 소유권이 A에게 귀속하는 경우인데, 저당권을 설정하기 위해서는 우선 신축건물에 대하여 도급인 A의 명의로 소유권보존등기를 해야 하는 번거로움이 있다. 또한 저당권의 실행으로 인하여 경락인은 토지를 제외하고 건물에 대한 소유권만을 취득할 뿐이어서 쉽사리 경매가 성사될 가능성도 희박하다. 보다 결정적으로 B로서는 신축건물에 대하여 유치권을 행사하는 것이 훨씬 간편하고 효과적일 것이다.

---

3. 종　료

2.222　도급은 당사자가 채무를 이행함으로써 종료된다. 민법은 도급에 특유한 종료사유를 규정한다.

　ⓘ **완성 전의 도급인의 해제권**　수급인이 일을 완성하기 전에는 도급인은

---

70) 대법원 2000. 6. 9. 선고 2000다15371 판결; 대법원 2010. 1. 14. 선고 2008다88368 판결 등 참조.

손해를 배상하고 계약을 해제할 수 있다(제673조). 도급계약 체결 후 해당 일이 도급인에게 더 이상 필요하지 않음에도 불구하고 그 일을 완성하는 것은 무의미하며, 수급인도 손해배상을 받으면 불이익이 없다는 이유이다. 손해에는 수급인이 이미 지출한 비용(예: 재료비, 노동비용 등)뿐만 아니라 일이 완성되었더라면 수급인이 얻을 수 있었을 이익이 포함된다.

ⅱ) 도급인의 파산과 해제   도급인이 파산선고를 받은 때에는 수급인 또는 파산관재인은 계약을 해제할 수 있다(제674조).

Ⅸ. 여행계약

`2.223`   〈1〉개   념   여행계약은 일방(여행주최자)이 상대방(여행자)에게 운송·숙박·관광 또는 그 밖의 여행 관련 용역을 결합하여 제공하기로 약정하고 상대방이 그 대금을 지급하는 계약이다(제674조의2). 여행계약은 불요식·낙성·쌍무·유상계약이다. 여행계약에 관한 핵심규정은 모두 여행자를 위한 편면적 강행규정이다(제674조의9). 이는 민법이 여행계약을 소비자 보호의 시각에서 규율하고 있기 때문이다.

`2.224`   〈2〉담보책임   민법은 여행계약의 특성을 고려하여 여행주최자의 담보책임을 규정하고 있다.

ⅰ) 시정청구 또는 대금감액   여행에 하자가 있는 경우에 여행자는 여행주최자에게 하자의 시정 또는 대금의 감액을 청구할 수 있다(제674조의6 제1항 본문). 다만, 그 시정에 지나치게 많은 비용이 들거나 그 밖에 시정을 합리적으로 기대할 수 없는 경우에는 시정을 청구할 수 없다(제674조의6 제1항 단서). 여행자는 시정청구, 감액청구에 갈음하여 손해배상을 청구하거나 시정청구·감액청구와 함께 손해배상을 청구할 수 있다(제674조의6 제3항).

ⅱ) 해   지   여행에 중대한 하자가 있거나 혹은 그 시정이 이루어지지 아니하거나 계약의 내용에 따른 이행을 기대할 수 없는 경우에는 여행자는 계약을 해지할 수 있다(제674조의7 제1항). 여행주최자는 계약의 해지로 인하여 필요하게 된 조치를 해야 하며, 계약상 귀환운송 의무가 있으면 여행자를 귀환운송해

야 한다(제674조의7 제2항).

　　ⅲ 존속기간　　여행자는 여행 기간 중에도 담보책임을 묻거나 해지권을 행사할 수 있으며, 이들 권리는 계약으로 정한 여행 종료일부터 6개월 내에 행사해야 한다(제674조의8).

2.225　　〈3〉 해제·해지　　민법은 여행계약에 특유한 해제·해지를 규정하고 있다. 이들 규정은 여행자를 위한 편면적 강행규정이다(제674조의9).

　　ⅰ 여행 개시 전의 계약 해제　　여행자는 여행을 시작하기 전에는 언제든지 계약을 해제할 수 있으나, 상대방에게 발생한 손해는 배상해야 한다(제674조의3).

　　ⅱ 부득이한 사유로 인한 계약 해지　　부득이한 사유가 있는 경우에는 각 당사자는 계약을 해지할 수 있다(제674조의4 제1항). 이렇게 계약이 해지된 경우에도 계약상 귀환운송 의무가 있는 여행주최자는 여행자를 귀환운송할 의무가 있다(제674조의4 제2항).

Ⅹ. 현상광고

2.226　　현상광고란 광고자가 어느 행위를 한 사람에게 일정한 보수를 지급할 의사를 표시하고, 이에 응한 사람이 그 광고에서 정한 행위를 완료함으로써 성립하는 계약이다(제675조). 현상광고는 지정행위의 완료를 목적으로 하는 점에서 도급과 유사하지만 청약을 불특정다수인에게 한다는 점에 그 특징이 있다.

　　현상광고를 단독행위로 이해하는 시각이 있으나 굳이 그렇게 관념해야 할 실익도 없으며, 특히 의용민법과 달리 현행 민법은 현상광고를 계약의 한 유형으로 규정하고 있다.[71] 현상광고는 15개의 전형계약 중 유일하게 요물계약이다. 현상광고는 유상계약이지만 편무계약이다.[72]

---

71) 이에 대해서는 명순구, 앞의 책, 『실록 대한민국 민법 3』, 635·636쪽 참조.

72) 이에 대해서는 이 책 [2.140], [2.141] 〈보충학습 2.26〉 참조.

XI. 위   임

2.227 〈1〉개   념   위임이란 당사자 일방(위임인)이 상대방(수임인)에게 사무의 처리를 위탁하고 상대방이 이를 승낙함으로써 성립하는 계약이다(제680조). 위임에서 수임인은 위임인의 지휘·감독이 아니라 상당한 재량권을 가지고 사무를 수행한다는 점에서 고용과 구별되며, 일의 완성을 목적으로 하지 않는다는 점에서 도급과 구별된다. 위임은 불요식·낙성계약이다. 위임은 위임인이 보수를 지급할 의무를 지는가 여부에 따라 유상·쌍무 또는 무상·편무계약이다.

2.228 〈2〉수임인의 의무   수임인은 위임의 목적과 사무의 특성에 따라 선량한 관리자의 주의로써 일을 해야 한다(제681조).[73] 위임계약에서 수임자의 개인적 특성은 계약의 중요요소이다. 그러므로 수임인은 위임인의 승낙 또는 부득이한 사유가 없는 한 수임사무를 제3자에게 맡길 수 없다(제682조제1항). 위임인의 승낙 또는 부득이한 사유로 수임사무를 제3자에게 맡긴 때에는, 복대리인 선임의 책임에 관한 제121조, 복대리인의 권한에 관한 제123조를 준용한다(제682조제2항).

민법은 수임인의 부수적 의무에 대하여도 규정한다. 보고의무(제683조), 취득물 인도의무(제684조제1항), 취득권리 이전의무(제684조제2항), 금전소비에 대한 책임(제685조) 등이 그것이다.

2.229 〈3〉위임인의 의무   위임인은 다음과 같은 의무를 부담한다.

ⓘ 보수지급 의무   제686조제1항은 "수임인은 특별한 약정이 없으면 위임인에 대하여 보수를 청구하지 못한다"라고 하여 위임의 무상성 원칙을 규정하고 있다. 그러나 위임사무가 수임인의 영업 또는 업무에 관련된 것인 때에는 무보수의 약정이 없는 한 유상위임으로 해석해야 한다.[74] 민법은 보수의 지급시기와 방법에 대해서도 규정한다(제686조제2·3항).

ⓘ 비용선급 의무   위임사무의 처리에 비용을 요하는 때에는 위임인은 수임인의 청구에 의하여 이를 선급해야 한다(제687조).

---

73) 일반적으로 선관주의의무는 유상계약에 적용된다. 위임계약이 무상인 때에도 수임인에게 선관주의의무를 요구하는 것은 위임계약이 당사자 사이의 신뢰를 기초로 하기 때문이다.

74) 대법원 1993. 2. 12. 선고 92다42941 판결; 대법원 1993. 11. 12. 선고 93다36882 판결 등 참조.

ⅲ **비용상환의무**   수임인이 위임사무의 처리에 관하여 필요비를 지출한 때에는 위임인에 대하여 지출한 날 이후의 이자를 청구할 수 있다(제688조제1항).

ⅳ **채무대변제의무 및 담보제공의무**   수임인이 위임사무의 처리에 필요한 채무를 부담한 때에는 위임인에게 자기에 갈음하여 변제하게 할 수 있고 그 채무가 변제기에 있지 아니한 때에는 상당한 담보를 제공하게 할 수 있다(제688조제2항).

2.230   〈4〉 **종   료**   위임은 당사자가 채무를 이행함으로써 종료된다. 민법은 위임에 특유한 종료사유를 규정한다.

ⓐ **해지의 자유**   위임의 두드러진 특징이다. 위임은 유상이든 무상이든 당사자 쌍방의 특별한 대인적 신뢰관계를 기초로 하는 것이어서 각 당사자는 언제든지 해지할 수 있다(제689조제1항). 해지로 인하여 상대방이 손해를 입더라도 배상의무를 부담하지 않는 것이 원칙이다.[75] 다만, 상대방이 불리한 시기에 해지한 때에는 그 해지가 부득이한 사유에 의한 것이 아닌 한 손해를 배상해야 하나(제689조제2항) 그 배상의 범위는 위임이 해지되었다는 사실로부터 생기는 손해가 아니라 적당한 시기에 해지되었더라면 입지 아니하였을 손해에 한한다.[76]

ⓑ **사망·파산·성년후견개시**   위임은 당사자 일방의 사망, 파산, 성년후견개시의 심판으로 종료된다(제690조). 이는 위임계약이 당사자의 인적요소가 중요하게 고려되는 법률관계라는 점을 보여주는 것이다.

ⓒ **위임종료시의 긴급처리**   위임종료의 경우에 급박한 사정이 있는 때에는 수임인, 그 상속인이나 법정대리인은 위임인, 그 상속인이나 법정대리인이 위임사무를 처리할 수 있을 때까지 그 사무의 처리를 계속해야 하며 이 경우에는 위임의 존속과 동일한 효력이 있다(제691조).

ⓓ **위임종료의 대항요건**   위임종료의 사유는 이를 상대방에게 통지하거나 상대방이 이를 안 때가 아니면 이로써 상대방에게 대항하지 못한다(제692조).

---

75) 대법원 2005. 11. 24. 선고 2005다39136 판결 참조.
76) 대법원 2000. 6. 9. 선고 98다64202 판결 참조.

XII. 임   치

2.231   〈1〉개   념   임치란 당사자 일방(임치인)이 상대방(수치인)에게 금전이나 유가증권 기타 물건의 보관을 위탁하고 상대방은 보관 후 이를 반환하는 계약이다(제693조). 임치는 노무의 제공이 물건의 보관으로 한정된다는 점에서 위임과 구별되지만, 유사점도 많아 위임에 관한 규정이 폭넓게 준용된다(제701조). 의용민법은 소비대차·사용대차와 함께 임치를 요물계약으로 구성했으나 현행 민법은 낙성계약으로 규정한다. 임치는 유상일 수도 있고 무상일 수도 있다. 쌍무성에 관해서는 유상인 때에는 쌍무, 무상인 때에는 편무라는 학설이 지배적이나, 임치를 낙성계약으로 구성하는 현행 민법에서는 임치가 무상이더라도 쌍무계약으로 보아야 한다.77)

임치의 특수한 형태로 소비임치와 혼장임치가 있다.

① 소비임치   임치물이 임치인의 소유이고 계약기간이 만료되면 그것을 임치인에게 반환하는 일반 임치와 달리, 소비임치란 수치인이 임치물을 소비하고 나중에 임치인에게 동질·동종·동량의 물건으로 반환하는 것이다(예: 예금계약). 소비임치는 소비대차와 유사한 면이 있다. 그리하여 소비임치에는 소비대차에 관한 규정을 준용한다(제702조 본문).

ⅱ 혼장임치   혼장임치란 수치인이 복수의 임치인으로부터 수취한 같은 종류의 물건을 혼합하여 보관했다가 반환할 때에는 임치한 물건 그 자체가 아니라 임치한 물건과 동종·동질·동량의 물건으로 반환하는 것이다. 혼장임치에서는 수치인이 맡겨진 물건을 다른 임치물과 섞어 보관할 수 있을 뿐이며 수치인에게 소유권이 이전하지는 않으므로 소비임치와 구별된다. 혼장임치는 반환방법에 있어서 일반 임치와 다를 뿐 다른 점에서는 차이가 없다.

2.232   〈2〉해   지   민법은 임치의 해지에 관하여 특칙을 두고 있다.

① 기간의 약정이 있는 경우   임치기간의 약정이 있을 때에는 수치인은 부득이한 사유없이 기간만료 전에 계약을 해지하지 못하지만 임치인은 언제든지 계약을 해지할 수 있다(제698조).

---

77) 이에 대해서는 이 책 [2.141] 〈보충학습 2.27〉 참조.

　　ⅱ 기간의 약정이 없는 경우　　임치기간의 약정이 없을 때에는 각 당사자는 언제든지 계약을 해지할 수 있다(제699조).

2.233　　〈3〉 수치인의 의무　　수치인의 주된 급부는 임치물의 보관과 반환이다.

　　ⅰ 임치물의 보관　　임치물의 보관과 관련하여 수치인에게 요구되는 주의 의무의 정도는 유상이냐 무상이냐에 따라 차이가 있다. 즉 무상인 때에는 "자기 재산과 동일한 주의"(제695조: 구체적 과실)를 요구한다. 유상일 때에는 일반원칙에 따라 "선량한 관리자의 주의"(제374조: 추상적 과실) 기준에 의하게 된다. 구체적 과실은 해당 사람의 책임을 경감하는 의미를 가진다.[78]

　　ⅱ 임치물의 반환　　임치기간이 종료하면 수치인은 임치물을 반환해야 한다. 임치물은 보관한 장소에서 반환하는 것이 원칙이다(제700조).

　　ⅲ 그 밖의 의무　　위임과 마찬가지로 임치계약에서도 수치인의 개인적 특성이 계약의 중요요소이다. 이에 따라 복임에 관한 제682조를 임치에 준용한다(제701조). 수치인은 임치인의 동의없이 임치물을 사용하지 못한다(제694조). 임치물에 대하여 권리를 주장하는 제3자가 수치인에 대하여 소를 제기하거나 임치물을 압류하면 수치인은 임치인에게 통지해야 한다(제696조). 수임인의 취득물 인도의무(제684조제1항), 취득권리 이전의무(제684조제2항), 금전소비에 대한 책임(제685조)도 준용된다(제701조).

2.234　　〈4〉 임치인의 의무　　임치인의 의무는 다음과 같다.

　　ⅰ 임치물 인도의무　　임치계약이 성립하면 임치인은 임치물의 인도의무를 부담하는가? 임치인은 언제든지 계약을 해지할 수 있으므로(제698·699조) 인도의무는 인정할 수 없다는 견해 등 여러 학설이 있다.

　　ⅱ 임치물의 성질·하자로 인한 손해배상 의무　　임치인은 임차물의 성질·하자로 인하여 수치인에게 발생한 손해를 배상해야 한다(제697조).

　　ⅲ 그 밖의 의무　　위임에 관한 보수지급 의무(제686조), 비용선급 의무(제687조), 비용상환의무(제688조제1항), 채무대변제의무 및 담보제공의무(제688조제2항)는 임치에 준용된다(제701조).

---

78) 구체적 과실을 포함하여 이에 대해서는 이 책 [2.22] 〈보충학습 2.4〉 참조.

XIII. 조 합

1. 개 념

2.235 　　조합이란 2인 이상이 상호 출자(금전 기타 재산 또는 노무)하여 공동으로 사업을 경영할 것을 약정하는 계약이다(제703조제1항). A·B·C가 각각 3,000만원씩 출자하여 공동으로 식당을 경영하기로 합의했다면 이들 사이에 조합계약이 성립한 것이다. 조합을 합동행위로 이해하는 학설도 있으나, 합동행위의 개념을 인정할 필요는 없다고 본다.79) 민법도 조합을 계약의 한 유형으로 규정하고 있다. 조합은 불요식·낙성·쌍무·유상계약이다.

　　조합은 사단법인과 유사한 면이 있다. 양자 모두 단체로서 존재하지만 사단법인과 달리 조합에는 법인격이 인정되지 않는다. 그로 인해 다음과 같은 결과가 된다: ① 사단법인은 구성원(즉 사원)과 별개의 권리능력자이므로 사원이 1인만 남더라도 그 자체가 해산사유는 아니지만, 조합에서는 조합원이 1인으로 되면 조합관계가 종료된다.80) ② 사단법인에서는 구성원이 아닌 법인 자체가 하나의 권리주체로서 법률관계를 형성하지만, 조합에서는 조합원 하나하나를 중심으로 법률관계를 형성한다. 조합으로 남을 것인가 아니면 주무관청의 허가를 받고 설립등기를 하여 사단법인으로 활동할 것인가는 구성원들의 선택에 달려 있다.

보충학습 2.52 | 비법인사단과 조합의 구별

　　사단법인과 조합의 구별은 분명하다. 사단법인이 되기 위해서는 설립등기가 있어야 하기 때문이다. 그런데 비법인사단81)과 조합의 구별은 애매한 점이 없지 않다. 비법인사단과 조합의 구별은 단체성의 강약에 달려 있다. 아래에서 이에 관한 판례를 인용한다.

　　"조합은 … 어느 정도 단체성에서 오는 제약을 받게 되는 것이지만 구성원의 개인성이 강하게 드러나는 인적 결합체인 데 비하여 비법인사단은 구성원의 개인성과는 별개로 권리의무의 주체가 될 수 있는 독자적 존재로서의 단체적 조직을 가지는 특성이 있다 …

---

79) 이에 대해서는 이 책 [1.41] 〈보충학습 1.6〉 참조.
80) 대법원 1972. 12. 12. 선고 72다1651 판결; 대법원 1997. 10. 14. 선고 95다22511·22528 판결 등 참조.
81) 이에 대해서는 이 책 [1.162] 〈보충학습 1.33〉 참조.

고유의 목적을 가지고 사단적 성격을 가지는 규약을 만들어 이에 근거하여 의사결정기관 및 집행기관인 대표자를 두는 등의 조직을 갖추고 있고, 기관의 의결이나 업무집행방법이 다수결의 원칙에 의하여 행해지며, 구성원의 가입, 탈퇴 등으로 인한 변경에 관계없이 단체 그 자체가 존속되고, 그 조직에 의하여 대표의 방법, 총회나 이사회 등의 운영, 자본의 구성, 재산의 관리 기타 단체로서의 주요사항이 확정되어 있는 경우에는 비법인사단으로서의 실체를 가진다."82)

조합에는 법인격이 없으므로 민법은 조합원 개인을 중심으로 법률관계를 규율한다. 그런데 조합의 단체성을 전제로 한 규정도 있다는 점에 유의해야 한다. 조합재산에 대하여 독자성을 인정한다든가(제704·714·715조), 단체로서의 조합의 동일성을 유지하는 것을 전제로 조합원의 탈퇴를 인정한다든가(제716~718조), 청산절차를 정하는 규정(제721~724조)이 그 예이다. 이와 같이 민법은 조합을 복합적인 관념으로 규율하고 있다.

2. 조합의 업무집행

(1) 대내적 업무집행

2.236 〈1〉 **업무집행조합원을 정하지 않은 경우** 조합원의 과반수로써 업무집행에 관한 사항을 결정한다(제706조제2항제1문). 통상사무는 각 조합원이 단독으로 할 수 있다(제706조제3항 본문). 그러나 그 사무의 완료 전에 다른 조합원 또는 다른 업무집행자의 이의가 있다면 즉시 중지해야 한다(제706조제3항 단서).

2.237 〈2〉 **업무집행조합원을 정한 경우** 조합원의 2/3 이상의 찬성으로 업무집행조합원을 선임할 수 있다(제706조제1항). 업무집행자가 수인인 때에는 업무집행은 업무집행조합원의 과반수로써 결정한다(제706조제2항제2문). 통상사무는 각 업무집행자가 단독으로 할 수 있다(제706조제3항 본문). 그러나 그 사무의 완료 전에 다른 업무집행자의 이의가 있다면 즉시 중지해야 한다(제706조제3항 단서). 업무집행자와 다른 조합원 사이에는 위임에 관한 규정(제681~688조)이 준용된다(제707조). 업무집행자인 조합원은 정당한 사유없이 사임하지 못하며 다른 조합원의 일치

---

82) 대법원 1992. 7. 10. 선고 92다2431 판결.

가 아니면 해임하지 못한다(제708조). 이는 조합의 이익공동체성과 인적 요소성의 반영이다.

(2) 대외적 업무집행

2.238   조합은 법인격이 없으므로 조합의 사무와 관련하여 법률행위를 할 때에는 조합원 전원의 이름으로 해야 한다. 이것은 불편한 일이어서 실제로는 대리의 방법을 이용하는 경우가 많은데 이를 '조합대리'라고 한다. 어느 한 조합원이 한 편으로는 다른 조합원을 대리하고 다른 한편으로는 자기 자신의 자격으로 제3자와 법률행위를 하는 것이다.

조합의 업무를 집행하는 조합원은 그 업무집행의 대리권이 있는 것으로 추정한다(제709조). 그리하여 업무집행자가 정해지지 않은 때에는 해당 법률행위를 하는 조합원이, 업무집행자가 정해진 때에는 그 업무집행조합원이 대리권을 가지는 것으로 추정된다.

3. 조합의 재산관계

(1) 조합재산의 귀속형태: 합유

2.239   조합은 권리능력이 없으므로 조합재산을 조합 자체의 소유로 할 수는 없고 조합원의 공동소유로 해야 할 것인데, 민법은 조합원의 조합재산에 대한 공동소유 형태를 합유로 규정한다(제704조, 제271~274조). 이는 소유권 외의 재산권에 준용된다(제278조).

2.240   〈1〉 합유물의 처분·변경   합유물의 처분·변경에 관하여 민법은 서로 상충되는 규정을 두고 있다.83) 제272조는 합유물의 처분·변경에 합유자 전원의 동의를 요구하는 반면 제706조제2항은 조합원의 과반수(업무집행자가 없는 경우) 또는 업무집행자의 과반수(업무집행자가 있는 경우)로 결정하도록 규정한다. 이 두 규정을 조화하기 위하여 여러 학설이 있으나, 다음과 같이 해석하고자 한다: 제272조는 합유물의 처분·변경에 관한 일반규정이다. 따라서 일반적인 합유물의 처분·변경에는 제272조가 적용되나, 그 합유물이 조합재산일 때에는 제706조제2

---

83) 이 문제는 민법 입법과정에서 발생한 실책이다(명순구, 앞의 책, 『실록 대한민국 민법 3』, 696~699쪽 참조).

항이 적용된다.84)

2.241 　〈2〉**합유지분의 처분**　　합유자는 합유자 전원의 동의없이 합유물에 대한 지분을 처분하지 못한다(제273조제1항). 합유자 전원이 동의하면 지분을 처분할 수 있는가? 이에 대해서는 학설 다툼이 있는데, 합유지분은 조합원의 지위와 불가분의 관계에 있으므로 조합원의 지위와 분리하여 합유지분만을 따로 처분할 수는 없고 탈퇴의 절차에 의하는 수밖에 없다고 본다.85)

　(2) 조합재산의 충실화

2.242 　공동사업의 경영을 위한 단체로서의 조합의 실체에 부응하기 위해 민법은 조합재산의 유지를 위한 규정을 두고 있다.

　ⓘ **지분에 대한 압류의 효력**　　조합원의 지분에 대한 압류는 그 조합원의 장래의 이익배당 및 지분의 반환에 관한 권리에 대하여 효력이 있다(제714조). 조합의 존속 중에 압류를 실행하게 되면 조합의 목적인 공동사업의 수행이 어렵게 된다는 점을 고려한 것이다.

　ⓘⓘ **조합채무자의 상계의 금지**　　조합의 채무자는 그 채무와 조합원에 대한 채권으로 상계하지 못한다(제715조). A·B·C 3인으로 구성된 조합에 대하여 100만원의 채무가 있는 X가 조합원 A에게 100만원의 채권이 있더라도 X는 상계를 할 수 없다.

　(3) 조합채무에 대한 책임

2.243 　조합의 채무도 모든 조합원에게 합유적으로(준합유) 귀속한다(제278조). 가령 조합이 사업의 운영을 위하여 외부로부터 금전을 빌렸다면 조합원 모두가 공동으로 채무를 부담한다(즉 조합재산으로 책임을 진다). 그런데 조합은 법인격이 없으므로 조합의 채무는 결국 조합원 개인의 채무로 된다(즉 조합원의 개인재산으로 책임을 진다). 이와 같이 조합채무에 대해서는 두 개의 책임(즉 "조합재산에 의한 공동책임"과 "개인재산에 의한 개별책임")이 병존하게 된다.

---

84) 판례도 같은 입장이다(대법원 1998. 3. 13. 선고 95다30345 판결; 대법원 2010. 4. 29. 선고 2007다18911 판결). 그런데 이런 해석이 깔끔하지는 않다. 왜냐하면 합유에 관한 제272조가 민법이 합유로 정하는 조합(제704조)에 적용되지 않아 사실상 적용의 기회를 가지지 못하기 때문이다. 이에 대해서는 이 책 [3.153] 참조.

85) 대법원 2009. 3. 12. 선고 2006다28454 판결 참조.

2.244   〈1〉 조합재산에 의한 공동책임   조합의 채권자는 채권 전액에 대해 변제를 청구할 수 있다. 조합원 중 어느 누가 조합에 대하여 채권을 가지는 경우에도 마찬가지이다. X가 A·B·C 3인으로 구성된 조합에 대하여 300만원의 채권이 있다면 A·B·C는 공동으로 책임을 져야 한다.

2.245   〈2〉 개인재산에 의한 개별책임   조합채무에 대하여 조합원이 개인재산으로 책임을 질 경우에 조합계약에서 부담비율을 정했다면 그에 따르고, 정하지 않았다면 같은 비율로 채무를 분담한다. 채무의 성질은 분할채무이다(제408조). 부담비율에 관하여 약정이 있더라도 조합채권자는 그 채권발생 당시에 조합원의 손실부담의 비율을 알지 못한 때에는 각 조합원에게 균분하여 그 권리를 행사할 수 있다(제712조). 조합원 중에 변제자력 없는 사람이 있어 변제할 수 없는 부분은 다른 조합원이 균분하여 변제한다(제713조).

(4) 이익과 손실의 분배

2.246   손익분배의 시기와 내용은 조합원 사이의 약정에 따른다. 당사자가 손익분배의 비율을 정하지 않은 때에는 각 조합원의 출자가액에 비례하여 이를 정한다(제711조제1항). 이익 또는 손실 중 어느 하나에 대하여 분배의 비율을 정한 때에는 그 비율은 이익과 손실에 공통된 것으로 추정한다(제711조제2항).

4. 조합원의 탈퇴

2.247   조합원의 탈퇴를 보는 시각으로는 종전의 조합을 해산하고 다시 조합을 결성하는 것(조합의 계약으로서의 성격을 중시하는 시각)과 조합의 동일성을 유지하는 것(조합의 단체로서의 측면을 중시하는 시각)의 두 가지를 생각할 수 있다. 민법은 후자의 입장이다.

2.248   〈1〉 탈퇴의 종류   탈퇴에는 임의탈퇴와 비임의탈퇴가 있다.

ⓘ 임의탈퇴   조합의 존속기간을 정하지 않거나 조합의 존속기간이 종신으로 된 때에는 조합원은 언제든지 탈퇴할 수 있다(제716조제1항 본문). 다만, 부득이한 사유가 없는 한 조합이 불리한 시기에 탈퇴할 수는 없다(제716조제1항 단서). 조합의 존속기간을 정했더라도 부득이한 사유가 있다면 탈퇴할 수 있다(제716조

제2항).

　　ⅱ **비임의탈퇴**　　조합원에게 사망, 파산, 성년후견의 개시 및 제명의 사유가 있게 되면 탈퇴된다(제717조). 사망, 파산, 성년후견의 개시를 탈퇴사유로 한 것은 조합계약이 당사자의 인적 요소가 강조되는 법률관계라는 사실에 기인한 것이다. 조합원의 제명은 정당한 사유가 있는 때(예: 조합원이 출자의무를 이행하지 않음86))에 한하여 다른 조합원의 전원일치로 결정한다(제718조제1항).

2.249　　〈2〉 **탈퇴의 효과**　　조합원의 탈퇴가 있더라도 조합은 동일성을 유지하므로 동일성 유지에 반하는 방법(예: 탈퇴한 조합원이 조합재산의 분할을 청구함)으로 권리를 행사할 수는 없다. 이에 따라 탈퇴한 조합원의 지분을 계산하여 환급해 주게 되는데 이를 지분의 계산이라고 한다. 탈퇴 조합원은 잔존 조합원에 대하여 환급채권을 취득하고 지분 계산이 완료되면 잔존 조합원의 지분은 확대되는 결과를 가져온다. 민법은 지분계산의 방법에 대하여 규정한다(제719조).

5. 조합의 종료: 해산·청산

2.250　　민법은 조합의 단체성을 고려하여 법인과 유사하게 해산·청산 절차를 규정한다.87) 사단법인에서는 법인의 채권자가 사원 개인에게 책임을 물을 수 없다. 그리하여 사단법인의 해산·청산에서는 법인의 채권자 보호가 중요한 이슈이다. 그러나 조합채권자는 조합원 개인에게도 책임을 물을 수 있으므로 조합의 해산·청산은 조합원들의 재산관계를 정리하는 것이 그 목적이다.

　　부득이한 사유(예: 경제사정으로 인한 조합 재산상태의 악화, 영업부진 등으로 조합의 목적달성이 곤란한 경우, 조합원 간의 불화·대립으로 조합업무의 원활한 운영을 기대할 수 없는 경우88))가 있는 때에는 각 조합원은 조합의 해산을 청구할 수 있다(제720조). 조합원 전원의 합의도 해산사유로 볼 수 있다.

　　조합은 청산이 완료된 때에 소멸한다. 조합이 해산한 때에는 모든 조합원이 공동으로 또는 그들이 선임한 사람(청산인)이 청산사무를 집행한다(제721조제1항).

---

86) 대법원 1997. 7. 25. 선고 96다29816 판결.
87) 법인의 해산·청산에 대해서는 이 책 [1.177], [1.178] 참조.
88) 대법원 1997. 5. 30. 선고 95다4957 판결.

조합의 청산인의 직무 및 권한에 관하여는 법인의 청산인에 관한 제87조를 준용한다(제724조제1항). 잔여재산은 각 조합원의 출자가액에 비례하여 분배한다(제724조제2항).

XIV. 종신정기금

2.251 　　종신정기금계약이란 당사자 일방(정기금채무자)이 자기, 상대방 또는 제3자의 사망시까지 정기적으로 금전 기타의 물건을 상대방 또는 제3자에게 지급할 것을 내용으로 하는 계약이다(제725조). 90세인 A가 자기 소유의 甲부동산(시가: 1억원)을 B에게 매도하면서 매매대금은 A의 사망시까지 1개월에 100만원씩 지급하기로 약정했다고 가정해 보자. 만약 A가 100개월을 초과하여 생존한다면 B는 시가보다 많은 금액으로 甲을 매수하는 셈이지만, 가령 A가 10개월 후에 사망했다면 B는 시가의 1/10의 가격으로 甲에 대한 소유권을 취득한다. 이와 같이 종신정기금은 사행성이 두드러진 계약이다. 종신정기금은 보험·연금 제도가 발전하기 전에 노후 생계보장의 수단으로 자주 활용되었다. 종신정기금계약은 불요식·낙성·쌍무·유상계약이다.

　　종신정기금계약은 일정한 원인관계(위 사안에서는 매매계약)를 기초로 그 법률관계에서 발생한 채무이행의 방법으로 이루어진다. 이런 이유에서 종신정기금계약을 유인계약이라고 한다. 따라서 원인관계에 관한 규정도 적용되고 원인관계의 무효·취소는 종신정기금의 효력에 영향을 미친다.

XV. 화　　해

2.252 　　〈1〉개　　념　　화해란 당사자가 서로 양보하여 분쟁을 끝낼 것을 내용으로 하는 계약이다(제731조). A(매도인)와 B(매수인) 사이에 매매계약이 체결되었는데 A가 B에게 1,000만원의 매매대금을 청구하자 B는 매매대금이 800만원이라고 주장한다고 가정해 보자. 이때 A·B가 서로 100만원씩 양보하여 매매대금을 900만원으로 합의하고 분쟁을 끝내는 것이 화해이다. 화해계약은 불요식·낙성·유상·쌍무계약이다. 화해는 재판에 의한 분쟁해결에서 오는 시간 낭비와 인간관계

의 파괴를 피할 수 있다는 장점을 가진다. 화해가 성립하기 위해서는 반드시 일정한 다툼이 있어야 하며 서로 양보를 해야 한다. 양보는 불이익을 의미하며 불이익이 있는지 여부는 진실한 권리관계가 아니라 당사자의 주장을 기준으로 판단한다.

〈2〉 효 력 화해계약에 특유한 효력을 보기로 한다.

ⓘ **창설적 효력** 화해계약에 의하여 화해 전의 권리관계는 소멸하고 그 대신 화해계약에 따른 새로운 권리관계가 발생한다(제732조). 화해의 창설적 효력은 화해의 본질 그 자체에 해당한다.

ⓘ **화해와 착오** 화해계약의 체결 과정에 사기·강박이 있었다면 이는 취소사유이다. 그러나 화해계약은 착오를 이유로 취소하지 못한다(제733조 본문). 화해란 당사자가 진실에 반한다는 것을 감수하고 서로 양보하는 것인데, 나중에 밝혀진 사실이 화해의 내용과 다르다고 하여 그것을 고려할 수는 없는 일이기 때문이다.89) 그런데 화해당사자의 자격 또는 화해의 목적인 분쟁 이외의 사항에 착오가 있는 때에는 취소를 할 수 있다(제733조 단서). "화해의 목적인 분쟁 이외의 사항"이란 분쟁의 대상이 아니라 분쟁의 전제 또는 기초가 된 사항으로서, 쌍방 당사자가 예정한 것이어서 상호 양보의 내용으로 되지 않고 다툼이 없는 사실로 양해된 사항이다.90)

---

89) 다만, 화해계약이 사기로 인하여 이루어진 경우에는 화해의 목적인 분쟁에 관한 사항에 착오가 있더라도 제110조에 따라 계약을 취소할 수 있다(대법원 2008. 9. 11. 선고 2008다15278 판결 참조).

90) 대법원 1995. 12. 12. 선고 94다22453 판결.

제4장

법정채권

제1절 서 설

^{2.254}   이 장에서는 법정채권관계(사무관리, 부당이득, 불법행위)를 살펴본다. 당사자의 의사에 의하여 성립하는 약정채권관계가 적극적인 방향에서 사전적으로 이익관계를 형성하는 기능을 한다면(계약을 체결하여 앞으로의 재산관리계획을 세우는 것을 생각해 보라), 법정채권관계는 일정한 사실로 인하여 발생된 잘못된 재산귀속관계를 사후적으로 정리하는 기능을 한다(타인의 물건을 훼손한 경우에 불법행위가 성립하여 손해배상을 하는 것은 잘못된 재산질서를 조정하기 위한 것임을 생각해 보라).

제2절 사무관리

Ⅰ. 의   의

^{2.255}   사무관리란 어떤 사람(즉 관리자)이 법률상 의무 없이 타인(즉 본인)의 사무를 처리하는 행위이다(제734조제1항). A가 길에 쓰러져 있었는데 지나가던 B가 A를 택시에 태워 병원으로 이송했다면 B의 행위는 사무관리에 해당한다. B가 A를 도와주는 과정에서 비용(택시비, 의료비)을 지출했다면 B에게 비용상환청구권 등을 인정할 필요가 있다. 이때 A·B 사이의 법률관계는 당사자의 의사와 무관한 것이어서(즉 B가 채권을 취득할 목적으로 A를 도와준 것이 아님) 사무관리는 법정채권관계이다.

Ⅱ. 성립요건

^{2.256}   사무관리의 성립요건을 살펴본다.

    ① 타인의 사무일 것   자기의 사무가 아닌 타인의 사무여야 한다. 사무란 사람의 생활에 있어서 이익이 되는 모든 행위이다. 사무는 사실행위일 수도 있

고(예: 타인 소유 물건을 직접 수리하는 행위) 법률행위일 수도 있다(예: 타인 소유 물건을 수리하기 위하여 도급계약을 체결하는 행위). 이 요건은 객관적인 것이어서, 가령 자기의 사무를 타인의 사무로 오신했더라도 사무관리가 될 수 없다(소위 '오신사무관리'의 문제).

ⅱ 법적 의무가 없을 것　　타인의 사무를 관리하는 데 대하여 법적 의무가 없어야 한다. 이 요건 또한 객관적인 것이어서 의무가 있는데 없다고 오신했더라도 사무관리가 성립할 수 없다.

ⅲ 타인을 위하여 사무를 처리한다는 의사가 있을 것　　관리의 결과로 발생하는 사실상의 이익을 타인에게 귀속시키려는 의사가 있어야 한다(이를 '관리의사'라 함).

ⅳ 본인의 의사에 반하거나 불리함이 명백하지 않을 것　　타인의 사무에 간섭하는 것은 위법 판단을 받을 가능성이 있다. 이 요건은 사무관리가 위법하지 않고 적법행위로 되기 위한 조건이다. 제737조 단서("관리의 계속이 본인의 의사에 반하거나 본인에게 불리함이 명백한 때에는 관리행위를 중지해야 한다")도 이 요건의 표현이다. 제739조제3항("관리자가 본인의 의사에 반하여 관리한 때에는 본인의 현존이익의 한도에서 비용상환청구권이 있다")은 본인의 의사에 반하더라도 사무관리가 성립할 수 있음을 전제하고 있다. 그런데 이 규정은 해당 사무가 본인의 의사에 반하는지가 명백하지 않은 경우이며, 본인의 의사에 명백하게 반한다면 사무관리가 성립하지 않는다.

Ⅲ. 효　　과

1. 관리자의 의무

2.257　　〈1〉 관리의 방법　　관리자는 사무의 성질에 좇아 객관적으로 본인에게 가장 이익이 되는 방법으로 사무를 처리해야 한다(제734조제1항). 그런데 만약 관리자가 본인의 의사를 알거나 알 수 있을 때에는 그의 의사에 적합하도록 해야 한다(제734조제2항). 해당 사무는 원래 본인의 사무이므로 그의 의사가 가장 중요한 것이기 때문이다.

2.258 　〈2〉 손해배상　　관리인이 제734조제1·2항에 위반하여 관리함으로써 본인에게 손해가 발생했다면 과실이 없더라도 관리인은 손해를 배상해야 한다(제734조제3항 본문). 손해의 발생 자체에 대하여 과실이 없더라도 관리 방법에 어긋났다는 사실을 귀책의 근거로 보는 것이다.[1] 그러나 다음의 경우에는 관리자의 책임이 경감된다.

　ⓘ 공익사무관리　　관리자가 관리 방법에 위반했더라도 그 행위가 공공의 이익에 적합한 때에는 중과실이 있을 때에만 손해배상책임을 진다(제734조제3항 단서).

　ⓘⓘ 긴급사무관리　　관리자가 타인의 생명·신체·명예 또는 재산에 대한 급박한 위해를 면하게 하기 위하여 그 사무를 관리한 때에는 고의나 중과실이 없으면 이로 인한 손해를 배상할 책임이 없다(제735조).

2.259 　〈3〉 기　　타　　그 밖에 관리인의 의무를 본다.

　ⓘ 관리개시통지의무　　관리자가 관리를 개시한 때에는 지체없이 본인에게 통지해야 한다(제736조).

　ⓘⓘ 관리계속의무　　관리자는 본인 등이 그 사무를 관리할 때까지 관리를 계속해야 한다(제737조 본문). 관리인이 관리행위를 개시함으로써 다른 사람이 관리할 수 있는 기회를 가져간 것이라는 점을 고려한 규정이다. 그러나 관리의 계속이 본인의 의사에 반하거나 본인에게 불리함이 명백한 때에는 관리행위를 그쳐야 한다(제737조 단서).

　ⓘⓘⓘ 수임인에 준하는 의무　　위임에 관한 규정(제683~685조)은 사무관리에 준용된다(제738조).

2. 본인의 의무

2.260 　〈1〉 비용상환의무　　사무관리의 본인에 대한 주된 효과로서 그 내용은 다음과 같다.

　ⓘ 필요비·유익비의 상환청구권　　관리자가 본인을 위하여 지출한 필요비·

---

[1] 이 법기술은 제392조 본문(이행지체에 있는 채무자는 과실이 없어도 손해배상책임 부담)과 유사하다.

유익비의 상환을 청구할 수 있다(제739조제1항).

　　ⅱ) 채무대변제의무 및 담보제공의무　　위임에 관한 규정(제688조제2항)을 준용한다(제739조제2항).

　　ⅲ) 비용상환의무 경감　　관리자가 본인의 의사에 반하여 관리한 경우에 본인의 비용상환의무는 현존이익의 한도로 경감된다(제739조제3항). 이 규정은 해당 사무가 본인의 의사에 반하는지가 명백하지 않았던 경우에 적용된다. 해당 사무가 본인의 의사에 반하는 것이 명백했다면 사무관리 자체가 성립하지 않기 때문이다.

　　본인은 관리자에 대하여 보수지급의무를 지지 않는다. 그런데 보수의 명목으로 본인이 관리인에게 일정한 이익을 주었다면 그 반환청구가 부정될 가능성이 있다. 도의관념에 적합한 변제(제744조)에 해당할 수 있기 때문이다.

2.261　　　〈2〉 손해보상의무　　사무관리 과정에서 과실없이 손해를 입었다면 관리자는 본인의 현존이익의 한도에서 손해의 보상을 청구할 수 있다(제740조). 이 규정의 본질은 손해배상이 아니라 부당이득이다. 원래는 본인에게 귀속되었을 불이익이 관리자에게 돌아간 것이며, 따라서 본인은 그 한도에서 소극적 이득을 취한 결과가 되므로 이를 조정하는 것이기 때문이다.

제3절 | 부당이득

Ⅰ. 의　　의

2.262　　　누가 이득을 취했다면 그에 상응한 원인이 있어야 한다. 가령 A가 B로부터 100만원을 받았다면 A의 B에 대한 급부의 대가(예: A가 매매계약에서 매도인의 지위), B의 A에 대한 시혜의 의사(예: A가 증여계약에서 수증자의 지위), A·B 간의 친족관계(예: A가 부양관계에서 피부양자의 지위) 등 무슨 근거가 있어야 한다. 이득을 정당화하는 근거를 보통 '법률상의 원인'이라고 한다. 법률상의 원인이 없는 이득을 부당

이득이라고 하며 부당이득의 법률효과는 반환청구권의 발생이다(제741조: "법률상 원인 없이 타인의 재산 또는 노무로 인하여 이익을 얻고 이로 인하여 타인에게 손해를 가한 자는 그 이익을 반환하여야 한다"). 손실자와 이득자 사이의 법률관계는 당사자의 의사와 무관한 것이어서(즉 이득자는 손실자에게 반환하기 위하여 이득을 취한 것이 아님) 부당이득은 법정채권관계이다.

부당이득법은 법제마다 상당한 차이가 있으며 매우 난해한 분야이다. 부당이득법은 법률관계 당사자 간의 이익조정에 관한 최후의 법리인데,[2] 이러한 이유로 하여 부당이득법은 민법의 모든 법질서와 복잡한 관련을 가지기 때문이다.

Ⅱ. 성립요건

2.263　부당이득의 성립요건은 다음과 같다: ① 타인의 재산 또는 노무에 의하여 이익을 얻었을 것(수익); ② 타인에게 손실을 입혔을 것(손실); ③ 수익과 손실 사이에 인과관계가 있을 것(수익·손실 사이의 인과관계); ④ 법률상의 원인이 없을 것(법률상 원인의 부존재).

1. 수　　익

2.264　수익은 적극적 이득(이득자의 재산의 증가)일 수도 있고 소극적 이득(당연히 발생했어야 할 재산의 감소를 면하는 경우)일 수도 있다. 채권도 물권과 마찬가지로 재산권의 하나이므로 수익이 된다.[3] 수익을 다음 두 유형으로 구분하기도 한다.

ⅰ) **급부부당이득**　　이득이 손실자의 의식적·목적적 행위에 의한 경우(예: 무효인 계약의 이행으로 물건을 인도한 경우)이다.

ⅱ) **침해부당이득**　　급부부당이득 외에 재산적 이익이 재산귀속 질서(물권·채권 등)에 반하여 이루어지는 경우이다. 침해부당이득은 수익자 자신의 행위에 의하여(예: 수익자가 권원 없이 타인의 물건을 사용한 경우), 손실자의 행위에 의하여(예:

---

2) 예컨대, A의 행위로 인하여 B가 손해를 입었는데 A에게 과실이 없다면 B는 A에게 불법행위로 인한 손해배상을 청구할 수 없다. 그러나 만약 A의 행위가 부당이득의 요건을 충족한다면 B는 A에게 부당이득반환청구권을 행사할 수 있다. 귀책사유는 부당이득의 요건이 아니기 때문이다.

3) 대법원 1984. 2. 14. 선고 83다카1645 판결; 대법원 1995. 12. 5. 선고 95다22061 판결 등 참조.

손실자가 수익자 소유의 물건에 필요비 등의 비용을 지출한 경우4)), 제3자의 행위에 의하여 (예: A 소유의 소를 보관하는 C가 B 소유의 초지에 들어가 풀을 뜯도록 한 경우 A의 이득은 제3자 C의 행위에 의한 것) 발생할 수 있다.

2. 손 실

2.265
부당이득이 성립하기 위해서는 손실(재산적 불이익)이 있어야 한다. 가령 A 소유의 甲토지가 주위 토지의 개발로 가치가 상승했다면 A에게 이득은 있으나 누구에게 손실은 없으므로 부당이득이 성립하지 않는다. 손실은 적극적인 것(기존 재산의 감소)과 소극적인 것(증가하였을 이익의 상실)을 모두 포함한다. 급부부당이득에서의 손실은 수익자의 이득에 의하여 반사적·자동적으로 발생한다(예: 무효인 계약의 이행으로 물건을 인도한 경우 일방의 손실은 곧 타방의 이득). 손실은 반드시 현실적일 필요는 없다. 가령 A가 놀리고 있는 땅을 B가 C에게 임대하여 차임을 취득했다면 A에게 현실적 손실은 없지만 A는 B에게 부당이득반환청구를 할 수 있다.5) 손실은 사회통념상 손실자가 해당 재산으로부터 통상 수익할 수 있을 것으로 예상되는 이익 상당액이다.6)

3. 수익·손실 사이의 인과관계

2.266
급부부당이득에서는 수익과 손실이 표리일체의 관계에 있어서 수익·손실 사이의 인과관계를 쉽게 판단할 수 있다. 그런데 침해부당이득에서는 사정이 달라 인과관계의 판단이 모호한 경우도 있다. 예컨대, 소위 '편취금에 의한 변제'(A가 B의 금전을 편취하여 C에 대한 채무를 변제)의 경우가 그러하다. 판례는 소위 '사회관념상의 인과관계론'의 개념을 도입하여 B의 손실과 C의 수익 사이에 인과관계가 존재한다고 판단한다.7)

---

4) 비용상환청구권은 부당이득의 본질을 가지는 것이다.
5) 대법원 1998. 5. 8. 선고 98다2389 판결.
6) 대법원 2014. 7. 16. 선고 2011다76402 전원합의체판결.
7) 대법원 2003. 6. 13. 선고 2003다8862 판결; 대법원 2008. 3. 13. 선고 2006다53733,53740 판결 등 참조.

보충학습 2.53 | 전용물소권(*action de in rem verso*)의 문제

전용물소권이란 계약상의 급부가 제3자의 이득으로 된 경우에 계약당사자 일방이 직접 제3자에게 부당이득반환청구권을 행사하는 것이다. 판례는 전용물소권을 인정하지 않는다.

A는 임대차계약에 의하여 B에게 甲물건을 인도하였다; B는 C와 甲의 수리를 내용으로 하는 계약을 체결하고 甲을 C에게 인도하였다; C의 수리에 의하여 甲의 가치가 증가하였다. 이 경우에 점유자 C가 소유자 A에게 제203조를 원용하여 비용상환을 청구할 수 있겠는가?

이에 대해서는 대법원은 다음과 같은 취지로 판시하고 있다: 유효한 계약에 기하여 C가 B로부터 제3자(A) 소유 물건의 점유를 이전받아 이를 수리한 결과 그 물건의 가치가 증가한 경우, B가 그 물건을 간접점유하면서 궁극적으로 자신의 계산으로 비용지출과정을 관리한 것이므로, B만이 소유자에 대한 관계에 있어서 제203조에 의한 비용상환청구권[8]을 행사할 수 있는 비용지출자라고 할 것이고, C는 그러한 비용지출자에 해당하지 않는다.[9] C는 그의 계약상대방인 B에 대하여 계약상의 반대급부를 청구하는 방식으로 법률관계를 정리해야 한다는 것이다. 만약 C가 제3자인 A에 대하여 직접 비용상환을 청구할 수 있다고 하면 자기 책임하에 체결된 계약에 따른 위험을 제3자에게 전가시키는 것이 되어 계약법의 기본원리에 반하고, C가 B의 일반채권자에 비하여 우대받는 결과가 되어 일반채권자의 이익을 해치며, A가 계약상대방인 B에 대하여 가지는 항변권 등을 침해하게 되어 부당하기 때문이다.

4. 법률상 원인의 부존재

2.267   이것은 수익을 정당화하는 원인이 존재하지 않아야 한다는 요건이다. 두 가지 유형으로 구분하여 설명해 본다.

ⓘ **급부부당이득**   이득이 손실자의 의식적·목적적 행위(즉 급부)에 의한 경우(예: 무효인 계약의 이행으로 물건을 인도한 경우)이다. 손실자가 이득자와의 사이에 이익의 근거가 되는 법률관계가 유효하게 존재한다고 믿었으나(표현적 법률관계) 실제로는 존재하는 않는 경우이다. 표현적 법률관계는 채권, 물권, 친족권(양자로서 부양하였으나 입양이 무효인 경우), 상속권, 지식재산권 등 다양하다. 불법행위(불법

---

8) 이에 대해서는 이 책 [3.92] 참조.
9) 대법원 2002. 8. 23. 선고 99다66564·66571 판결 등 참조.

행위에 기하여 손해배상을 했으나 실제로는 불법행위가 아닌 경우) 또는 부당이득(부당이득으로 반환했는데 실제로는 부당이득이 아닌 경우), 사무관리(사무관리로 생각하고 비용을 상환했으나 실제로는 사무관리가 아닌 경우)도 표현적 법률관계로 될 수 있다.

ⅱ) **침해부당이득**   침해부당이득(예: 타인 소유의 건물을 무단으로 사용하는 경우)의 경우에는 표현적 법률관계가 존재하지 않는다. 여기에서 법률상의 원인이 없다는 것은 재산의 귀속이 무권리자에게 이득이 되는 방향으로 실현되는 것을 의미한다.

보충학습 2.54 | "법률상 원인의 부존재" 요건의 확장

법률상 원인이 없어야 한다는 요건은 위의 두 유형 외의 다양한 사안에서 기능한다. 앞에서 '편취금에 의한 변제'(A가 B의 금전을 편취하여 C에 대한 채무를 변제)를 보았고 이 경우에 '사회관념상의 인과관계론'에 따라 수익·손실 사이의 인과관계를 인정할 수 있다고 설명했다. 그런데 이 사안을 법률상 원인이 없어야 한다는 요건의 시각에서 판단해 보자. A가 B의 금전을 편취하여 C에게 지급한 것이기는 하지만 A·C 사이에서 보면 A는 C에 대하여 채무이행을 한 것이다. 이렇게 본다면 C는 A의 채권자이므로 그의 수익은 법률상 원인이 있는 것 아닌가? 만약 그렇다면 B는 C에 대하여 부당이득반환청구를 할 수 없고 A와의 관계에서 권리관계를 정리해야 하는 것 아닌가?

이 문제에 대하여 판례는, 채무자가 횡령한 금전으로 자신의 채권자에 대한 채무를 변제하는 경우 채권자가 그 변제를 수령함에 있어 악의 또는 중대한 과실이 있는 경우에는 채권자의 금전취득은 피해자에 대한 관계에 있어서 법률상 원인을 결여한 것으로 봄이 상당하나, 채권자가 그 변제를 수령함에 있어 단순히 과실이 있는 경우에는 그 변제는 유효하고 채권자의 금전취득이 피해자에 대한 관계에 있어서 법률상 원인을 결여한 것이라고 할 수 없다"[10]고 판시한다. 즉 대법원은 C가 A의 편취 사실에 대하여 악의 또는 중대한 과실이 있다면 법률상의 원인이 없는 것으로 판단하고 있다. 이와 같이 "법률상 원인의 부존재"라는 요건은 부당이득 요건 판단에 있어서 매우 광범위한 기능을 수행한다.

---

10) 대법원 2003. 6. 13. 선고 2003다8862 판결.

Ⅲ. 효　과

1. 반환의 방법

2.268　　수익자가 받은 목적물 그 자체를 반환해야 한다(원물반환의 원칙). 그러나 수익자가 그 받은 목적물을 반환할 수 없을 때에는 그 가액을 반환한다(제747조제1항). 가액은 특별한 사정이 없는 한 그 목적물의 처분 당시의 대가이다.[11] 수익자가 무자력인 경우에 손실자 보호를 위한 특칙이 있다. 즉 수익자가 그 이익을 반환할 수 없는 경우에 수익자로부터 부당이득반환의 목적물을 무상으로 양수한 악의의 제3자는 수익자와 같은 수준에서 반환할 책임이 있다(제747조제2항). 그리하여 부당이득채권자(즉 손실자)는 직접 이득자에게 가액반환을 청구할 수도 있고 악의의 무상양수인에게 원물의 반환을 청구할 수도 있다.

2. 반환의 범위

2.269　　선의의 수익자는 그 받은 이익이 현존하는 한도에서 반환책임이 있다(제748조제1항). 선의란 수익에 법률상의 원인이 없다는 것을 알지 못하는 것으로 과실의 유무는 묻지 않는다.[12] 악의의 수익자는 그 받은 이익에 이자를 붙여 반환하고 손해가 있으면 이를 배상해야 한다(제748조제2항). 수익자가 이익을 받은 후 법률상 원인 없음을 안 때에는 그때부터 악의의 수익자로서 이익반환의 책임이 있다(제749조제1항). 선의의 수익자가 패소한 때에는 그 소를 제기한 때부터 악의의 수익자로 본다(제749조제2항).

부당이득의 반환은 손실을 한도로 한다. 즉 손실이 이득보다 크다면 이득의 범위 내에서 반환하고, 손실이 이득보다 적다면 손실의 범위 내에서 반환한다. 그러므로 이득자의 비범한 재능으로 손실자의 손실을 초과하는 이득(이를 '운용이익'이라고 함)을 얻었다면 손실의 범위 내에서 반환하면 된다.[13]

---

11) 대법원 1965. 4. 27. 선고 65다181 판결; 대법원 1995. 5. 12. 선고 94다25551 판결 등 참조.
12) 대법원 1993. 2. 26. 선고 92다48635·48642 판결.
13) 대법원 1995. 5. 12. 선고 94다25551 판결; 대법원 1981. 8. 11. 선고 80다2885·2886 판결 등 참조.

Ⅳ. 부당이득에 관한 특칙

2.270   제742~746조는 부당이득에 관한 특칙을 정하고 있다. 이 중 제742~745조는 변제할 의무가 없는데 변제를 한 경우(비채변제)에 관한 것이고, 제746조는 불법원인급여에 관한 것이다.

1. 비채변제

2.271   비채변제는 반환청구의 대상이 되는 것이 원칙이다(제741조). 그런데 민법은 반환청구가 부인되는 경우를 규정하고 있다.

　　ⅰ **악의의 비채변제**　　채무가 없음을 알고 변제를 했다면 그 반환을 청구하지 못한다(제742조). 채무가 없음을 알면서도 자유의사로 급부를 했다면 시혜의 의사에 의한 급부로 보는 것이다. 자신에게는 채무가 없음을 알면서 타인을 위해 변제했다면 이는 제3자에 의한 변제(제469조)[14]로서 제742조의 문제와는 차이가 있다.

　　ⅱ **변제기 전의 변제**　　변제기에 있지 아니한 채무를 변제한 때에는 그 반환을 청구하지 못한다(제743조 본문). 이것은 변제기 전의 변제가 유효하다는 규정(제468조)[15]과 표리관계에 있는 규정이다. 변제기 전이라는 사실을 알면서 변제했다면 기한의 이익을 포기한 것으로 보는 것이다. 그러나 채무자가 착오로 변제한 때에는 채권자는 이로 인하여 얻은 이익을 반환해야 한다(제743조 단서).

　　ⅲ **도의관념에 적합한 비채변제**　　어떤 급부가 도의관념에는 적합하더라도 법적 의무가 없는 것이라면 부당이득으로서 반환되는 것이 원칙이다. 그런데 그 반환청구를 인정하지 않는다(제744조). 이는 입법적 결단으로 도의규범이 법규범으로 유입된 예에 해당한다.

　　ⅳ **타인채무의 변제**　　채무자가 아닌 사람이 착오로 다른 사람의 채무를 변제했다면 그것은 제3자에 의한 변제(제469조)에 해당하지 않는 한 부당이득으로서 반환의 대상이 된다. 그런데 그것은 변제를 한 사람의 사정일 뿐 변제를 받

---

14) 이에 대해서는 이 책 [2.82] 참조.
15) 이에 대해서는 이 책 [2.81] 참조.

은 채권자의 입장에서는 그것을 유효한 변제로 믿고 채권증서를 없애는 등의 행위를 할 수 있다. 그리하여 민법은 타인의 채무를 변제한 경우에 채권자가 선의로 증서를 훼멸하거나 담보를 포기하거나 시효로 인하여 그 채권을 잃은 때에는 변제자는 그 반환을 청구하지 못하도록 한다(제745조제1항). 물론 이때 변제자는 채무자에 대하여 구상권을 행사할 수 있다(제745조제2항).

2. 불법원인급여

2.272 〈1〉 개 념   불법원인을 내용으로 하는 법률행위에 기하여 급부가 이루어졌다면(예: 내연계약의 대가로 이익 제공) 이는 무효이고(제103조), 따라서 전형적인 급부부당이득에 해당한다. 그런데 민법은 불법의 원인으로 인한 이익의 반환을 청구하지 못한다고 규정한다(제746조는 본문). 이 규정은 불법원인급여는 법의 보호대상이 아니니 그런 행위를 하지 말라는 취지이다.

2.273 〈2〉 역기능과 그 완화책   제746조 본문의 역기능도 결코 가볍지 않다. 불법원인으로 형성된 재산관계를 고정시키는 결과가 되기 때문이다. 이러한 역기능을 완화하기 위한 노력이 있다.

ⓘ 제746조 단서   불법원인이 수익자에게만 있는 때에는 반환청구를 인정한다. 그런데 불법원인이 오직 수익자에게만 있는 경우가 그리 흔치는 않아 이 규정에는 한계가 있다.

ⓘⓘ 불법성비교이론   제746조 단서의 한계를 보충하기 위하여 나온 이론이다. 급여자에게 불법성이 있기는 하지만 그의 불법성에 비해 수익자의 불법성이 크다면 제746조 단서를 유추적용하자는 것이다.[16]

---

16) 대법원 1993. 12. 10. 선고 93다12947 판결; 대법원 2007. 2. 15. 선고 2004다50426 전원합의체 판결 등 참조.

제4절 │ 불법행위

I. 총   설

2.274   〈1〉**책임체계의 구조**   타인에게 손해를 끼친 경우에 이를 배상하는 문제가 발생하는데, 이를 '책임'(liability, responsabilté, Haftung)이라 한다. 책임은 계약책임(계약위반으로 인하여 발생하는 손해배상)과 계약외책임(계약관계 없는 사람들 사이에서 발생하는 손해배상)의 두 유형이 있다. 계약외책임은 다시 불법행위책임과 위험책임으로 구분된다. 계약책임(제390조 이하)과 불법행위책임(제750조 이하)에 대해서는 민법이 체계적으로 규율하고 있으나 위험책임에 대해서는 특별법(예: 「원자력손해배상법」, 「자동차손해배상보장법」 등)이 규율하고 있다.

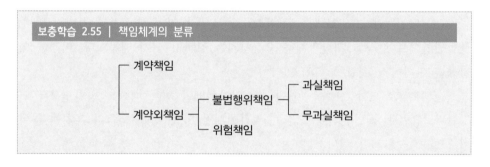

보충학습 2.55 │ 책임체계의 분류

2.275   〈2〉**계약외책임의 체계**   계약외책임 중 불법행위책임은 위법한 행위로 타인에게 손해를 끼친 경우인 데 반해, 위험책임에서는 위법성이 문제되지 않는다는 점에서 큰 차이를 가진다(위험책임에서는 귀책사유도 책임요건이 아님). 위험책임이 적용되는 위험원(예: 자동차, 비행기, 원자로 등)은 그 자체가 매우 큰 사회적 위험을 내포하고 있지만 다른 한편으로는 사회적 효용도 막대하다. 위험원을 가동·운영하는 행위는 위법행위가 아닌 적법행위이다. 그런데 해당 위험원에 잠재하던 위험이 현실화되어 타인에게 손해를 일으키면 위험원의 지배자(위험원으로부터 직접적 이익을 얻는 사람)가 책임을 지도록 한다.

불법행위책임에는 과실책임과 무과실책임이 있는데, 두 경우 모두 위법행위라는 점은 공통되지만 후자에서는 귀책사유가 요구되지 않는다. 과실책임 영역에서는 과실이 없다면 타인에게 손해를 끼치더라도 아무런 책임이 없다. 쉽게 말해, 나만 잘 하면 되는 것이다. 그런데 위험책임과 무과실책임의 영역에서는 과실없이 행동했다는 것만으로는 면책되지 않는다. 이러한 책임의 확대는 피해자 보호에는 유리하나 특히 기업에는 큰 부담으로(가령 기업에서 근로자가 근무 중 입은 손해에 대하여 경영자에게 과실이 없더라도 배상책임이 인정되므로) 작용한다. 이러한 상황을 보정하기 위해서 특별한 제도가 요구되는데, 피해자의 배상에 대비한 펀드 조성, 보험 등이 그것이다.

2.276 〈3〉 **형사책임과의 구별** 민사책임과 형사책임은 별개이다. 가령 살인행위는 민사책임(손해배상)과 동시에 형사책임(형벌)의 대상이지만, 양 책임의 성립이 언제나 일치하는 것은 아니다. 민사책임을 부담했다고 하여 형사책임을 면하는 것도 아니다.17) 민사책임은 손해가 있어야 성립하지만 형사책임은 손해가 없더라도 성립할 수 있다(예: 미수범을 처벌하는 경우). 개인의 행위에 대한 비난을 목적으로 하는 형사책임에서는 고의범만을 처벌하는 것이 원칙이나, 손해의 전보를 목적으로 하는 민사책임에서는 원칙적으로(예외로는 제765조제1항) 고의와 과실을 차별하지 않는다.

2.277 〈4〉 **논의의 체계** 아래에서는 계약외책임 중 민법이 정하는 불법행위책임을 다루기로 한다. 제750조의 책임을 원칙적인 모습으로 설명하고, 다른 유형의 책임을 특수불법행위로 묶어 설명한다.

II. 성립요건

1. 손 해

2.278 〈1〉 **손해의 발생** 피해자에게 손해가 있어야 한다. 아무리 위법·유책한 가해행위가 있더라도 손해가 없으면 민사책임은 발생하지 않는다. 손해의 발생

---

17) 경찰관이 범인을 제압하는 과정에서 총기를 사용하여 범인을 사망에 이르게 한 경우 형사재판에서 총기사용 행위에 대하여 무죄가 확정되더라도 이와 무관하게 민사재판에서 손해배상책임을 질 수 있다(대법원 2008. 2. 1. 선고 2006다6713 판결).

에 대한 증명책임은 피해자가 부담한다.

2.279　　〈2〉 가해·손해 사이의 인과관계　　가해행위와 손해 사이에 인과관계가 있어야 한다. 여기에서의 인과관계는 사회적·법적 인과관계로서 반드시 자연과학적으로 명백히 증명되어야 할 것은 아니다.[18]

2. 위 법 성

2.280　　〈1〉 위법성의 개념　　제750조는 불법행위 성립요건으로 위법성을 요구한다. 불법행위책임에서의 위법성 요건은 사회구성원에게 자유롭게 행동할 수 있는 한계를 정해주는 일이다. 즉 위법하지 않은 범위 내에서는 타인에게 손해를 입히더라도 책임을 지지 않는다. 그렇다면 위법성 판단의 준거는 무엇인가? 학설상으로는 형법상의 위법성론을 차용하는 등 매우 복잡한 논의가 있다. 여기에서는 간단히, 위법성 판단의 준거에는 실정법뿐만 아니라 사회공동생활관계를 규율하는 기타 규범도 포함된다(소위 '실질적 위법성론')는 정도로 정리한다.

2.281　　〈2〉 위법성조각사유　　일정한 사유가 있으면 위법성이 인정되지 않는데 이를 위법성조각사유라고 한다.

　　ⅰ) **정당방위**　　정당방위란 타인의 불법행위에 대하여 자기 또는 제3자의 이익을 방위하기 위하여 부득이 타인에게 손해를 가하는 행위이다(제761조제1항 본문). A가 자기 집에 침입하여 흉기를 들고 달려드는 강도(B)를 때려 상처를 입히는 것이 그 예이다. A의 B에 대한 폭행은 정당방위로서 불법행위가 성립하지 않는다. 그러나 A는 B의 불법행위에 대하여 손해배상을 청구할 수 있다(제761조제1항 단서).

　　ⅱ) **긴급피난**　　긴급피난이란 급박한 위난을 피하기 위하여 부득이 타인에게 손해를 가하는 행위이다. 보도를 걸어가던 A가 갑자기 차도로 돌진하는 B의 자동차를 피하기 위해 부득이 C 소유의 유리창을 깨고 가게 안으로 들어가는 것이 그 예이다. 이때 A의 C에 대한 가해행위는 위법성이 조각된다. 그러나 C는 B에 대하여 손해배상을 청구할 수 있다(제761조제2항, 제761조제1항 단서).

---

18) 대법원 1969. 9. 30. 선고 69다1130 판결; 대법원 2000. 3. 28. 선고 99다67147 판결 등 참조.

▼ **피해자의 승낙**　　피해자의 승낙(가해행위를 용인하겠다는 의사표현)도 일반적인 위법성조각사유이다.

▽ **정당행위**　　정당행위란 법규범에 의하여 정당한 것으로 인정되는 행위이다. 의사의 치료행위, 친권자의 정당한 범위 내의 징계행위, 국제법에 따른 전쟁에서의 인명 살상행위 등이 그 예이다.

3. 귀책사유

2.282　　불법행위가 성립하기 위해서는 고의 또는 과실이 있어야 한다(과실책임의 원칙). 이 원칙은 개인적 자유주의를 철학적 기초로 하며 산업화와 자본주의 발전의 규범적 기초로 기능해 왔다. 왜냐하면 고의 또는 과실이 있는 경우에만 책임을 부담하므로 자본가 내지는 생산자의 입장에서는 비용이 그만큼 절감되는 효과를 얻기 때문이다. 귀책사유에서는 책임능력과 고의·과실이 문제된다.

2.283　　〈1〉 **책임능력**(또는 불법행위능력)　　자신의 행위가 비난의 대상임을 인식하는 정신능력으로서 법률행위에서 의사능력에 대응하는 개념이다. 책임능력이 없는 사람에 의한 가해행위는 불법행위가 되지 않는다. 책임능력은 사람에 따라(같은 연령이라도 책임능력의 유무가 다를 수 있음) 그리고 행위의 종류(같은 사람이라도 행위의 유형에 따라 책임능력의 유무가 다를 수 있음)에 따라 개별적으로 판단한다. 그러므로 민법은 책임능력의 기준을 획일적으로 제시하지 않는다. 다만, 연령과 심신상실이 책임능력에 영향을 준다는 점을 정하고 있다.

① **미성년자의 책임능력**　　미성년자가 타인에게 손해를 가한 경우에 그 행위의 책임을 변식할 지능이 없는 때에는 배상의 책임이 없다(제753조).

② **심신상실자의 책임능력**　　심신상실 중에 타인에게 손해를 가한 자는 배상의 책임이 없다(제754조 본문). 그러나 고의·과실로 인하여 심신상실을 초래한 때에는(이를 "원인에 있어서 자유로운 행위"라 함) 그러하지 아니하다(제754조 단서).

2.284　　〈2〉 **고의·과실**　　고의는 자신의 행위로 인하여 특정인에게 손해가 발생하리라는 것을 알면서도 행위를 감행하는 것이다. 결과 발생을 구체적으로 인식했어야 할 필요는 없으며 미필적 인식으로도 충분하다.

과실은 사회에서 통상 요구되는 사회평균인 또는 보통인을 기준으로 한 주의의무를 위반한 것이다. 제750조의 과실은 추상적 과실이다.[19] 여기서 사회평균인이란 추상적인 일반인을 말하는 것이 아니라 그때그때의 구체적인 사례에 있어서의 보통인을 말하며,[20] 행위자와 동일한 업무와 직무에 종사하는 사람을 뜻하는 것이다.[21]

보충학습 2.56 | 위법성 요건과 귀책사유 요건의 구별

사안에 따라서는 귀책사유 요건과 위법성 요건의 구별이 모호한 경우도 많다. 그런데 제3자의 채권침해가 불법행위[22]를 구성하는가의 문제에서는 위법성 요건이 뚜렷이 드러난다. 일반적으로 채권에 대해서는 배타적 효력이 부인되고 채권자 상호 간 및 채권자와 제3자 사이에 자유경쟁이 허용되는 것이어서 제3자에 의하여 채권이 침해되었다는 사실만으로(고의라 하더라도) 바로 불법행위로 되지는 않으며 채권침해의 위법성을 판단해야 하는데, 이를 위해서는 거래자유 보장의 필요성, 경제·사회정책적 요인을 포함한 공공의 이익, 당사자 사이의 이익균형 등을 종합적으로 고려해야 한다.[23]

고의·과실에 대한 증명책임은 피해자에게 있다.[24] 그런데 민법은 일정한 경우에 증명책임을 전환하여 가해자의 부담으로 한다(제755·756·758·759조). 이는 피해자 보호를 위한 조치이다.

Ⅲ. 효과: 손해배상

1. 손해배상의 청구권자, 범위 및 방법

2.285   자연인 외에 법인도 명예·신용 등의 법익침해를 이유로 손해배상을 청구할

---

19) 추상적 과실과 구체적 과실의 개념에 대해서는 이 책 [2.22] 〈보충학습 2.4〉 참조.
20) 대법원 2001. 1. 19. 선고 2000다12532 판결 등 참조.
21) 대법원 1987. 1. 20. 선고 86다카14691 판결 등 참조.
22) 이에 대해서는 이 책 [2.53] 참조.
23) 대법원 2003. 3. 14. 선고 2000다32437 판결 참조.
24) 대법원 1997. 4. 25. 선고 96다53086 판결; 대법원 2000. 3. 10. 선고 99다60115 판결 등 참조.

수 있다.[25] 태아도 배상청구권자가 될 수 있다(제762조).[26]

손해배상의 범위와 방법에 관해서는 각각 제393조와 제394조가 준용된다(제763조).[27] 그런데 명예훼손으로 인한 손해배상의 방법에 대해서는 특칙이 있다. 즉 명예훼손 피해자의 청구에 의하여 법원은 손해배상에 갈음하거나 손해배상과 함께 명예회복에 적당한 처분을 할 수 있다(제764조). 적당한 처분으로서 과거에는 사죄광고가 많이 활용되었는데 사죄의 강요는 양심의 자유(「헌법」 제19조)에 반한다는 헌법재판소의 결정이 있었다.[28]

보충학습 2.57 | 제393조를 불법행위에 준용하는 입법태도의 부적절성

제763조의 준용규정에 제393조를 포함시킨 것은 일본의 학설을 반영한 만주민법의 태도를 이어받은 것이다.[29] 그런데 당사자가 계약을 체결하면서 미래의 위험을 분배·조정할 수 있는 경우와 달리 불법행위에서는 예견가능성의 관념이 들어올 여지가 없다. 프랑스민법이든 "Hadley v. Baxendale Rule"[30]이든 예견가능성 규준은 계약위반으로 인한 손해배상에만 적용되는 것으로 하는 이유가 여기에 있다. 제763조에 제393조를 포함시킨 것은 글로벌 스탠더드에 부합하지 않을 뿐만 아니라 불법행위법의 본질에도 어긋나는 것으로 입법상의 실책이라고 생각한다.

한편, 위자료청구권에 관해서 법원은 손해배상을 일시금이 아닌 정기금채무로 지급할 것을 명할 수 있고 그 이행을 확보하기 위하여 상당한 담보의 제공을 명할 수도 있다(제751조제2항).

2. 손해배상액의 산정

〈1〉 개념과 손해항목의 분류 손해배상액의 산정이란 금전배상의 원칙(제

---

25) 대법원 1996. 6. 28. 선고 96다12696 판결; 대법원 2022. 10. 14. 선고 2021다250735 판결 등 참조.
26) 이에 대해서는 이 책 [1.139] 참조.
27) 제393조와 제394조의 의미에 대해서는 이 책 [2.26], [2.27] 참조.
28) 헌법재판소 1991. 4. 1. 선고 89헌마160 결정. 헌법재판소가 제시하는 적절한 처분의 예로는, 가해자가 자기의 비용으로 그가 패소한 판결문을 신문 등에 게재하도록 한다든가 명예훼손의 매개가 된 기사의 취소광고 등이다.
29) 이에 대하여 자세한 것은 명순구, 앞의 책, 『실록 대한민국민법 3』, 818쪽 이하 참조.
30) 이에 대해서는 이 책 [2.27] 〈보충학습 2.5〉 참조.

763·394조)에 맞춰 배상범위에 들어온 손해항목을 금전으로 환산하는 작업이다. 이와 관련된 주요 논점을 설명한다.

ⓘ 제750조, 제751조, 제752조의 관계   제750조, 제751조, 제752조는 모두 손해항목과 관련된 사항을 규정하고 있다. 제750조는 단순히 '손해'만을 언급하고 있다. 그리고 제751조는 신체·자유·명예 기타 정신상의 손해를 받은 사람에게 위자료청구권을 인정하고 있다. 한편, 제752조는 생명침해의 경우에 피살자의 최근친(직계존속·직계비속·배우자)에게 위자료청구권을 인정한다. 이들 세 조문은 어떤 관계에 있는가? 제751조는 정신상의 손해를 입은 사람은 위자료청구권을 가진다고 규정하는데, 이는 이미 제750조에 포함되어 있는 내용이다. 따라서 제751조는 제750조와의 관계에서 주의적 규정이다(통설·판례).31) 그리고 제751조가 언급하는 신체·자유·명예 외의 침해의 경우에도 위자료청구권이 인정될 수 있음은 물론이다. 피해자가 사망한 경우에 피해자의 직계존속·직계비속·배우자는 재산상의 손해와 아울러 정신상의 손해에 대해서도 배상을 청구할 수 있다(제752조). 제752조도 예시적 열거이다.32) 그러므로 생명침해 외의 손해의 경우에도, 그리고 직계존속·직계비속·배우자 외의 사람도 정신상 손해를 증명하여 손해배상을 청구할 수 있다.

ⓘⓘ 손해의 분류와 손해3분설   손해배상액의 산정을 위해서는 우선 손해항목을 정해야 하는데, 손해항목에 관한 가장 기본적인 분류는 물건에 대한 손해(대물손해)와 사람에 대한 손해(대인손해)이다. 그리고 사람에 대한 손해에 관하여 통설·판례는 소위 '손해3분설'을 취하고 있다.33) 손해3분설이란 대인손해를 크게 재산적 손해와 정신적 손해로 구분하고, 재산적 손해를 다시 적극적 손해(기존의 이익의 멸실 또는 감소)와 소극적 손해(장래이익 획득의 방해로 인한 손실)로 구분하는 것이다. 손해3분설에 따른 적극적 재산손해, 소극적 재산손해 및 정신적 손해는 서로 별개의 소송물이므로 그 손해배상의무의 존부나 범위는 각각 따로 판단한다.34)

---

31) 대법원 2004. 4. 28. 선고 2001다36733 판결 등 참조.

32) 대법원 1967. 9. 29. 선고 67다1656 판결; 대법원 1967. 12. 26. 선고 67다2460 판결; 대법원 1999. 4. 23. 선고 98다41377 판결 등 참조.

33) 대법원 1976. 10. 12. 선고 76다1313 판결; 대법원 1996. 8. 23. 선고 94다20730 판결 등 참조.

34) 대법원 2002. 9. 10. 선고 2002다34581 판결; 대법원 2022. 4. 28. 선고 2022다200768 판결 등 참조.

2.287 〈2〉 물건에 대한 손해　타인 소유의 물건에 손해를 입한 경우이다. 물건의 멸실 또는 소유권의 상실의 경우에는 멸실·상실 당시 해당 물건의 시가가, 물건의 훼손의 경우에는 수리비와 수리기간 중 사용하지 못함으로 인한 손해가, 물건의 불법점유의 경우에는 그 기간 중의 임료 상당액이 통상손해(제393조제1항, 제763조)일 것이다.

　물적 손해에 대하여 위자료청구가 가능한가? 판례는, 일반적으로 타인의 불법행위 등에 의하여 재산권이 침해된 경우에는 그 재산적 손해의 배상에 의하여 정신적 고통도 회복된다고 보아야 할 것이므로 재산적 손해의 배상에 의하여 회복할 수 없는 정신적 손해가 발생하였다면, 이는 특별한 사정으로 인한 손해로서 가해자가 그러한 사정을 알았거나 알 수 있었을 경우에 한하여 그 손해에 대한 배상을 청구할 수 있다고 한다. 즉 물적 손해에서의 위자료는 특별손해(제393조제2항, 제763조)로 본다.35)

2.288 〈3〉 사람에 대한 손해　사람에 대한 손해는 생명침해와 신체침해로 구분할 수 있다. 가해행위로 인하여 피해자가 사망한 경우에 사망자에게 손해배상청구권이 있는가에 대해서는 학설상 논의가 있다. 피살자는 사망 순간에 권리능력이 상실되므로 사망으로 인해 발생한 손해배상을 청구할 수 없다는 견해도 있다. 그런데 통설·판례는 가해행위와 사망 사이에는 시간적 간격이 있으므로(소위 '시간적 간격설': 가해행위와 사망 사이에 상당한 간격이 있는 경우는 물론이고 즉사의 경우에도 이론상 시간적 간격이 있다고 함)36) 가해행위시에 손해배상청구권이 발생하고 그가 사망한 때에 손해배상청구권이 상속된다는 입장이다. 다음에서는 손해3분설을 고려하면서 사람에 대한 손해에 있어서 손해항목을 살펴보기로 한다.

ⓘ 적극적 재산손해　전형적인 항목으로 치료비, 장례비를 들 수 있다. 생명침해의 경우, 피살자에 대하여 부양청구권을 가졌던 사람은 부양청구권 상실에 대하여 손해배상을 청구할 수 있다. 신체상해의 경우, 피해자에 대한 부양의무자(피해자 자신도 손해배상 청구 가능)가 치료비 등을 지출한 때에는 배상청구를 할

---

35) 대법원 1995. 5. 12. 선고 94다25551 판결; 대법원 2004. 3. 18. 선고 2001다82507 전원합의판결 참조.
36) 대법원 1973. 9. 25. 선고 73다1100 판결 참조.

수 있다.[37]

ⅱ **소극적 재산손해** 소극적 손해는 생명침해와 신체상해에 있어서 각각의 특성으로 인해 계산식에 차이가 있다.

- 생명침해: (사망 당시 수입액)×(수입가능 기간) – 생활비 – 중간이자
- 신체상해: (부상 당시 수입액)×(노동능력상실률)×(수입가능 기간) – 중간이자

피해자가 사망한 경우와 달리 신체상해를 입은 때에는 생활비를 면하는 것이 아니므로 공제하지 않는다. 또한 생명침해의 경우에는 노동능력상실률을 고려할 여지가 없다.

ⅲ **정신적 손해** 앞서 본 바와 같이, 물건에 대한 손해에 있어서 정신적 손해는 특별손해로서 예외적인 경우에 한하여 인정된다. 그런데 사람에 대한 손해에 있어서 정신상의 손해는 통상손해에 해당한다. 제750조와의 관계에서 볼 때 제751조와 제752조가 주의적·예시적 규정이기는 하나 이들 규정이 예시하는 법익(신체·자유·명예·생명)의 침해에 있어서는 정신적 손해를 통상손해로 파악해야 할 것이다. 위자료와 관련하여 논란이 되는 사항을 보기로 한다.

ⓐ 위자료청구권의 양도성·상속성: 불법행위에 관한 다른 청구권과 마찬가지로 양도성·상속성이 인정된다는 입장(통설·판례)과 위자료청구권은 피해자 본인에게 지급되어야 할 일신전속적 권리이므로 양도성·상속성을 인정할 수 없다는 입장이 대립된다. 위자료청구권은 생명·신체 등의 피해자로부터 제3자에게 양도할 수 없는 법익의 침해에 의하여 생긴 것이지만, 그러한 법익의 침해로 인하여 생긴 위자료청구권은 재산적 손해의 배상청구권과 구별하여 그 양도성·상속성을 부인할 이유가 없다고 생각한다.[38]

ⓑ 사망자의 위자료청구권: 사망자(특히 즉사자)도 위자료청구권을 가지는가에 대하여 이견이 있기는 하나 소위 시간적 간격설의 입장에서 이를 인정하는 것이 타당하다고 생각한다(통설·판례).[39] 그러므로 가령 제3자의 불법행위로 인하여 사망한 경우에 그 상속인은 한편으로는 사망자의 위자료청구권을 상속하여, 다른

---

37) 대법원 1982. 4. 13. 선고 81다카737 판결 참조.
38) 대법원 1966. 10. 18. 선고 66다1335 판결; 대법원 1976. 4. 13. 선고 75다396 판결.
39) 대법원 1973. 9. 25. 선고 73다1100 판결.

한편으로는 자신의 위자료청구권(제752조)을 같이 행사할 수 있다.

3. 손해배상청구권의 소멸시효

2.289   불법행위로 인한 손해배상청구권은 피해자나 그의 법정대리인이 그 손해 및 가해자를 안 날로부터 3년간 이를 행사하지 않으면 시효로 소멸한다(제766조 제1항). 3년의 소멸시효는 피해자 측이 손해 및 가해자를 안 날로부터 진행한 다.[40] 불법행위를 한 날로부터 10년을 경과한 때에도 시효로 소멸한다(제766조제2 항). 3년 또는 10년 중 먼저 기간이 만료되는 때에 손해배상청구권은 소멸한다. 한편, 미성년자에 대한 성적 침해로 인한 손해배상청구권의 소멸시효는 그가 성 년이 될 때까지 진행되지 않는다(제766조제3항).

불법점유와 같이 불법행위가 계속성을 띠는 경우 시효의 기산점은 어떠한 가? 이 경우에는 손해도 계속 발생하여 나날이 새로운 불법행위에 기인하여 발 생하는 것이므로 나날이 발생한 각 손해를 안 날로부터 별개로 소멸시효가 진행 된다.[41]

4. 배상액의 조정

2.290   〈1〉 배상액의 경감청구   불법행위자는 손해배상으로 인하여 생계에 중대 한 영향을 받게 될 경우에(고의 또는 중과실에 의한 불법행위는 해당 없음) 법원에 손해 배상액의 경감을 청구할 수 있다(제765조제1항). 법원은 채권자 및 채무자의 경제 상태와 손해의 원인 등을 참작하여 배상액을 경감할 수 있다(제765조제2항).

2.291   〈2〉 기   타   과실상계(제396조), 손해배상자의 대위(제399조)는 불법행위 에 준용되며(제763조), 이득공제[42]도 채무불이행책임에서와 같다.

---

40) 대법원 1966. 1. 25. 선고 65다2318 판결; 대법원 1994. 4. 26. 선고 93다59304 판결.
41) 대법원 1966. 6. 9. 선고 66다615 판결; 대법원 1999. 3. 23. 선고 98다30285 판결 등 참조.
42) 이에 대해서는 이 책 [2.30] 참조.

Ⅳ. 특수한 불법행위

2.292 특수한 상황에 효율적으로 대응하기 위하여 제750조의 일반요건에 변경을 가한 경우(증명책임의 전환, 무과실책임)가 있다. 아래에서 살펴본다.

1. 책임무능력자의 감독자의 책임

2.293 다른 사람에게 손해를 가한 사람이 제753조 또는 제754조에 따라 책임이 없는 경우(예: 유소아, 심신상실자)에는 그를 감독할 법정의무가 있는 사람(예: 친권자, 후견인)이 그 손해를 배상할 책임이 있다(제755조제1항 본문). 그리고 법정감독의무 자에 갈음하여 제753조 또는 제754조에 따라 책임이 없는 사람을 감독하는 사람(예: 유치원·초등학교의 교사)도 손해배상 책임이 있다(제755조제2항). 책임무능력자에 게는 변제자력이 충분치 않은 경우가 많다는 현실을 감안하여 피해자에게 배상을 확보해 주기 위한 정책적 배려이다. 제755조에 의하여 책임을 지는 법정감독 자 또는 대리감독자는 자신이 감독의무를 게을리하지 않았다는 사실을 증명하 면 책임을 지지 않는다. 제750조가 귀책사유 요건에 대한 증명책임을 피해자에 게 지우는 것과 달리 제755조는 가해자에게 증명책임을 지우고 있다. 이를 '증명 책임의 전환'이라고 하는데 피해자에 대한 배상을 용이하게 하기 위한 정책적 배려이다.

법정감독자 또는 대리감독자가 같이 책임을 질 수도 있는데 이 두 사람의 채무는 부진정연대채무[43]이다. 초등학교의 교장이나 교사는 대리감독자로서 학 생을 보호·감독할 의무를 지지만, 학생에 대한 보호·감독의무는 학교 내에서의 학생의 모든 생활관계에 미치는 것은 아니고 학교에서의 교육활동 및 이에 밀접 불가분의 관계에 있는 생활관계에 한한다.[44] 대리감독자에게 책임이 인정되는 경우에 그의 사용자 또는 사용자에 갈음한 감독자(예: 학교를 설립 경영하는 학교법인 또는 지방자치단체)는 제756조에 따라 책임을 질 수 있다.[45]

---

43) 이에 대해서는 이 책 [2.120] 참조.
44) 대법원 1993. 2. 12. 선고 92다13646 판결; 대법원 1997. 6. 13. 선고 96다44433 판결 등 참조.
45) 대법원 1981. 8. 11. 선고 81다298 판결 등 참조.

> **보충학습 2.58 | 책임능력 있는 미성년자의 행위에 대한 친권자의 책임**
>
> 책임능력 없는 미성년자의 가해행위에 대해서는 제755조에 따라 법정감독자인 친권자가 책임을 진다. 그런데 책임능력 있는 미성년자의 가해행위에 대해서는 친권자에게 제755조의 책임을 물을 수 없다. 이와 같은 경우에 친권자는 제750조를 근거로 책임을 진다. 가령 18세 남짓한 미성년자가 운전면허가 없음에도 가끔 숙부 소유의 화물차를 운전한 경우, 부모로서는 미성년의 아들이 무면허운전을 하지 못하도록 보호·감독해야 할 주의의무가 있음에도 이를 게을리하여 화물차를 운전하도록 방치한 과실이 있고, 부모의 보호감독상의 과실이 사고 발생의 원인이 되었으므로 부모에게 피해자가 입은 손해를 배상할 책임이 있다.[46] 이때의 책임근거는 제750조이므로 귀책사유에 대한 증명책임은 피해자에게 있다.

2. 사용자의 책임

2.294 　　피용자가 사무집행에 관하여 제3자에게 손해를 가한 때에는 사용자 또는 사용자에 갈음하여 사무를 감독하는 사람(예: 공장장, 현장소장)은 그 손해를 배상할 책임이 있다(제756조제1항 본문·제2항). 사용자는 피용자를 사용함으로써 자신의 활동영역을 확장하는 만큼 그에 대응하여 그의 책임을 확장함으로써 피해자의 손해배상을 확보해 주기 위한 정책적 배려이다. 제756조의 책임도 증명책임이 전환되어 사용자 또는 감독자가 피용자의 선임 및 사무 감독에 과실이 없음을 증명하면 면책된다(제756조제1항 단서).

　　제756조의 책임과 관련하여 유의해야 할 사항은 다음과 같다.

　　ⅰ) **사용관계의 의미**　　사용관계는 고용계약에 의하여 성립하는 것이 보통이지만 그것에 한정되지 않는다. 위임·조합의 경우에도 제756조의 사용관계가 성립할 수 있다. 제756조의 사용관계는 사실상의 지휘·감독으로 충분하며 사용자와 피용자의 법률관계가 유효일 것을 요구하지 않는다.

　　ⅱ) **외형이론**　　피용자가 사무집행에 관하여 제3자에게 손해를 가했어야 한다(사무집행 관련 행위). 사무집행 관련 행위는 피용자가 사용자로부터 위임받은 사무집행 행위 자체에 한정되는 것이 아니라, 사무집행 자체는 아니더라도 외형

---

46) 대법원 1997. 3. 28. 선고 96다15374 판결; 대법원 1998. 6. 9. 선고 97다49404 판결 등 참조.

상 사무집행으로 보이는 행위도 포함한다(외형이론).47) 판례는 외형이론으로써 피해자의 신뢰를 보호하는 것에 대응하여 사용자의 이익도 고려한다. 즉 피해자 자신이 해당 행위가 사용자의 사무집행 범위에 해당하지 않음을 알았거나 또는 중대한 과실로 알지 못한 때에는 피해자는 사용자에 대하여 사용자책임을 물을 수 없다.48)

(iii) 피용자가 불법행위의 성립요건을 갖출 것   사용자책임의 성질에 관하여 사용자 자신의 고유책임으로 보는 입장(고유책임설)과 피용자의 책임을 대신한다는 입장(대위책임설)이 대립한다. 판례는 대위책임설에 따라 피용자가 제750조가 정하는 요건을 모두 충족하는 때에만 사용자책임이 인정된다고 한다.49)

(iv) 책임의 성질   사용자는 피용자에게 배상능력이 있다는 이유로 피해자에게 항변하지 못한다. 사용자에 갈음하여 사무를 감독하는 사람이 책임을 진다고 하여 사용자가 면책되는 것은 아니다. 제756조의 책임이 성립하더라도 피용자는 제750조에 따라 책임을 진다. 사용자와 피용자의 책임은 부진정연대채무50)의 관계에 있다.

(v) 구 상 권   피해자에게 배상을 한 사용자 또는 감독자는 피용자에 대하여 구상권을 행사할 수 있다(제756조제3항). 구상권의 성질은 사용자책임의 본질론에 따라 차이가 있다. 대위책임설의 시각에서는 채무없이 책임을 진 사용자에게 주어진 당연한 권리이고, 고유책임설의 시각에서는 부진정연대채무에서의 내부관계이다. 어떤 입장이든 구상권을 제한해야 한다는 점에 대해서는 견해가 일치한다. 만약 구상권을 무제한적으로 허용한다면 피용자에게 위험성 있는 작업을 시키는 사용자가 그 위험을 피용자에게 모두 전가시키는 결과가 되기 때문이다. 이에 관하여 통설은 소위 과실상계설을 채택한다. 즉 사용자가 책임을 진다는 것은 곧 그가 선임·감독상의 의무를 다하지 못했다는 것을 의미하는데(주의의무를 다했다면 사용자책임이 성립하지 않아 구상권 문제 자체가 발생하지 않음), 그렇다면 그러한 의무위반에 대하여 사용자도 책임을 져야 한다는 것이다.51) 아울러 제반사

---

47) 대법원 1971. 6. 8. 선고 71다598 판결; 대법원 2000. 2. 11. 선고 99다47297 판결 등 참조.
48) 대법원 1983. 6. 28. 선고 83다카217 판결; 대법원 2002. 12. 10. 선고 2001다58443 판결 등 참조.
49) 대법원 1981. 8. 11. 선고 81다298 판결 등 참조.
50) 이에 대해서는 이 책 [2.120] 참조.
51) 대법원 1987. 9. 8. 선고 86다카1045 판결 등 참조.

정에 비추어 볼 때 사용자의 피용자에 대한 구상권 행사가 신의칙에 반하는 것으로 판단되는 때에는 구상권이 허용되지 않는다.[52]

ⅵ 도급인의 책임 도급인은 수급인이 그 일에 관하여 제3자에게 가한 손해를 배상할 책임이 없다(제757조 본문). 그러나 도급 또는 지시에 관하여 도급인에게 중대한 과실이 있는 때에는 그렇지 않다(제757조 단서). 수급인은 도급인과의 관계에서 독립적이라는 도급계약의 특성을 고려해 볼 때 제757조 본문은 당연한 규정으로 볼 수 있으며, 규범의 중심은 단서에 있다고 보아야 한다.

3. 공작물 등의 점유자·소유자의 책임

2.295 공작물의 설치 또는 보존의 하자로 인하여 타인에게 손해를 가한 때에는 공작물의 점유자가 손해를 배상할 책임이 있다(제758조제1항 본문). 그러나 점유자가 손해의 방지에 필요한 주의를 다한 때에는 그 소유자에게 배상책임이 있다(제758조제1항 단서). 공작물의 점유자에게는 증명책임이 전환된 과실책임을, 소유자에게는 무과실책임을 인정한다. 공작물이란 인공적 작업에 의하여 제작된 물건을 말한다. 의용민법은 '토지의 공작물'이라 하고 있었으나 현행민법에서는 단순히 '공작물'로 규정한다. 따라서 제758조의 공작물에는 토지상의 공작물(예: 건물, 전신주, 고속도로)과 건물 내의 설비(예: 엘리베이터, 계단)도 포함된다.

제758조제1항의 책임은 수목을 심고 기르는 것 또는 보존에 하자가 있는 경우에 준용한다(제758조제2항). 제758조에 의하여 책임을 진 점유자 또는 소유자는 그 손해의 원인에 책임이 있는 사람에게 구상권을 행사할 수 있다(제758조제3항).

4. 동물에 대한 책임

2.296 옆집에서 풀어놓은 송아지가 밭에 심어놓은 농작물을 뜯어 먹었다든가 풀어놓은 개에 물려 상처를 입은 경우를 생각해 보자. 동물의 점유자는 그 동물이 타인에게 가한 손해를 배상할 책임이 있다(제759조제1항 본문). 그러나 동물의 종류와 성질에 따라 그 보관에 상당한 주의를 다했다면 면책된다(제759조제1항 단서). 점유자에 갈음하여 동물을 보관한 사람도 동일한 책임이 있다(제759조제2항).

---

52) 대법원 1991. 5. 10. 선고 91다7255; 대법원 1996. 4. 9. 선고 95다52611 판결 등 참조.

5. 공동불법행위

2.297

수인이 공동의 불법행위로 타인에게 손해를 가한 때에는 연대하여 그 손해를 배상할 책임이 있다(제760조제1항). 수인이 모의하여 불법행위를 한 경우를 규정한 것으로 학설은 이를 '협의의 공동불법행위'라고 한다. 수인의 채무자가 있는 경우에 분할주의가 원칙이지만(제408조),[53] 피해자를 두텁게 보호하고자 마련된 규정이다. 교사자나 방조자도 공동행위자로 본다(제760조제3항).

불법행위를 모의한 것은 아니지만 가해행위가 누구의 행위로 인한 것인지 알 수 없는 때에도 연대책임이 인정된다(제760조제2항). 세 사람이 동시에 총을 쏘았고 그중 한 발만이 피해자에게 손해를 입혔는데 누구의 총탄인지 알 수 없는 경우가 이에 해당한다. 이 규정은 가해자가 불명인 경우에 인과관계의 추정을 통하여 피해자로 하여금 인과관계 증명에 관한 어려움을 덜어주기 위한 것이다. 그러므로 어느 누가 자신은 가해행위와 무관하다는 사실을 증명하면 면책된다.

---

53) 이에 대해서는 이 책 [2.114] 참조.

민 / 법 / 학 / 원 / 론　　제3편

물 권